Treder/Rohr
Prüfungsschemata Verwaltungsrecht

Lutz Treder/Wolfgang Rohr

Prüfungsschemata Verwaltungsrecht

Grundlagen und Erläuterungen

5., neu bearbeitete Auflage

C. F. Müller Verlag
Heidelberg

Lutz Treder, Studium der Rechtswissenschaften in Hamburg; 1970 Eintritt in die hamburgische Verwaltung als Regierungsrat; 1975 bis 1978 stellvertretender Direktor der Verwaltungsschule der Freien und Hansestadt Hamburg, seit 1978 Dozent und von 1980 bis 2004 Professor an der Fachhochschule für öffentliche Verwaltung (FHÖV) Hamburg.

Wolfgang Rohr, Studium der Rechtswissenschaften in München, Berlin und Hamburg; 1969 bis 1974 wissenschaftlicher Mitarbeiter der Universität Hamburg, 1974 Eintritt in die hamburgische Verwaltung als Regierungsrat; 1977 bis 1978 Dozent an der Verwaltungsschule der Freien und Hansestadt Hamburg, seit 1978 Dozent und seit 1980 Professor an der Fachhochschule für öffentliche Verwaltung (FHÖV) Hamburg, ab 2005 Professor an der Hochschule für Angewandte Wissenschaften (HAW) Hamburg.

Bibliografische Information der Deutschen Nationalbibliothek

Die Deutsche Bibliothek verzeichnet diese Publikation in der Deutschen Nationalbibliografie; detaillierte bibliografische Daten sind im Internet über http://dnb.d-nb.de abrufbar.

ISBN 978-3-8114-4440-9

© 2008 C.F. Müller, Verlagsgruppe Hüthig Jehle Rehm GmbH,
Heidelberg, München, Landsberg, Berlin

Jede Verwertung außerhalb der engen Grenzen des Urheberrechtsgesetzes ist ohne Zustimmung des Verlages unzulässig und strafbar. Das gilt insbesondere für Vervielfältigungen, Übersetzungen, Mikroverfilmungen und die Einspeicherung und Bearbeitung in elektronischen Systemen.

www.cfmueller-verlag.de

Satz: Gottemeyer, Rot
Druck: Gulde-Druck, Tübingen
Printed in Germany

Vorwort

Worum geht es im Verwaltungsrecht?

Mitarbeiter und Mitarbeiterinnen der Verwaltung müssen alle ihre Entscheidungen vor allem an dem *Prinzip der Gesetzmäßigkeit* orientieren. Diese Forderung ist in einem Rechtsstaat selbstverständlich leicht zu stellen, aber im Einzelfall bei aller Redlichkeit durchaus schwer zu erfüllen. Bei der Frage, wie dies denn kommt, stößt man sofort auf die Erkenntnis, dass die Rechtswissenschaft eben keine Mathematik ist, dass der Rechtsanwender häufig erhebliche Spielräume bei seiner Entscheidung hat. Spielräume aber bergen in besonderem Maße die Möglichkeit in sich, *Fehler* zu begehen, Fehler, die nicht nur zu einem Verstoß gegen das Prinzip der Gesetzmäßigkeit führen, sondern auch deswegen ärgerlich sind, weil sie Kosten (z. B. Widerspruch, Klage, verzögerte Baugehmigung) verursachen. Bei der Analyse, wo genau die Spielräume des Rechtsanwenders denn eigentlich liegen, ergibt sich, orientiert am juristischen Syllogismus, folgendes: Im *Obersatz,* also der Norm mit Tatbestand und Rechtsfolge, finden sich fast immer mehr oder weniger unbestimmte Rechtsbegriffe (deskriptive und normative Tatbestandsmerkmale). Dass bei der Auslegung (Definition) Spielräume denkbar sind, liegt auf der Hand. Im *Untersatz,* also dem Lebenssachverhalt, also der Akte, gibt es keinen Spielraum, hier gilt es „nur", den Lebenssachverhalt korrekt zu ermitteln. Ein Spielraum ist wieder denkbar bei der *Subsumtion,* also dem Vergleich der ausgelegten Norm (Obersatz) mit dem ermittelten Lebenssachverhalt (Untersatz). Es ist z. B. nicht völlig klar, ob ein Verstoß eines Gastwirts gegen das Gaststättengesetz die Unzuverlässigkeit des Gastwirts begründet. In der *Schlussfolgerung* (Rechtsfolge) gibt es nur dann einen erheblichen Spielraum des Rechtsanwenders, wenn es sich um eine Ermessensnorm handelt (z. B. Verstoß gegen das Prinzip der Verhältnismäßigkeit). Wie dargelegt, gibt es also verschiedene Möglichkeiten, Fehler zu machen. Und dies natürlich nicht nur dann, wenn der Rechtsanwender Entscheidungsspielräume hat, sondern auch sonst: z. B. Verstoß gegen das Prinzip vom Vorbehalt des Gesetzes, Verfahrensfehler, Formfehler etc. Zu prüfen ist also, wie sich diese Fehler am besten, und orientiert am *ökonomischen Prinzip,* vermeiden lassen. *Und hier liegt der große Vorteil von Prüfungsschemata,* die den größten Teil des Buches bilden. Sie sind nichts anderes als eine sinnvolle Bündelung aller Aspekte, die zu beachten sind, damit der Rechtsanwender nicht gegen das Prinzip der Gesetzmäßigkeit verstößt. Bei den Schemata handelt es sich nicht um „Erfindungen" der Verfasser. Die Rechtswissenschaft ist eine sehr alte Wissenschaft! Vielmehr sind in ihnen die Prüfschritte wiedergegeben, wie sie sich in langer Entwicklung heute zeigen und wie sie auch von den Gerichten praktiziert werden. Es gilt zwar das Sprichwort „Viele Wege führen nach Rom". Das ist richtig. Nur erreicht der eine Rom schneller als der andere, der sich mangels Kompass permanent verirrt. Die Schemata sollen also Ihr Kompass sein. Ihre Benutzung muss natürlich *sinnvoll* geschehen. Vor allem und mit Nachdruck muss davor gewarnt werden, das vorliegende Werk *schematisch* (also ohne Denken) anzuwenden. Sie werden dann nie zu Transferleistungen auf unbekannte Probleme fähig sein. Sie können also jederzeit mit einsichtigen Gründen von den Schemata abweichen. Sie stellen keine Dogmen dar! Die einzelnen Punkte werden, sofern sie unproblematisch sind, kurz abgehakt, um dann schnell zum *eigentlichen Problem* des Falles zu kommen. Wenn Sie später Kompetenz erworben haben, erfolgt der Durchlauf der Punkte in Sekundenschnelle.

Welche Änderungen sind durch die 5. Auflage erfolgt?

Nachdem die 2. Auflage grundlegend neu konzipiert wurde, haben sich in der Zeit seit ihrem Erscheinen keine Erkenntnisse ergeben, die Anlass zu einer erneuten Neukonzeption geboten hätten. Die hohe Zustimmung – ausgewiesen durch Verkauf, Rezensionen und die eigene tägliche Arbeit mit Studenten – hat vielmehr bestätigt, dass das gewählte Konzept richtig ist. Dennoch hat sich – wie schon bei der 3. und 4. Auflage – die Notwendigkeit zahlreicher kleinerer Veränderungen, Aktualisierungen und Verbesserungen ergeben, die in die 5. Auflage eingearbeitet worden sind. So ist etwa der Abschnitt über die Bekanntgabe von Verwaltungsakten (Rn 722 ff.) wegen der Neufassung des Verwaltungszustellungsgesetzes grundlegend verändert worden. Auch enthält das Buch jetzt ein Verzeichnis empfehlenswerter Literatur. Es werden auch bedeutend mehr als bisher Hinweise auf Gerichtsurteile und Literaturaussagen eingearbeitet, damit man wichtige Aspekte dort nachlesen und vertiefen kann. Schließlich sind überall zusätzliche Beispiel eingefügt worden, damit der Leser einen allerersten Eindruck davon bekommt, worum es bei dem folgenden Kapitel geht.

Nun einige Worte zu den einzelnen Teilen des Buchs:

Zum Ersten Teil:

Er enthält eine Einführung in das Allgemeine Verwaltungsrecht, die Grundlage für die folgenden Teile ist: Verwaltungsrecht als Teil des Öffentlichen Rechts, Begriff der Verwaltung, Träger der Verwaltung, Arten der Verwaltung, Arten des Verwaltungshandelns und Arten der Verwaltungsverfahren.

Zum Zweiten Teil:

Auch er bildet eine Grundlage für die folgenden Teile. Jetzt wird es aber schon konkreter: Funktionen, Begriff, Merkmale, Arten und Nebenbestimmungen des Verwaltungsakts.

Zum Dritten Teil:

Er bildet den Abschluss der Grundlegung. Hier sind die möglichen Fehler, an denen ein Verwaltungsakt leiden kann, systematisch dargestellt und mit Beispielen versehen. Hierauf wird in dem abstrakter gehaltenen Teil 4 immer wieder verwiesen, um so auch den Teil 4 verständlicher zu machen.

Zum Vierten Teil:

- Das Kernstück des Vierten Teils ist das Schema über die Prüfung der Rechtmäßigkeit eines belastenden Verwaltungsakts. Auf dieses Schema wird in den übrigen Schemata immer wieder verwiesen, so dass die Inhalte nicht immer wiederholt werden müssen.

Damit soll das allem verwaltungsrechtlichen Handeln zugrunde liegende *Gemeinsame* deutlich werden. Die wichtigen Schemata zur Prüfung eines *begünstigenden Verwaltungsakts*, der *Ablehnung eines begünstigenden Verwaltungsakts*, der *Aufhebung von Verwaltungsakten* sind – wie diejenigen zum *Polizei- und Ordnungsrecht* und zum *Vollstreckungsrecht* – bedeutsame Anwendungsfelder.

- Ein zweites zentrales Prüfungsschema ist das zum *Widerspruchsverfahren*, da dieses Verfahren von erheblicher Bedeutung für die Praxis ist. Ihm zugeordnet sind die Schemata zur *aufschiebenden Wirkung eines Widerspruchs* und zur *Aussetzung der Vollziehung eines Verwaltungsakts*. Hinzu kommen die Schemata zur Prüfung von Anträgen nach § 80 (5) und nach § 123 VwGO.

- Die Schemata zu den *verwaltungsgerichtlichen Klagen* zeigen die möglichen gerichtlichen Folgen des Verwaltungshandels auf. Außerdem können mit ihnen Gemeinsamkeiten bzw. Unterschiede zum Widerspruchsverfahren aufgezeigt und dieses damit verständlicher gemacht werden.

- Weitere wichtige Prüfungsschemata sind die zum *Ordnungswidrigkeitenrecht*, da dieses Rechtsgebiet einen breiten Anwendungsbereich in der Verwaltung besitzt.

- Die Schemata zum *Staatshaftungsrecht* zeigen etwaige haftungsrechtliche Folgen des Verwaltungshandelns auf.

- Das *Datenschutzrecht* spielt überall in der Verwaltung eine wichtige Rolle. Deshalb enthält das Buch hierzu zwei grundlegende Schemata.

- Die Schemata zu den *öffentlich-rechtlichen Verträgen* führen in die – neben dem Verwaltungsakt – zweite wichtige Handlungsform der Verwaltung ein.

- Das Schema zur Prüfung eines *Amtshilfeersuchens* dient der Bewältigung eines Alltagsproblems der Verwaltung

- Schließlich enthält das Buch Hinweise für die *Anfertigung und Bekanntgabe von Verwaltungsakten*. Ihre Beherrschung gehört zum elementaren Handwerkszeug von Verwaltungsmitarbeitern.

Das Besondere Verwaltungsrecht

ist berücksichtigt, soweit es in allen Behörden – jenseits der jeweiligen speziellen Rechtsmaterien – von Bedeutung ist: Widerspruchs- und Prozessrecht, Polizei- und Ordnungsrecht, Vollstreckungsrecht, Staatshaftungsrecht, Ordnungswidrigkeitenrecht, Datenschutzrecht.

Hinweise zu Literatur und Rechtsprechung

Das Buch gibt zu den einzelnen Inhalten jeweils die herrschende Meinung wieder. Deshalb sind Inhalte und Definitionen auch i. d. R. nicht mit Rechtsprechung und Literatur besonders belegt worden, um die Darstellung nicht unübersichtlich werden zu lassen bzw. endlose Fußnoten zu vermeiden. Bei wichtigeren Aspekten, bei denen vielleicht eine Vertiefung angebracht ist, haben wir jedoch auf entsprechende Gerichtsurteile und Literaturstellen hingewiesen.

Das Buch kann und soll kein Lehrbuch im herkömmlichen Sinne sein. Deswegen empfehlen wir die Benutzung von Lehrbüchern zur ergänzenden Lektüre und von Kommentaren zur punktuellen Vertiefung einzelner Aspekte. Eine Übersicht über empfehlenswerte Literatur finden Sie auf den Seiten XIX ff.

Hamburg, im Juni 2008

Lutz Treder
Wolfgang Rohr

Inhaltsübersicht

Vorwort V
Inhaltsverzeichnis XI
Literaturverzeichnis XIX

Erster Teil: Grundfragen des Verwaltungsrechts 1
    I. Verwaltungsrecht als Öffentliches Recht 1
    II. Der Begriff der Verwaltung 4
    III. Verwaltungsträger 5
    IV. Arten der Verwaltung 6
    V. Arten des Verwaltungshandelns 7
    VI. Arten der Verwaltungsverfahren 10

Zweiter Teil: Der Verwaltungsakt 12
    I. Funktionen des Verwaltungsakts 12
    II. Merkmale des Verwaltungsakts 13
    III. Arten des Verwaltungsakts 20
    IV. Nebenbestimmungen des Verwaltungsakts 22

Dritter Teil: Die Lehre vom fehlerhaften Verwaltungsakt 27
    I. Fehlerfolgen 27
    II. Übersicht zur Fehlerlehre 34
    III. Die Fehlerlehre im Einzelnen 35

Vierter Teil: Denkbare Fragestellungen bei verwaltungsrechtlichen Klausuren 42
    I. Allgemeines Verwaltungsrecht 42
    II. Polizei- und Ordnungsrecht 91
    III. Vollstreckungsrecht 114
    IV. Widerspruch und vorläufiger Rechtsschutz 131
    V. Klagearten 156
    VI. Ordnungswidrigkeitenrecht 170
    VII. Öffentlich-rechtliche Haftungsansprüche 206
    VIII. Datenschutzrecht 226
    IX. Öffentlich-rechtliche Verträge 234
    X. Amtshilferecht 241
    XI. Anfertigung und Bekanntgabe von Verwaltungsakten 244

Übersicht über die abgedruckten Vorschriften 261
Stichwortregister 263

Inhaltsverzeichnis

Vorwort V
Inhaltsübersicht IX
Literaturverzeichnis XIX

Erster Teil:
Grundfragen des Verwaltungsrechts 1

I. Verwaltungsrecht als Öffentliches Recht 1
1. Die Besonderheiten des Öffentlichen Rechts gegenüber dem Privatrecht 1
2. Die Abgrenzung des Öffentlichen Rechts vom Privatrecht 2

II. Der Begriff der Verwaltung 4
1. Positive Definition der Verwaltung 4
2. Negative Definition der Verwaltung 4

III. Verwaltungsträger 5

IV. Arten der Verwaltung 6

V. Arten des Verwaltungshandelns 7
1. Öffentlich-rechtliches Verwaltungshandeln 8
2. Privatrechtliches Verwaltungshandeln 9

VI. Arten der Verwaltungsverfahren 10

Zweiter Teil:
Der Verwaltungsakt 12

I. Funktionen des Verwaltungsakts 12
1. Übersicht 12
2. Die Funktionen 12
   a) Materiell-rechtliche Funktion 12
   b) Verfahrensrechtliche Funktion 13
   c) Prozessrechtliche Funktion 13
   d) Vollstreckungsrechtliche Funktion 13

II. Merkmale des Verwaltungsakts 14
1. Übersicht 14
2. Die Merkmale 14
   a) Maßnahme 14
   b) Behörde 14
   c) Auf dem Gebiet des öffentlichen Rechts 15

  d) Regelung 15
  e) Einzelfall 16
   Übersicht 16
   (1) Der konkrete und individuelle Einzelfall 17
   (2) Der individuelle und abstrakte Einzelfall 17
   (3) Der generelle und konkrete Einzelfall 18
   (4) Die generelle und abstrakte Regelung 18
  f) Außenwirkung 18
   (1) Der Normalfall 18
   (2) Verwaltungsrechtliches Sonderverhältnis 19
   (3) Maßnahmen gegenüber Behörden 20

III. Arten des Verwaltungsakts 20
 1. Übersicht 20
 2. Die einzelnen Arten 21

IV. Nebenbestimmungen des Verwaltungsakts 22
 1. Übersicht 22
 2. Begriff der Nebenbestimmung 22
 3. Arten der Nebenbestimmungen 23
  a) Befristung 23
  b) Bedingung 23
  c) Vorbehalt des Widerrufs („Widerrufsvorbehalt") 23
  d) Auflage 23
  e) Auflagenvorbehalt 24
 4. Rechtmäßigkeit von Nebenbestimmungen 24
  a) Spezialvorschriften 24
  b) § 36 VwVfG 24
 5. Isolierte Anfechtbarkeit von Nebenbestimmungen? 25
  a) Zulässigkeit einer isolierten Anfechtung 25
  b) Begründetheit einer isolierten Anfechtung 25
   (1) bei gebundenen Verwaltungsakten 25
   (2) bei Ermessens-Verwaltungsakten 25

Dritter Teil:
Die Lehre vom fehlerhaften Verwaltungsakt 27

I. Fehlerfolgen 27
 1. Folgen der Rechtswidrigkeit eines Verwaltungsakts 27
 2. Das Verhältnis der §§ 44, 45, 46 VwVfG zueinander 28
 3. Die einzelnen relevanten Regelungen 28
  a) § 43 VwVfG: Wirksamkeit des Verwaltungsakts 28
  b) § 44 VwVfG: Nichtigkeit des Verwaltungsakts 28
  c) § 45 VwVfG: Heilung von Verfahrens- und Formfehlern 30
  d) § 46 VwVfG: Unbeachtlichkeit von Verfahrens- und Formfehlern 31
  e) § 47 VwVfG: Umdeutung eines fehlerhaften Verwaltungsakts 32

II. Übersicht zur Fehlerlehre ... 34
III. Die Fehlerlehre im Einzelnen ... 35
1. Zuständigkeitsfehler ... 36
2. Verfahrensfehler ... 37
3. Formfehler ... 39
4. Materielle Fehler ... 39
5. Rechtlich unbeachtliche Fehler ... 41

Vierter Teil:
Denkbare Fragestellungen bei verwaltungsrechtlichen Klausuren ... 42

I. Allgemeines Verwaltungsrecht ... 42
1. Prüfung der Rechtmäßigkeit eines belastenden Verwaltungsakts ... 42
   a) Übersicht ... 43
   b) Das Prüfungsschema ... 43
2. Prüfung der Rechtmäßigkeit eines begünstigenden Verwaltungsakts ... 62
   a) Übersicht ... 62
   b) Das Prüfungsschema ... 63
3. Prüfung der Rechtmäßigkeit der Ablehnung eines begünstigenden Verwaltungsakts ... 66
   a) Übersicht ... 66
   b) Das Prüfungsschema ... 67
4. Prüfung der Rechtmäßigkeit eines Verwaltungsakts, durch den ein anderer Verwaltungsakt aufgehoben wird ... 69
   a) Übersicht ... 69
   b) Die Normen zur Aufhebung eines VA nach dem VwVfG ... 70
   c) Das Prüfungsschema zur Aufhebung eines VA nach dem VwVfG ... 73
   d) Aufhebung eines Verwaltungsakts nach dem SGB X ... 80
   e) Aufhebung eines VA nach der Abgabenordnung ... 83
5. Übersicht: Prüfung des Wiederaufgreifens des Verfahrens ... 87
   a) Übersicht ... 87
   b) Die Norm: § 51 VwVfG ... 88
   c) Das Prüfungsschema ... 88

II. Polizei- und Ordnungsrecht ... 91
1. Prüfung der Rechtmäßigkeit einer Verfügung zur Gefahrenabwehr ... 91
   a) Übersicht ... 91
   b) Das Prüfungsschema ... 92
2. Prüfung der Rechtmäßigkeit einer unmittelbaren Ausführung zur Gefahrenabwehr ... 108
   a) Übersicht ... 108
   b) Das Prüfungsschema ... 109
3. Prüfung der Rechtmäßigkeit eines Kostenbescheides für eine unmittelbare Ausführung zur Gefahrenabwehr ... 111
   a) Übersicht ... 111
   b) Das Prüfungsschema ... 112

III. Vollstreckungsrecht ... 114
1. Prüfung der Rechtmäßigkeit eines Zwangsmittels zur Durchsetzung eines Verwaltungsakts, der auf eine Handlung, Duldung oder Unterlassung gerichtet ist ... 114
   a) Übersicht ... 114
   b) Das Prüfungsschema ... 115
2. Prüfung der Rechtmäßigkeit eines Kostenbescheides für eine Ersatzvornahme ... 124
   a) Übersicht ... 124
   b) Das Prüfungsschema ... 124
3. Prüfung der Rechtmäßigkeit der Beitreibung einer Geldforderung ... 127
   a) Übersicht ... 127
   b) Das Prüfungsschema ... 127

IV. Widerspruch und vorläufiger Rechtsschutz ... 131
1. Prüfung der Erfolgsaussichten eines Widerspruchs ... 131
   a) Übersicht ... 131
   b) Das Prüfungsschema ... 132
   c) Hinweise zum Ablauf des Widerspruchsverfahrens ... 136
2. Prüfung der aufschiebenden Wirkung von Widerspruch und Anfechtungsklage ... 139
   a) Übersicht ... 139
   b) Die Normen ... 139
   c) Das Prüfungsschema ... 141
   d) Folgen des Wegfalls der aufschiebenden Wirkung bei Unanfechtbarkeit des Widerspruchsbescheides (bzw. Rechtskraft des Urteils) .. 142
3. Prüfung der Voraussetzungen einer Aussetzung der Vollziehung eines Verwaltungsakts durch die Behörde ... 143
   a) Übersicht ... 143
   b) Die Norm ... 143
   c) Das Prüfungsschema ... 144
4. Prüfung der Erfolgsaussichten eines Antrages nach § 80 (5) VwGO an das Verwaltungsgericht auf Herstellung bzw. Wiederherstellung der aufschiebenden Wirkung eines Widerspruchs ... 146
   a) Übersicht ... 146
   b) Die Normen ... 147
   c) Das Prüfungsschema ... 147
5. Prüfung der Erfolgsaussichten eines Antrages auf Erlass einer einstweiligen Anordnung ... 153
   a) Die Norm ... 153
   b) Das Prüfungsschema ... 153

V. Klagearten ... 156
1. Prüfung der Erfolgsaussichten einer Anfechtungsklage ... 156
   a) Übersicht ... 156
   b) Die Normen (zur Anfechtungs- und zur Verpflichtungsklage) ... 156
   c) Das Prüfungsschema ... 158

2. Prüfung der Erfolgsaussichten einer Verpflichtungsklage 162
   a) Übersicht 162
   b) Die Normen 162
   c) Das Prüfungsschema 162
3. Prüfung der Erfolgsaussichten einer allgemeinen Leistungsklage 166
   a) Die Normen 166
   b) Das Prüfungsschema 166
4. Prüfung der Erfolgsaussichten einer Feststellungsklage 168
   a) Die Normen 168
   b) Das Prüfungsschema 168

VI. Ordnungswidrigkeitenrecht 170
1. Prüfung, ob ein Bußgeldbescheid bei einem vorsätzlichen
   Begehungsdelikt erlassen werden kann 170
   a) Übersicht 170
   b) Das Prüfungsschema 170
2. Prüfung, ob ein Bußgeldbescheid bei einem fahrlässigen
   Begehungsdelikt erlassen werden kann 176
   a) Übersicht 176
   b) Das Prüfungsschema 177
3. Prüfung, ob ein Bußgeldbescheid bei einem vorsätzlichen
   Unterlassungsdelikt erlassen werden kann 181
   a) Übersicht 181
   b) Das Prüfungsschema 182
4. Prüfung, ob ein Bußgeldbescheid bei einem fahrlässigen
   Unterlassungsdelikt erlassen werden kann 185
   a) Übersicht 185
   b) Das Prüfungsschema 186
5. Prüfung besonderer Probleme des Ordnungswidrigkeitenrechts 188
   – Problem: „ohne Genehmigung", „unbefugt" usw. = Tatbestandsmerkmal? 188
   – Problem: objektive Bedingung der Ahndung = Tatbestandsmerkmal? . 188
   – Problem: Nichtbefolgen eines Verwaltungsakts = Tatbestandsmerkmal? 188
   – Problem: Beteiligung mehrerer Personen an einer
     Ordnungswidrigkeit 189
   – Problem: Handeln für einen anderen 189
   – Problem: Versuch einer Ordnungswidrigkeit 191
   – Problem: Irrtum 192
   – Problem: Konkurrenzen 196
6. Das Bußgeldverfahren 202
   a) Übersicht 202
   b) Inhalt des Bußgeldbescheides 204
   c) Vollstreckung eines Bußgeldbescheides 205

VII. Öffentlich-rechtliche Haftungsansprüche ... 206
1. Prüfung eines Schadensersatzanspruchs aus Amtshaftung ... 206
    a) Übersicht ... 206
    b) Die Normen ... 207
    c) Das Prüfungsschema ... 207
2. Prüfung eines Entschädigungsanspruchs aus Enteignung ... 210
    a) Die Norm ... 210
    b) Das Prüfungsschema ... 210
3. Prüfung eines Entschädigungsanspruchs aus enteignendem Eingriff ... 213
    Das Prüfungsschema ... 213
4. Prüfung eines Entschädigungsanspruchs aus enteignungsgleichem Eingriff ... 215
    Das Prüfungsschema ... 215
5. Prüfung eines Entschädigungsanspruchs aus Aufopferung ... 217
    Das Prüfungsschema ... 217
6. Prüfung eines Folgenbeseitigungsanspruchs ... 219
    Das Prüfungsschema ... 219
7. Prüfung eines öffentlich-rechtlichen Unterlassungsanspruchs ... 222
    Das Prüfungsschema ... 222
8. Prüfung eines öffentlich-rechtlichen Erstattungsanspruchs ... 224
    Das Prüfungsschema ... 224

VIII. Datenschutzrecht ... 226
1. Prüfung der Zulässigkeit einer personenbezogenen Datenverarbeitung ... 226
2. Prüfung der Rechte Betroffener in Bezug auf gespeicherte personenbezogene Daten ... 231

IX. Öffentlich-rechtliche Verträge ... 234
1. Prüfung der Rechtmäßigkeit eines öffentlich-rechtlichen Vertrages ... 234
2. Prüfung von Ansprüchen aus einem öffentlich-rechtlichen Vertrag ... 238

X. Amtshilferecht ... 241
Prüfung eines Amtshilfeersuchens ... 241
1. Wird Amtshilfe verlangt? ... 241
2. Ist das Amtshilfeersuchen rechtmäßig? ... 241
3. *Muss* das Amtshilfeersuchen abgelehnt werden? ... 242
4. *Darf* das Amtshilfeersuchen abgelehnt werden? ... 242
5. Ist bei mehreren für die Amtshilfe in Betracht kommenden Behörden die richtige ausgewählt worden? ... 242
6. Nach welchem Recht richtet sich die Durchführung der Amtshilfe? ... 242
7. Kann die ersuchte Behörde entstandene Kosten erstattet verlangen? ... 243

XI. Anfertigung und Bekanntgabe von Verwaltungsakten ... 244
1. Grundsätzliches zur Anfertigung von Verwaltungsakten ... 244
2. Übersicht über den möglichen Inhalt eines Verwaltungsakts mit Formulierungsmöglichkeiten ... 245
    a) Briefkopf ... 245

	b) Tenor	245
	c) Zwangsmittelandrohung/-festsetzung	246
	d) Anordnung der sofortigen Vollziehung	246
	e) Gebührenentscheidung	246
	f) Begründung	246
	g) Rechtsbehelfsbelehrung	247
	h) Grußformel	248
3.	Bekanntgabe von Verwaltungsakten	249
	a) Bekanntgabe nach § 41 VwVfG	249
	b) Bekanntgabe nach dem jeweiligen Verwaltungszustellungsgesetz	250
	c) Muster	256

Übersicht über die abgedruckten Vorschriften 261

Stichwortregister 263

Literaturverzeichnis

1. Literatur zum Verwaltungsverfahrensrecht

Im Inhalt:

1. Teil: Grundfragen des Verwaltungsrechts
2. Teil: Der Verwaltungsakt
3. Teil: Die Lehre vom fehlerhaften VA
4. Teil: Prüfungsschemata
   - I. Allgemeines Verwaltungsrecht
   - III. Vollstreckungsrecht
   - IX. Öffentlich-rechtliche Verträge
   - X. Amtshilferecht
   - XI. Anfertigung und Bekanntgabe von VA

Lehrbücher:

- *Huber*, Allgemeines Verwaltungsrecht, 3. Aufl. 2008
- *Bull*, Allgemeines Verwaltungsrecht, 7. Aufl. 2005
- *Detterbeck*, Allgemeines Verwaltungsrecht, 5. Aufl. 2007
- *Giemulla/Jaworsky/Müller-Uri*, Verwaltungsrecht, 7. Aufl. 2004
- *Hofmann/Gerke*, Allgemeines Verwaltungsrecht, 9. Aufl. 2005
- *Maurer*, Allgemeines Verwaltungsrecht, 16. Aufl. 2006
- *Peine*, Allgemeines Verwaltungsrecht, 8. Aufl. 2006
- *Schmidt*, Allgemeines Verwaltungsrecht, 10. Aufl. 2006

Kommentare zum VwVfG:

- *Kopp/Ramsauer*, VwVfG, 10. Aufl. 2008 (der gängigste und aktuellste Kommentar, 1584 Seiten)
- *Fehling/Kastner/Wahrendorf*, Verwaltungsrecht, VwVfG – VwGO, 1. Aufl. 2006 (Kommentierung des VwVfG: 1100 Seiten)
- *Knack*, VwVfG, 8. Aufl. 2003 (1690 Seiten)

2. Literatur zum Polizei- und Ordnungsrecht

Im Inhalt: 4. Teil Abschnitt II

Lehrbücher:

- *Schenke*, Polizei- und Ordnungsrecht, 5. Aufl. 2007
- *Gusy*, Polizei- und Ordnungsrecht, 6. Aufl. 2006
- *Pieroth/Schlinck/Kniedel*, Polizei- und Ordnungsrecht, 4. Aufl. 2007
- *Giemulla u.a.*, Verwaltungsrecht, 7. Aufl. 2004, Buch 2

Kommentare:

- *Merten/Merten*, Hamburgisches Polizei- und Ordnungsrecht, Kommentar zum HmbSOG, 2007 (Lässt sich auch für die Polizei- und Ordnungsgesetze der anderen Länder verwenden, da diese weitgehend identisch sind)

3. Literatur zu Widerspruch und gerichtlichem Rechtsschutz

Im Inhalt: 4. Teil Abschnitte IV, V

Lehrbücher:

- *Hufen*, Verwaltungsprozessrecht, 7. Aufl. 2008
- *Schenke*, Verwaltungsprozessrecht, 11. Aufl. 2007
- *Schmidt*, Verwaltungsprozessrecht, 8. Aufl. 2007

Kommentare:

- *Kopp/Schenke*, VwGO, 15. Aufl. 2007 (2000 Seiten)
- *Sodan/Ziekow*, VwGO, 2. Aufl. 2006 (3000 Seiten)
- *Wolff/Decker*, Studienkommentar VwGO – VwVfG, 2. Aufl. 2007 (Kommentierung der VwGO 570 Seiten)

4. Literatur zum Ordnungswidrigkeitenrecht

Im Inhalt: 4. Teil Abschnitt VI

Lehrbücher:

- *Rosenkötter*, Ordnungswidrigkeitenrecht, 6. Aufl. 2002
- *Bohnert*, Ordnungswidrigkeitenrecht, 2. Aufl. 2004
- *Schwacke*, Ordnungswidrigkeitenrecht, 4. Aufl. 2006
- *Treder*, Ordnungswidrigkeitenrecht, 1996
- *Mitsch*, Fallsammlung zum Ordnungswidrigkeitenrecht, 2008
- *Thies*, Ordnungswidrigkeitenrecht, Fälle mit Lösungen, 2008

Kommentare:

- *Bohnert*, OWiG, 2. Aufl. 2007 (670 Seiten)
- *Lemke/Mosbacher*, OWiG, 3. Aufl. 2006 (956 Seiten)
- *Göhler*, OWiG, 14. Aufl. 2006 (1630 Seiten)
- *Karlsruher Kommentar*, OWiG, 3. Aufl. 2006 (1835 Seiten)
- *Rebmann/Roth/Herrmann*, OWiG (Loseblatt, Stand 2007, ca. 3060 Seiten)

5. Literatur zum öffentlichen Haftungsrecht

Im Inhalt: 4. Teil Abschnitt VII

Lehrbücher:

- *Baldus/Grzeszick/Wienhues*, Staatshaftungsrecht, 2. Aufl. 2007
- *Windthorst/Sproll*, Staatshaftungsrecht, 2. Aufl. 2008
- Lehrbücher zum Allgemeinen Verwaltungsrecht (s. o. 1.) von *Bull, Maurer, Detterbeck* und *Schmidt*

Aufsätze:

in der Deutschen Verwaltungspraxis (DVP) 1999: alle von *Rohr*
- Der Amtshaftungsanspruch (S. 135 ff.)
- Der grundrechtliche Schutzanspruch (S. 227 ff.)
- Der öffentlich-rechtliche Erstattungsanspruch (S. 311 ff.)
- Entschädigung aus Enteignung und Aufopferung (S. 443 ff.)

6. Literatur zum Datenschutzrecht

Im Inhalt: 4. Teil Abschnitt VIII

Lehrbücher:
- *Gola/Klug*, Grundzüge des Datenschutzrechts, 2003
- *Wohlgemuth/Gerloff*, Datenschutzrecht, 3. Aufl. 2005

Kommentare (nur zum Bundesdatenschutzgesetz):
- *Gola/Schomerus*, BDSG, 9. Aufl. 2007 (837 Seiten)
- *Simitis*, BDSG, 6. Aufl. 2006 (1540 Seiten)

Erster Teil

Grundfragen des Verwaltungsrechts

Literaturempfehlungen: siehe im Literaturverzeichnis Nr. 1

I. Verwaltungsrecht als Öffentliches Recht

Das gesamte Recht wird eingeteilt in Öffentliches Recht und Privatrecht. Zum Öffentlichen Recht gehören vor allem das Verfassungsrecht, das Verwaltungsrecht, das Strafrecht, das Prozessrecht, das Europäische Gemeinschaftsrecht und das Völkerrecht. Zum Privatrecht gehören vor allem das Bürgerliche Recht, das Arbeitsrecht, das Handelsrecht, das Gesellschaftsrecht und das Wettbewerbsrecht.

1. Die Besonderheiten des Öffentlichen Rechts gegenüber dem Privatrecht

Die Besonderheiten des Öffentlichen Rechts gegenüber dem Privatrecht, bezogen auf das Verwaltungsrecht, sind im Wesentlichen:

1. Im öffentlichen Recht hat die Verwaltung die Befugnis zu *einseitigem* Handeln, insbesondere durch Verwaltungsakt. Im Privatrecht gilt dagegen der Grundsatz der *Privatautonomie*. § 311 BGB: „Zur Begründung eines Schuldverhältnisses durch Rechtsgeschäft sowie zur Änderung eines Schuldverhältnisses ist ein *Vertrag* zwischen den Beteiligten erforderlich, soweit nicht das Gesetz ein anderes vorschreibt."

2. Im öffentlichen Recht darf die Verwaltung nicht nur *selbst* Verwaltungsakte als Vollstreckungstitel erlassen, sondern darf sie auch *selbst* vollstrecken. Ganz anders im Privatrecht: Der Gläubiger muss sich einen rechtskräftigen Titel (z. B. Urteil) „besorgen" und ihn durch einen Gerichtsvollzieher vollstrecken lassen.

3. Im öffentlichen Recht ist die Verwaltung nach Art. 1 (3) GG *unmittelbar* an die Grundrechte gebunden. Im Privatrecht gibt es dagegen, soweit sich Privatpersonen gegenüberstehen, *keine* unmittelbare Grundrechtsbindung.

4. Im öffentlichen Recht ist die Verwaltung an die Grundsätze des VwVfG (und anderer Verfahrensgesetze) *gebunden* (z. B. Anhörung Beteiligter nach § 28, Akteneinsicht für Beteiligte nach § 29 oder Begründung schriftlicher Verwaltungsakte nach § 39). Im Privatrecht gibt es *keine* entsprechenden Bindungen.

6   5. Im öffentlichen Recht gilt der sog. *Funktionsvorbehalt*. Art. 33 (4) GG: „Die Ausübung hoheitsrechtlicher Befugnisse ist als ständige Aufgabe in der Regel Angehörigen des öffentlichen Dienstes zu übertragen, die in einem öffentlich-rechtlichen Dienst- und Treueverhältnis stehen."

7   6. Im öffentlichen Recht gibt es *besondere Rechtswege:* den zu den Sozialgerichten nach § 51 SGG, den zu den Finanzgerichten nach § 33 FGG und den zu den (allgemeinen) Verwaltungsgerichten nach § 40 (1) 1 VwGO. Im Privatrecht (und Strafrecht) gibt es dagegen den Rechtsweg zu den *ordentlichen Gerichten* nach § 13 GVG.

8   7. Im öffentlichen Recht ist die Haftung anders geregelt als im Privatrecht. So sind z. B. Haftungsansprüche *grundsätzlich gegen den Staat*, nicht aber gegen den Handelnden gerichtet. Art. 34 S. 1 GG: „Verletzt jemand in Ausübung eines ihm anvertrauten öffentlichen Amtes die ihm einem Dritten gegenüber obliegende Amtspflicht, so trifft die Verantwortung grundsätzlich den Staat oder die Körperschaft, in deren Dienst er steht." Im Privatrecht haftet der Handelnde *grundsätzlich selbst:* § 823 (1) BGB: „Wer vorsätzlich oder fahrlässig das Leben, den Körper, die Gesundheit, die Freiheit, das Eigentum oder ein sonstiges Recht eines anderen widerrechtlich verletzt, ist dem anderen zum Ersatze des daraus entstandenen Schadens verpflichtet." Auch gibt es im öffentlichen Recht Ansprüche, wie sie das Privatrecht nicht kennt wie z. B. den Entschädigungsanspruch aus Enteignung (Art. 14 (3) GG).

9   8. Das öffentliche Recht kennt *andere Handlungsformen* als das Privatrecht, wie insbesondere den Verwaltungsakt.

2. Die Abgrenzung des Öffentlichen Rechts vom Privatrecht

Die Abgrenzung des Öffentlichen Rechts vom Privatrecht ist aus den oben genannten Gründen von großer Bedeutung.

10   Auf dem Gebiet des öffentlichen Rechts handelt eine Behörde, wenn sie aufgrund einer (wirklichen, möglichen, vorgeschützten oder behaupteten) öffentlich-rechtlichen Norm handelt.

Wann tut sie das? Im Regelfall ist die Zuordnung eines Gesetzes zu einem der beiden Rechtsbereiche unstreitig und deshalb unproblematisch (z. B. BGB = Privatrecht, StGB = öffentliches Recht). Es gibt jedoch auch Fallsituationen, bei denen die Einordnung nicht von vornherein eindeutig ist. Nur in diesen Fällen müssen Ausführungen zur Abgrenzung gemacht werden. Zur Klärung solcher Grenzfälle gibt es im Wesentlichen drei Theorien:

> (1) **Interessentheorie** 11
> Nach ihr gehören die Normen zum öffentlichen Recht, die überwiegend dem öffentlichen Interesse dienen. Zum Privatrecht gehören die Normen, die überwiegend den Individualinteressen dienen.
>
> *Beispiel:* § 433 BGB gehört danach zum Privatrecht, weil diese Norm überwiegend den Interessen der Vertragsparteien dient.
>
> (2) **Subordinationstheorie (Subjektionstheorie)** 12
> Nach ihr gehören die Normen zum öffentlichen Recht, bei denen sich ergibt, dass der Staat den anderen Beteiligten übergeordnet ist, also ein Überunterordnungsverhältnis besteht. Ergibt sich aus ihnen, dass die Beteiligten gleichgeordnet sind, so gehören sie zum Privatrecht. Indiz für die Überordnung ist die Fähigkeit des Staates zu *einseitigem* Handeln und die Fähigkeit des Staates, Anordnungen *selbst* vollstrecken zu können.
>
> *Beispiel:* § 15 GastG gehört danach zum öffentlichen Recht, weil die Norm die Behörde zu einseitigem Handeln (Aufhebung einer Gaststättenerlaubnis) ermächtigt.
>
> (3) **Subjektstheorie** 13
> Nach ihr gehören die Normen zum öffentlichen Recht, bei denen einer der Beteiligten (Berechtigter bzw. Verpflichteter) zwingend ein Träger öffentlichen Rechts ist.
>
> *Beispiel:* § 15 VersG gehört danach zum öffentlichen Recht, weil einer der Beteiligten an der Norm zwingend ein Träger öffentlichen Rechts ist (nur dieser kann eine Versammlung verbieten oder auflösen).

Wann ist welche Theorie anzuwenden?

Soweit die Behörde sich bei ihrem Handeln auf *Normen* stützt, sollte grundsätzlich die Subjektstheorie herangezogen werden, da sie fast immer eine klare Einordnung ermöglicht. Die beiden anderen Theorien sollten insoweit nur hilfsweise herangezogen werden. 14

Soweit es sich um Maßnahmen einer Behörde im Bereich der *gesetzesfreien Leistungsverwaltung* handelt (Beispiel: Zahlungsaufforderung durch ein städtisches Krankenhaus), ist zunächst auf die *Organisationsform* abzustellen: 15
– Ist die handelnde Stelle danach *privatrechtlich* organisiert, so handelt sie auch privatrechtlich, es sei denn, ihr sind durch ausdrücklichen Hoheitsakt öffentlich-rechtliche Befugnisse übertragen worden (sog. „Beliehene").
– Ist die Stelle danach *öffentlich-rechtlich organisiert*, hat sie dagegen ein Wahlrecht zwischen öffentlich-rechtlichem und privatrechtlichem Handeln. Hier ist die Frage, ob aufgrund öffentlichen oder privaten Rechts gehandelt worden ist, zu beurteilen nach:

- Indizien (Gedanke der Subordinationstheorie):

→ Für öffentliches Recht spricht z. B. die Benutzung von Begriffen wie „Verfügung", „Bescheid", die Androhung einer Verwaltungsvollstreckung, das Bestehen eines Anschluss- und Benutzungszwangs.
→ Für privates Recht spricht z. B. die Benutzung von Begriffen wie „Vertrag", „Rechnung" usw. oder die Androhung einer Klage.

- Vermutungen (Gedanke der Interessentheorie)
→ Für öffentliches Recht spricht die Erfüllung einer öffentlichen Aufgabe.
→ Für privates Recht spricht, wenn das Leistungsverhältnis durch zweiseitige Erklärungen begründet wird und eine derartige Leistung auch von Privaten erbracht werden kann.

II. Der Begriff der Verwaltung

Nach dem Grundgesetz haben die Gewalten Legislative, Exekutive und Judikative unterschiedliche Rechte und Pflichten. Demgemäß muss definiert werden, welche Aufgaben jeweils von ihnen wahrgenommen werden. Dies erweist sich für den Begriff der Verwaltung als nicht ganz einfach.

1. Positive Definition der Verwaltung

16 Immer wieder ist versucht worden, die Verwaltung positiv zu definieren. Einige Beispiele:
- Wolff: „Verwaltung ist die mannigfaltige, konditional oder nur zweckbestimmte, also insofern fremdbestimmte, nur teilplanende, selbstbeteiligt ausführende und gestaltende Wahrnehmung der Angelegenheit von Gemeinwesen und ihrer Mitglieder durch die dafür bestellten Sachverwalter des Gemeinwesens" (Verwaltungsrecht, 10. Aufl. 1994, § 2 Rn 19).
- Bachof: „Verwaltung ist die planmäßige Tätigkeit öffentlichen Gemeinwesens zur Gestaltung und Gewährleistung des sozialen Zusammenlebens, wobei diese Tätigkeit in ihren Zielen, Zwecken, Aufgaben und Befugnissen durch die Rechtsordnung und innerhalb dieser durch die politischen Entscheidungen der Regierung bestimmt und begrenzt ist" (EvStL, Bd. IV, Sp 3828).
- Scherzberg: „Verwaltung ist die Wahrnehmung politischer Handlungsoptionen im Wege des problem- und zielorientierten Einsatzes tatsächlicher oder rechtlicher Ressourcen durch ein hierauf spezialisiertes Organisationssystem" (DÖV 2000, S. 76).
- Stern: „Verwaltung ist die den Organen der vollziehenden Gewalt und bestimmten diesen zuzurechnenden Rechtssubjekten übertragene eigenverantwortliche ständige Erledigung der Aufgaben des Gemeinwesens durch konkrete Maßnahmen in rechtlicher Bindung nach (mehr oder weniger spezifiziert) vorgegebener Zwecksetzung" (Staatsrecht II, 1989, § 41 I 3).

2. Negative Definition der Verwaltung

17 Überwiegend hat sich in Rechtslehre und Rechtsprechung demgegenüber eine negative Definition der Verwaltung durchgesetzt. Sie versucht, die Verwaltung im Rahmen des verfassungsrechtlichen Gewaltungsteilungsprinzips zu bestimmen. Dazu sind die drei im Grundgesetz in Art. 1 III, 20 III genannten Gewalten „Gesetzgebung", „vollziehende Gewalt" und „Rechtsprechung" zu definieren.
- Gesetzgebung ist danach der Erlass abstrakt-genereller Regelungen durch den Staat.
- Rechtsprechung ist danach die Entscheidung von Rechtsstreitigkeiten durch ein neutrales staatliches Organ sowie die Verhängung von Strafen.

- Vollziehende Gewalt ist danach jede Staatstätigkeit, die *nicht* Gesetzgebung oder Rechtsprechung ist.

Verwaltung ist also die staatliche Tätigkeit, die *nicht* Gesetzgebung, Rechtsprechung oder Regierung ist.

III. Verwaltungsträger (Übersicht)

Es gibt nicht *den* Verwaltungsträger „Verwaltung", sondern spezialisierte unterschiedliche Verwaltungsträger, die jeweils bestimmte Aufgaben wahrnehmen.

- Verwaltungsträger des öffentlichen Rechts

Körperschaften, Anstalten und Stiftungen

sind verselbständigte staatliche Organisationen, die i. d. R. bestimmte gemeinsame Merkmale besitzen. Sie
→ dienen öffentlichen Zwecken
→ nehmen ihre Zwecke in der Regel öffentlich-rechtlich wahr
→ entstehen in der Regel durch Gesetz
→ sind in der Regel rechtsfähig
→ sind befugt, ihre Angelegenheiten durch Satzung zu regeln
→ unterliegen in der Regel der Rechtsaufsicht einer übergeordneten Behörde

18

Die wesentlichen Unterschiede sind:

Körperschaften sind Personenzusammenschlüsse, deren Bestand vom Wechsel der Mitglieder unabhängig ist und bei denen die Mitglieder wesentlichen Einfluss auf die Willensbildung haben. Dabei sind zu unterscheiden: Gebietskörperschaften, bei denen sich die Mitgliedschaft aus dem Wohnsitz einer natürlichen oder dem Sitz einer juristischen Person ergibt (Beispiele: Bund, Länder, Gemeinden) und Personalkörperschaften, bei denen sich die Mitgliedschaft aus persönlichen Eigenschaften oder Merkmalen ergibt (Beispiele: Universitäten, Kammern, Innungen).

Anstalten sind Organisationen, die keine Mitglieder, sondern Benutzer haben (Beispiele: öffentliche Rundfunk- und Fernsehanstalten, Bundesanstalt für Arbeit).

Stiftungen sind Vermögensmassen, die ebenfalls keine Mitglieder, sondern Nutznießer haben (Beispiele: Stiftung preußischer Kulturbesitz, Stiftung Mutter und Kind oder die staatlichen Museen in Hamburg).

Beliehene

sind natürliche oder juristische Personen des Privatrechts, denen für bestimmte Fälle durch Gesetz oder aufgrund eines Gesetzes hoheitliche Aufgaben übertragen worden sind. Beispiele: TÜV, Notare.

19

- Verwaltungsträger des privaten Rechts

20 | sind Aktiengesellschaften (AG), Gesellschaften mit beschränkter Haftung (GmbH), rechtsfähige Vereine, (privatrechtliche) Stiftungen und Genossenschaften.

IV. Arten der Verwaltung (Übersicht)

Auch hier gilt das oben vor Rn 18 Gesagte: Die Aufgaben der Verwaltung sind sehr unterschiedlich. Die Arten der Verwaltung zu unterscheiden ist deshalb von Bedeutung, weil die Rechte und Pflichten der Verwaltung und der Bürger jeweils unterschiedlich sein können.

Die Arten der Verwaltung lassen sich anhand verschiedener Kriterien aufzeigen, die sich zu einem erheblichen Teil überschneiden:

Kriterien	Arten	Inhalte
Träger der Verwaltung	Europäische Verwaltung	In einigen Bereichen wird das Recht der Europäischen Gemeinschaft nicht durch die Mitgliedstaaten, sondern durch die EG-Kommission selbst durchgeführt. *Beispiele:* Wettbewerbsrecht
	Bundesverwaltung	Hierzu gehören die Bundesministerien (z. B. Bundesfinanzministerium), die Bundesoberbehörden (z. B. Bundesgesundheitsamt) und die selbstständigen Verwaltungsträger (z. B. Bundesanstalt für Arbeit), vgl. Art. 86 ff. GG.
	Landesverwaltung	Hierzu gehören insbesondere die Landesministerien (z. B. Schulministerium), die Bezirksregierungen und in den Stadtstaaten die Bezirksämter, vgl. Art. 30, 83 ff. GG.
	Kommunalverwaltung	Sie ist rechtlich verselbständigt und nimmt aufgrund des Art. 28 II GG alle Aufgaben der örtlichen Gemeinschaft in eigener Verantwortung wahr. *Beispiel:* Bauverwaltung
Grad der Gebundenheit	unmittelbare Staatsverwaltung	Hier handelt die Verwaltung durch eigene weisungsgebundene Behörden. *Beispiel:* Finanzverwaltung
	mittelbare Staatsverwaltung	Hier handelt die Verwaltung durch rechtlich verselbständigte Verwaltungseinheiten, die eigene Rechtsfähigkeit besitzen: Körperschaften, Anstalten und Stiftungen des öffentlichen Rechts (vgl. Rn 18), z. B. Kommunalverwaltung

Kriterien	Arten	Inhalte	
Rechts-wirkungen für den Bürger	Eingriffs-verwaltung	Hier greift die Verwaltung belastend in die Freiheitssphäre der Bürger ein. *Beispiel:* Finanzverwaltung	23
	Leistungs-verwaltung	Sie gewährt Leistungen an den Bürger. *Beispiel:* Sozialverwaltung	
Ziel-setzungen	Ordnungs-verwaltung	Sie soll Störungen und Missstände verhindern bzw. beseitigen. *Beispiel:* Bauverwaltung	24
	Lenkungs-verwaltung	Sie bezweckt eine breiter angelegte Förderung und Steuerung ganzer Bereiche des sozialen, wirtschaftlichen und kulturellen Lebens. *Beispiel:* Wirtschaftsförderung	
	Abgaben-verwaltung	Sie dient der Beschaffung der notwendigen Geldmittel, damit der Staat seine Aufgaben erfüllen kann. *Beispiel:* Finanzverwaltung	
	Bedarfs-verwaltung	Sie hat zur Aufgabe, das Personal und die Sachmittel, die zur Durchführung der Verwaltungsaufgaben erforderlich sind, zur Verfügung zu stellen. *Beispiel:* Beschaffungsämter	
anwend-bares Recht	Hoheits-verwaltung	Sie handelt öffentlich-rechtlich, also insbesondere durch Verwaltungsakte. *Beispiel:* Finanzverwaltung	25
	Fiskal-verwaltung	Sie handelt stets privatrechtlich: entweder in unmittelbarer Wahrnehmung materiell-öffentlicher Aufgaben (z. B. privatrechtlich betriebene kommunale Verkehrsbetriebe), durch fiskalische Hilfsgeschäfte zur Deckung des Verwaltungsbedarfs (z. B. Kauf von Büromaterial) oder als erwerbswirtschaftliche Betätigung zur Erzielung von Gewinnen (z. B. Vermietung dem Staat gehörender Gebäude).	

V. Arten des Verwaltungshandelns

So wie ein Handwerker je nach Tätigkeitsbereich unterschiedliche Werkzeuge zur Herstellung seines Werkes benötigt (z. B. Hammer und Säge einerseits, Pinsel und Farbrolle andererseits), so benötigt auch die Verwaltung unterschiedliche Werkzeuge, um ihre Aufgaben erfüllen zu können. Deshalb kommt den Arten des Verwaltungshandelns (den „Werkzeugen") ganz besondere Bedeutung zu.

1. Öffentlich-rechtliches Verwaltungshandeln

Die wichtigsten Formen öffentlich-rechtlichen Handelns sind:

26	**schlichtes (faktisches) Verwaltungshandeln (Realakte)**	Das schlichte Verwaltungshandeln ist **nicht** auf die Herbeiführung einer *unmittelbaren* Rechtsfolge gerichtet. *Beispiele:* Streifengang eines Polizisten, Bearbeitung einer Akte.
27	**Verwaltungsakt**	Der Verwaltungsakt ist auf die Herbeiführung einer *unmittelbaren* Rechtsfolge gerichtet. Es geht dabei nicht um eine alle Bürger betreffende Regelung, sondern um einen **Einzelfall**. Der Fall betrifft also grundsätzlich nur **einen** Bürger, der **außerhalb** der Verwaltung steht. *Beispiel:* Baugenehmigung. Zum Begriff des Verwaltungsakts vgl. § 35 VwVfG und Rn. 46 ff.
28	**öffentlich-rechtlicher Vertrag**	Der öffentlich-rechtliche Vertrag kommt zustande durch zwei sich deckende wirksame öffentlich-rechtliche Willenserklärungen. Anders als bei dem Verwaltungsakt, auf dessen Erlass der Bürger grundsätzlich nicht einwirken kann, kann ein öffentlich-rechtlicher Vertrag mit dem Bürger natürlich nur mit seinem Einverständnis (seiner Willenserklärung) geschlossen werden. Die öffentlichrechtlichen Verträge sind in den §§ 54 ff. VwVfG geregelt. *Beispiel:* Sondernutzungsverträge.
29	**verwaltungs-interne Einzelweisung**	Genau wie beim Verwaltungsakt löst die *verwaltungsinterne* Einzelweisung eine unmittelbare Rechtsfolge gegen über **einer bestimmten Person** aus. Anders als der Verwaltungsakt richtet sich die verwaltungsinterne Einzelweisung jedoch an eine Person, die **innerhalb** der Verwaltung arbeitet. Beispiel: Anordnung, eine bestimmte Akte zu bearbeiten.
30	**Verwaltungs-vorschrift**	Die Verwaltungsvorschrift enthält eine verbindliche **allgemeine** Regelung. Sie ist an alle Mitarbeiter und Mitarbeiterinnen **innerhalb** der Verwaltung gerichtet und nicht wie die Rechtsverordnung an alle Bürger. Es handelt sich weder um ein formelles noch ein materielles Gesetz. *Beispiel:* Durchführungsbestimmungen zum Ausländergesetz.

Rechts-verordnung	Bei der Rechtsverordnung handelt es sich um Handeln der Exekutive (vgl. Art. 80 GG) mit Außenwirkung. Anders als bei dem Verwaltungsakt, der nur Einzelfälle betrifft, enthält die Rechtsverordnung verbindliche **allgemeine** Regelungen, also solche, die **alle** betroffenen Bürger berühren. Es handelt sich um ein materielles Gesetz. *Beispiel:* Straßenverkehrsordnung.	31
Satzung	Satzungen sind verbindliche **allgemeine** Regelungen, die von einer dem Staat eingeordneten juristischen Person des öffentlichen Rechts im Rahmen der ihr gesetzlich verliehenen Autonomie mit Wirksamkeit für die ihr angehörenden oder unterworfenen Personen erlassen werden. Es handelt sich um ein materielles Gesetz. *Beispiel:* Friedhofssatzung einer Gemeinde.	32

Hinweise: Beschlüsse, Pläne und Organisationsakte sind keine eigenständigen Handlungsformen. Sie stellen oft eine Verbindung von mehreren der obigen Handlungsformen dar. So kann etwa ein Beschluss – z. B. über die Auflösung einer Schule – zunächst eine verwaltungsinterne Einzelweisung sein, die durch die Umsetzung zu einem Verwaltungsakt wird. Auch ist die obige Übersicht nicht abschließend. So ist etwa der Flächennutzungsplan nach §§ 5 ff. BauBG mangels Außenwirkung keine Satzung. Andererseits würde es seiner Bedeutung nicht entsprechen, ihn als bloße Verwaltungsvorschrift zu bezeichnen. 32a

2. Privatrechtliches Verwaltungshandeln

Formen privatrechtlichen Handelns sind:

Vertrag	Ein Vertrag kommt durch zwei (oder mehrere) sich deckende wirksame Willenserklärungen zustande. Zu unterscheiden sind • Verpflichtungsverträge, z. B. Kaufverträge • Verfügungsverträge, z. B. Übereignung (§ 929 BGB) • Beschlüsse, z. B. Vorstandsentscheidungen einer AG	33
einseitiges Rechtsgeschäft	Es ist die Ausnahme, da hier ein Rechtsgeschäft durch eine einzige Willenserklärung zustande kommt, wie z. B. die Anfechtung nach § 119 BGB, Kündigung (§ 568 BGB).	34
geschäfts-ähnliche Handlung	Hierbei handelt es sich um eine auf einen tatsächlichen Erfolg gerichtete Erklärung, deren Rechtsfolgen kraft Gesetzes eintreten, wie z. B. die Mahnung i. S. d. § 286 BGB.	35

36	**Realakt**	Ein Realakt ist eine auf einen tatsächlichen Erfolg gerichtete Handlung, die kraft Gesetzes eine Rechtsfolge herbeiführt, wie z. B. die Besitzübergabe i. S. d. § 929 BGB.
37	**schlichtes Handeln**	Es löst keinerlei unmittelbaren Rechtsfolgen aus. *Beispiel:* Besichtigung eines Gebäudes, das evtl. von der Verwaltung gekauft werden soll.

VI. Arten der Verwaltungsverfahren

	Steuerverwaltung	Sozialverwaltung	sonstige Verwaltung
38	Verwaltungsverfahren nach §§ 78 ff. der Abgabenordnung (AO), vgl. Rn 141 ff.	Verwaltungsverfahren nach dem 10. Teil des Sozialgesetzbuches (SGB X), vgl. Rn 141 ff.	Verwaltungsverfahren nach dem Bundes- bzw. den Landesverwaltungsverfahrensgesetzen (VwVfG) • §§ 9 ff.: allgemeines Verfahren, vgl. Rn 141 ff. • §§ 63 ff.: förmliches Verfahren • §§ 72 ff.: Planfeststellungsverfahren
39	Einspruchsverfahren nach §§ 347 ff. Abgabenordnung (AO), vgl. Rn 380 ff.	Widerspruchsverfahren nach §§ 77 ff. des Sozialgerichtsgesetzes (SGG), vgl. Rn 380 ff. Beachte: §§ 77 ff. SGG finden nur Anwendung für Widersprüche aus den Bereichen Sozialversicherung, Arbeitslosenversicherung, Kassenärzterecht, Mutterschutzrecht, Lohnfortzahlung, nicht aber für sonstige Widersprüche aus dem Bereich des Sozialrechts (z. B. Widerspruch gegen einen Sozialhilfebescheid)	Widerspruchsverfahren nach §§ 68 ff. der Verwaltungsgerichtsordnung (VwGO), vgl. Rn 380 ff. Beachte: §§ 68 ff. VwGO finden auch Anwendung für Widersprüche aus den Bereichen Sozialhilfe, Wohngeld, Jugendhilfe, Schwerbeschädigtenrecht und Ausbildungsförderung, da insoweit nicht das Sozialgericht, sondern das Verwaltungsgericht zuständig ist.

Steuerverwaltung	Sozialverwaltung	sonstige Verwaltung	
Vollstreckungsverfahren nach §§ 249 ff. der Abgabenordnung (AO), vgl. Rn 365 ff.	**Vollstreckungsverfahren** nach dem Bundes- bzw. den Landesverwaltungsvollstreckungsgesetzen, vgl. Rn 330 ff., 365 ff.	**Vollstreckungsverfahren** nach dem Bundes- bzw. den Landesverwaltungsvollstreckungsgesetzen, vgl. Rn 330 ff., 365 ff.	40
Bußgeldverfahren nach §§ 35 ff. Ordnungswidrigkeitengesetz (OWiG), vgl. Rn 595 ff.	**Bußgeldverfahren** nach §§ 35 ff. Ordnungswidrigkeitengesetz (OWiG), vgl. Rn 595 ff.	**Bußgeldverfahren** nach §§ 35 ff. Ordnungswidrigkeitengesetz (OWiG), vgl. Rn 595 ff.	41

Zweiter Teil

Der Verwaltungsakt

Der Verwaltungsakt ist *die* zentrale Form des öffentlich-rechtlichen Handelns. Die Kenntnis seiner Funktionen, seiner Arten, seiner Merkmale und seiner möglichen Nebenbestimmungen ist deshalb eine unerlässliche Voraussetzung für das Verständnis des Verwaltungsrechts.

Literaturempfehlungen: siehe im Literaturverzeichis Nr. 1

I. Funktionen des Verwaltungsakts

1. Übersicht

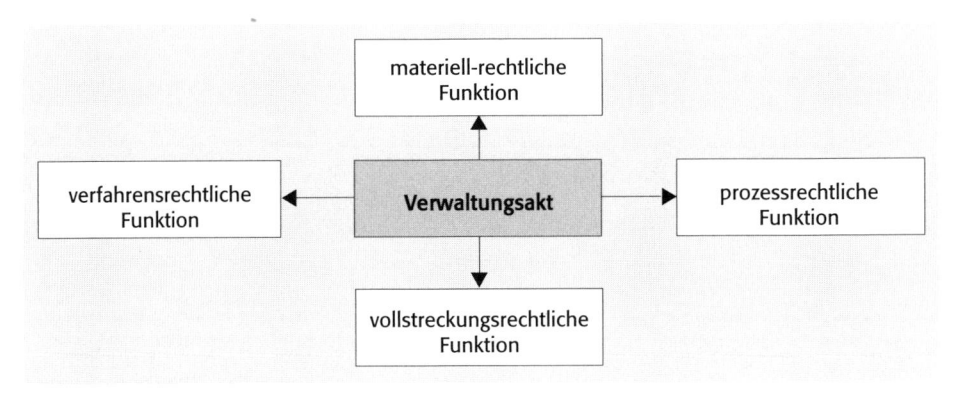

```
                    materiell-rechtliche
                         Funktion
                             ▲
                             │
verfahrensrechtliche ◄── Verwaltungsakt ──► prozessrechtliche
     Funktion                │                   Funktion
                             ▼
                   vollstreckungsrechtliche
                         Funktion
```

2. Die Funktionen

a) Materiell-rechtliche Funktion

42 | Der VA individualisiert und konkretisiert regelmäßig eine abstrakt-generelle Norm im Sinne einer verbindlichen Festlegung der Rechtsbeziehungen zwischen Behörde und Bürger.
Beispiel: A erhält aufgrund des (abstrakt-generellen) Bundessozialhilfegesetzes durch einen VA konkret 200,– Euro monatlich.

b) Verfahrensrechtliche Funktion

Das Verwaltungsverfahren, das das VwVfG in den §§ 9–53 und das SGB X in den §§ 8–52 SGB X regelt, ist nach § 9 VwVfG „die nach außen wirkende Tätigkeit der Behörden, die auf die Prüfung der Voraussetzungen, die Vorbereitung und den Erlass eines Verwaltungsakts gerichtet ist …". Dementsprechend hängt die Anwendbarkeit der oben genannten Verfahrensvorschriften davon ab, ob das Verwaltungshandeln (vgl. Rn 26 ff.) auf die Prüfung der Voraussetzungen, die Vorbereitung und den Erlass einer VA gerichtet ist.

43

c) Prozessrechtliche Funktion

Ein VA

- ist grundsätzlich Voraussetzung für das Vorverfahren (Widerspruchsverfahren). So bestimmen

§ 68 (1) VwGO: „Vor Erhebung der Anfechtungsklage sind Rechtmäßigkeit und Zweckmäßigkeit des Verwaltungsakts in einem Vorverfahren nachzuprüfen."
§ 68 (2) VwGO: „Für die Verpflichtungsklage gilt Absatz 1 entsprechend, wenn der Antrag auf Vornahme des Verwaltungsakts abgelehnt worden ist."

- ist Voraussetzung für die aufschiebende Wirkung eines Widerspruchs.

§ 80 (1) 1 VwGO: „Widerspruch und Anfechtungsklage haben aufschiebende Wirkung."

- ist Voraussetzung für bestimmte Klagen.

§ 42 (1) VwGO: „Durch Klage kann die Aufhebung eines Verwaltungsakts (Anfechtungsklage) sowie die Verurteilung zum Erlass eines abgelehnten oder unterlassenen Verwaltungsakts (Verpflichtungsklage) begehrt werden."

Beispiel: A legt Widerspruch gegen eine Abbruchverfügung (VA) ein und erhebt später Anfechtungsklage.

44

d) Vollstreckungsrechtliche Funktion

Der VA ist Vollstreckungstitel nach den Verwaltungsvollstreckungsgesetzen (VwVG)

z. B. § 1 HmbVwVG (ähnlich die Vollstreckungsgesetze der anderen Länder): „Dieses Gesetz gilt … für die Erzwingung von Handlungen, Duldungen und Unterlassungen aufgrund von Verwaltungsakten der zur unmittelbaren Verwaltung der Freien und Hansestadt Hamburg gehörenden Dienststellen …" Weiter bestimmt § 14 VwVG: „Die in § 1 genannten Stellen sind berechtigt, Verwaltungsakte … mit den nachstehenden Zwangsmitteln durchzusetzen: Ersatzvornahme (…), Festsetzung eines Zwangsgeldes, unmittelbarem Zwang, Erzwingungshaft."

Beispiel: Die zuständige Behörde vollstreckt eine unanfechtbare Abbruchverfügung dadurch, dass sie das Bauwerk durch einen privaten Unternehmer abbrechen lässt.

45

II. Merkmale des Verwaltungsakts

1. Übersicht

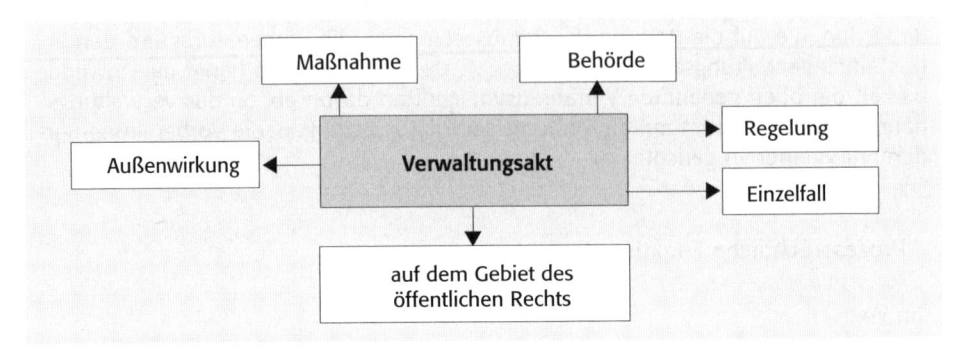

2. Die Merkmale

Die Merkmale des Verwaltungsakts werden in § 35 VwVfG (= §§ 31 SGB X, 118 AO) genannt:

46
> „Verwaltungsakt ist jede Verfügung, Entscheidung oder andere hoheitliche Maßnahme, die eine Behörde zur Regelung eines Einzelfalles auf dem Gebiet des öffentlichen Rechts trifft und die auf unmittelbare Rechtswirkung nach außen gerichtet ist. Allgemeinverfügung ist ein Verwaltungsakt, der sich an einen nach allgemeinen Merkmalen bestimmten oder bestimmbaren Personenkreis richtet oder die öffentlich-rechtliche Eigenschaft einer Sache oder ihre Benutzung durch die Allgemeinheit betrifft."

a) Maßnahme

47 Eine Maßnahme ist jede zweckgerichtete Handlung.

Beispiel: Eine Behörde schickt ein Schreiben ab.

b) Behörde

48 Eine Behörde ist nach §§ 1 (2) VwVfG, 1 (2) SGB X „jede Stelle, die Aufgaben der öffentlichen Verwaltung wahrnimmt."

> Eine Behörde liegt danach vor, wenn die Stelle
> - Aufgaben der öffentlichen Verwaltung wahrnimmt. Ihr muss also die Befugnis zu öffentlich-rechtlichem Handeln übertragen sein. Nicht ausreichend ist, dass ihre

Tätigkeit lediglich öffentlichen Zwecken dient (wie etwa bei einem als GmbH organisierten Nahverkehrsbetrieb).
* organisatorisch selbständig ist. Die Aufgaben müssen ihr also zur eigenverantwortlichen Wahrnehmung übertragen sein, d. h. zum Handeln mit Außenwirkung in eigener Zuständigkeit und in eigenem Namen.

Damit fallen unter den Behördenbegriff zunächst die Verwaltungsbehörden im organisatorischen Sinn.

Beispiel: Das Bundesgesundheitsamt

Erfasst sind aber auch alle sonstigen Einrichtungen, Organe und Stellen, die die Befugnis zu öffentlich-rechtlichem Handeln besitzen.

Beispiel: Sachverständige des TÜV

c) Auf dem Gebiet des öffentlichen Rechts

Auf dem Gebiet des öffentlichen Rechts handelt eine Behörde, wenn die *Norm*, auf die sie sich bei ihrem Handeln stützt, dem öffentlichen Recht angehört.

49

Zur Klärung, *ob* die Norm dem öffentlichen Recht angehört, s. o. Rn 10 ff.

d) Regelung

Eine Regelung liegt vor, wenn die Maßnahme ihrem Ausspruch nach unmittelbar auf die Herbeiführung einer Rechtsfolge gerichtet ist.

50

Es gibt verschiedene Regelungsarten:

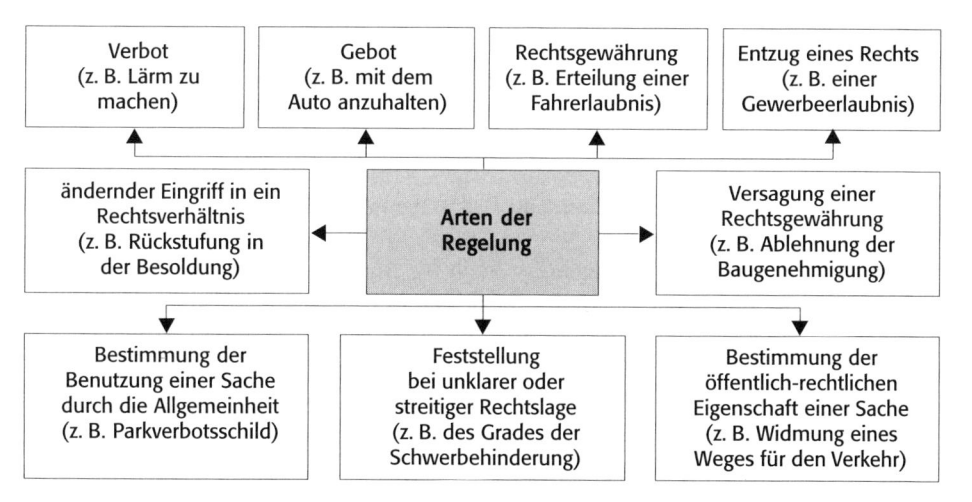

- Verbot (z. B. Lärm zu machen)
- Gebot (z. B. mit dem Auto anzuhalten)
- Rechtsgewährung (z. B. Erteilung einer Fahrerlaubnis)
- Entzug eines Rechts (z. B. einer Gewerbeerlaubnis)
- ändernder Eingriff in ein Rechtsverhältnis (z. B. Rückstufung in der Besoldung)
- Versagung einer Rechtsgewährung (z. B. Ablehnung der Baugenehmigung)
- Bestimmung der Benutzung einer Sache durch die Allgemeinheit (z. B. Parkverbotsschild)
- Feststellung bei unklarer oder streitiger Rechtslage (z. B. des Grades der Schwerbehinderung)
- Bestimmung der öffentlich-rechtlichen Eigenschaft einer Sache (z. B. Widmung eines Weges für den Verkehr)

Arten der Regelung

e) Einzelfall

Übersicht

51 Bei dem Merkmal „Einzelfall" lassen sich verschiedene Fallgruppen bilden:

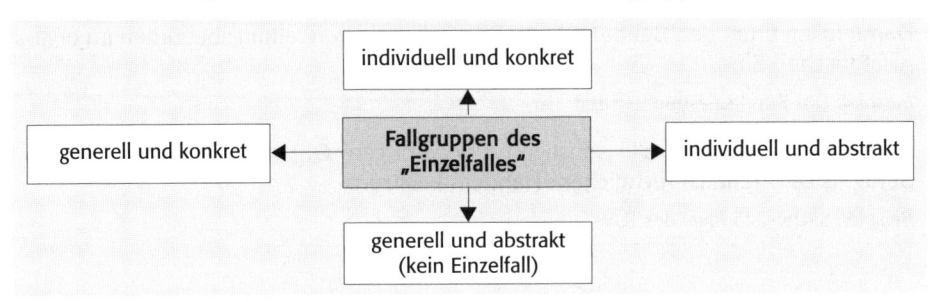

```
                    individuell und konkret
                              ▲
                              │
  generell und konkret ◄── Fallgruppen des ──► individuell und abstrakt
                           „Einzelfalles"
                              │
                              ▼
                    generell und abstrakt
                       (kein Einzelfall)
```

Zunächst merken Sie sich bitte die folgenden Begriffsbestimmungen:

Konkret ist eine Regelung, wenn sich der Sachverhalt nach Zeit, Ort und den sonstigen Umständen sich in seiner wesentlichen Eigenart nur einmal ereignen kann.

Beispiel: Am 25. 2. 2004 wird A mit seinem Auto auf der Autobahn A1 um 16.00 Uhr von der Polizei gestoppt.

Abstrakt ist eine Regelung, wenn sie sich auf eine unbestimmte Vielzahl möglicher Sachverhalte bezieht.

Beispiel: § 823 (1) BGB lautet: „Wer vorsätzlich oder fahrlässig den Körper (...) widerrechtlich verletzt, ist (...) zum Schadensersatz verpflichtet."

Individuell ist eine Regelung, wenn die betroffenen Personen zum Zeitpunkt des Erlasses der Regelung namentlich oder der Zahl nach feststehen oder wenn sie sich an einen nach allgemeinen Merkmalen bestimmten oder bestimmbaren Personenkreis richtet.

Beispiel: In dem obigen Beispiel richtet sich die Maßnahme an A.

Generell (allgemein) ist die Regelung, wenn bei ihrem Erlass noch nicht feststeht, welche Personen von dem Fall individuell betroffen sein werden, sie sich also an eine unbestimmte Vielzahl von Personen richtet.

Beispiel: Alle in Deutschland lebenden Personen sollen an einem bestimmten Termin eine bestimmte Handlung begehen.

Das Merkmal „Einzelfall" ist von zentraler Bedeutung dafür, ob eine Regelung durch Erlass eines *Verwaltungsakts* oder einer *Rechtsnorm* getroffen werden muss. Die typische Rechtsnorm ist abstrakt und generell (allgemein). Der typische Verwaltungsakt ist konkret und individuell. Nun zu den einzelnen Fallgruppen.

(1) Der konkrete und individuelle Einzelfall 52

Ein *Einzelfall* liegt jedenfalls dann vor, wenn der geregelte Fall *konkret* und *individuell* ist. Ein Einzelfall liegt nicht vor, wenn der geregelte Fall *abstrakt* und *generell* ist.

Beispiel für einen konkreten und individuellen Einzelfall: A (individuell) erhält von der zuständigen Behörde einen Bescheid, in dem er aufgefordert wird, einen (näher bezeichneten) nicht genehmigten und gegen die Bauordnung verstoßenden Umbau seines Hauses bis zu einem bestimmten Datum zu beseitigen (konkret: Ort, Zeit, Umstände)

Um eine individuelle Regelung handelt es sich *auch* im Fall des § 35 Satz 2, 1. Alt. VwVfG: „... der sich an einen nach allgemeinen Merkmalen bestimmten oder bestimmbaren Personenkreis richtet" (= Allgemeinverfügung).

Beispiel: Bei einer Bombendrohung fordert die Polizei über Lautsprecher die Bewohner einer Straße zum Verlassen ihrer Wohnungen auf.

So klar diese Unterscheidungen auch zu sein scheinen, so sehr verschwimmen sie bei näherem Hinsehen. Schwierigkeiten tauchen insbesondere deswegen auf, weil sich die genannten Merkmale kombinieren lassen. Zu prüfen bleibt, ob ein individueller und abstrakter bzw genereller und konkreter Sachverhalt einen Einzelfall i. S. d. § 35 VwVfG darstellt.

(2) Der individuelle und abstrakte Einzelfall 53

Beispiel: A erhält am 5. 3. 2006 eine Verfügung, wonach er jedes Mal, wenn das Wasser eines Baches einen bestimmten Pegel überschreitet, ein auf seinem Grundstück befindliches Wehr öffnen soll.

Nach überwiegender Meinung handelt es sich bei individuellen und abstrakten Regelungen, wenn sie gewisse konkrete Elemente aufweisen, um *Einzelfälle* und damit um Verwaltungsakte (z. B. Maurer, Allg. Verwaltungsrecht, § 9 Rn 20). Die Begründung folgt letztlich daraus, dass eine solche Regelung möglich sein muss, es aber ein unvertretbarer Aufwand wäre, für die Regelung gegenüber nur *einer* Person eine Rechtsnorm zu erlassen.

54 (3) Der generelle und konkrete Einzelfall

> *Beispiel:* Alle in Deutschland lebenden Menschen sollen an einem bestimmten Tag eine bestimmte Handlung vornehmen.
>
> Ist der Adressatenkreis in *keiner Weise* bestimmt (obiges Beispiel), so liegt kein Einzelfall vor. Ein derartiger Fall kann nur über eine *Rechtsnorm* geregelt werden. Ausnahme: Die Regelung bezieht sich auf die öffentlich-rechtliche Eigenschaft einer Sache oder ihre Benutzung durch die Allgemeinheit (§ 35 Satz 2, 2. und 3. Alt. VwVfG). In diesen Fällen handelt es sich kraft Gesetzes um einen Verwaltungsakt in Form der Allgemeinverfügung.
>
> *Beispiele:* Widmung einer Straße für den Verkehr; Verkehrsschilder, soweit sie ein Gebot oder Verbot beinhalten.

55 (4) Die generelle und abstrakte Regelung

> Eine derartige Regelung ist nie ein Einzelfall. Sie ist nur über eine Rechtsnorm möglich.
>
> *Beispiel:* Alle Autofahrer müssen eine Fahrerlaubnis besitzen.

Merke:

> Ein Einzelfall liegt also vor, wenn der Fall
> - konkret-individuell ist,
> - abstrakt-individuell ist, dabei aber gewisse konkrete Elemente aufweist, oder
> - konkret-generell ist und dabei die öffentlich-rechtliche Eigenschaft einer Sache oder die Benutzung einer Sache durch die Allgemeinheit regelt.

f) Außenwirkung

56 (1) Der Normalfall

> Außenwirkung hat eine Maßnahme, wenn sie an eine *außerhalb* der Verwaltung stehende Person gerichtet ist.

Beispiel: Ausweisungsverfügung gegenüber Ausländer A.

Dies ist ganz einfach und unstreitig. Zwei Problemkreise sind allerdings zu beachten: das verwaltungsrechtliche Sonderverhältnis und Maßnahmen gegenüber Behörden.

(2) Verwaltungsrechtliches Sonderverhältnis

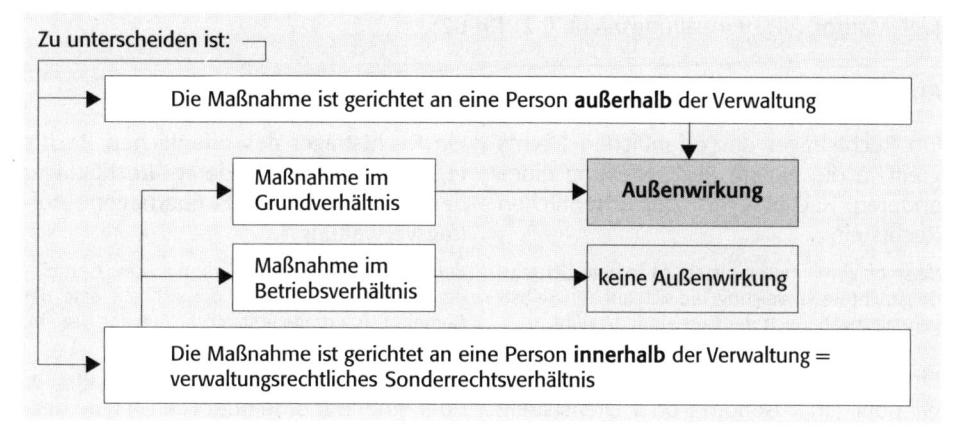

57

Zu unterscheiden ist:

- Die Maßnahme ist gerichtet an eine Person **außerhalb** der Verwaltung
  - Maßnahme im Grundverhältnis → **Außenwirkung**
  - Maßnahme im Betriebsverhältnis → keine Außenwirkung
- Die Maßnahme ist gerichtet an eine Person **innerhalb** der Verwaltung = verwaltungsrechtliches Sonderrechtsverhältnis

Bei Regelungen, die sich an Personen richten, die sich *innerhalb* eines verwaltungsrechtlichen Sonderverhältnisses befinden (früher „besonderes Gewaltverhältnis") richten (Beamte, Schüler, Soldaten, Richter, Strafgefangene, Zivildienstleistende), ist die Außenwirkung nach überwiegender Auffassung nur dann zu bejahen, wenn das *Grundverhältnis* betroffen ist. Ist lediglich das *Betriebsverhältnis* betroffen, wird die Außenwirkung verneint.

Das *Grundverhältnis* legt die Sonderbeziehung nach Art, Umfang und Ausgestaltung fest. Maßnahmen im Grundverhältnis regeln also den Status des Betreffenden, richten sich daher an ihn als Träger eigener Rechte (z. B. VGH München NVwZ 2000, 222 f.).

Beispiele: Ernennung, Entlassung und Beförderung von Beamten

Das *Betriebsverhältnis* dient dem Betriebsablauf der Verwaltung. Maßnahmen im Betriebsverhältnis regeln also die Tätigkeit des Betreffenden im laufenden Dienstbetrieb, konkretisieren also lediglich die Gehorsamspflicht des Betreffenden.

Beispiel: Anweisung an einen Beamten, eine bestimmte Akte zu bearbeiten.

58 **(3) Maßnahmen gegenüber Behörden**

(vgl. Maurer, Allg. Verwaltungsrecht, § 21 Rn 67)

Außenwirkung	keine Außenwirkung
Ein Rechtsträger des öffentlichen Rechts greift in die eigene Rechtsstellung eines anderen Rechtsträgers des öffentlichen Rechts ein.	Ein Rechtsträger des öffentlichen Rechts regelt die einem anderen Rechtsträger des öffentlichen Rechts übertragene Auftragsverwaltung.
Beispiel: Vom Innenministerium an eine Gemeinde gerichtete Anweisung, die sich auf den Selbstverwaltungsbereich der Gemeinde bezieht.	*Beispiel:* Vom Innenministerium an eine Gemeinde gerichtete Anweisung, die sich auf eine der Gemeinde übertragene staatliche Aufgabe bezieht.
Eine Behörde trifft zwar eine Regelung gegenüber einer Behörde oder Dienststelle desselben Rechtsträgers, greift damit aber zielgerichtet in Rechte der Bürger ein.	Eine Behörde trifft eine Regelung gegenüber einer Behörde oder Dienststelle desselben Rechtsträgers.
Beispiel: Umwandlung eines Gymnasiums in eine Gesamtschule	*Beispiel:* Anweisung des Schulministeriums an eine Schule

III. Arten des Verwaltungsakts

1. Übersicht

59 Der Verwaltungsakt ist die wichtigste Handlungsform der Verwaltung (vgl. Rn 26 ff.). Dementsprechend vielfältige Erscheinungsformen bzw. Arten des Verwaltungsakts gibt es, die dabei natürlich alle die Voraussetzungen des § 35 VwVfG bzw. der §§ 31 SGB X, 118 AO erfüllen müssen. Die Kriterien, nach denen der Verwaltungsakt eingeteilt werden kann, ergeben sich aus der folgenden Übersicht.

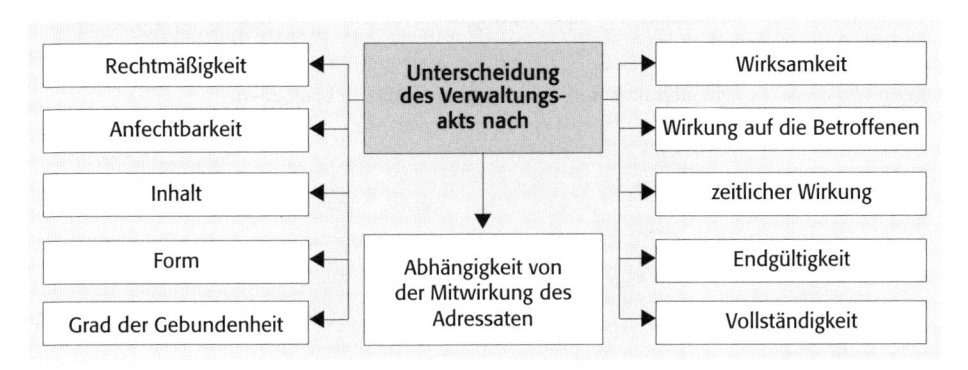

	Unterscheidung des Verwaltungsakts nach	
Rechtmäßigkeit		Wirksamkeit
Anfechtbarkeit		Wirkung auf die Betroffenen
Inhalt		zeitlicher Wirkung
Form	Abhängigkeit von der Mitwirkung des Adressaten	Endgültigkeit
Grad der Gebundenheit		Vollständigkeit

2. Die einzelnen Arten

Unterscheidung nach	Unterfälle	Inhalt	Beispiel	
Inhalt	befehlende	gebieten ein Tun, Dulden oder Unterlassen	Abbruchverfügung	60
	gestaltende	sind auf unmittelbare Begründung, Änderung oder Aufhebung eines Rechtsverhältnisses gerichtet	Fahrerlaubnis	
	feststellende	stellen rechtlich erhebliche Tatsachen fest	Staatsbürgerschaftsurkunde	
Grad der Gebundenheit	gebundene	Rechtsfolge ist zwingend	Sozialhilfebescheid	61
	Ermessens-VAe	Rechtsfolge steht im Ermessen	Polizeiverfügung	
	gesetzesfreie	benötigen keine gesetzliche Grundlage	Subventionen für ein Theater	
Wirkung auf die Betroffenen	begünstigende	begründen ein Recht oder einen rechtlich erheblichen Vorteil	Gaststättenkonzession	62
	belastende	schränken ein Recht ein	Versammlungsverbot	
	mit Doppelwirkung	sind für den Adressaten sowohl begünstigend als auch belastend	Beamtenernennung	
	mit Drittwirkung	sind für den Adressaten begünstigend, für einen Dritten aber belastend	Genehmigung zum Bau eines Hauses bis an die Grenze zum Nachbargrundstück	
	neutrale	sind weder begünstigend noch belastend	Zuweisung eines Straßennamens	
Abhängigkeit von der Mitwirkung des Adressaten	mitwirkungsbedürftige	sind antragsabhängig	Baugenehmigung	63
	nicht mitwirkungsbedürftige	sind nicht antragsabhängig	Ausweisung	
zeitlicher Wirkung	mit einmaliger Wirkung	enthalten nur eine einmal geltende Rechtsfolge	Sozialhilfebescheid	64
	mit Dauerwirkung	enthalten eine andauernde Rechtsfolge	Rentenbescheid	
Form	formfreie	bedürfen keiner bestimmten Form	Hausverbot	65
	formgebundene	bedürfen einer bestimmten Form	Beamtenernennung	
Vollständigkeit	Teilakte	regeln nur einen Teilbereich	Teilbaugenehmigung	66
	Vollakte	regeln die gesamte jeweilige Rechtsfrage	Fahrerlaubnis	
Endgültigkeit	Vorakte	regeln nur einen Voraspekt des späteren Endaktes	Vorbescheid zu einer Baugenehmigung	67
	Endakte	regeln eine Rechtsfrage endgültig	Ernennung zum Lebenszeitbeamten	

Unterscheidung nach	Unterfälle	Inhalt	Beispiel
Rechtmäßigkeit	rechtmäßige	verstoßen nicht gegen geltendes Recht	allen rechtlichen Anforderungen entsprechende Aufenthaltserlaubnis
	rechtswidrige	verstoßen gegen geltendes Recht	unverhältnismäßige Ausweisungsverfügung
Anfechtbarkeit	anfechtbare	sind mit Rechtsbehelfen anfechtbar (z. B. Widerspruch)	erlassene Räumungsverfügung innerhalb eines Monats nach Bekanntgabe
	nicht anfechtbare	sind mit Rechtsbehelfen nicht anfechtbar	Gebührenbescheid nach Ablauf der Widerspruchsfrist
Wirksamkeit	wirksame	entfalten eine Rechtswirkung	rechtmäßige Abrissverfügung
	unwirksame (nichtige)	entfalten keine Rechtswirkung	vom Standesamt erlassener Einkommensteuerbescheid

IV. Nebenbestimmungen des Verwaltungsakts

1. Übersicht

Verwaltungsakt ← Nebenbestimmungen
- Befristung
- Bedingung
- Auflage
- Auflagenvorbehalt
- Widerrufsvorbehalt

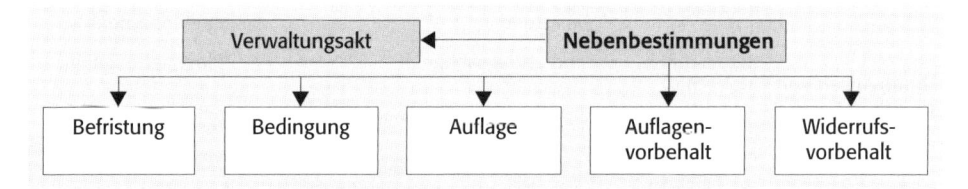

2. Begriff der Nebenbestimmung

Ein Verwaltungsakt kann mit einer Nebenbestimmung versehen sein (§ 36 VwVfG, § 32 SGB X, 120 AO).

> Eine Nebenbestimmung ist ein Zusatz zu einem VA, wobei der Zusatz einen *eigenen* Regelungsgehalt hat, der mit dem des Verwaltungsaktes in einem inneren Zusammenhang steht.

Eine Nebenbestimmung liegt also nicht vor,
- wenn ein davon zu unterscheidender Verwaltungsakt nicht erlassen ist
- wenn es sich um einen bloßen Hinweis auf die Rechtslage handelt
- bei einer Inhaltsbestimmung des Verwaltungsakts

3. Arten der Nebenbestimmungen

Die meisten Nebenbestimmungen sind in § 36 (2) VwVfG bzw. § 32 (2) SGB X geregelt.

a) Befristung 73

> ist eine Bestimmung, nach der eine Vergünstigung oder Belastung zu einem bestimmten Zeitpunkt (dessen Eintritt hinreichend gewiss ist)
> - beginnt: *aufschiebende* Befristung, bei Kalendertermin: „Anfangstermin"
> - endet: *auflösende* Befristung, bei Kalendertermin: „Endtermin"
> - oder für einen bestimmten Zeitraum gilt.

Beispiel: A erhält Sozialhilfe *bis zum 1. 5. 2008.*

b) Bedingung 74

> ist eine Bestimmung, nach der
> - der Eintritt: *aufschiebende* Bedingung oder
> - der Wegfall: *auflösende* Bedingung
> einer Vergünstigung oder einer Belastung von dem ungewissen Eintritt eines zukünftigen Ereignisses abhängt.

Beispiel: A erhält die Erlaubnis, auf einem zugefrorenen See einen Glühweinstand zu betreiben, sofern das Eis des Sees 40 cm dick ist.

c) Vorbehalt des Widerrufs („Widerrufsvorbehalt") 75

> ist eine Bestimmung, nach der der Behörde die Befugnis eingeräumt wird, durch eine in der Zukunft liegende Erklärung die weitere Geltung des VA zu beenden.

Beispiel: A erhält eine Sondernutzungserlaubnis für das Aufstellen einer Wurstbude auf einem Fußweg. Wegen einer möglicherweise übermäßigen Störung des Fußgängerverkehrs ist die Erlaubnis mit dem ausdrücklichen Vorbehalt des jederzeitigen Widerrufs versehen.

d) Auflage 76

> ist eine Bestimmung, durch die dem Begünstigten ein Tun, Dulden oder Unterlassen vorgeschrieben wird.

Beispiel: A erhält eine Baugenehmigung mit der Verpflichtung, 10 Stellplätze für PKWs zu schaffen.

77 **e) Auflagenvorbehalt**

> ist der Vorbehalt der nachträglichen Aufnahme, Änderung oder Ergänzung einer Auflage.

Beispiel: A erhält eine Genehmigung zum Betreiben eines Straßenfestes mit dem ausdrücklichen Vorbehalt der nachträglichen Aufnahme von Auflagen (insbesondere für den Fall, dass die vorgesehenen Müllgefäße nicht ausreichen).

4. Rechtmäßigkeit von Nebenbestimmungen

78 Die Frage, ob die Verwaltung einer Ermächtigungsgrundlage für die Aufnahme einer Nebenbestimmung in den Verwaltungsakt bedarf, ist wie folgt zu beantworten.

a) Spezialvorschriften

Die Ermächtigung kann sich zunächst aus Spezialvorschriften ergeben.

Beispiel: § 7 AuslG: Die Aufenthaltserlaubnis kann räumlich beschränkt und befristet erteilt werden.

b) § 36 VwVfG

Sofern keine Spezialvorschrift eingreift, gilt § 36 VwVfG bzw. § 31 SGB X.
- § 36 Abs. 1 VwVfG erfasst den VA, *„auf den ein Anspruch besteht"* (also *gebundene begünstigende* Verwaltungsakte). Hier sind Nebenbestimmungen nur zulässig,
  → wenn sie durch Rechtsvorschrift zugelassen (= Klarstellung) oder
  → die Nebenbestimmung sicherstellen soll, dass die gesetzlichen Voraussetzungen des VA erfüllt werden.

Beispiel: Eine Baugenehmigung (gebundener begünstigender VA) erfolgt unter der aufschiebenden Bedingung, dass zuvor ein Zuweg zur öffentlichen Straße geschaffen wird (da nach der Bauordnung eine Baugenehmigung einen Zuweg zur öffentlichen Straße voraussetzt und ohne die Bedingung die Baugenehmigung abgelehnt werden müsste).

- § 36 Abs. 2 VwVfG erfasst die im *Ermessen* stehenden Verwaltungsakte. Bei ihnen sind Nebenbestimmungen nach pflichtgemäßem Ermessen zulässig.

Beispiel: Wenn eine Behörde eine Sondernutzungserlaubnis für das Aufstellen einer Wurstbude auf einem Fußweg gar nicht zu erteilen braucht, ist es ermessensfehlerfrei, wenn sie sie mit einem Widerrufsvorbehalt (für den Fall unvorhersehbarer Belästigungen) erteilt.

> In jedem Fall ist eine Nebenbestimmung unzulässig, wenn sie dem Zweck des VA zuwiderläuft, § 36 (3) VwVfG.

5. Isolierte Anfechtbarkeit von Nebenbestimmungen?

a) Zulässigkeit einer isolierten Anfechtung

Die frühere Lehre, nach der nur Auflagen und Auflagenvorbehalte isoliert anfechtbar waren, ist überholt. Heute gilt: Alle Arten von Nebenbestimmungen sind grundsätzlich isoliert anfechtbar (BVerwG DVBl 1981, 263).

b) Begründetheit einer isolierten Anfechtung

Hier ist zu differenzieren:

(1) bei gebundenen Verwaltungsakten

> Hier ist ein Widerspruch bzw. eine Klage begründet, wenn die Nebenbestimmung rechtswidrig ist und der Kläger einen Anspruch auf den VA ohne die Nebenbestimmung hat.
>
> *Beispiel:* Ein Volksdeutscher i. S. d. Art. 116 I GG erhält die deutsche Staatsbürgerschaft (auf die er einen Anspruch hat) unter der Bedingung, dass er erfolgreich einen Sprachkurs absolviert.

(2) bei Ermessens-Verwaltungsakten

- Begründetheit einer Klage

> Bei Ermessens-Verwaltungsakten ist eine isolierte *Klage* gegen eine Nebenbestimmung unbegründet, „wenn der angefochtene Teil des Verwaltungsakts mit seinen übrigen Teilen in einem untrennbaren Zusammenhang steht, die übrigen Teile nicht selbstständig bestehen bleiben können und durch die Teilaufhebung eine andere Bedeutung erlangen würden, als ihnen ursprünglich zugekommen ist" (BVerwG NVwZ-RR 1996, 20). Das ist in der Regel der Fall bei Bedingungen und Befristungen, aber auch bei den sog. modifizierenden Auflagen. Das sind Auflagen, die nicht wie normale Auflagen eine zusätzliche Leistungspflicht zu dem VA begründen, sondern die den Inhalt des VA qualitativ verändern, also „modifizieren".
>
> *Beispiel:* Ein Unternehmen erhält eine Betriebsgenehmigung mit der – wegen der Möglichkeit der isolierten Durchsetzbarkeit ausdrücklich als Auflage bezeichneten – Nebenbestimmung, dass ein bestimmter Lärmpegel nicht überschritten werden darf.
>
> Besteht ein solcher untrennbarer Zusammenhang nicht, so ist die Klage begründet, wenn die angefochtene Nebenbestimmung rechtswidrig, der Haupt-VA dagegen rechtmäßig ist. Dem Problem, dass das Gericht durch eine isolierte Aufhebung der Nebenbestimmung u. U. in eine einheitliche Ermessensentscheidung der Behörde eingreifen würde, kann die Behörde dadurch Rechnung tragen, dass sie den Haupt-VA gemäß § 49 (2) Nr. 2 VwVfG bzw. § 47 (1) Nr. 2 SGB X analog widerruft (BVerwGE 65, 141) oder analog § 36 (2) Nr. 5 VwVfG bzw. § 32 (2) Nr. 5 SGB X nachträglich die rechtswidrige Nebenbestimmung durch eine rechtmäßige ersetzt.
>
> *Beispiel:* Eine Genehmigung zur Zweckentfremdung von Wohnraum erfolgt mit der Auflage, eine (unverhältnismäßig hohe) Abstandssumme zur Förderung des sozialen Wohnungsbaus zu zahlen.

82 • Begründetheit eines Widerspruchs

> Bei der Prüfung der Begründetheit eines isolierten Widerspruchs gegen eine Nebenbestimmung zu einem Ermessens-Verwaltungsakt taucht das oben dargestellte Problem, dass durch eine isolierte Aufhebung der Nebenbestimmung der Haupt-VA qualitativ verändert bzw. in eine einheitliche Ermessensentscheidung der Behörde eingegriffen wird, nicht auf. Grund: Im Widerspruchsverfahren wird – anders als im Klagverfahren (vgl. § 114 VwGO) – der angefochtene VA auch auf seine Zweckmäßigkeit hin überprüft (vgl. § 68 VwGO). Die über den Widerspruch entscheidende Stelle (Behörde, Ausschuss) hat deswegen die gleiche Kompetenz wie die Stelle, die den VA erlassen hat.

Dritter Teil
Die Lehre vom fehlerhaften Verwaltungsakt

Literaturempfehlungen: siehe im Literaturverzeichnis Nr. 1

Bei der Lehre vom fehlerhaften Verwaltungsakt handelt es sich um ein „Herzstück" des Verwaltungsrechts. Sie beantwortet die Frage, welche Fehler die Verwaltung beim Erlass eines VA im Einzelnen machen kann (Zuständigkeitsfehler, Verfahrensfehler, Formfehler, materielle Fehler) und die Frage, welche Folgen sich aus diesen Fehlern ergeben (Nichtigkeit, Anfechtbarkeit, Heilbarkeit, Unbeachtlichkeit).

I. Fehlerfolgen

Hinweis zum SGB X und zur AO: Die Fehlerfolgen sind im VwVfG (des Bundes und der Länder), dem SGB X und der AO – bis auf wenige geringfügige Ausnahmen, auf die bei den abgedruckten Texten hingewiesen wird – wörtlich gleich geregelt. Um den Lesefluss nicht zu beinträchtigen, ist im Folgenden nur das VwVfG zitiert. Wollen Sie wissen, wo die entsprechende Vorschrift im SGB X oder der AO steht, benutzen Sie die folgenden Übersicht:

83

VwVfG	SGB X	AO
§ 43	§ 39	§ 124
§ 44	§ 40	§ 125
§ 45	§ 41	§ 126
§ 46	§ 42	§ 127
§ 47	§ 43	§ 128

1. Folgen der Rechtswidrigkeit eines Verwaltungsakts

Das ist eine rechtsstaatliche Selbstverständlichkeit:

Ein VA muss *stets rechtmäßig* sein (Prinzip der Gesetzmäßigkeit). Gleichwohl kommt es aus verschiedenen Gründen (die z. T. die Verwaltung, z. T. der Bürger zu vertreten hat) zu Fehlern. Je nach Schwere des Fehlers führt dies

84

- bei besonders schweren und offenkundigen Fehlern zur *Nichtigkeit* (§ 44 VwVfG) und damit zur Unwirksamkeit (§ 43 (3) VwVfG).
- ansonsten zur *Anfechtbarkeit*. Hiervon gibt es jedoch wiederum Ausnahmen: Ein rechtswidriger VA ist nicht anfechtbar, wenn der Fehler, der zur Rechtswidrigkeit

geführt hat, inzwischen *geheilt* (§ 45 VwVfG) oder *unbeachtlich* ist (§ 46 VwVfG) oder in einen rechtmäßigen VA *umgedeutet* werden kann (§ 47 VwVfG). Auch wenn diese Ausnahmen nicht vorliegen, kann der Fehler u. U. nicht unmittelbar im Wege der Anfechtung gerügt werden: Rechtsbehelfe gegen Verfahrenshandlungen können nach § 44a VwGO nur gleichzeitig mit den gegen die Sachentscheidung zulässigen Rechtsbehelfen geltend gemacht werden, also mit Widerspruch bzw. Klage.

2. Das Verhältnis der §§ 44, 45, 46 VwVfG zueinander

85
- Ist ein VA gemäß § 44 VwVfG *nichtig,* entfällt eine Prüfung des § 46 VwVfG.
- Ist eine *Heilung* nach § 45 VwVfG erfolgt, entfällt eine Prüfung des § 46 VwVfG.
- Ist eine Heilung nach § 45 VwVfG *nicht* möglich, bzw. (noch) nicht erfolgt, so ist *gleichwohl* § 46 VwVfG zu prüfen.
- Liegen die Voraussetzungen nach § 46 VwVfG nicht vor, ist § 47 VwVfG zu prüfen.

3. Die einzelnen relevanten Regelungen

86 a) § 43 VwVfG: Wirksamkeit des Verwaltungsakts

(1) Ein Verwaltungsakt wird gegenüber demjenigen, für den er bestimmt ist oder der von ihm betroffen wird, in dem Zeitpunkt wirksam, in dem er ihm bekannt gegeben wird. Der Verwaltungsakt wird mit dem Inhalt wirksam, mit dem er bekannt gegeben wird.

(2) Ein Verwaltungsakt bleibt wirksam, solange und soweit er nicht zurückgenommen, widerrufen, anderweitig aufgehoben oder durch Zeitablauf oder auf andere Weise erledigt ist.

(3) Ein nichtiger Verwaltungsakt ist unwirksam.

87 b) § 44 VwVfG: Nichtigkeit des Verwaltungsakts

(1) Ein Verwaltungsakt ist nichtig, soweit er an einem besonders schwerwiegenden Fehler leidet und dies bei verständiger Würdigung aller in Betracht kommenden Umstände offenkundig ist.

(2) Ohne Rücksicht auf das Vorliegen der Voraussetzungen des Absatzes 1 ist ein Verwaltungsakt nichtig,
1. der schriftlich erlassen worden ist, die erlassende Behörde aber nicht erkennen lässt,
2. der nach einer Rechtsvorschrift nur durch die Aushändigung einer Urkunde erlassen werden kann, aber dieser Form nicht genügt;[1]
3. den eine Behörde außerhalb ihrer durch § 3 Abs. 2 Nr. 1 begründeten Zuständigkeit erlassen hat, ohne dazu ermächtigt zu sein;[2]

---

1 fehlt im § 125 AO
2 fehlt im § 40 SGB X und im § 125 AO

> 4. den aus tatsächlichen Gründen niemand ausführen kann;
> 5. der die Begehung einer rechtswidrigen Tat verlangt, die einen Straf- oder Bußgeldtatbestand verwirklicht;
> 6. der gegen die guten Sitten verstößt.
>
> (3) Ein Verwaltungsakt ist nicht schon deshalb nichtig, weil
> 1. Vorschriften über die örtliche Zuständigkeit nicht eingehalten worden sind, außer wenn ein Fall des Absatzes 2 Nr. 3 vorliegt;[3]
> 2. eine nach § 20 Abs. 1 Satz 1 Nr. 2 bis 6 ausgeschlossene Person mitgewirkt hat;
> 3. ein durch Rechtsvorschrift zur Mitwirkung berufener Ausschuss den für den Erlass des Verwaltungsakts vorgeschriebenen Beschluss nicht gefasst hat oder nicht beschlussfähig war,
> 4. die nach einer Rechtsvorschrift erforderliche Mitwirkung einer anderen Behörde unterblieben ist.
>
> (4) Betrifft die Nichtigkeit nur einen Teil des Verwaltungsakts, ist er im ganzen nichtig, wenn der nichtige Teil so wesentlich ist, dass die Behörde den Verwaltungsakt ohne den nichtigen Teil nicht erlassen hätte.
>
> (5) Die Behörde kann die Nichtigkeit jederzeit von Amts wegen feststellen; auf Antrag ist sie festzustellen, wenn der Antragsteller hieran ein berechtigtes Interesse hat.

Wann liegt Nichtigkeit nach § 44 (1) VwVfG vor? „Nach der Rechtsprechung des BVerwG stellt sich die Rechtsfolge der Nichtigkeit eines VA als eine besondere Ausnahme von dem Grundsatz dar, dass ein Akt staatlicher Gewalt die Vermutung seiner Gültigkeit in sich trägt. Der dem VA anhaftende Fehler muss diesen schlechterdings unerträglich, d. h. mit tragenden Verfassungsprinzipien oder der Rechtsordnung immanenten wesentlichen Wertvorstellungen unvereinbar erscheinen lassen. Der schwerwiegende Fehler muss darüber hinaus für einen verständigen Bürger offensichtlich sein. Nichtigkeit eines VA ist daher nur dann anzunehmen, wenn die an eine ordnungsgemäße Verwaltung zu stellenden Anforderungen in so erheblichem Maße verletzt werden, dass von niemandem erwartet werden kann, den VA als verbindlich anzuerkennen" (BVerwG, DÖV 2000, 1005).

88

Welche konkreten Folgen hat die Nichtigkeit eines Verwaltungsakts?

89

Da Nichtigkeit nach § 43 (3) VwVfG Unwirksamkeit bedeutet, erzeugt ein entsprechender Verwaltungsakt keinerlei Rechtswirkungen. Die Verwaltung darf keine Konsequenzen aus ihm ziehen, ihn insbesondere nicht vollstrecken (vgl. Rn 337). Auch eine Heilung der Nichtigkeit kommt grundsätzlich nicht in Betracht (Ausnahme z. B. § 8 (1) S. 2 BRRG). Der Adressat braucht den VA nicht zu beachten und kann keine Rechte aus ihm ableiten.

Da aber nicht immer – jedenfalls nicht in den Fällen des § 44 (1) VwVfG – von vornherein eindeutig ist, ob Nichtigkeit vorliegt oder nicht, besteht ein Bedürfnis, praktische Probleme, die sich aus dieser Unsicherheit ergeben können, zu vermeiden. Insbesondere soll der rechtsunkundige Bürger aus dieser Unsicherheit, an der ihn i. d. R. kein Verschulden trifft, keinen Nachteil erleiden. Diesem Bedürfnis tragen gesetzliche Regelungen bzw. die Rechtsprechung folgendermaßen Rechnung:

---

[3] 2. Halbsatz fehlt im § 40 SGB X

- Die Behörde kann nach § 44 (5) VwVfG die Nichtigkeit jederzeit von Amts wegen feststellen.
- Auf Antrag muss die Behörde nach § 44 (5) VwVfG die Nichtigkeit feststellen, wenn der Antragsteller daran ein berechtigtes Interesse hat.
- Die Behörde kann nach § 48 VwVfG einen rechtswidrigen VA zurücknehmen, und zwar unabhängig davon, ob er „nur" rechtswidrig oder nichtig ist.
- Der Adressat kann einen VA mit Widerspruch und Klage wirksam anfechten, auch wenn sich als Folge davon herausstellen sollte, dass der Verwaltungsakt nichtig ist, von vornherein also keine Rechtswirkung erzeugt hat, die mit einem Rechtsbehelf beseitigt werden könnte. Der VA wird dann nach § 113 VwGO (unmittelbar bzw. analog) – wie sonst ein wirksamer VA auch – aufgehoben. Das Gericht kann die Klage auch in eine Feststellungsklage nach § 43 VwGO umdeuten. Der Adressat trägt also kein Prozessrisiko.
- Unabhängig davon kann der Adressat nach § 43 (1) VwGO Klage auf Feststellung der Nichtigkeit eines VA erheben, soweit er ein berechtigtes Interesse an der baldigen Feststellung hat. Entsprechend ist auch eine Klage auf Feststellung der Wirksamkeit des VA zulässig. Zwar ist eine solche Klage nach § 43 (2) VwGO unzulässig, wenn der Kläger seine Rechte durch Gestaltungs- oder Leistungsklage verfolgen kann oder hätte verfolgen können. Sie ist also gegenüber der Anfechtungs- und der Verpflichtungsklage als Gestaltungs- bzw. Leistungsklage subsidiär. Kommt das Gericht jedoch zur Ansicht, dass der VA wirksam ist, kann es die unzulässige Feststellungsklage in eine Anfechtungs- bzw. Verpflichtungsklage umdeuten. Auch hier trägt der Adressat also kein Prozessrisiko.
- Wird gegen einen nichtigen VA ein Rechtsbehelf eingelegt, darf die Behörde bzw. das Gericht den Anfechtenden nicht auf einen eventuellen Fristablauf verweisen.
- Wird im Vollstreckungsverfahren ein Rechtsbehelf gegen einen Vollstreckungsakt eingelegt, wird der Anfechtende mit der Begründung, der zu vollstreckende VA sei rechtswidrig, nicht gehört, da er sich mit dieser Begründung gegen den zu vollstreckenden VA hätte wenden müssen (vgl. Rn 337). Das gilt aber nicht für die Begründung, der zu vollstreckende VA sei nichtig, da die Wirksamkeit des zu vollstreckenden VA Rechtmäßigkeitsvoraussetzung der Vollstreckung ist. Entsprechend muss die Behörde bei Zweifeln auch von sich aus die Wirksamkeit prüfen und als Folge der evtl. Erkenntnis, dass der VA nichtig ist, die Vollstreckung einstellen.

c) § 45 VwVfG: Heilung von Verfahrens- und Formfehlern

(1) Eine Verletzung von Verfahrens- oder Formvorschriften, die nicht den Verwaltungsakt nach § 44 nichtig macht, ist unbeachtlich, wenn
1. der für den Erlass des Verwaltungsakts erforderliche Antrag nachträglich gestellt wird,
2. die erforderliche Begründung nachträglich gegeben wird,
3. die erforderliche Anhörung eines Beteiligten nachgeholt wird
4. der Beschluss eines Ausschusses, dessen Mitwirkung für den Erlass des Verwaltungsakts erforderlich ist, nachträglich gefasst wird,
5. die erforderliche Mitwirkung einer anderen Behörde nachgeholt wird,

(2) Handlungen nach Absatz 1 können bis zum Abschluss der letzten Tatsacheninstanz eines verwaltungsgerichtlichen Verfahrens nachgeholt werden.

> (3) Fehlt einem Verwaltungsakt die erforderliche Begründung oder ist die erforderliche Anhörung eines Beteiligten vor Erlass des Verwaltungsakts unterblieben und ist dadurch die rechtzeitige Anfechtung des Verwaltungsakts versäumt worden, so gilt die Versäumung der Rechtsbehelfsfrist als nicht verschuldet. Das für die Wiedereinsetzungsfrist nach § 32 Abs. 2 maßgebende Ereignis tritt im Zeitpunkt der Nachholung der unterlassenen Verfahrenshandlung ein.

§ 45 VwVfG steht – wie alle Vorschriften des VwVfG – unter dem Vorbehalt, dass spezielle Vorschriften keine abweichende Regelung treffen (z. B. § 8 (1) S. 2 BRRG). Zum Inhalt der Vorschrift ist Folgendes anzumerken.

- Eine Heilung erfolgt mit ex nunc-Wirkung. § 45 steht damit einem Schadensersatzanspruch wegen Schäden, die als Folge des bis zur Heilung rechtswidrigen Handelns der Behörde eingetreten sind, nicht entgegen.
- Nr. 1 ermöglicht eine Heilung nur hinsichtlich des fehlenden Antrages, nicht aber hinsichtlich der Versäumung von Antragsfristen. Nr. 1 ist analog anzuwenden auf die nachträgliche Genehmigung eines Antrages, der der Zustimmung des gesetzlichen Vertreters usw. bedarf.
- Nr. 2 ermöglicht ein Nachholen einer fehlenden bzw. ein Präzisieren einer unzureichenden Begründung, nicht aber ein Auswechseln oder Ändern einer Begründung eines zunächst anders begründeten VAs.
- Nr. 3 ist entsprechend anwendbar auf andere Verfahrensfehler wie z. B. die Hinzuziehung Betroffener nach § 13 (2) 2 VwVfG, die Bestellung eines Vertreters nach § 16 VwVfG oder die Akteneinsicht nach § 29 VwVfG. Nicht unter Nr. 3 fallen Anforderungen, die in keinem Zusammenhang mit der Gewährung rechtlichen Gehörs stehen wird z. B. die Regelungen zur Zuständigkeit oder zum Ausschluss befangener Personen nach § 20 f. VwVfG.
- Nr. 4 meint die gleichen Fälle wie § 44 (3) Nr. 3 VwVfG. Für den Fall einer nachträglichen abweichenden Beschlussfassung gilt Nr. 4 nicht.
- Nr. 5 meint die gleichen Fälle wie § 44 (3) Nr. 4 VwVfG.
- Im sonst wortgleichen § 41 SGB X gibt es noch eine Nr. 6: „die erforderliche Hinzuziehung eines Beteiligten nachgeholt wird." Im VwVfG gilt das Gleiche im Wege der Analogie zur Nr. 3 (s. o.).

d) § 46 VwVfG: Unbeachtlichkeit von Verfahrens- und Formfehlern

> Die Aufhebung eines Verwaltungsakts, der nicht nach § 44 nichtig ist, kann nicht allein deshalb beansprucht werden, weil er unter Verletzung von Vorschriften über das Verfahren, die Form oder die örtliche Zuständigkeit zustande gekommen ist, wenn offensichtlich ist, dass die Verletzung die Entscheidung in der Sache nicht beeinflusst hat.

Wann ist offensichtlich, dass die Verletzung die Entscheidung in der Sache nicht beeinflusst hat? Erforderlich ist, dass jede Möglichkeit ausgeschlossen ist, dass bei Einhaltung der Vorschrift die Entscheidung anders hätte ausfallen können (BVerwG NVwZ 1987, 579). Hier ist zu unterscheiden:

- § 46 ist einschlägig bei Entscheidungen aufgrund von Normen, die weder unbestimmte Rechtsbegriffe enthalten noch Ermessen einräumen.

- Bei anderen Normen ist i. d. R. nicht auszuschließen, dass die Behörde bei Beachtung der formellen Anforderungen zu einer anderen Entscheidung in der Sache hätte kommen können. Eine Ausnahme gilt zum einen, wenn sich der formelle Fehler nachweislich nicht auf die Entscheidung ausgewirkt hat (Beispiel: Ein Bewertungsfehler im Prüfungsverfahren konnte sich rechnerisch gar nicht auswirken, BVerfG NJW 1991, 2005). Eine weitere Ausnahme gilt, wenn angesichts der besonderen Umstände des Falles jede andere als die getroffene Entscheidung ermessensfehlerhaft wäre und der Ermessens- oder Beurteilungsspielraum daher im konkreten Fall auf Null reduziert war (BVerwG NVwZ 1988, 525).
- Im sonst wortgleichen § 42 SGB X ist an den Satz 1 ein weiterer angefügt: „Satz 1 gilt nicht, wenn die erforderliche Anhörung unterblieben oder nicht wirksam nachgeholt worden ist." Auch ohne diese Regelung wird bei fehlender Anhörung i. d. R. nicht auszuschließen sein, dass dieser Fehler die Entscheidung in der Sache beeinflusst hat. Insoweit gilt das auch bei § 46 VwVfG. Das Bundessozialgericht wendet den § 42 Satz 2 SGB X aber ausnahmslos an, also auch dann, wenn feststeht, dass der Fehler nicht beeinflussen konnte (DRV 1982, 419).

94 Was ist die Folge der Unbeachtlichkeit?

- Sie führt nicht zur Unzulässigkeit, sondern zur Unbegründetheit des eingelegten Rechtsbehelfs.
- § 46 ist analog auch auf Verpflichtungswidersprüche und -klagen anwendbar. Sie können also wegen der von § 46 erfassten Fehler nicht erfolgreich sein.
- § 46 schließt nach h. M. die Möglichkeit der Behörde aus, den VA wegen der von § 46 erfassten Fehler zurückzunehmen, da nach dem Sinn des § 46 Fehler grundsätzlich unbeachtlich bleiben sollen (Literaturhinweise zur abweichenden Auffassung bei Kopp, VwVfG, Rn 46).
- Ausgeschlossen ist auch ein Schadensersatzanspruch wegen der von § 46 erfassten Fehler, entweder weil keine Rechtsposition verletzt worden ist oder weil es an der Kausalität der Rechtsverletzung für den Schaden fehlt.

95 e) § 47 VwVfG: Umdeutung eines fehlerhaften Verwaltungsakts

(1) Ein fehlerhafter Verwaltungsakt kann in einen anderen Verwaltungsakt umgedeutet werden, wenn er auf das gleiche Ziel gerichtet ist, von der erlassenden Behörde in der geschehenen Verfahrensweise und Form rechtmäßig hätte erlassen werden können und wenn die Voraussetzungen für dessen Erlass erfüllt sind.

(2) Absatz 1 gilt nicht, wenn der Verwaltungsakt, in den der fehlerhafte Verwaltungsakt umzudeuten wäre, der erkennbaren Absicht der erlassenden Behörde widerspräche oder seine Rechtsfolgen für den Betroffenen ungünstiger wären als die des fehlerhaften Verwaltungsakts. Eine Umdeutung ist ferner unzulässig, wenn der fehlerhafte Verwaltungsakt nicht zurückgenommen werden dürfte.

(3) Eine Entscheidung, die nur als gesetzlich gebundene Entscheidung ergehen kann, kann nicht in eine Ermessensentscheidung umgedeutet werden.

(4) § 28 ist entsprechend anzuwenden.

I. Fehlerfolgen

Die Umdeutung ändert den VA in seinem Entscheidungssatz, ggf. auch in seinem Wesen. Der VA wird gewissermaßen ausgetauscht und durch einen anderen ersetzt. Die Umdeutung ist daher zu unterscheiden von

- der Berichtigung einer offenbaren Unrichtigkeit nach § 42 VwVfG, die den VA als solchen unberührt lässt.
- der Auslegung oder dem Nachschieben oder Auswechseln von Gründen.

Die Umdeutung ist nach dem BVerwG und der h. L. kein VA, sondern ein reiner Erkenntnisakt (zum Streitstand vgl. Kopp, VwVfG, Rn 8). Folge ist, dass Rechtsbehelfe gegen die Umdeutung nicht möglich sind. Rechtsbehelfe können daher nur gegen den VA in seiner umgedeuteten Form eingelegt werden.

Voraussetzungen der Umdeutung sind

- Fehlerhaltigkeit des VA: Diese kann sowohl die Aufhebbarkeit als auch die Nichtigkeit zur Folge haben.
- Gleichheit des Ziels: Der angestrebte Erfolg und die Wirkungen des VA, in den umgedeutet werden soll, müssen im Wesentlichen die gleichen oder doch grundsätzlich gleichartig sein. Auch müssen sie den selben öffentlichen oder privaten Interessen dienen. Die Wirkungen des umgedeuteten VA dürfen nicht belastender sein als die des ursprünglichen VA.
  Beispiele: Umdeutung einer Rücknahme nach § 48 VwVfG in einen Abhilfebescheid nach § 72 VwGO; Umdeutung der Rücknahme eines VA in einen VA, durch den festgestellt wird, dass die Regelung des VA entfallen ist; Umdeutung einer fristlosen in eine fristgebundene Entlassung.
- Gleichheit von Zuständigkeit, Verfahren und Form: Lagen diese formellen Anforderungen bei dem ursprünglichen VA vor, müssen sie auch bei dem VA gegeben sein, in den umgedeutet wird.
- Materielle Rechtmäßigkeit des neuen VA: Der VA, in den umgedeutet wird, muss auch alle materiellen Voraussetzungen für seinen Erlass erfüllen, also insbesondere eine wirksame Ermächtigungsgrundlage haben und verhältnismäßig sein.
- Kein Ausschluss der Umdeutung nach § 47 (2) und (3) VwVfG
- Anhörung des Betroffenen nach §§ 47 (4), 28 VwVfG

II. Übersicht zur Fehlerlehre

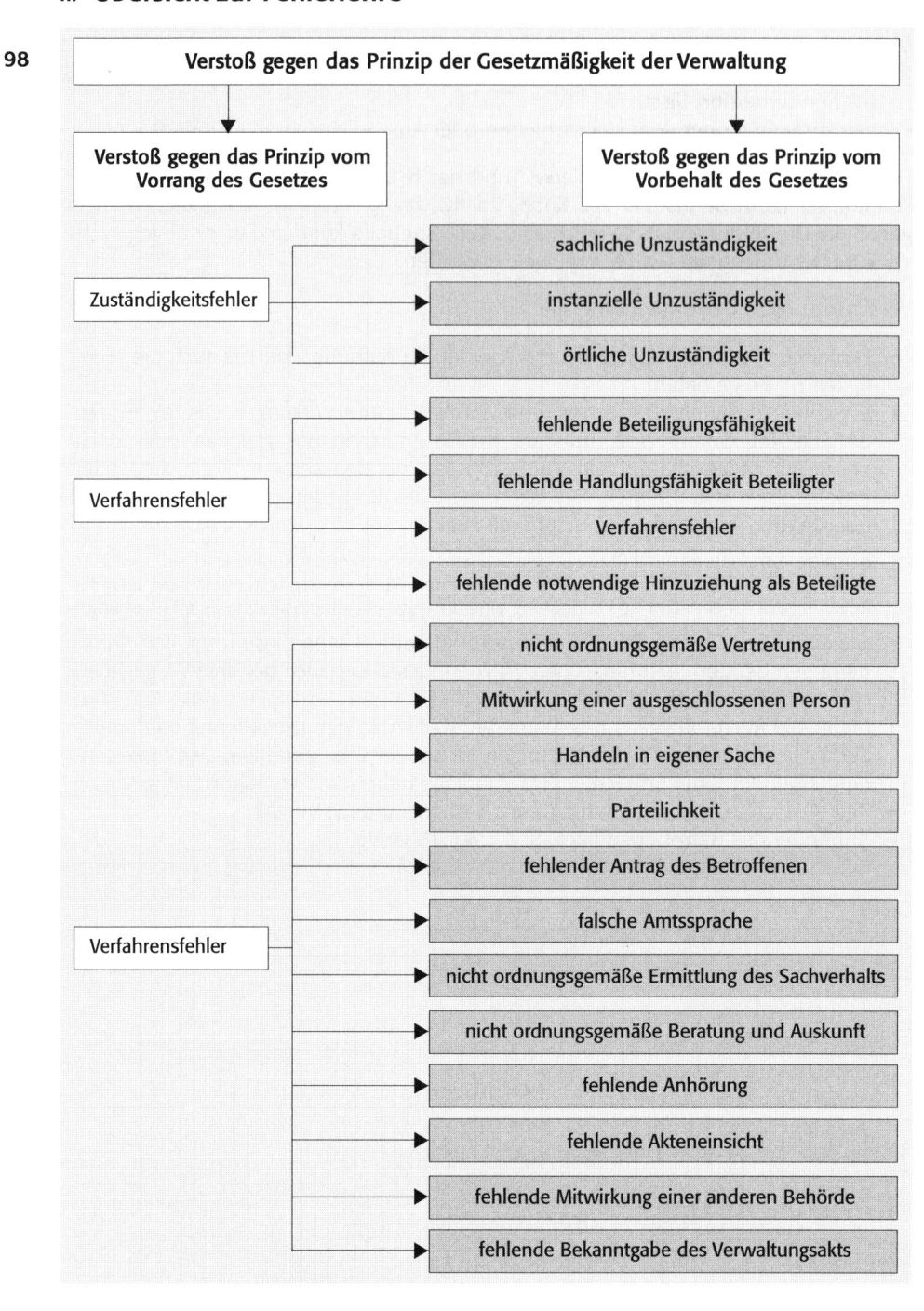

98

```
Verstoß gegen das Prinzip der Gesetzmäßigkeit der Verwaltung
```

- Verstoß gegen das Prinzip vom Vorrang des Gesetzes
- Verstoß gegen das Prinzip vom Vorbehalt des Gesetzes

Zuständigkeitsfehler
- sachliche Unzuständigkeit
- instanzielle Unzuständigkeit
- örtliche Unzuständigkeit

Verfahrensfehler
- fehlende Beteiligungsfähigkeit
- fehlende Handlungsfähigkeit Beteiligter
- Verfahrensfehler
- fehlende notwendige Hinzuziehung als Beteiligte

Verfahrensfehler
- nicht ordnungsgemäße Vertretung
- Mitwirkung einer ausgeschlossenen Person
- Handeln in eigener Sache
- Parteilichkeit
- fehlender Antrag des Betroffenen
- falsche Amtssprache
- nicht ordnungsgemäße Ermittlung des Sachverhalts
- nicht ordnungsgemäße Beratung und Auskunft
- fehlende Anhörung
- fehlende Akteneinsicht
- fehlende Mitwirkung einer anderen Behörde
- fehlende Bekanntgabe des Verwaltungsakts

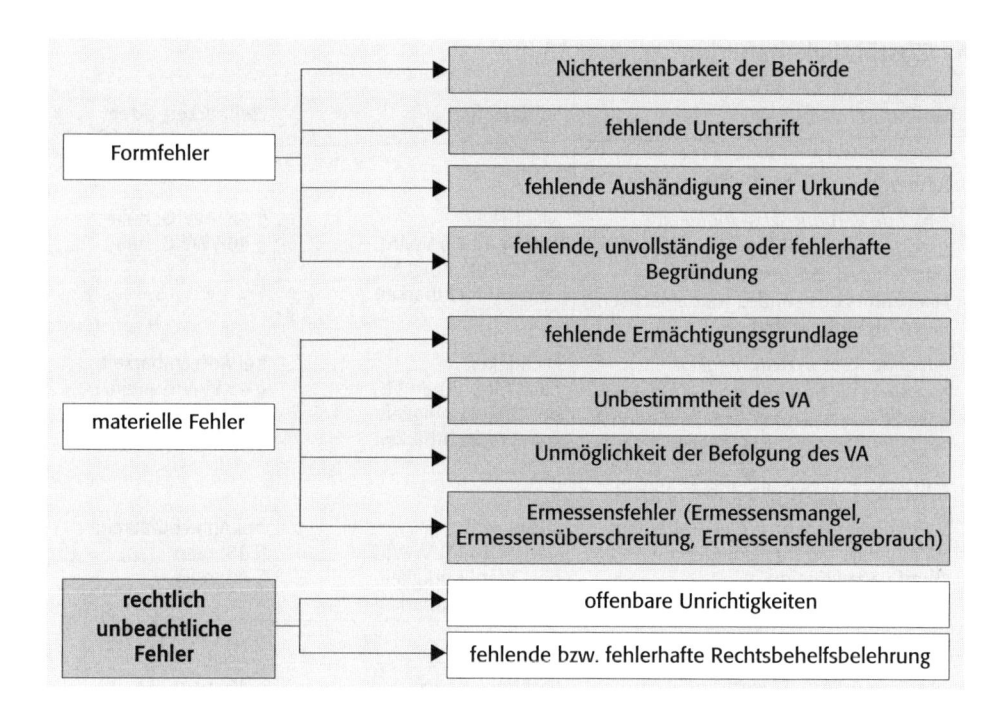

```
Formfehler
    ├─► Nichterkennbarkeit der Behörde
    ├─► fehlende Unterschrift
    ├─► fehlende Aushändigung einer Urkunde
    └─► fehlende, unvollständige oder fehlerhafte Begründung

materielle Fehler
    ├─► fehlende Ermächtigungsgrundlage
    ├─► Unbestimmtheit des VA
    ├─► Unmöglichkeit der Befolgung des VA
    └─► Ermessensfehler (Ermessensmangel, Ermessensüberschreitung, Ermessensfehlergebrauch)

rechtlich unbeachtliche Fehler
    ├─► offenbare Unrichtigkeiten
    └─► fehlende bzw. fehlerhafte Rechtsbehelfsbelehrung
```

III. Die Fehlerlehre im Einzelnen

Hinweise: 99

- In der folgenden Übersicht sind nur – jeweils anhand eines Beispiels – die Fehlerfolgen genannt. Die inhaltliche Erläuterung der einzelnen rechtlichen Anforderungen (z. B. was genau das Prinzip der Verhältnismäßigkeit bedeutet), deren Fehlerfolgen unten aufgezeigt sind, ist an anderer Stelle erfolgt: Rn 136 ff.
- Die Fehlerfolgen sind im VwVfG (des Bundes und der Länder), dem SGB X und der AO – bis auf wenige geringfügige Ausnahmen – wörtlich gleich geregelt. Wollen Sie wissen, wo die entsprechende Vorschrift im SGB X oder der AO steht, benutzen Sie Übersicht unter Rn 83.
- Die unten beim „Fehlertyp" genannten Vorschriften des VwVfG zu den einzelnen Anforderungen an die Rechtmäßigkeit eines VAs sind in der Übersicht unter Rn 83 nicht enthalten. Wenn Sie zu ihnen die entsprechenden Vorschriften des SGB X oder der AO suchen, schauen Sie in das erste Prüfungsschema (Rn 134 ff.), wo die Rechtmäßigkeitsanforderungen im Einzelnen dargestellt sind. Dort werden Sie auch die entsprechenden Hinweise auf das SGB X und die AO finden.

1. Zuständigkeitsfehler (vgl. Rn 136 ff.)

	Fehlertyp	Fehlerfolge	Heilbarkeit oder Unbeachtlichkeit?
100	**fehlende sachliche Zuständigkeit**		
	fehlende Verbandszuständigkeit Beispiel: Ein Finanzamt des Landes Hamburg erlässt anstelle eines Finanzamts des Landes Niedersachsen einen Steuerbescheid.	Nichtigkeit nach § 44 (1) VwVfG bei Offenkundigkeit, sonst Anfechtbarkeit	§ 45 VwVfG: nein § 46 VwVfG: nein
	fehlende Ressortzuständigkeit Beispiel: Das Innenministerium erlässt anstelle des Bauministeriums einen VA.	Nichtigkeit nach § 44 (1) VwVfG bei Offenkundigkeit, sonst Anfechtbarkeit	bei Anfechtbarkeit: § 45 VwVfG: nein § 46 VwVfG: nein
101	**fehlende instanzielle Zuständigkeit** Beispiel: Ein Finanzamt erlässt einen VA an Stelle der ihm übergeordneten Oberfinanzdirektion.	Nichtigkeit nach § 44 (1) VwVfG bei Offenkundigkeit, sonst Anfechtbarkeit	bei Anfechtbarkeit: § 45: nein § 46: nein
102	**fehlende örtliche Zuständigkeit**		
	absolute örtliche Unzuständigkeit Beispiel: Gemeinde A erlässt eine Abbruchverfügung bzgl. eines in der Gemeinde B befindlichen Hauses	Nichtigkeit nach § 44 (2) Nr. 3 VwVfG	§ 45: nein § 46: nein
	einfache örtliche Unzuständigkeit Beispiel: Das Kreiswehrersatzamt in X beruft statt des Kreiswehrersatzamtes in Y einen Wehrpflichtigen ein.	Anfechtbarkeit (vgl. § 44 (3) Nr. 1 VwVfG)	§ 45: nein § 46: u. U.
103	**fehlende funktionelle Zuständigkeit** Beispiel: Das Gesundheitsamt eines Landratsamts erlässt einen Bescheid anstelle des Wirtschaft- und Ordnungsamts des Landratsamts.	*Für die Rechtmäßigkeit hat die funktionelle Zuständigkeit keine Bedeutung (Grund: Es handelt die zuständige Behörde, hier das Landratsamt)*	

2. Verfahrensfehler (vgl. Rn 141 ff.)

Fehlertyp	Fehlerfolge	Heilbarkeit oder Unbeachtlichkeit?	
fehlende Beteiligungsfähigkeit, § 11 VwVfG *Beispiel:* Ein antragstellender Verein ist inzwischen aufgelöst.	Nichtigkeit nach § 44 (1) VwVfG	§ 45 VwVfG: nein § 46 VwVfG: nein	104
fehlende Handlungsfähigkeit, § 12 VwVfG *Beispiel:* Ein 6-jähriger stellt einen Antrag auf Sozialhilfe.	Anfechtbarkeit, ausnahmsweise Nichtigkeit nach § 44 (1) VwVfG	§ 45 (1) Nr. 1 VwVfG ja: Abs. 1 Nr. 1 analog § 46 VwVfG: u. U.	105
fehlende notwendige Beteiligteneigenschaft, § 13 VwVfG *Beispiel:* Eine Baugenehmigung, die in Rechte eines Nachbarn eingreift, wird erteilt, ohne dass der Nachbar als Beteiligter hinzugezogen wurde.	Anfechtbarkeit, ausnahmsweise Nichtigkeit nach § 44 (1) VwVfG	§ 45 VwVfG: ja (Nr. 3) § 46 VwVfG: ja	106
nicht ordnungsgemäße Vertretung, §§ 14 ff VwVfG *Beispiel:* Antragsteller A stellt für seine Ehefrau einen Antrag, obwohl diese seine Bevollmächtigung inzwischen wirksam widerrufen hat.	Anfechtbarkeit	§ 45 (1) Nr. 1 VwVfG ja: Abs. 1 Nr. 1 analog § 46 VwVfG: u. U.	107
Mitwirkung einer nach § 20 (1) Satz 1 Nr. 2–6 VwVfG ausgeschlossenen Person *Beispiel:* Beamter Meyer erteilt seinem Bruder eine Baugenehmigung.	Anfechtbarkeit vgl. § 44 (3) Nr. 2 VwVfG	§ 45 VwVfG: nein § 46 VwVfG: u. U.	108
Handeln in eigener Sache, § 20 (1) Nr. 1 VwVfG *Beispiel:* Beamter Meyer erteilt sich selbst eine Baugenehmigung.	Nichtigkeit nach § 44 (1) VwVfG	§ 45 VwVfG: nein § 46 VwVfG: nein	109
ffensichtliche Parteilichkeit einer mitwirkenden Person, § 21 VwVfG *Beispiel:* Beamter Meyer hat öffentlich mehrfach über Bürger B stark abwertende Urteile abgegeben. Einen Antrag des B auf Erlass eines VA bescheidet Meyer abschlägig.	Nichtigkeit nach § 44 (1) VwVfG	§ 45 VwVfG: nein § 46 VwVfG: nein	110
nicht ordnungsgemäße Einleitung des Verfahrens, § 22 VwVfG *Beispiel:* A erhält eine nicht beantragte Baugenehmigung.	Anfechtbarkeit	§ 45 VwVfG: ja § 46 VwVfG: nein	111

	Fehlertyp	Fehlerfolge	Heilbarkeit oder Unbeachtlichkeit?
112	**fehlende Amtssprache, § 23 VwVfG** *Beispiel:* Eine Baugenehmigung wird dem Türken T auf dessen Bitte hin von dem freundlichen Beamten B in türkischer Sprache erteilt. Gleichzeitig wird sie wegen Unterschreitens des Grenzabstandes auch dem deutschen Nachbarn N zugestellt.	Anfechtbarkeit	§ 45 VwVfG: nein § 46 VwVfG: u. U. Beachte: Die Fehlerhaftigkeit von in fremder Sprache gestellten Anträgen kann nach § 23 (2)–(4) VwVfG geheilt werden.
113	**nicht ordnungsgemäße Sachverhaltsermittlung, §§ 24, 26, 27 VwVfG** *Beispiel:* Die Behörde stellt in einem Gewerbeuntersagungsverfahren unzureichende Ermittlungen an.	Anfechtbarkeit	§ 45 VwVfG: nein § 46 VwVfG: u. U.
114	**nicht ordnungsgemäße Beratung und Auskunft, § 25 VwVfG** *Beispiel:* Beamter Meyer weist den offenkundig rechtsunkundigen Bürger B nicht darauf hin, dass dieser statt des gestellten unbegründeten Antrags einen ähnlichen begründeten Antrag stellen kann.	Anfechtbarkeit	§ 45 VwVfG: nein § 46 VwVfG: u. U.
115	**fehlende Anhörung, § 28 VwVfG** *Beispiel:* Ein Bauamt erlässt eine Abbruchverfügung, ohne den Betroffenen anzuhören.	Anfechtbarkeit	§ 45 VwVfG: ja § 46 VwVfG: u. U.
116	**fehlende Akteneinsicht, § 29 VwVfG** *Beispiel:* Antragsteller A möchte, um zu einer von der Behörde geplanten Gewerbeuntersagung Stellung nehmen zu können, in seine Gewerbeakte sehen. Die Behörde verweigert ihm das entgegen § 29 VwVfG.	Anfechtbarkeit	§ 45 VwVfG: ja: Abs. 1 Nr. 3 analog § 46 VwVfG: u. U.
117	**fehlende Mitwirkung einer anderen Behörde oder eines Ausschusses** *Beispiel:* Nach § 9 (2) FernstraßenG bedürfen Baugenehmigungen der zuständigen Behörde längs der Bundesautobahnen in einer Entfernung bis zu 100 m „der Zustimmung der obersten Landesstraßenbehörde".	Anfechtbarkeit	§ 45 VwVfG: ja: Abs. 1 Nr. 4, 5 § 46 VwVfG: u. U.
118	**fehlende Bekanntgabe des VA** *Beispiel:* Ein VA wird von dem zuständigen Amt zwar abgesandt, geht aber auf dem Postweg verloren.	Der VA wird nicht wirksam, §§ 43, 41 VwVfG	

3. Formfehler (vgl. Rn 158 ff.)

Fehlertyp	Fehlerfolge	Heilbarkeit oder Unbeachtlichkeit?	
Nichterkennbarkeit der Behörde bei einem schriftlichen VA *Beispiel:* A erhält von einer Hamburger Behörde einen Bescheid über einen Wegebaubeitrag (10 000,– €). Als Absender ist nur die Freie und Hansestadt Hamburg genannt.	Nichtigkeit nach § 44 (2) Nr. 1 VwVfG	§ 45 VwVfG: nein § 46 VwVfG: nein	119
fehlende Unterschrift unter einen VA *Beispiel:* Beamter Meyer hat einen dem Bürger B zugesandten VA versehentlich nicht unterschrieben.	Anfechtbarkeit, Nichtigkeit nach § 44 (1) VwVfG aber nach h. M., wenn offenkundig ist, dass das Schreiben nur ein Entwurf eines VA war.	§ 45 VwVfG: nein § 46 VwVfG: u. U.	120
fehlende Aushändigung einer Urkunde *Beispiel:* Inspektor Meyer wird nur mit einem freundlichen Händedruck zum Oberinspektor ernannt.	Nichtigkeit nach § 44 (2) Nr. 2 VwVfG	§ 45 VwVfG: nein § 46 VwVfG: nein	121
fehlende, unvollständige oder fehlerhafte Begründung, § 39 VwVfG *Beispiel:* Die Gaststättenerlaubnis des G wird diesem entzogen, ohne dass die Rechtsgrundlage und die Gründe für die Entziehung genannt sind.	Anfechtbarkeit	§ 45 VwVfG: ja: Abs. 1 Nr. 2 § 46 VwVfG: u. U.	122

4. Materielle Fehler (vgl. Rn 163 ff.)

Fehlertyp	Fehlerfolge	Heilbarkeit oder Unbeachtlichkeit?	
fehlende Ermächtigungsgrundlage, Art. 2 ff., 20 GG *Beispiel:* A erhält eine Ordnungsverfügung, obwohl die tatbestandsmäßigen Voraussetzungen der Ermächtigungsgrundlage nicht vorliegen.	Anfechtbarkeit, ausnahmsweise Nichtigkeit nach § 44 (1) VwVfG	§ 45 VwVfG: nein § 46 VwVfG: nein	123
Unbestimmtheit des VA, § 37 VwVfG *Beispiel:* A erhält einen Baugenehmigungsbescheid, wonach er verpflichtet wird, in der Nähe seines Grundstücks mehrere Parkplätze zu schaffen.	Anfechtbarkeit, ausnahmsweise Nichtigkeit nach § 44 (1) VwVfG	nein	124

	Fehlertyp	Fehlerfolge	Heilbarkeit oder Unbeachtlichkeit?
125	Unmöglichkeit – objektive tatsächliche Unmöglichkeit *Beispiel:* A wird aufgefordert, seine Maschine völlig geräuschfrei zu betreiben.	Nichtigkeit nach § 44 (2) Nr. 4 VwVfG	§ 45 VwVfG: nein § 46 VwVfG: nein
126	– subjektive tatsächliche Unmöglichkeit = Unvermögen (soweit sich diese nicht nur aus einer finanziellen Leistungsunfähigkeit ergibt) *Beispiel:* Der schwerkranke S wird zum Beisitzer eines Widerspruchsausschusses bestellt.	Anfechtbarkeit, ausnahmsweise Nichtigkeit nach § 44 (1) VwVfG	§ 45 VwVfG: nein § 46 VwVfG: nein
127	– rechtliche Unmöglichkeit, die sich daraus ergibt, dass die Befolgung des VA eine Straftat oder Ordnungswidrigkeit wäre *Beispiel:* Mieter M wird aufgefordert, das von ihm gemietete Haus abzureißen.	Nichtigkeit, § 44 (2) Nr. 5 VwVfG	§ 45 VwVfG: nein § 46 VwVfG: nein
128	– rechtliche Unmöglichkeit, die sich lediglich aus einer fehlenden zivilrechtlichen Zustimmung oder Mitwirkung eines Dritten ergibt *Beispiele:* 1. E erhält die Verfügung, sein langfristig an M vermietetes Haus abzureißen. 2. Nur A (einer von mehreren Miteigentümern) erhält eine Abrissverfügung.	führt nach h. M. (BVerwGE 40, 103) nicht zur Rechtswidrigkeit, sondern stellt nur ein Vollstreckungshindernis dar, das durch Duldungsverfügung (Beispiel 1) bzw. selbstständige Verfügung an den Dritten (Beispiel 2) ausgeräumt werden kann.	
129	– rechtliche Unmöglichkeit im Übrigen *Beispiel:* Tierheimleiter L wird aufgefordert, zum Schutz der Nachbarn vor Lärmbelästigungen die Hunde nicht mehr in das Außengehege zu lassen, wodurch L das Tierschutzgesetz verletzt.	Anfechtbarkeit, ausnahmsweise Nichtigkeit nach § 44 (1) VwVfG	§ 45 VwVfG: nein § 46 VwVfG: nein
130	Ermessensfehlerhaftigkeit, § 40 VwVfG *Beispiele:* – *Ermessensmangel*: Ausländer A wird wegen einer von ihm begangenen Straftat ausgewiesen mit der unzutreffenden Begründung, eine Ausweisung sei nach dem AuslG eine zwingende Folge einer Straftat. – *Ermessensüberschreitung*: Ausländer A wird wegen einer von ihm begangenen Straftat ausgewiesen, obwohl er als EU-Bürger ein Recht auf Aufenthalt in Deutschland hat.	Anfechtbarkeit, ausnahmsweise Nichtigkeit nach § 44 (1) VwVfG	§ 45 VwVfG: nein § 46 VwVfG: nein

Fehlertyp	Fehlerfolge	Heilbarkeit oder Unbeachtlichkeit?	
– *Ermessensfehlgebrauch*: Ausländer A wird wegen einer von ihm begangenen Straftat ausgewiesen, weil er den Beamten B der Ausländerbehörde einmal einen Behördenhengst genannt hat.			
insbesondere **Unverhältnismäßigkeit** *Beispiele:* – *Ungeeignetheit:* Um den drohenden Einsturz eines Hauses zu verhindern, sollen die Außenmauern verputzt werden. – *Unangemessenheit:* Der Abbruch eines Gebäudes wird angeordnet, weil es versehentlich einen Zentimeter breiter als erlaubt geworden ist. – *fehlende Erforderlichkeit:* Wegen eines absturzgefährdeten Balkons wird der Abbruch des Gebäudes angeordnet, obwohl durch die viel kostengünstigere Reparatur des Balkons die Absturzgefahr völlig beseitigt werden könnte.	Anfechtbarkeit, ausnahmsweise Nichtigkeit nach § 44 (1) VwVfG	§ 45 VwVfG: nein § 46 VwVfG: nein	131

5. Rechtlich unbeachtliche Fehler

Fehlertyp	Fehlerfolge	Heilbarkeit oder Unbeachtlichkeit?	
offenbare Unrichtigkeit, § 42 VwVfG *Beispiel:* A erhält eine Baugenehmigung für ein 40-stöckiges Haus statt wie beantragt für ein 4-stöckiges.	führt nicht zur Rechtswidrigkeit. Die Behörde kann die offenbare Unrichtigkeit vielmehr berichtigen.		132
fehlende bzw. fehlerhafte Rechtsbehelfsbelehrung	führt nach der AO und den VwVfG der meisten Länder nicht zur Rechtswidrigkeit. Anders scheinbar nach § 36 SGB X und nach § 59 VwGO für Verwaltungsakte von Bundesbehörden: Hier ist eine Rechtsbehelfsbelehrung zwar vorgeschrieben. Aber auch hier hat das Fehlen der Belehrung nicht die Rechtswidrigkeit des VA zur Folge, sondern führt lediglich zur Verlängerung der Widerspruchsfrist, §§ 70 (2), 58 VwGO.		133

Vierter Teil
Denkbare Fragestellungen bei verwaltungsrechtlichen Klausuren

I. Allgemeines Verwaltungsrecht

Literaturempfehlungen: siehe im Literaturverzeichnis Nr. 1

1. Prüfung der Rechtmäßigkeit eines belastenden Verwaltungsakts

Die Klausuraufgabe „Prüfen Sie die Rechtmäßigkeit des erlassenen VA" wird so eher selten gestellt. In der Regel ist sie versteckt in anderen Fragestellungen enthalten, z. B. in der Aufgabe „Hat der Widerspruch (oder die Klage) Aussicht auf Erfolg?" Weil es bei den meisten verwaltungsrechtlichen Klausuren – also auch bei der Prüfung von Widerspruch und Klage – aber auf die „Kernfrage" der Rechtmäßigkeit eines VA ankommt, wird im Folgenden diese Frage zuerst beantwortet.

a) Übersicht

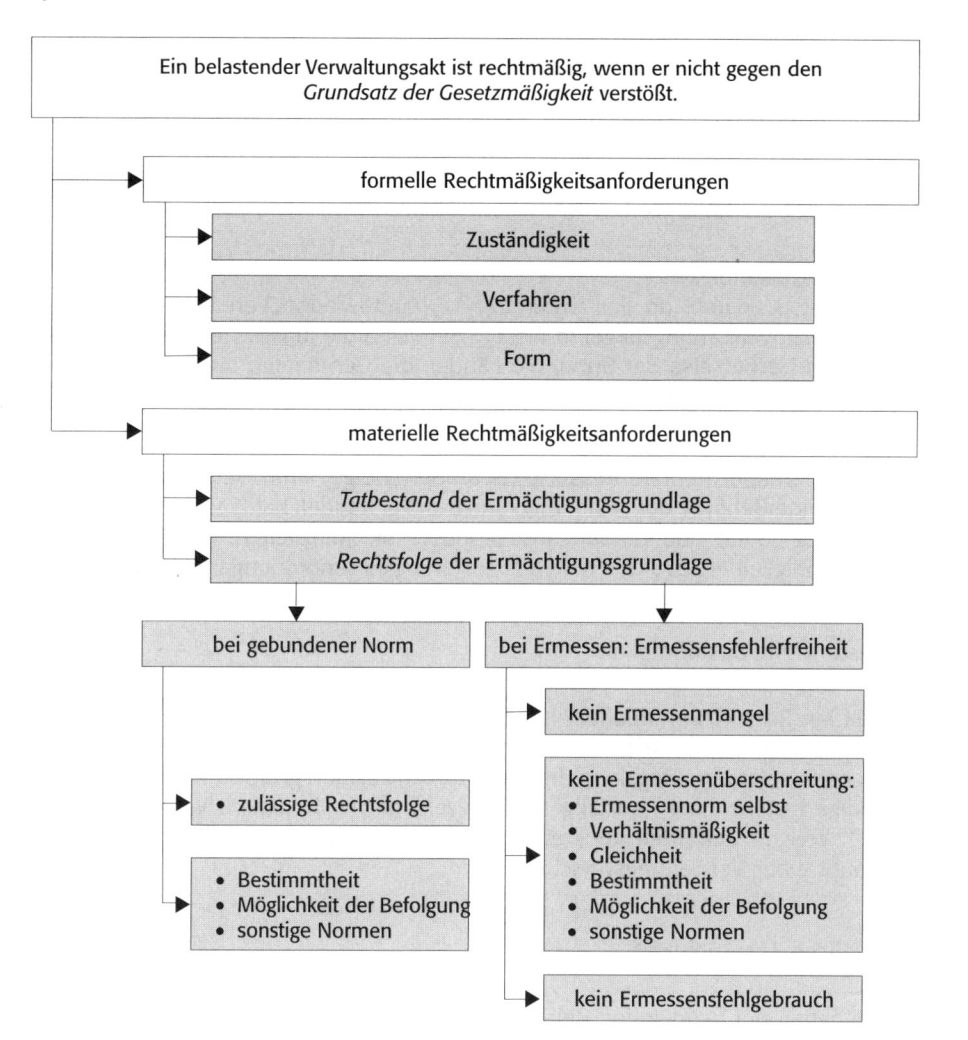

134

```
Ein belastender Verwaltungsakt ist rechtmäßig, wenn er nicht gegen den
Grundsatz der Gesetzmäßigkeit verstößt.
```

- **formelle Rechtmäßigkeitsanforderungen**
  - Zuständigkeit
  - Verfahren
  - Form

- **materielle Rechtmäßigkeitsanforderungen**
  - *Tatbestand* der Ermächtigungsgrundlage
  - *Rechtsfolge* der Ermächtigungsgrundlage
    - **bei gebundener Norm**
      - zulässige Rechtsfolge
      - Bestimmtheit
      - Möglichkeit der Befolgung
      - sonstige Normen
    - **bei Ermessen: Ermessensfehlerfreiheit**
      - kein Ermessenmangel
      - keine Ermessenüberschreitung:
        - Ermessennorm selbst
        - Verhältnismäßigkeit
        - Gleichheit
        - Bestimmtheit
        - Möglichkeit der Befolgung
        - sonstige Normen
      - kein Ermessensfehlgebrauch

b) Das Prüfungsschema

Ausgangssatz: Der VA wäre rechtmäßig, wenn kein Verstoß gegen das Prinzip der Gesetzmäßigkeit der Verwaltung vorliegen würde. Danach darf kein staatliches Handeln gegen geltendes Recht verstoßen (Vorrang des Gesetzes, Art. 20 (3) GG). Weiterhin bedarf danach die Verwaltung für alle belastenden und sonst wesentlichen Maßnahmen (vgl. Rn 186) einer gesetzlichen Ermächtigungsgrundlage (Vorbehalt des Gesetzes, Art. 2 ff., 20 GG) (vgl. BVerfGE 77, 230 f.; 98, 251; 101, 34; 108, 312; BVerwGE 47, 199; 64, 310; 68, 72; in der Literatur Rohr, Staatsrecht, S. 235 ff.).

135

1. Formelle Rechtmäßigkeitsanforderungen

1.1 Zuständigkeit[4]

Achtung: Beispiele und Rechtsfolgen eines Verstoßes gegen Zuständigkeitsnormen vgl. Rn 100 ff.

1.1.1 Sachliche Zuständigkeit

136
- Verbandszuständigkeit
Zunächst ist zu klären, ob der zuständige Verband – oder „Verwaltungsträger" – gehandelt hat. Verwaltungsträger in diesem Sinn sind die juristischen Personen des öffentlichen Rechts, also der Bund, die Länder, die Gemeinden und die sonstigen Körperschaften, Anstalten und Stiftungen des öffentlichen Rechts (vgl. Rn 18).

137
- Ressortzuständigkeit
Wenn ein Verband mehrere Ressorts (Behördenzweige) umfasst, ist weiterhin zu klären, ob eine Behörde des zuständigen Ressorts gehandelt hat. Ressorts in diesem Sinn sind bei Bund und Ländern insbesondere die Ministerien. Die Abgrenzung ihrer Zuständigkeit ergibt sich i. d. R. aus Zuständigkeitsanordnungen der Regierung.

1.1.2 Instanzielle Zuständigkeit

138
Umfasst ein Ressort/Behördenzweig mehrere Instanzen, ist jetzt zu klären, ob die sachlich zuständige Behörde auch instanziell zuständig ist. Enthalten verwaltungsrechtliche Gesetze eine Regelung der instanziellen Zuständigkeit, so wird die jeweils zuständige Instanz i. d. R. nur allgemein bezeichnet (z. B. „untere Verwaltungsbehörde"). Welche Behörden konkret zuständig sind, ergibt sich dagegen – wenn überhaupt – aus Verwaltungsvorschriften.

1.1.3 Örtliche Zuständigkeit

139
Gibt es neben der handelnden Behörde noch andere Behörden desselben Verwaltungsträgers, die sachlich und instanziell gleichermaßen, aber jeweils für unterschiedlich räumliche Bereiche zuständig sind (z. B. Finanzämter, Zollämter), ist zu prüfen, ob die handelnde Behörde die Grenzen ihrer örtlichen Zuständigkeit eingehalten hat. Eingehende Regelungen der örtlichen Zuständigkeit enthalten §§ 3 VwVfG, 2 SGB X und 17 ff. AO.

---

[4] Zum Teil wird in der Literatur (z. B. Bull, Allg. Verwaltungsrecht Rn 147) unter sachlicher Zuständigkeit nur die Ressortzuständigkeit verstanden und die Verbandszuständigkeit als eigenständige übergeordnete Zuständigkeit gesehen. Inhaltlich ergeben sich daraus aber keine Unterschiede zu der obigen Darstellung.

I. Allgemeines Verwaltungsrecht

1.1.4 Funktionelle Zuständigkeit

> Ist eine Behörde in Abteilungen und Ämter gegliedert, so sind diese nach der behördeninternen Geschäftsverteilung für jeweils bestimmte unterschiedliche Aufgaben/Funktionen zuständig. Ein Verstoß gegen eine derartige funktionelle Zuständigkeit hat jedoch keinen Einfluss auf die Rechtmäßigkeit eines erlassenen Verwaltungsakts, da der Verwaltungsakt von der – zuständigen – Behörde erlassen worden ist.

140

1.2 Einhaltung von Verfahrensvorschriften

Wichtige Hinweise:

141

Verfahrensvorschriften, die beim Erlass eines belastenden Verwaltungsakts zu beachten sind, sind zum einen in zahlreichen speziellen Gesetzen geregelt (z. B. §§ 63 ff. AuslG, 12 ff. AsylVfG). Zu beachten ist dabei, dass solche Regelungen nicht unbedingt alle, sondern zum Teil nur bestimmte allgemeine Verfahrensvorschriften verdrängen. Sind spezielle Verfahrensvorschriften nicht einschlägig, ist zu überlegen, welches allgemeine Verwaltungsverfahrensgesetz anzuwenden ist: Die Abgabenordnung (AO), das SGB X oder das VwVfG (vgl. die ersten Vorschriften dieser Gesetze und Rn 38 ff.). Beim VwVfG ist zu überlegen, ob das Bundes- oder das jeweilige Landes-VwVfG einschlägig ist. Innerhalb des einschlägigen VwVfG ist zu überlegen, um welches Verfahren es sich handelt: um das allgemeine Verfahren nach §§ 9 ff., um das förmliche Verfahren nach §§ 63 ff. oder um das Planfeststellungsverfahren nach §§ 72 ff. Sind die beiden letzteren (die es im SGB X und der AO nicht gibt) nicht einschlägig, handelt es sich um ein allgemeines Verfahren mit der Folge, dass die §§ 9 ff. VwVfG anzuwenden sind.

Im Folgenden wird nur auf die Vorschriften der §§ 9 ff. VwVfG eingegangen. Insoweit gibt es – bis auf geringfügige Ausnahmen – keine Unterschiede zwischen dem VwVfG des Bundes und denen der Länder, so dass die folgende Darstellung sowohl für das VwVfG des Bundes als auch für die der Länder gilt.

Zwischen dem VwVfG, dem SGB X und der AO gibt es ebenfalls keine nennenswerten Unterschiede. Die Verfahrensanforderungen der Gesetze sind weitestgehend, i. d. R. auch dem Wortlaut nach, identisch. Ein scheinbarer Unterschied besteht darin, dass für jedes sozialrechtliche Verfahren – und damit auch für das des SGB X – nach den §§ 60 ff. SGB I etliche Mitwirkungspflichten der Betroffenen geregelt sind, die das VwVfG nicht kennt (Angabe von für die Leistung erheblichen Tatsachen, auf Verlangen persönliches Erscheinen, Duldung von Untersuchungen und Heilbehandlungen, Teilnahme an berufsfördernden Maßnahmen). Diese stellen aber nur Obliegenheiten der Leistungsempfänger dar, deren Nichteinhaltung nicht zur Rechtswidrigkeit dennoch ergehender VAe führt, sondern nach § 66 SGB I ein Leistungsverweigerungsrecht der Behörde begründet.

Die §§ 9 ff. VwVfG (= §§ 8 ff. SGB X) regeln nicht alle Einzelheiten des Verwaltungsverfahrens. Grundsatz ist nach § 10 VwVfG/§ 9 SGB X vielmehr: „Das Verwaltungsverfahren ist an bestimmte Formen nicht gebunden, soweit keine besonderen Rechtsvorschriften für die Form des Verfahrens bestehen. Es ist einfach, zweckmäßig und zügig durchzuführen." Die AO kennt eine entsprechende Vorschrift nicht. Die folgenden Vorschriften regeln also – bezogen auf VwVfG und SGB X – nur Mindestanforderungen, die – bei Nichtbeachtung – zur Rechtswidrigkeit des anschließend erlassenen Verwaltungsakts führen.

Beispiele für Verstöße gegen Verfahrensanforderungen und die Folgen bei Verstoß gegen Verfahrensanforderungen sind oben unter Rn 104 ff. genannt. Zu unterscheiden sind:

142 • **Beteiligungsfähigkeit**, § 11 VwVfG (= § 10 SGB X; fehlt in der AO)

> Beteiligungsfähigkeit ist danach die rechtliche Fähigkeit, an einem Verwaltungsverfahren als Beteiligter teilnehmen zu können. Sie besitzen:
>
> 1. natürliche und juristische Personen
>
> 2. Vereinigungen, soweit ihnen ein Recht zustehen kann
> Vereinigungen sind Zusammenschlüsse natürlicher oder juristischer Personen, die einen gemeinsamen Zweck verfolgen, ein Mindestmaß an Organisation besitzen, die eine Repräsentanz der Mitglieder durch einzelne Personen gewährleistet.
>
> *Beispiele*: nichtrechtsfähige Vereine, Personengesellschaften, Fraktionen, Fakultäten, Wohnungseigentümergemeinschaften, Bürgerinitiativen, Kreisverbände von Parteien und Gewerkschaften, Erbengemeinschaften.
>
> 3. Behörden
> Ihre Beteiligungsfähigkeit ist nur eine formelle, da sie in Vertretung für den Rechtsträger handeln, dem sie angehören und den die Rechtswirkungen der Verfahrenshandlungen treffen.
>
> *Achtung: Beispiel und Rechtsfolgen fehlender Beteiligungsfähigkeit vgl. Rn 104.*

143 • **Handlungsfähigkeit**, § 12 VwVfG (= §§ 11 SGB X, 79 AO)

> Wer sich an einem Verwaltungsverfahren beteiligen will, muss nicht nur nach §§ 11 VwVfG, 10 SGB X beteiligungsfähig, sondern auch nach § 12 VwVfG (§ 11 SGB X, § 79 AO) handlungsfähig sein. Handlungsfähigkeit ist danach die Fähigkeit zur Vornahme von Verfahrenshandlungen, etwa zur Stellung von Anträgen. Im Einzelnen sind handlungsfähig:
>
> 1. natürliche Personen, die nach bürgerlichem Recht geschäftsfähig sind, also grundsätzlich alle Volljährigen, vgl. §§ 2, 104 ff. BGB, soweit sie nicht unter Pflegschaft stehen (§§ 1909 ff. BGB).
>
> 2. natürliche Personen, die nach bürgerlichem Recht in der Geschäftsfähigkeit beschränkt sind, soweit sie für den Gegenstand des Verfahrens durch Vorschriften des bürgerlichen Rechts als geschäftsfähig oder durch Vorschriften des öffentlichen Rechts als handlungsfähig anerkannt sind.
>
> Anwendungsfälle der Nr. 2 sind nach bürgerlichem Recht die §§ 112 und 113 BGB. Nach öffentlichem Recht sind Minderjährige handlungsfähig

- in bestimmten gesetzlich geregelten Fällen (z. B. über 16-jährige in Asylangelegenheiten nach § 12 AsylVfG; zu weiteren Fällen vgl. Kopp, VwVfG, Rn 8),
- bei Grundrechtsmündigkeit, also Einsichtsfähigkeit in die Tragweite des betreffenden Grundrechts (z. B. Schüler ab 14 Jahre zur Pressefreiheit des Art. 5 (1) GG bzgl. der Mitwirkung an einer Schülerzeitung).

3. juristische Personen und Vereinigungen (§ 11 Nr. 2) durch ihre gesetzlichen Vertreter oder durch besonders Beauftragte.

4. Behörden durch ihre Leiter, deren Vertreter oder Beauftragte.

Achtung: Beispiel und Rechtsfolgen fehlender Handlungsfähigkeit vgl. Rn 105.

- **Beteiligteneigenschaft**, § 13 VwVfG (= §§ 12 SGB X, 78 AO)   144

Die Beteiligteneigenschaft spielt in verschiedenen Vorschriften (z. B. Anhörung nach § 28 VwVfG oder Akteneinsicht nach § 29 VwVfG) eine Rolle.

Beteiligte kraft Gesetzes sind nach Abs. 1:
1. Antragsteller und Antragsgegner,
2. diejenigen, an die die Behörde einen VA richten will oder gerichtet hat,
3. diejenigen, mit denen die Behörde einen öffentlich-rechtlichen Vertrag schließen will oder geschlossen hat.

Beteiligte kraft Hinzuziehung sind diejenigen, die die Behörde nach Abs. 2 hinzugezogen hat. Dabei unterscheidet Abs. 2 zwei Arten:
- Einfache Hinzuziehung: Nach S. 1 kann die Behörde einen Dritten, dessen rechtliche Interessen durch den Ausgang des Verfahrens berührt werden können, als Beteiligten hinzuziehen. Unterbleibt das, wird der VA dadurch nicht rechtswidrig, sondern lediglich dem Dritten gegenüber nicht wirksam.
- Notwendige Hinzuziehung: Hat der Ausgang des Verfahrens dagegen rechtsgestaltende Wirkung für einen Dritten, muss die Behörde ihn nach S. 2 auf Antrag als Beteiligten hinzuziehen. Soweit er der Behörde bekannt ist, hat sie ihn nach S. 2 von der Einleitung des Verfahrens zu benachrichtigen. S. 2 ist analog anzuwenden auf befehlende und verbietende VAe, sofern sie unmittelbar und notwendig Rechte Dritter berühren.

Beispiele: Verfahren, in dem der Antragsteller ein Einschreiten zu Lasten Dritter begehrt; Baugenehmigungsverfahren, in dem die Baugenehmigung von der Zustimmung des Nachbarn abhängig ist.

Achtung: Beispiel und Rechtsfolgen fehlender Beteiligteneigenschaft vgl. Rn 106.

- **Ordnungsgemäße Vertretung Beteiligter**, §§ 14–19 VwVfG, 13–25 SGB X, 80 f. AO   145

Beteiligte können sich durch einen Bevollmächtigten vertreten lassen, der auf Verlangen seine Vollmacht schriftlich nachzuweisen hat (Abs. 1 der §§ 14 VwVfG, 13 SGB X, 14 AO). Beteiligte ohne Wohnsitz in Deutschland haben einen Empfangsbevollmächtigten zu bestellen (§§ 15 VwVfG, 14 SGB X). Für Beteiligte, die abwesend, unbekannt oder infolge Gebrechen nicht in der Lage sind, im Verwaltungsverfahren selbst tätig zu sein, hat das Vormundschaftsgericht auf Antrag der Behörde einen Vertreter zu bestellen (§§ 16 VwVfG, 15 SGB X, 81 AO). Weitere Regelungen: Bei gleichförmigen Eingaben und in Verfahren, an denen mehr als 50 Personen „im gleichen Interesse beteiligt" sind, kann die Behörde ggf. einen gemeinsamen Vertreter bestellen (§§ 17 ff. VwVfG).

Von einem Vertreter zu unterscheiden ist der Beistand: „Ein Beteiligter kann zu Verhandlungen und Besprechungen mit einem Beistand erscheinen. Das von dem Beistand Vorgetragene gilt als von dem Beteiligten vorgebracht, soweit dieser nicht unverzüglich widerspricht.", §§ 14 (4) VwVfG, 13 (4) SGB X, 80 (4) AO.

Achtung: Beispiel und Rechtsfolgen nicht ordnungsgemäßer Vertretung vgl. Rn 107.

146 • **Nichtmitwirken von Personen wegen Befangenheit bzw. Besorgnis der Befangenheit**, § 20 f. VwVfG (= §§ 16 f. SGB X; 80 f. AO)

§§ 20 VwVfG, 16 SGB X und 80 AO verbieten, dass Personen, deren Befangenheit unwiderleglich vermutet wird (insbesondere Beteiligte selbst und Angehörige von Beteiligten, vgl. im Einzelnen den Gesetzeswortlaut), für eine Behörde in einem Verwaltungsverfahren tätig sind. Die Kausalität zwischen einer danach unzulässigen Mitwirkung und dem Ergebnis des Verfahrens wird damit nicht unwiderlegbar vermutet, ist aber bereits dann anzunehmen, wenn nach den Umständen des Falles die konkrete Möglichkeit besteht, dass die Entscheidung ohne die unzulässige Mitwirkung u. U. anders ausgefallen wäre (BVerwG NVwZ 1987, 581).

§§ 21 VwVfG, § 17 SGB X und 81 AO regeln als Ergänzung zu den kraft Gesetzes wirkenden Ausschlussgründen als allgemeinen Auffangtatbestand die Möglichkeit für Behördenleiter, Personen von der Tätigkeit für die Behörde in einem Verwaltungsverfahren auszuschließen, wenn ein Grund vorliegt, „der geeignet ist, Misstrauen gegen eine unparteiische Amtsausübung zu rechtfertigen" oder wenn „von einem Beteiligten das Vorliegen eines solchen Grundes behauptet" wird.

Achtung: Beispiele und Rechtsfolgen unzulässiger Mitwirkung vgl. Rn 108 ff.

147 • **Ordnungsgemäße Einleitung des Verfahrens**, § 22 VwVfG (= §§ 18 SGB X, 86 AO)

Nach § 22 VwVfG usw. entscheidet die Behörde „nach pflichtgemäßem Ermessen, ob und wann sie ein Verwaltungsverfahren durchführt". Dies gilt nicht, wenn sie auf Grund von Rechtsvorschriften
1. von Amts wegen oder auf Antrag tätig werden muss,
2. nur auf Antrag tätig werden darf und ein Antrag nicht vorliegt."

Nach der Einleitung eines Verfahrens nach S. 1 oder von Amts wegen nach S. 2 Nr. 1 hat die Behörde unverzüglich die Beteiligten zu verständigen bzw. Betroffene als Beteiligte hinzuziehen (vgl. § 13 VwVfG).

I. Allgemeines Verwaltungsrecht

Welche Voraussetzungen müssen für einen Antrag i. S. d. S. 2 erfüllt sein?

> *Antragsbefugnis*: Der Antragsteller muss analog § 42 (2) VwGO (vgl. Rn 464) geltend machen, ein subjektiv öffentliches Recht auf den VA zu haben. Antragsbefugt ist er bereits, wenn er möglicherweise ein solches Recht hat. Negativ liegt diese Möglichkeit nicht vor, wenn ein solches Recht eindeutig und offensichtlich ausgeschlossen ist. In diesem Fall ist zu überlegen, ob es sich nicht um eine Bitte bzw. Beschwerde i. S. d. Art. 17 GG, also eine Petition handelt, die inhaltlich zu prüfen und deren Art der Erledigung dem Bürger mitzuteilen ist. Ansonsten handelt es sich nur um eine für die Behörde unverbindliche Anregung.

> *Form*: Ob für den Antrag eine bestimmte Form notwendig ist, ergibt sich ggf. aus dem jeweils anzuwendenden Gesetz (z. B. § 10 BImSchG). Ansonsten ist er formlos möglich.

> *Begründung*: Eine Begründung braucht der Antrag zwar grundsätzlich nicht zu enthalten. Jedoch muss aus ihm ersichtlich sein, aus welchen Tatsachen der Anspruchsteller den geltend gemachten Anspruch abzuleiten glaubt, sofern das nicht für die Behörde offensichtlich ist.

> *Frist*: Die Notwendigkeit der Einhaltung einer Frist kann sich ggf. aus dem anzuwendenden Gesetz ergeben.

Mit der Stellung des Antrages beginnt die Beteiligteneigenschaft des Antragstellers und eventueller Antragsgegner (vgl. § 13 VwVfG).

Achtung: Beispiel und Rechtsfolgen eines fehlenden Antrages vgl. Rn 111.

- **Verwendung der Amtssprache**, § 23 VwVfG (= § 87 AO, ähnlich § 19 SGB X)   148

Die Vorschrift regelt in Abs. 1, dass gegenüber Behörden Deutsch als Sprache zu benutzen ist. Geschieht das nicht, kann die Behörde die Vorlage einer Übersetzung – nach § 19 (2) SGB X ausdrücklich innerhalb einer angemessenen Frist – verlangen, nach § 19 (2) SGB X jedoch nur, „sofern sie nicht in der Lage ist, die Anträge oder Schriftstücke zu verstehen." Wird die Übersetzung nicht beigebracht, kann die Behörde auf Kosten des Beteiligten eine Übersetzung beschaffen. Abs. 3 und 4 regeln, dass es auch bei der Einhalten von Fristen auf den Zeitpunkt des Einganges der Übersetzung ankommt.

Achtung: Beispiel und Rechtsfolgen der Nichtverwendung der Amtssprache vgl. Rn 112.

149 • **Ermittlung des Sachverhalts von Amts wegen**, § 24 VwVfG (= §§ 20 SGB X, 88 AO)

> Die Beweismittel, die die Behörde zur Ermittlung des Sachverhalts benutzen kann, sind in § 26 VwVfG (= § 21 SGB X, 92 AO) genannt: 1. Auskünfte; 2. Äußerungen von Beteiligten, Sachverständigen und Zeugen; 3. Urkunden und Akten; 4. Augenschein. Die Beteiligten sollen bei der Ermittlung des Sachverhalts mitwirken.
>
> § 22 SGB X ermöglicht zusätzlich eine Vernehmung von Zeugen und Sachverständigen durch das Sozial- bzw. Verwaltungsgericht, falls diese unberechtigt die Aussage bzw. die Erstellung eines Gutachtens verweigern.
>
> § 27 VwVfG und § 23 SGB X lassen die Möglichkeit, eine Versicherung an Eides statt zu verlangen nur zu, wenn das gesetzlich geregelt ist (wie z. B. in § 44 (2) BBG i. V. m. § 46 BDisziplO).
>
> Die Abgabenordnung regelt die Beweiserhebung in umfassendem Maße in den §§ 81 07 AO, u. a. mit den Möglichkeiten der Versicherung an Eides Statt (§ 95) und von dem Finanzgericht durchzuführende eidliche Vernehmung (§ 94).
>
> *Achtung: Beispiel und Rechtsfolgen fehlerhafter Ermittlung des Sachverhalts: vgl. Rn 113.*

150 • **Beratung und Auskunft**, § 25 VwVfG (= 89 AO; weitergehend §§ 13–16 SGB I)

> Nach § 25 VwVfG (= § 89 AO) hat die Behörde als Ausfluss des Rechtsstaats- und des Sozialstaatsprinzips zwei wesentliche Pflichten gegenüber den Beteiligten des Verwaltungsverfahrens:
> - Zum einen soll sie die Abgabe von Erklärungen, die Stellung von Anträgen oder die Berichtigung von Erklärungen oder Anträgen anregen, wenn diese offensichtlich nur versehentlich oder aus Unkenntnis unterblieben oder unrichtig abgegeben oder gestellt worden sind.
> - Zum anderen hat sie, soweit erforderlich, Auskunft über die den Beteiligten im Verwaltungsverfahren zustehenden Rechte und die ihnen obliegenden Pflichten zu erteilen.
>
> Als Ausdruck eines allgemeinen Rechtsgedankens ist § 25 VwVfG (= § 89 AO) analog auf alle Verfahren anwendbar, für die es keine entsprechende Regelung gibt, z. B. auf die Anhörung nach § 13 (3) VwVfG, die Aussage von Zeugen nach § 65 VwVfG, ebenso auf Vertreter und Beistände von Beteiligten.
>
> Begrenzt wird die Auskunftspflicht durch Bestimmungen über Geheimhaltung und Vertraulichkeit, z. B. §§ 30 VwVfG, 10 FernmG, 30 AO.
>
> Ob die Behörde über § 25 VwVfG (= § 89 AO) hinaus Beratungen vornimmt und Auskünfte erteilt, steht in ihrem Ermessen. Anders im Sozialrecht: Hier obliegt der Behörde eine allgemeine Pflicht zur Aufklärung, Beratung und Auskunft (§§ 13 16 SGB I).

Achtung: Beispiel und Rechtsfolgen eines Verstoßes: vgl. Rn 114.

Achtung: Schuldhafte Verstöße lösen einem Amtshaftungsanspruch aus: vgl. Rn 601.

- **Anhörung Beteiligter**, § 28 VwVfG (= § 91 AO; ähnlich § 24 SGB X)

1. Greift eine spezielle Regelung ein?   151

Als solche kommen insbesondere die §§ 66 (1), 73 VwVfG , 71 VwGO in Betracht.

2. Sind die Voraussetzungen des § 28 (1) erfüllt?   152

○ Ein VA, der „in Rechte eines Beteiligten eingreift", ist nach - älterer - Rechtsprechung jeder belastende VA, also jeder, der in die bisherige Rechtsstellung des Beteiligten eingreift (BVerwGE 68, 270 = DVBl 1993, 271). Die herrschende Lehre (Übersicht bei Kopp, VwVfG, Rn 26 ff.) bejaht dagegen heute eine Pflicht zur Anhörung nach Abs. 1 auch bei der Ablehnung eines begünstigenden VA, da das dem Zweck des Abs. 1 entspricht, Abs. 2 Nr. 3 dafür spricht und auch hier in ein Recht eingegriffen wird : entweder in ein Recht auf den begünstigenden VA oder zumindest in das Recht auf ermessens- bzw. beurteilungsfehlerfreie Entscheidung mit der realen Chance eines dem Antrag entsprechenden Ergebnisses. Ob das Recht tatsächlich besteht, ist dagegen – hier bei der Anhörung – ohne Belang. Es reicht – analog § 42 (2) VwGO – vielmehr die Möglichkeit, dass das Recht besteht.

○ Dem Beteiligten ist „Gelegenheit zu geben, sich zu den für die Entscheidung erheblichen Tatsachen zu äußern", also zu denen, von deren Vorliegen bzw. Nichtvorliegen bzw. Beantwortung die von der Behörde zu treffende Entscheidung abhängt bzw., was ausreicht, möglicherweise abhängt. Tatsachen in diesem Sinn sind auch Behauptungen Dritter und die Ermittlungsergebnisse, nicht aber die von der Behörde beabsichtigte Entscheidung. Das setzt voraus, dass die Behörde den Betroffenen diese Tatsachen rechtzeitig mitteilt. Eine besondere Form ist für die Anhörung nicht erforderlich. Die Anhörung ist erst abgeschlossen, wenn die Behörde eine etwaige Stellungnahme des Beteiligten bei ihrer Entscheidung ernsthaft in Erwägung zieht und sich spätestens in der Begründung ihrer Entscheidung damit auseinandersetzt (vgl. Rn 161, 179).

3. Liegt ggf. eine Ausnahme von der Anhörungspflicht nach § 28 (2) vor?   153

Abs. 2 des § 24 SGB X enthält einen abschließenden Katalog von Ausnahmen. Anders Abs. 2 des § 28 VwVfG und des § 91 AO: Ihr Katalog ist („insbesondere") nicht abschließend. Entscheidend ist, dass eine Anhörung „nach den Umständen des Einzelfalles nicht geboten ist." Da mögliche im öffentlichen Interesse liegende Ausnahmen aber von Abs. 2 Nr. 1 erfasst werden, kommen insoweit nur noch solche Ausnahmen in Betracht, die im Interesse des Betroffenen oder Dritter liegen.

○ „Gefahr im Verzug" i. S. d. Nr. 1 liegt vor, wenn durch die Anhörung ein Zeitverlust eintreten würde, der mit hoher Wahrscheinlichkeit zur Folge hätte, dass die gebotenen Maßnahmen zu spät kommen würden. Nr. 1 rechtfertigt dabei nur die sofort erforderlichen Regelungen. Andere sind einem „Nachverfahren" mit Anhörung vorbehalten.

○ „Im öffentlichen Interesse" i. S. d. Nr. 1 stellt einen Auffangtatbestand für alle Fälle dar, die nicht unter die ausdrücklich geregelten Fälle der Nr. 15 fallen, bei denen jedoch ebenfalls aus ähnlichen Gründen des öffentlichen Interesses eine sofortige Entscheidung notwendig erscheint. Dabei muss es sich aus der Parallele zur Gefahr im Verzug um ein wertungsmäßig vergleichbar starkes öffentliches Interesse handeln.

○ Das Absehen von der Anhörung nach Nr. 2 zur Wahrung von Fristen setzt eine besondere Eilbedürftigkeit wegen drohender Fristversäumung voraus, etwa wenn der Ablauf der Frist zur Folge hätte, dass eine Handlung als genehmigt gilt o. ä. Nr. 2 ist eng auszulegen, da i.d.R. davon auszugehen ist, dass Fristen angemessen sind und für die Durchführung eines geordneten Verfahrens mit Anhörung des Betroffenen ausreichen.

○ Nr. 3 ist einschränkend auszulegen: Eigene Angaben können ein Absehen von der Anhörung nur rechtfertigen, wenn nach Lage des konkreten Falles die Angaben des Beteiligten die einzige Entscheidungsgrundlage sind und auszuschließen ist, dass die Anhörung neue Gesichtspunkte ergeben könnte, die eine für den Antragsteller günstigere Entscheidung rechtfertigen könnte.

○ Nr. 4 setzt einschränkend voraus, dass die in Frage stehenden VAe Sachverhalte betreffen, die erfahrungsgemäß nicht kontrovers sind und bei denen eine Anhörung keine besondere Bedeutung hätte.

○ Nr. 5 soll der Effektivität der Vollstreckung dienen. Dient das Absehen von der Anhörung nicht der Verhinderung der Vollstreckungsvereitelung, sondern nur der Verfahrensökonomie, darf auf die Anhörung nur verzichtet werden, wenn keine entscheidungserheblichen neuen Gesichtspunkte erwartet werden können.

4. Liegt ggf. ein Verbot der Anhörung nach § 28 (3) vor?

Ein Verbot der Anhörung bei einem entgegenstehenden zwingenden öffentlichen Interesse regeln nur § 28 VwVfG und § 91 AO, nicht dagegen § 24 SGB X. Die Voraussetzung, dass ein zwingendes öffentliches Interesse der Anhörung entgegensteht, liegt nicht schon vor, wenn die Anhörung die Durchsetzung öffentlicher Interessen zu vereiteln droht (dann Abs. 2). Nötig ist vielmehr ein besonders gewichtiges Interesse, das gegenüber dem Zweck der Anhörung und den Interessen der Betroffenen unzweifelhaft Vorrang hat und durch die Anhörung verletzt würde, wie z. B. bei Lebensgefahr oder der Gefährdung der Sicherheit der Bundesrepublik (Kopp, VwVfG, Rn 76).

Achtung: Beispiel und Rechtsfolgen eines Verstoßes gegen § 28 VwVfG: vgl. Rn 115.

- **Akteneinsicht für Beteiligte,** §§ 29 VwVfG, 25 SGB X

Das Recht auf Akteneinsicht ist nur im VwVfG und im SGB X, nicht aber in der AO geregelt. Es beruht auf einem allgemeinen Rechtsgedanken, der als solcher auch für Verfahren gilt, die von der Anwendung des VwVfG nach dessen § 2 an sich ausgeschlossen sind, wie z. B. Prüfungsverfahren. Folgende Fragen stellen sich:

1. **Greift eine spezielle Regelung ein?**

Als solche kommen insbesondere die §§ 72 f. VwVfG in Betracht.

2. **Sind die Voraussetzungen des § 29 (1) erfüllt?**

○ Das Einsichtsrecht beginnt mit der Einleitung und endet mit dem Abschluss des Verfahrens, also mit der Unanfechtbarkeit des VA.

○ Einsichtsberechtigt sind Beteiligte i. S. d. § 13 (1) VwVfG (§ 12 SGB X). Andere Personen werden erst nach Hinzuziehung Beteiligte und haben erst dann einen Anspruch auf Akteneinsicht.

○ Das Einsichtsrecht bezieht sich auf „die das Verfahren betreffenden Akten". Akten sind alle das Verfahren betreffenden Unterlagen (also nicht nur Ordner, sondern auch PC-Dateien, Fotos, Filme usw.). Akten betreffen das Verfahren, wenn sie für das Verfahren von Bedeutung sein können, was auch bei Vorakten möglich ist. Ausgenommen sind nach S. 2 jedoch Entwürfe zu Entscheidungen sowie die Arbeiten zu ihrer unmittelbaren Vorbereitung.

○ Die Kenntnis der Akten muss zur Geltendmachung oder Verteidigung der rechtlichen Interessen des Antragstellers erforderlich sein. Das bedeutet, dass die Einsichtnahme bezwecken muss, eine tatsächliche Unsicherheit über ein Rechtsverhältnis zu klären, ein „rechtlich relevantes Verhalten nach dem Ergebnis der Einsichtnahme zu regeln oder eine gesicherte Grundlage für die Verfolgung eines Anspruchs zu erhalten" (Amtliche Begründung S. 53).

○ Angaben über gesundheitliche Verhältnisse kann die Behörde nach § 25 (2) SGB X auch durch einen Arzt dem Beteiligten vermitteln lassen.

3. **Liegt ggf. eine Ausnahme nach § 29 (2) vor?**

○ Die „ordnungsgemäße Erfüllung der Aufgaben der Behörde" würde beeinträchtigt (nur § 29 VwVfG). Das ist nur dann der Fall, wenn der normale Geschäftsgang durch eine größere Zahl von Anträgen auf Akteneinsicht unzumutbar belastet, das Verfahren in unvertretbarer Weise verzögert oder die Wirksamkeit des Verfahrens beeinträchtigt würde.

○ „Das Bekanntwerden des Inhalts der Akten würde dem Wohl des Bundes oder eines Landes Nachteile bereiten" (nur § 29 VwVfG).

○ Die Vorgänge müssen „nach einem Gesetz" geheim gehalten werden" (nur § 29 VwVfG): z. B. Datenschutzgesetze.

○ Die Vorgänge müssen „ihrem Wesen nach geheim gehalten werden" (nur § 29 VwVfG). Beispiele: vertrauliche Informationen, Akten des Verfassungsschutzes, Personalakten von Beamten für Dritte. „Berechtigte Interessen der Beteiligten oder

Dritter" (Intimsphäre, Gesundheitsdaten oder Geschäftsgeheimnisse Dritter), die § 29 VwVfG hierzu als Beispiel nennt, sind nach § 25 SGB X die einzige Ausnahme zum Akteneinsichtsrecht.

Über § 29 hinaus haben der Bund und zahlreiche Länder Informationsfreiheitsgesetze erlassen, die für jedermann ein Recht auf Zugang zu amtlichen Informationen regeln. Wird dafür Akteneinsicht verlangt, kann nur aus wichtigem Grund auf eine andere Art des Informationszugangs verwiesen werden. Ausnahmen von dem Informationsrecht betreffen insbesondere sicherheitsrelevante Daten, personenbezogene Daten, Geheimhaltungspflichten, Berufs-, Amts- und Geschäftsgeheimnisse und laufende Verwaltungsverfahren. Für letztere gilt aber das Recht auf Akteneinsicht nach § 29, allerdings nur für Beteiligte zur Geltendmachung oder Verteidigung ihrer rechtlichen Interessen.

Achtung: Beispiel und Rechtsfolgen eines Verstoßes gegen § 29 VwVfG: vgl. Rn 116.

1.3 Beachtung von Formvorschriften

158 Zwar gilt der Grundsatz der Formfreiheit, §§ 37 (2) VwVfG, 33 (2) SGB X, 119 (2) AO. Davon abweichend gibt es jedoch bestimmte Formerfordernisse:

159 • Spezialgesetzliche Formerfordernisse

Beispiele: Schriftform beim Widerspruchsbescheid (§ 73 (3) 1 VwGO), Aushändigung einer Urkunde bei Beamtenernennungen (§ 5 (2) BRRG).

160 • Behördenangabe und i. d. R. Unterschrift oder Namenswiedergabe

sind nötig bei schriftlichen Verwaltungsakten § 37 (3) VwVfG, 33 (3) SGB X, 119 (3) AO. Eine Ausnahme für EDV-Bescheide regelt der jeweilige Abs. 4.

161 • Schriftliche Begründung

Sie ist bei schriftlichen Verwaltungsakten grundsätzlich nötig: Entweder aufgrund spezieller Regelungen (z. B. §§ 69 (2) 1, 74 (1) 2 VwVfG). Ansonsten aufgrund der allgemeinen Formvorschriften:

Nach §§ 39 (1) VwVfG, 35 (1) SGB X muss, soweit nicht eine der Ausnahmen nach Abs. 2 eingreift, ein schriftlicher VA immer eine Begründung enthalten. Diese muss sich zum einen auf die wesentlichen tatsächlichen und die wesentlichen rechtlichen Gründe (Ermächtigungsgrundlage, Subsumtion darunter, Ermessenserwägungen), zum anderen aber auch auf die Aspekte beziehen, hinsichtlich derer die Behörde dem Vortrag oder den offensichtlichen Erwartungen der Beteiligten nicht gefolgt ist.

Eine verkürzte Begründung ohne Darlegung der Ermessensgründe ist möglich bei Vorschriften, die ausdrücklich als Soll-Vorschriften formuliert sind. Das Gleiche gilt nach der Rechtsprechung für Vorschriften, die so auszulegen sind, dass sie im Regelfall in einem bestimmten Sinn anzuwenden sind, z. B. § 49 Abs. 2 Nr. 3 VwVfG (= „intendiertes Ermessen"). In beiden Fällen müssen besondere Gründe vorliegen und dann nach § 39 VwVfG genannt werden, um eine gegenteilige Entscheidung zu rechtfertigen (vgl. BVerwGE 91, 90; 105, 55 = NJW 98, 2233). Nach § 121 AO ist eine Begründung eines VA sogar nur dann erforderlich, „soweit dies zu seinem Verständnis erforderlich ist".

Eine Begründung ist nach §§ 39 (2) VwVfG, 35 (2) SGB X, 119 (2) AO nicht nötig,
1. soweit die Behörde einem Antrag entspricht oder einer Erklärung folgt und der Verwaltungsakt nicht in Rechte eines anderen eingreift;
2. soweit demjenigen, für den der Verwaltungsakt bestimmt ist oder der von ihm betroffen wird, die Auffassung der Behörde über die Sach- und Rechtslage bereits bekannt oder auch ohne schriftliche Begründung für ihn ohne weiteres erkennbar ist;
3. wenn die Behörde gleichartige Verwaltungsakte in größerer Zahl oder Verwaltungsakte mit Hilfe automatischer Einrichtungen erlässt und die Begründung nach den Umständen des Einzelfalles nicht geboten ist;
4. wenn sich dies aus einer Rechtsvorschrift ergibt;
5. wenn eine Allgemeinverfügung öffentlich bekannt gegeben wird.

- Rechtsbehelfsbelehrung   162

Das VwVfG und die VwGO enthalten kein allgemeines Erfordernis einer Rechtsbehelfsbelehrung. Eine solche ist dagegen vorgeschrieben nach § 36 SGB X für die Sozialverwaltung, nach § 59 VwGO für belastende schriftliche Verwaltungsakte von Bundesbehörden und nach § 73 (3) VwGO für Widerspruchsbescheide. Allerdings handelt es sich hier nicht um Rechtmäßigkeitsanforderungen, deren Nichtbeachtung zur Fehlerhaftigkeit des Verwaltungsakts führt. Folge eines Verstoßes ist vielmehr (nur), dass sich die Widerspruchsfrist verlängert (§§ 70 (2), 58 VwGO).

Achtung: Beispiele und Rechtsfolgen von Verstößen gegen Formvorschriften: vgl. Rn 119 ff.

2. Materielle Rechtmäßigkeitsanforderungen   163

- Nach dem Vorbehalt des Gesetzes (vgl. Rn 135) ist bei belastenden Verwaltungsakten stets eine wirksame Ermächtigungsgrundlage erforderlich.
- Welche kommt in Betracht?
- Sofern die Ermächtigungsgrundlage kein *formelles* Gesetz (im nationalen Recht jedes Gesetz, das durch den Bundestag oder einen Landtag beschlossen ist) ist, ist zu prüfen, ob nach der Wesentlichkeitsrechtsprechung des BVerfG (vgl. Rn 186) ein *materielles* Gesetz (Rechtsverordnung, Satzung) ausreicht.
- Es sind sowohl der *Tatbestand* als auch die *Rechtsfolge* der Norm zu prüfen.

2.1 Tatbestand der Ermächtigungsnorm   164

Unter die Tatbestandsmerkmale muss subsumiert werden. Sind diese nicht völlig eindeutig bzw. sind sie im konkreten Fall nicht völlig eindeutig erfüllt, müssen sie vor der

Subsumtion ausgelegt werden, sofern nicht norminterpretierende Verwaltungsvorschriften (durch die unbestimmte Tatbestandsmerkmale verbindlich interpretiert werden) eingreifen. Die Auslegung erfolgt dabei nach den vier Auslegungsmethoden (vgl. Treder, Methoden und Technik der Rechtsanwendung, 1988, S. 46 ff.):

- grammatikalische Auslegung (Auslegung nach dem Wortsinn): Sie ist der Ausgangspunkt der Auslegung. Bei ihr geht es um die Erfassung des Wortsinns der Norm. Dieser ist – soweit es die grammatikalischen Regeln erlauben – vorläufig weit zu fassen.

- systematische Auslegung (Auslegung nach dem Bedeutungszusammenhang): Ihr Grundgedanke ist, dass die Rechtsordnung ein einheitliches widerspruchsfreies Ganzes ist. Bei verschiedenen Auslegungsmöglichkeiten ist also die zu wählen, die zur Widerspruchsfreiheit führt. Dabei muss der Bedeutungszusammenhang, in dem die anzuwendende Norm steht, ermittelt werden, u. a. mit folgenden Fragen: In was für einer Art von Gesetz, in welchem Abschnitt des Gesetzes befindet sich die Norm? Wird der gleiche Begriff an anderer Stelle ebenfalls verwendet und dort in einem klar erkennbaren Sinn verstanden? Insbesondere: Welche Bedeutung hat das durch die Norm eingeschränkte Grundrecht? Hier geht es um die verfassungskonforme Auslegung als Unterfall der systematischen Auslegung. Danach muss die Auslegung mit den Grundprinzipien der Verfassung in Einklang stehen. Insbesondere muss eine belastende Norm dem Wertgehalt des eingeschränkten Grundrechts Rechnung tragen. Dabei sind also – unter dem Gesichtspunkt der Angemessenheit – Verhältnismäßigkeitserwägungen anzustellen (vgl. Rn 174).

- teleologische Auslegung (Auslegung nach Sinn und Zweck): Sie ist die entscheidende Auslegungsmethode. Ihr Ziel ist die Ermittlung des Gegenwartszwecks der Norm. Dabei ist auch zu berücksichtigen, ob es sich um eine Ausnahmevorschrift handelt (die grundsätzlich eng auszulegen ist) oder ob in der Norm ein allgemeiner Rechtsgedanke Ausdruck gefunden hat (so dass die Norm „großzügiger" ausgelegt werden kann).

- historische Auslegung (Auslegung nach der Entstehungsgeschichte): Sie fragt nach dem Willen des historischen Gesetzgebers. Sie kann, da eine Rechtsnorm grundsätzlich aus der Gegenwart heraus auszulegen ist, jedoch nicht entscheidend sein, aber bei bestehenden Zweifeln einen Anhaltspunkt für oder gegen ein bestimmtes Auslegungsergebnis aufzeigen.

2.2 Rechtsfolge der Ermächtigungsnorm

165 Die Prüfung ist unterschiedlich, je nachdem, ob es sich bei der zu prüfenden Norm um eine *gebundene* oder um eine *Ermessensnorm* handelt. Handelt es sich um eine Ermessensnorm, wird TZ 2.2.1 übersprungen. Handelt es sich um eine gebundene Norm, entfällt natürlich TZ 2.2.2.

2.2.1 Bei gebundener Norm

(1) Zulässige Rechtsfolge

Der VA darf nur die im Gesetz vorgesehene Rechtsfolge anordnen.

(2) Inhaltliche Bestimmtheit, §§ 37 (1) VwVfG, 33 SGB X, 119 AO

Danach muss ein Verwaltungsakt „inhaltlich hinreichend bestimmt" sein. Das bedeutet: Der Wille der Behörde muss, wenn auch durch Auslegung gewonnen, vollständig klar und unzweideutig für den Adressaten erkennbar sein, so dass er sein Verhalten danach ausrichten kann (vgl. BVerwG NVwZ 1990, 886).

166

Dabei kommt es nicht auf den individuellen Empfänger an, sondern analog §§ 133, 157, 242 BGB darauf, wie ein objektiver Empfänger in der Lage des Adressaten den VA nach Treu und Glauben mit Rücksicht auf die Verkehrssitte verstehen darf und muss. Unklarheiten gehen dabei zu Lasten der Behörde.

Die notwendige Bestimmtheit bezieht sich auf
- den Charakter als Verwaltungsakt
- die Adressaten
- den Regelungsinhalt

Achtung: Beispiel und Rechtsfolgen fehlender Bestimmtheit: vgl. Rn 124.

(3) Rechtliche und tatsächliche Möglichkeit der Befolgung des VA

167

Nach diesem ungeschriebenen Grundsatz sind zu unterscheiden:

Rechtliche Möglichkeit: Wenn die Befolgung des VA von dem Adressaten nichts verlangt, was gegen öffentlich-rechtliche Normen verstößt. Hinweis: Rechtliche Möglichkeit ist also nicht ausgeschlossen, wenn das rechtliche Hindernis lediglich eine fehlende zivilrechtliche Zustimmung oder Mitwirkung eines Dritten ist. Die Folge davon ist allerdings ein Vollstreckungshindernis (vgl. Rn 342).

Tatsächliche Möglichkeit: Wenn der Adressat tatsächlich in der Lage ist, den VA zu befolgen. Hinweis: Auf die finanzielle Leistungsfähigkeit des Adressaten kommt es dabei nicht an. Fehlt diese, so berührt das daher die tatsächliche Möglichkeit nicht.

Beachte: Dieser Prüfungsaspekt kommt nur in Betracht, wenn ein Verwaltungsakt zu befolgen ist, also nicht in anderen Fällen, etwa wenn ein Verwaltungsakt aufgehoben oder ein Verwaltungsakt abgelehnt wird.

Achtung: Beispiel und Rechtsfolgen fehlender Möglichkeit der Befolgung: vgl. Rn 125 ff.

168 (4) Kein Verstoß gegen sonstige Normen

> Dieser Aspekt ist nur bei einer gebundenen Norm gesondert zu prüfen. Bei einer Ermessensnorm erfolgt die Prüfung unter „Ermessensüberschreitung", vgl. Rn 178. Sonstige Normen können Gesetze des einfachen Rechts oder Normen des Verfassungsrechts, insbesondere die Grundrechte, sein.

2.2.2 Bei Ermessensnorm

Es dürfen keine Ermessensfehler i. S. d. §§ 40 VwVfG, 39 SGB I, 5 AO vorliegen:

(1) Kein Ermessensmangel (Ermessensunterschreitung)

169
Ermessensmangel liegt vor, wenn die Behörde nicht erkannt hat, dass ihr Ermessen eingeräumt worden ist.

> Fallsituationen sind:
> → Die Behörde kannte die Norm nicht.
> → Die Behörde hat fälschlicherweise den Tatbestand der Ermessensnorm verneint.
> → Die Behörde hat sich fälschlicherweise durch die Norm als gebunden gesehen.
> → Die Behörde hat bei Anwendung einer zu einer Ermessensnorm ergangenen Verwaltungsvorschrift übersehen, dass ein atypischer Fall vorliegt und deshalb von der Verwaltungsvorschrift abgewichen werden musste.
>
> *Achtung: Beispiel und Rechtsfolgen eines Ermessensmangels: vgl. Rn 131.*

(2) Keine Ermessensüberschreitung

170
Ermessensüberschreitung liegt vor, wenn die gesetzlichen Grenzen des Ermessens überschritten sind.

Gesetzliche Grenzen des Ermessens sind:

171
(2.1) die **Ermessensnorm** selbst

172
(2.2) das **Verfassungsrecht**. Hier kommen insbesondere in Betracht:

• *Freiheitsrechte*

Jeder belastende Verwaltungsakt schränkt ein Freiheitsrecht ein, zumindest das aus Art. 2 (1) GG. Deshalb müssen dessen Voraussetzungen erfüllt sein. Ist das Grundrecht seinem Wortlaut nach nicht einschränkbar, muss die Einschränkung durch einen höherrangigen anderen Verfassungswert gerechtfertigt sein.

Unterliegt es einem Gesetzesvorbehalt, muss insbesondere der *Grundsatz der Verhältnismäßigkeit* beachtet sein. Dieser ist nur in wenigen Gesetzen geregelt. Im übrigen ergibt er sich aus dem Grundgesetz. BVerfGE 19, 348: „Er ergibt sich aus dem Rechtsstaatsprinzip, im Grunde bereits aus dem Wesen der Grundrechte selbst, die als Ausdruck des allgemeinen Freiheitsanspruchs des Bürgers gegenüber dem Staat von der öffentlichen Gewalt jeweils nur soweit beschränkt werden dürfen, als es zum Schutz öffentlicher Interessen unerlässlich ist."

Danach muss ein Verwaltungsakt geeignet, angemessen und erforderlich sein.

> Geeignet ist ein Verwaltungsakt, wenn er das angestrebte Ziel voraussichtlich erreicht oder zumindest fördert.

173

Prüfung:
> Welches ist das angestrebte Ziel?
> Wird es durch die Maßnahme voraussichtlich erreicht oder zumindest gefördert?

> Angemessen ist ein Verwaltungsakt, wenn er voraussichtlich keinen Nachteil herbeiführt, der erkennbar außer Verhältnis zu dem angestrebten Ziel steht (BVerfGE 44, 373).

174

Oder anders ausgedrückt: Angemessen ist er nicht „wenn die dem Eingriff entgegenstehenden Interessen im konkreten Fall ersichtlich schwerer wiegen als diejenigen Belange, deren Wahrung die staatliche Maßnahme dienen soll" (BVerfG NJW 1999, 3401). Es ist also negativ vereinfacht zu fragen, ob die herbeigeführten Nachteile voraussichtlich größeres Gewicht haben als die bezweckten Vorteile. Prüfung also:
> Welches sind die bezweckten Vorteile der Maßnahme?
> Welches sind die herbeigeführten Nachteile?
> Sind die Nachteile voraussichtlich größer als die Vorteile?

Für diese Abwägung gilt die Wechselwirkungslehre: Je größer die zu bekämpfenden Gefahren sind, desto größer sind die Nachteile, die in Kauf genommen werden müssen. Oder umgekehrt: Je geringer die zu bekämpfenden Gefahren, je unbedeutender die zu schützenden Interessen sind, desto stärker ist das eingeschränkte Grundrecht bei der Abwägung zu berücksichtigen (vgl. BVerfGE 41, 398).

175

Ein Nachteil, den eine staatliche Maßnahme möglicherweise hat, kann die Beeinträchtigung von Vertrauen sein, das der Bürger in die Beständigkeit staatlichen Handelns gehabt hat. Dieses ist bei etlichen Rechtsnormen wie z. B. § 48 VwVfG, der die Rücknahme eines rechtswidrigen Verwaltungsakts regelt, bereits auf der Ebene des Tatbestandes zu prüfen, da insoweit bei schutzwürdigem Vertrauen der Tatbestand der Norm nicht vorliegt (vgl. Rn 205, 220 ff.). Im Übrigen ist es bei der Prüfung der Rechtsfolge zu berücksichtigen. Vertrauen ist nach dem Rechtsstaatsprinzip zwar grundsätzlich schutzwürdig, muss im Einzelfall aber gegen andere Aspekte des Rechtsstaatsprinzips wie Gesetzmäßigkeit und Gleichheit abgewogen werden. Die Frage, ob danach das Vertrauen berechtigt war, könnte als eigenständiger Aspekt („Vertrauensschutz-Grundsatz") geprüft werden. Es bietet sich jedoch eher an, Vertrauen im Rahmen der Angemessenheit zu prüfen, da bei berechtigtem Vertrauen die Angemessenheit kaum bejaht werden kann.

176 Erforderlich ist ein Verwaltungsakt, wenn sein Ziel voraussichtlich nicht durch eine andere Maßnahme erreicht werden kann, die selbst verhältnismäßig, gleich wirksam, aber weniger belastend ist.

Prüfung:
> Welche andere Maßnahme kommt in Betracht?
> Ist diese selbst voraussichtlich geeignet, angemessen und erforderlich?
> Ist sie voraussichtlich gleich wirksam wie die angeordnete Maßnahme?
> Ist sie voraussichtlich weniger belastend?

Achtung: Beispiele und Rechtsfolgen eines Verstoßes gegen den Grundsatz der Verhältnismäßigkeit: vgl. Rn 131.

177 • *Gleichheitsrechte*

Neben den speziellen Gleichheitsrechten wie etwa Art. 3 (2), (3), 21, 33 (1)–(3), 38 (1) GG kommt vor allem der allgemeine Gleichheitssatz des Art. 3 (1) GG in Betracht.

Er lautet: „Alle Menschen sind vor dem Gesetz gleich." Nach der Rechtsprechung des BVerfG ist er wie folgt zu lesen: „Wesentlich gleiche Sachverhalte müssen gleich, wesentlich ungleiche ihrer Eigenart entsprechend ungleich behandelt werden" (BVerfGE 90, 239). Der Staat (insbesondere der Gesetzgeber, aber auch die Verwaltung) hat nun bei der Frage, was wesentlich gleich bzw. ungleich ist, einen Beurteilungsspielraum. Daher sind Sachverhalte wesentlich gleich, wenn es für die Ungleichbehandlung keinen sachlichen Grund gibt und wesentlich ungleich, wenn es für eine Gleichbehandlung keinen sachlichen Grund gibt (BVerfGE 91, 123). Folge: Ein Verstoß gegen Art. 3 (1) GG liegt vor, wenn eine Gleich- oder eine Ungleichbehandlung ohne sachlichen Grund erfolgt. Kriterien für sachliche Gründe werden für die Verwaltung nicht nur durch die Verfassung vorgegeben, sondern ergeben sich aufgrund der Gesetzesbindung der Verwaltung auch aus einfachen Gesetzen. Sachliche Gründe müssen sich für die Verwaltung daher immer im Rahmen des jeweiligen Gesetzeszwecks halten.

Beispiel: Das Verbot einer Demonstration muss sich am Zweck des Versammlungsgesetzes orientieren, darf also nur wegen versammlungstypischer Gefahren erfolgen, aber nicht, weil die Teilnehmer ihre Steuern nicht bezahlt haben. Das wäre ein aus einem anderen Gesetz (Einkommensteuergesetz) herangezogener Grund.

177a Ein Verstoß der Verwaltung gegen Art. 3 (1) GG kann auch darin liegen, dass diese ohne sachlichen Grund von einer bisherigen Verwaltungspraxis abweicht. Die bisherige Verwaltungspraxis ist für den Außenstehenden allerdings nicht immer unmittelbar zu erkennen. Sie kann sich aber auch aus Verwaltungsvorschriften ergeben (dazu vgl. Rn 30). Bei ihnen handelt es sich zwar nicht um Rechtsquellen, auf die sich der Bürger berufen kann, da sie ihm gegenüber keine Rechte oder Pflichten begründen. Es ist jedoch Folgendes zu beachten: Verwaltungsvorschriften dienen

u. a. dazu, das Verhalten der öffentlichen Mitarbeiter in dem Sinn zu lenken, dass gleich gelagerte Fälle auch gleich entschieden werden. Da davon auszugehen ist, dass Verwaltungsvorschriften grundsätzlich eingehalten werden, geben sie insoweit die *Verwaltungspraxis* wieder. Damit steht aber fest, dass bei einem Verstoß gegen die Verwaltungsvorschrift gleichzeitig gegen die tatsächliche Verwaltungspraxis verstoßen wurde, also ein gleich gelagerter Fall abweichend von früheren Fällen entschieden wurde. Wenn es dafür keinen sachlichen Grund gibt, liegt ein Verstoß gegen Art. 3 (1) GG. vor (vgl. BVerwGE 104, 223; 113, 376; 118, 384).

(2.3) Sonstige Normen, die bei Erlass des belastenden VA zu beachten sind, u. a.
- § 37 (1) VwVfG: Bestimmtheit (vgl. Rn 166)
- Grundsatz der Möglichkeit der Befolgung eines VA (vgl. Rn 167)

178

(3) Kein Ermessensfehlgebrauch (Ermessensmissbrauch)

Ermessensfehlgebrauch liegt vor, wenn das Ermessen nicht entsprechend dem Zweck der Ermächtigung ausgeübt worden ist, d. h., wenn der gedankliche Weg zur Entscheidung fehlerhaft ist.

179

Fallsituationen sind:

(1) sachfremde Erwägungen
- nicht entsprechend dem Zweck der Norm
- persönliche Begünstigung oder Schädigung

(2) strukturelle Begründungsmängel
- Fehlen einer Begründung
- Scheinbegründung
- unlogische oder widersprüchliche Erwägungen
- unzutreffende Erwägungen
- Außerachtlassung wesentlicher Gesichtspunkte
- unzutreffend festgestellte Tatsachen im Rahmen der Ermessensausübung

Achtung: Beispiel und Rechtsfolgen eines Ermessensfehlgebrauchs: vgl. Rn 131.

2. Prüfung der Rechtmäßigkeit eines begünstigenden Verwaltungsakts

Literaturempfehlungen: siehe im Literaturverzeichnis Nr. 1

a) Übersicht

180

Ein begünstigender Verwaltungsakt ist rechtmäßig, wenn er nicht gegen den *Grundsatz der Gesetzmäßigkeit* verstößt.

- formelle Rechtmäßigkeitsanforderungen
  - Zuständigkeit
  - Verfahren
  - Form
- materielle Rechtmäßigkeitsanforderungen
  - *Tatbestand* der Ermächtigungsgrundlage
  - *Rechtsfolge* der Ermächtigungsgrundlage
    - bei gebundener Norm
      - zulässige Rechtsfolge
      - Bestimmtheit
      - Möglichkeit der Befolgung
      - kein Verstoß gegen sonstige Normen
    - bei Ermessens-Norm
      - Ermessensfehlerfreiheit
        - kein Ermessensmangel
        - keine Ermessensüberschreitung
        - kein Ermessensfehlgebrauch

b) Das Prüfungsschema

Beispiel: A hat die Erlaubnis erhalten, ein Haus zu bauen.

> Der VA wäre rechtmäßig, wenn kein Verstoß gegen das Prinzip der Gesetzmäßigkeit der Verwaltung (Art. 20 GG) vorliegen würde. Danach darf kein staatliches Handeln gegen geltendes Recht verstoßen (Vorrang des Gesetzes, Art. 20 (3) GG). Weiterhin bedarf danach die Verwaltung für alle belastenden und sonst wesentlichen Maßnahmen (vgl. Rn 186) einer gesetzlichen Ermächtigungsgrundlage (Vorbehalt des Gesetzes, Art. 2 ff., 20 GG).

181

1. Formelle Rechtmäßigkeitsanforderungen

1.1 Zuständigkeit der erlassenden Behörde (vgl. Rn 136 ff.)

- Sachliche Zuständigkeit
- Instanzielle Zuständigkeit
- Örtliche Zuständigkeit

182

1.2 Einhaltung von Verfahrensvorschriften (vgl. Rn 141 ff.)

Hinweis: § 28 VwVfG ist nicht zu prüfen.

183

1.3 Beachtung von eventuellen Formvorschriften (vgl. Rn 158 ff.)

- Zwar Grundsatz der Formfreiheit, aber:
- Spezialgesetzliche Formerfordernisse
- Behördenangabe, Unterschrift/Namenswiedergabe bei schriftlichem VA (außer bei EDV-VA)
- Schriftliche Begründung bei schriftlichem VA
- u. U. Rechtsbehelfsbelehrung

184

2. Materielle Rechtmäßigkeitsanforderungen

- Ist eine (natürlich wirksame) Ermächtigungsgrundlage *erforderlich*? In der Regel wird es auf die Beantwortung dieser Frage bei begünstigenden Verwaltungsakten nicht ankommen, da fast immer eine gesetzliche Regelung für die entsprechende Leistungsgewährung vorhanden ist. Für den Normalfall dann weiterprüfen (also insbesondere, ob der Tatbestand dieser Regelung vorliegt und eine rechtmäßige Rechtsfolge gewählt wurde.)

185

Ist keine gesetzliche Ermächtigungsgrundlage einschlägig, stellt sich die Frage, ob eine erforderlich ist. Das ist der Fall,

- wenn eine gesetzliche Vorschrift dieses regelt. Hauptbeispiel dafür ist § 31 SGB I: „Rechte und Pflichten in den Sozialleistungsbereichen dieses Gesetzes dürfen nur begründet, festgestellt, geändert oder aufgehoben werden, wenn ein Gesetz es vorschreibt oder zulässt."

• wenn es sich nach der Wesentlichkeitsrechtsprechung des BVerfG ausnahmsweise um eine wesentliche, weil grundrechtsrelevante Maßnahme handelt.

186 → Fallgruppen *wesentlicher* Maßnahmen sind insbesondere:

- Grundrechtseingriffe
- Abgrenzung kollidierender grundrechtlicher Positionen = „Gemengelagen"
  Beispiel: Abgrenzung Elternrecht – Schulrecht (vgl. z. B. BVerfGE 47, 46)
- Verursachung möglicher Grundrechtsgefährdungen durch den Staat bei besonders empfindlichen Grundrechtspositionen
  Beispiel: Subventionierung eines Presseunternehmens (vgl. BVerfG DVBl 89, 870)
- Lösung von Kapazitätsproblemen bei grundrechtlichen Teilhaberechten
  Beispiel: Kriterien für die Handhabung des numerus clausus (vgl. BVerfGE 45, 397)
- Regelungen, die eine nennenswerte Auswirkung auf die Verwirklichung von Grundrechten haben
  Beispiel: Festlegung von Schul-Pflichtfächern (BVerwGE 64, 309)
- „Sonstige Entscheidungen die wegen ihrer Bedeutung für die Allgemeinheit vom Parlament getroffen werden müssen.
  Beispiel: Genehmigung atomarer oder gentechnischer Anlagen (vgl. BVerfGE 49, 126; VGH Kassel NJW 90, 336)

187 → Handelt es sich *nicht* um eine wesentliche Maßnahme, so reicht eine Legitimation als Ermächtigungsgrundlage für den VA aus:

- die Bereitstellung entsprechender Mittel im Haushaltsplan (BVerwGE 90, 126)
- eine andere entsprechende Willensäußerung des Parlaments (BVerwGE 90, 126)
- u. U. Grundrechte, z. B. Art. 3 (1) GG
- bei Gefährdung lebenswichtiger Interessen, ausnahmsweise auch das Sozialstaatsprinzip

• *Welche* Ermächtigungsgrundlage kommt in Betracht? Zu prüfen sind der Tatbestand und die Rechtsfolge.

2.1 Tatbestand der Ermächtigungsnorm/Legitimation

188 Unter die Tatbestandsmerkmerkmale muss subsumiert werden. Sind diese nicht völlig eindeutig bzw. sind sie im konkreten Fall nicht völlig eindeutig erfüllt, müssen sie vor der Subsumtion ausgelegt werden (vgl. Rn 164).

2.2 Rechtsfolge der Ermächtigungsnorm/Legitimation

Zu unterscheiden ist, ob es sich bei der zu prüfenden Norm um eine gebundene Norm oder um eine Ermessensnorm handelt. Je nachdem ist TZ 2.2.1 oder TZ 2.2.2 zu prüfen.

2.2.1 Bei gebundener Norm

(1) Zulässige Rechtsfolge 189
(2) Inhaltliche Bestimmtheit (vgl. Rn 166)
(3) Möglichkeit der Befolgung (vgl Rn 167)
(4) Kein Verstoß gegen sonstige Normen (vgl. Rn 168)

2.2.2 Bei Ermessensnorm

Es dürfen keine Ermessensfehler i. S. d. § 40 VwVfG vorliegen: 190

(1) Kein Ermessensmangel (vgl. Rn 169)

(2) Keine Ermessensüberschreitung (vgl. Rn 170 ff.)

    (2.1) Die Ermessensnorm selbst

    (2.2) Verfassungsrecht, insbes.
- Art. 3 (1) GG (vgl. Rn 177)

    Hinweis: Der Grundsatz der Verhältnismäßigkeit ist nicht zu prüfen.

    (2.3) Sonstige Normen, die bei Erlass des VA zu beachten sind, u. a.
- Bestimmtheit (vgl. Rn 178, 148)
- Möglichkeit der Befolgung (vgl. Rn 178, 167)

(3) Kein Ermessensfehlgebrauch (vgl. Rn 179)

3. Prüfung der Rechtmäßigkeit der Ablehnung eines begünstigenden Verwaltungsakts

Literaturempfehlungen: siehe im Literaturverzeichnis Nr. 1

191

a) Übersicht

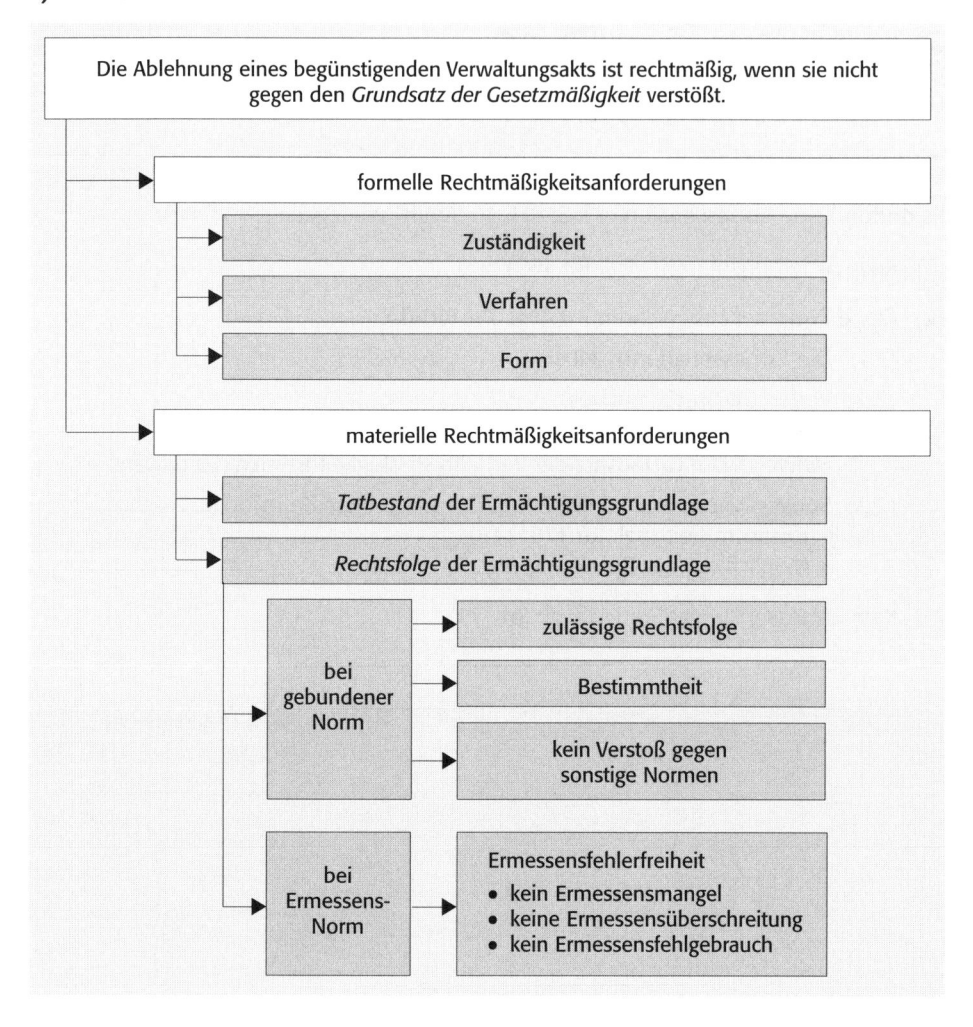

Die Ablehnung eines begünstigenden Verwaltungsakts ist rechtmäßig, wenn sie nicht gegen den *Grundsatz der Gesetzmäßigkeit* verstößt.

- formelle Rechtmäßigkeitsanforderungen
  - Zuständigkeit
  - Verfahren
  - Form
- materielle Rechtmäßigkeitsanforderungen
  - *Tatbestand* der Ermächtigungsgrundlage
  - *Rechtsfolge* der Ermächtigungsgrundlage
    - bei gebundener Norm
      - zulässige Rechtsfolge
      - Bestimmtheit
      - kein Verstoß gegen sonstige Normen
    - bei Ermessens-Norm
      - Ermessensfehlerfreiheit
        - kein Ermessensmangel
        - keine Ermessensüberschreitung
        - kein Ermessensfehlgebrauch

Beispiel: Die von A beantragte Gaststättenkonzession wurde abgelehnt.

192 Die Ablehnung ist lediglich die Kehrseite der beantragten Begünstigung. Die Ablehnung ist also dann rechtmäßig, wenn der Antragsteller keinen Anspruch auf die

I. Allgemeines Verwaltungsrecht 67

Begünstigung hat und die Ablehnung auch in sonstiger Hinsicht rechtmäßig ist. Liegen hier jedoch Fehler vor – wie z. B. Verstöße gegen Verfahrensvorschriften – so ist die Ablehnung zwar rechtswidrig. Im Widerspruchs- und Klagverfahren hilft das dem Adressaten jedoch nicht, wenn er keinen *Anspruch* auf die Begünstigung besitzt. Hat er dagegen einen Anspruch, spielen sonstige Fehler des Ablehnungsbescheides im Rechtsbehelfsverfahren keine Rolle, da der Betroffene die Begünstigung ja durchsetzen kann. Letztlich kommt es also entscheidend nur darauf an, ob ein Anspruch auf die Begünstigung besteht oder nicht.

b) Das Prüfungsschema

Der VA wäre rechtmäßig, wenn kein Verstoß gegen das Prinzip der Gesetzmäßigkeit der Verwaltung (Art. 20 GG) vorliegen würde. Danach darf kein staatliches Handeln gegen geltendes Recht verstoßen (Vorrang des Gesetzes, Art. 20 (3) GG). Weiterhin bedarf danach die Verwaltung für alle belastenden und sonst wesentlichen Maßnahmen (vgl. Rn 186) einer gesetzlichen Ermächtigungsgrundlage (Vorbehalt des Gesetzes, Art. 2 ff., 20 GG). 193

1. Formelle Rechtmäßigkeitsanforderungen

1.1 Zuständigkeit der erlassenden Behörde (vgl. Rn 136 ff.)

- Sachliche Zuständigkeit 194
- Instanzielle Zuständigkeit
- Örtliche Zuständigkeit

1.2 Einhaltung von Verfahrensvorschriften (vgl. Rn 141 ff.) 195

- Insbes. Anhörung, § 28 VwVfG (vgl. Rn 152)

1.3 Beachtung von eventuellen Formvorschriften (vgl. Rn 158 ff.)

- Zwar Grundsatz der Formfreiheit, aber: 196
- Spezialgesetzliche Formerfordernisse
- Behördenangabe, Unterschrift/Namenswiedergabe bei schriftlichem VA (außer bei EDV-VA)
- Schriftliche Begründung bei schriftlichem VA
- u. U. Rechtsbehelfsbelehrung

2. Materielle Rechtmäßigkeitsanforderungen

- Ist eine Ermächtigungsgrundlage *erforderlich*? Vgl. hierzu die Ausführungen Rn 185 ff. 197

- Welche kommt in Betracht?
  Hinweis: Die Ablehnung von Begünstigungen ist nur selten ausdrücklich geregelt. Ansonsten ist Ermächtigungsgrundlage die Norm, die die Voraussetzungen der Begünstigung regelt. Sie ist für den Fall, dass ihre Voraussetzungen nicht vorliegen, dann auch Ermächtigungsgrundlage für die Ablehnung (vgl. auch Rn 192).
- Sofern die begünstigende Norm kein *formelles* Gesetz ist, ist zu prüfen, ob nach der Wesentlichkeitsrechtsprechung des BVerfG ein *materielles* Gesetz ausreicht (vgl. Rn 186).
- Es sind sowohl der *Tatbestand* als auch die *Rechtsfolge* der Norm zu prüfen.

2.1 Tatbestand der Ermächtigungsnorm/Legitimation

198 Unter die Tatbestandsmerkmale muss subsumiert werden. Sind diese nicht völlig eindeutig bzw. sind sie im konkreten Fall nicht völlig eindeutig erfüllt, müssen sie vor der Subsumtion ausgelegt werden (vgl. Rn 164).

2.2 Rechtsfolge der Ermächtigungsnorm/Legitimation

2.2.1 Bei gebundener Norm

199 Hat der Antragsteller einen Anspruch auf Erlass des begünstigenden VA? (vgl. Rn 192)
(1) Zulässige Rechtsfolge
(2) Inhaltliche Bestimmtheit (vgl. Rn 166)
(3) Kein Verstoß gegen sonstige Normen (vgl. Rn 168)

2.2.2 Bei Ermessensnorm

200 Handelt es sich der Ermächtigungsnorm um eine Ermessensvorschrift, hat der Antragsteller einen *Anspruch* auf die beantragte Begünstigung nur, wenn ein Fall der *Ermessensreduzierung auf Null* vorliegt. Sie liegt vor, wenn alle Rechtsfolgen außer der gewählten ermessensfehlerhaft sind. Trifft dies nicht zu, hat er lediglich einen Anspruch auf *ermessensfehlerfreie* Entscheidung.

Es dürfen keine Ermessensfehler i. S. d. § 40 VwVfG vorliegen:

(1) Kein Ermessensmangel (vgl. Rn 169)

(2) Keine Ermessensüberschreitung (vgl. Rn 170 ff.)

    (2.1) Die Ermessensnorm selbst

    (2.2) Verfassungsrecht, insbes.
- Art. 3 (1) GG (vgl. Rn 177)
Hinweis: Der Grundsatz der Verhältnismäßigkeit ist nicht zu prüfen.

    (2.3) Sonstige Normen, die bei Erlass des VA zu beachten sind, u. a.
- Bestimmtheit (vgl. Rn 178, 166)

(3) Kein Ermessensfehlgebrauch (vgl. Rn 179)

I. Allgemeines Verwaltungsrecht

4. Prüfung der Rechtmäßigkeit eines Verwaltungsakts, durch den ein anderer Verwaltungsakt aufgehoben wird

Literaturempfehlungen: siehe im Literaturverzeichnis Nr. 1

a) Übersicht

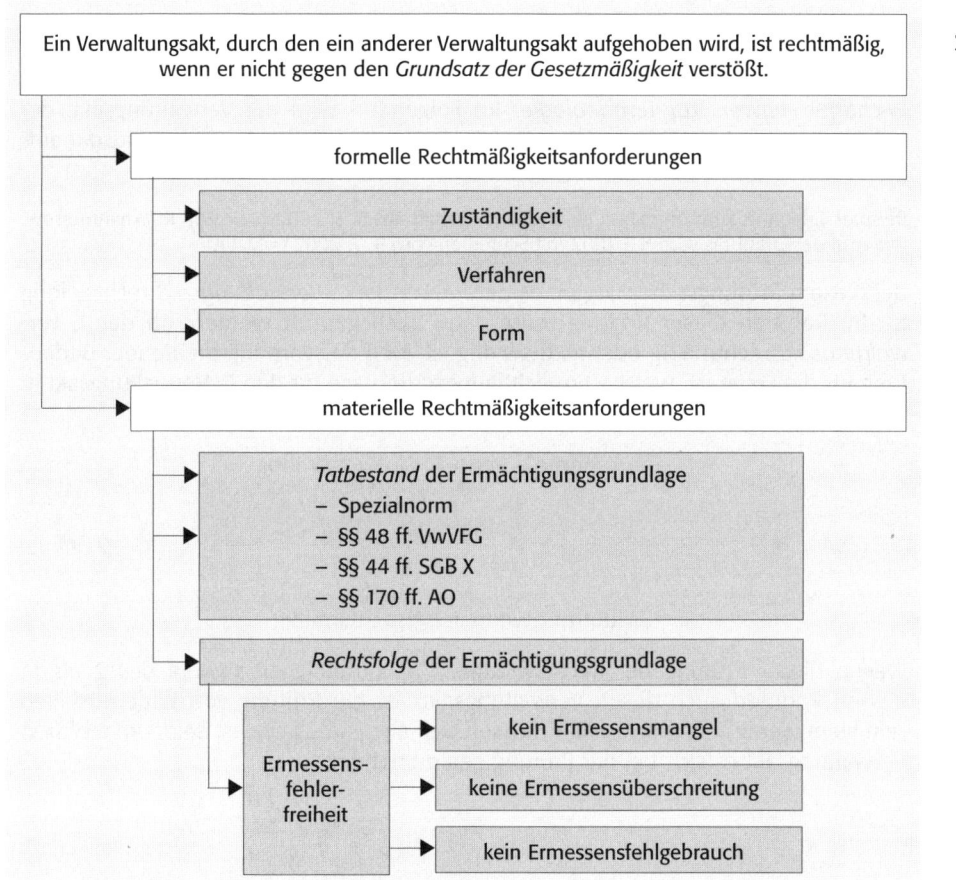

Ein Verwaltungsakt, durch den ein anderer Verwaltungsakt aufgehoben wird, ist rechtmäßig, wenn er nicht gegen den *Grundsatz der Gesetzmäßigkeit* verstößt. — 202

- formelle Rechtmäßigkeitsanforderungen
  - Zuständigkeit
  - Verfahren
  - Form
- materielle Rechtmäßigkeitsanforderungen
  - *Tatbestand* der Ermächtigungsgrundlage
    - Spezialnorm
    - §§ 48 ff. VwVfG
    - §§ 44 ff. SGB X
    - §§ 170 ff. AO
  - *Rechtsfolge* der Ermächtigungsgrundlage
    - Ermessensfehlerfreiheit
      - kein Ermessensmangel
      - keine Ermessensüberschreitung
      - kein Ermessensfehlgebrauch

Hinweise:

Keine Aufhebung in dem hier zu behandelnden Sinn sind: — 203
- die Aufhebung eines VA im Widerspruchs- oder Einspruchsverfahren (siehe Rn 380 ff.)
- die Berichtigung eines VA gemäß §§ 42 VwVfG, 38 SGB X, 129 AO (vgl. Rn 132).

- die Neuregelung, die vorliegt, wenn der 2. VA (Rn 204) eine im Vergleich zum 1. VA (Rn. 204) wesentlich veränderte Rechts- oder Sachlage mit Wirkung für die Zukunft regelt, ohne dass der Bestand des 1. VA berührt wird.

Beispiel: Jahre, nachdem eine Fahrerlaubnis entzogen worden ist, wird eine neue erteilt. Die Erteilung der neuen Fahrerlaubnis ist eine Neuregelung, nicht aber der Widerruf der Entziehung der ersten Fahrerlaubnis.

Aufhebung im Sinne dieses Prüfungsschemas ist also nur die vollständige oder teilweise Beseitigung eines VA durch eine Behörde durch einen neuen VA außerhalb eines Widerspruchs- oder Einspruchsverfahrens.

Wichtiger Hinweis zur Terminologie: Im Folgenden wird der Verwaltungsakt, der aufgehoben wird als *1. Verwaltungsakt*, der, durch den der *1. Verwaltungsakt* aufgehoben wird, als *2. Verwaltungsakt* bezeichnet.

Beispiel: Erlaubnis zum Betreiben einer Gastwirtschaft am 5. 3. 2002 (= 1. VA). Rücknahme bzw. Widerruf der Erlaubnis vom 5.3.2002 mit Schreiben vom 9. 7. 2002 (= 2. VA).

Bei diesem Prüfungsschema geht es darum, ob der *2. Verwaltungsakt* rechtswidrig ist. Im Rahmen dieser Prüfung muss dann auch geprüft werden, ob der *1. Verwaltungsakt* rechtmäßig oder rechtswidrig ist, weil das von entscheidender Bedeutung für die Frage ist, welche Ermächtigungsgrundlage für den 2. Verwaltungsakt in Betracht kommt.

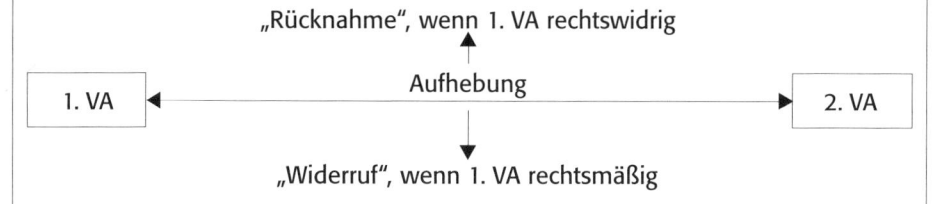

```
                    „Rücknahme", wenn 1. VA rechtswidrig
                                ▲
                                │
         ┌─────────┐       Aufhebung        ┌─────────┐
         │  1. VA  │◄──────────────────────►│  2. VA  │
         └─────────┘                        └─────────┘
                                │
                                ▼
                    „Widerruf", wenn 1. VA rechtmäßig
```

Wegen dieser Prüfung der Rechtswidrigkeit/Rechtmäßigkeit sowohl des 2. als in dessen Rahmen auch des 1. Verwaltungsakts ist die Prüfung von Widerrufsfällen „ein klein wenig" kompliziert. Sie müssen sich also stets bewusst sein, um *welchen* Verwaltungsakt es sich bei der Prüfung gerade handelt.

---

b) Die Normen zur Aufhebung eines VA nach dem VwVfG

204 Es gibt eine Fülle spezieller gesetzlicher Regelungen zur Aufhebung von Verwaltungsakten: Zum einen umfassende Regelungen in den beiden anderen allgemeinen Verfahrensgesetzen, dem SGB X (vgl. Rn 229 ff.) und der Abgabenordnung (vgl. Rn 237 ff.); weiterhin in speziellen Gesetzen wie z. B. § 12 WHG, § 15 GastG, § 73 AsylVfG, § 47 WaffG oder § 18 BJagdG. Soweit sie eine abschließende Regelung enthalten, sind §§ 48 ff. VwVfG nicht anwendbar. Regeln sie die Aufhebung nur unvollständig, kommt eine ergänzende Heranziehung der §§ 48 ff. VwVfG in Betracht. Da all diese Vorschrif-

ten hier nicht behandelt werden können, werden im Folgenden nur die §§ 48 ff. VwVfG dargestellt.

Prüfen Sie dabei nicht nur die §§ 48 und 49, sondern denken Sie auch an die §§ 49a und 50.
- Aus § 49a ergibt sich, dass – wenn aufgrund eines VA eine Leistung erbracht worden ist – die Aufhebung des VA und die Rückforderung der Leistung zu unterscheiden sind. Die Rückforderung kann also nicht innerhalb des § 48 bzw. des § 49 mit geprüft und entschieden werden, zumal §§ 49 und 49 Ermessensnormen sind und § 49a dagegen eine zwingende Norm ist.
- An § 50 müssen Sie unbedingt denken, wenn Sie bei § 48 oder § 49 prüfen, ob der Bürger sich auf Vertrauensschutz berufen kann.

- **§ 48 Rücknahme eines rechtswidrigen Verwaltungsakts**

(1) Ein rechtswidriger Verwaltungsakt kann, auch nachdem er unanfechtbar geworden ist, ganz oder teilweise mit Wirkung für die Zukunft oder für die Vergangenheit zurückgenommen werden. Ein Verwaltungsakt, der ein Recht oder einen rechtlich erheblichen Vorteil begründet oder bestätigt hat (begünstigender Verwaltungsakt), darf nur unter den Einschränkungen der Absätze 2 bis 4 zurückgenommen werden.

(2) Ein rechtswidriger Verwaltungsakt, der eine einmalige oder laufende Geldleistung oder teilbare Sachleistung gewährt oder hierfür Voraussetzung ist, darf nicht zurückgenommen werden, soweit der Begünstigte auf den Bestand des Verwaltungsakts vertraut hat und sein Vertrauen unter Abwägung mit dem öffentlichen Interesse an einer Rücknahme schutzwürdig ist. Das Vertrauen ist in der Regel schutzwürdig, wenn der Begünstigte gewährte Leistungen verbraucht oder eine Vermögensdisposition getroffen hat, die er nicht mehr oder nur unter unzumutbaren Nachteilen rückgängig machen kann. Auf Vertrauen kann sich der Begünstigte nicht berufen, wenn er
1. den Verwaltungsakt durch arglistige Täuschung, Drohung oder Bestechung erwirkt hat;
2. den Verwaltungsakt durch Angaben erwirkt hat, die in wesentlicher Beziehung unrichtig oder unvollständig waren;
3. die Rechtswidrigkeit des Verwaltungsakts kannte oder infolge grober Fahrlässigkeit nicht kannte.

In den Fällen des Satzes 3 wird der Verwaltungsakt in der Regel mit Wirkung für die Vergangenheit zurückgenommen.

(3) Wird ein rechtswidriger Verwaltungsakt, der nicht unter Absatz 2 fällt, zurückgenommen, so hat die Behörde dem Betroffenen auf Antrag den Vermögensnachteil auszugleichen, den dieser dadurch erleidet, dass er auf den Bestand des Verwaltungsakts vertraut hat, soweit sein Vertrauen unter Abwägung mit dem öffentlichen Interesse schutzwürdig ist. Absatz 2 Satz 3 ist anzuwenden. Der Vermögensnachteil ist jedoch nicht über den Betrag des Interesses hinaus zu ersetzen, das der Betroffene an dem Bestand des Verwaltungsakts hat. Der auszugleichende Vermögensnachteil wird durch die Behörde festgesetzt. Der Anspruch kann nur innerhalb eines Jahres geltend gemacht werden; die Frist beginnt, sobald die Behörde den Betroffenen auf sie hingewiesen hat.

(4) Erhält die Behörde von Tatsachen Kenntnis, welche die Rücknahme eines rechtswidrigen Verwaltungsakts rechtfertigen, so ist die Rücknahme nur innerhalb eines Jahres seit dem Zeitpunkt der Kenntnisnahme zulässig. Dies gilt nicht im Falle des Absatzes 2 Satz 3 Nr. 1.

(5) Über die Rücknahme entscheidet nach Unanfechtbarkeit des Verwaltungsakts die nach § 3 zuständige Behörde; dies gilt auch dann, wenn der zurückzunehmende Verwaltungsakt von einer anderen Behörde erlassen worden ist.

206 • **§ 49 Widerruf eines rechtmäßigen Verwaltungsakts**

(1) Ein rechtmäßiger nicht begünstigender Verwaltungsakt kann, auch nachdem er unanfechtbar geworden ist, ganz oder teilweise mit Wirkung für die Zukunft widerrufen werden, außer wenn ein Verwaltungsakt gleichen Inhalts erneut erlassen werden müsste oder aus anderen Gründen ein Widerruf unzulässig ist.

(2) Ein rechtmäßiger begünstigender Verwaltungsakt darf, auch nachdem er unanfechtbar geworden ist, ganz oder teilweise mit Wirkung für die Zukunft nur widerrufen werden,
1. wenn der Widerruf durch Rechtsvorschrift zugelassen oder im Verwaltungsakt vorbehalten ist;
2. wenn mit dem Verwaltungsakt eine Auflage verbunden ist und der Begünstigte diese nicht oder nicht innerhalb einer ihm gesetzten Frist erfüllt hat;
3. wenn die Behörde auf Grund nachträglich eingetretener Tatsachen berechtigt wäre, den Verwaltungsakt nicht zu erlassen, und wenn ohne den Widerruf das öffentliche Interesse gefährdet würde;
4. wenn die Behörde auf Grund einer geänderten Rechtsvorschrift berechtigt wäre, den Verwaltungsakt nicht zu erlassen, soweit der Begünstigte von der Vergünstigung noch keinen Gebrauch gemacht oder auf Grund des Verwaltungsakts noch keine Leistungen empfangen hat, und wenn ohne den Widerruf das öffentliche Interesse gefährdet würde;
5. um schwere Nachteile für das Gemeinwohl zu verhüten oder zu beseitigen.

§ 48 Abs. 4 gilt entsprechend.

(3) Ein rechtmäßiger Verwaltungsakt, der eine einmalige oder laufende Geldleistung oder teilbare Sachleistung zur Erfüllung eines bestimmten Zweckes gewährt oder hierfür Voraussetzung ist, kann, auch nachdem er unanfechtbar geworden ist, ganz oder teilweise auch mit Wirkung für die Vergangenheit widerrufen werden,
1. wenn die Leistung nicht, nicht alsbald nach der Erbringung oder nicht mehr für den in dem Verwaltungsakt bestimmten Zweck verwendet wird;
2. wenn mit dem Verwaltungsakt eine Auflage verbunden ist und der Begünstigte diese nicht oder nicht innerhalb einer ihm gesetzten Frist erfüllt hat.

§ 48 Abs. 4 gilt entsprechend.

(4) Der widerrufene Verwaltungsakt wird mit dem Wirksamwerden des Widerrufs unwirksam, wenn die Behörde keinen anderen Zeitpunkt bestimmt.

(5) Über den Widerruf entscheidet nach Unanfechtbarkeit des Verwaltungsakts die nach § 3 zuständige Behörde; dies gilt auch dann, wenn der zu widerrufende Verwaltungsakt von einer anderen Behörde erlassen worden ist.

(6) Wird ein begünstigender Verwaltungsakt in den Fällen des Absatzes 2 Nr. 3 bis 5 widerrufen, so hat die Behörde den Betroffenen auf Antrag für den Vermögensnachteil zu entschädigen, den dieser dadurch erleidet, dass er auf den Bestand des Verwaltungsakts vertraut hat, soweit sein Vertrauen schutzwürdig ist. § 48 Abs. 3 Satz 3 bis 5 gilt entsprechend. Für Streitigkeiten über die Entschädigung ist der ordentliche Rechtsweg gegeben.

207 • **§ 49a Erstattung, Verzinsung**

(1) Soweit ein Verwaltungsakt mit Wirkung für die Vergangenheit zurückgenommen oder widerrufen worden oder infolge Eintritts einer auflösenden Bedingung unwirksam geworden ist, sind bereits erbrachte Leistungen zu erstatten. Die zu erstattende Leistung ist durch schriftlichen Verwaltungsakt festzusetzen.

(2) Für den Umfang der Erstattung mit Ausnahme der Verzinsung gelten die Vorschriften des Bürgerlichen Gesetzbuchs über die Herausgabe einer ungerechtfertigten Bereicherung entsprechend. Auf den Wegfall der Bereicherung kann sich der Begünstigte nicht berufen, soweit er die

Umstände kannte oder infolge grober Fahrlässigkeit nicht kannte, die zur Rücknahme, zum Widerruf oder zur Unwirksamkeit des Verwaltungsakts geführt haben.

(3) Der zu erstattende Betrag ist vom Eintritt der Unwirksamkeit des Verwaltungsakts an mit 3 vom Hundert über dem jeweiligen Diskontsatz der Deutschen Bundesbank jährlich zu verzinsen. Von der Geltendmachung des Zinsanspruchs kann insbesondere dann abgesehen werden, wenn der Begünstigte die Umstände, die zur Rücknahme, zum Widerruf oder zur Unwirksamkeit des Verwaltungsakts geführt haben, nicht zu vertreten hat und den zu erstattenden Betrag innerhalb der von der Behörde festgesetzten Frist leistet.

(4) Wird eine Leistung nicht alsbald nach der Auszahlung für den bestimmten Zweck verwendet, so können für die Zeit bis zur zweckentsprechenden Verwendung Zinsen nach Absatz 3 Satz 1 verlangt werden; § 49 Abs. 3 Satz 1 Nr. 1 bleibt unberührt.

- **§ 50 Rücknahme und Widerruf im Rechtsbehelfsverfahren**　　　208

§ 48 Abs. 1 Satz 2, Abs. 2 bis 4 und Abs. 6 sowie § 49 Abs. 2 bis 4 und 6 gelten nicht, wenn ein begünstigender Verwaltungsakt, der von einem Dritten angefochten worden ist, während des Vorverfahrens oder während des verwaltungsgerichtlichen Verfahrens aufgehoben wird, soweit dadurch dem Widerspruch oder der Klage abgeholfen wird.

c) **Das Schema zur Prüfung der Rechtmäßigkeit eines Verwaltungsaktes (2. VA), durch den ein anderer VA (1. VA) aufgehoben wird, anhand des VwVfG**

Beispiel: A wurde mit Schreiben vom 1. 7. 2008 die am 3. 6. 2001 erteilte Gaststättenkonzession entzogen.

Der 2. VA (vgl. Rn 204) wäre rechtmäßig, wenn kein Verstoß gegen das Prinzip der　209
Gesetzmäßigkeit der Verwaltung (Art. 20 GG) vorliegen würde. Danach darf kein staatliches Handeln gegen geltendes Recht verstoßen (Vorrang des Gesetzes, Art. 20 (3) GG). Weiterhin bedarf danach die Verwaltung für alle belastenden und sonst wesentlichen Maßnahmen (vgl. Rn 186) einer gesetzlichen Ermächtigungsgrundlage (Vorbehalt des Gesetzes, Art. 2 ff., 20 GG).

1. Formelle Rechtmäßigkeitsanforderungen

Die Prüfung der formellen Rechtmäßigkeit des 2. VA erfolgt wie bei der Prüfung eines　210
belastenden Verwaltungsakts (vgl. Rn 136 ff.).

2. Materielle Rechtmäßigkeitsanforderungen

- Nach dem Vorbehalt des Gesetzes (vgl. Rn 209) ist bei belastenden Verwaltungs-　211
akten stets eine Ermächtigungsgrundlage erforderlich.
- Welche kommt in Betracht? Zur Aufhebung von VAen gibt es zahlreiche *Spezialnormen, die dem VwVfG vorgehen* (vgl. Rn 204).

- Sofern die Ermächtigungsgrundlage kein *formelles* Gesetz ist, ist zu prüfen, ob nach der Wesentlichkeitsrechtsprechung des BVerfG ein *materielles* Gesetz ausreicht (Rn 186).
- Falls *keine* Spezialnorm eingreift: § 48 oder § 49 VwVfG prüfen (je nachdem, welche Vorschrift aufgrund des Sachverhalts auf den ersten Blick näher liegt). Im folgenden – nur auf das VwVfG bezogen – Prüfungsschema wird unterstellt, dass die Prüfung des § 49 VwVfG als Ermächtigungsgrundlage näher liegt.
- Es sind sowohl der *Tatbestand* als auch die *Rechtsfolge* der Norm zu prüfen, die die Aufhebung zulässt.

2.1 Tatbestand der Ermächtigungsnorm für den 2. VA

212 Achtung: Es geht jetzt um den Tatbestand der Ermächtigungsnorm für den Erlass des belastenden 2. VA. Als Ermächtigungsgrundlage kommt entweder § 48 oder 49 VwVfG in Betracht. Bei § 48 ist *Tatbestandsmerkmal*, dass der aufzuhebende 1. VA *rechtswidrig*, bei § 49 dass er *rechtmäßig* ist. Wenn Sie mit § 49 VwVfG beginnen und feststellen, dass der 1. VA *rechtswidrig* ist, brechen Sie die Prüfung des § 49 VwVfG ab und gehen zu § 48 VwVfG über. Im Rahmen des § 48 VwVfG steht schon fest, dass der 1. VA rechtswidrig ist. Insofern können Sie auf die Ausführungen bei § 49 VwVfG verweisen. Wenn Sie die Prüfung mit § 48 VwVfG begonnen haben und feststellen, dass der 1. VA *rechtmäßig* ist, gilt das oben Gesagte entsprechend, d. h., dass Sie zu § 49 VwVfG übergehen. Sie sehen: Es ist relativ gleichgültig, ob Sie mit § 48 oder § 49 VwVfG beginnen. Bei richtiger Prüfung „landen" Sie immer bei der richtigen Norm.

2.1.1 Tatbestand des § 49 VwVfG

Prüfung der Tatbestandsmerkmale des § 49 VwVfG:

213 - **Ist der 1. VA rechtmäßig?**

> Hier ist also zu prüfen, ob mit dem 2. VA ein *rechtmäßiger* 1. VA widerrufen wurde, ob also der 1. VA rechtswidrig oder rechtmäßig ist. Das erfolgt nach dem Aufbauschema Rn 180 ff., 214 (begünstigender VA) bzw. Rn 134 ff., 215 (nicht begünstigender VA). Wenn diese Prüfung ergibt, dass der 1. VA *rechtmäßig* ist, muss § 49 VwVfG weiter geprüft werden. Sollte der 1. VA *rechtswidrig* sein, scheidet § 49 VwVfG als Ermächtigungsgrundlage aus. Dann ist 48 VwVfG (unten TZ 2.1.2) zu prüfen.

214 - **Ist der 1. VA begünstigend, § 49 (2), (3) VwVfG?**

> Die Voraussetzungen des § 49 (2), (3) VwVfG sind zu prüfen, falls keine Drittanfechtung (mehr) möglich ist (§ 50 VwVfG).

> Hinweise zu § 49 (2) VwVfG:
> Die einzelnen Tatbestände des Abs. 2 stehen selbständig nebeneinander, so dass z. B. bei einer Rechtsänderung ein Widerruf nach Nr. 5 auch dann in Betracht kom-

men kann, wenn ein Widerruf nach Nr. 4 ausgeschlossen ist, weil der Betreffende von der ihm gewährten Begünstigung bereits Gebrauch gemacht hat.

zu Nr. 1

→ Beispiele für gesetzliche Regelungen, die einen Widerruf zulassen, sind bereits vor Rn 205 genannt.

zu Nr. 2

→ Auf ein Verschulden seitens des Betroffenen bei der Nichterfüllung der Auflage kommt es nicht an. Fehlendes Verschulden kann jedoch beim Ermessen berücksichtigt werden. Der Nichterfüllung einer Auflage gleich zu achten sind schwere Verstöße gegen die Auflage (BVerwGE 49, 168) und die Aufhebung einer Auflage im Rechtsbehelfsverfahren (BVerwGE 65, 114, aber streitig).

zu Nr. 3

→ Ein Widerrufsrecht besteht nicht, wenn zwar eine Tatsachenveränderung die Behörde in die Lage versetzte, einen vorhandenen VA jetzt nicht mehr zu erlassen, die Rechtsordnung solche Änderungen bei bestehendem VA aber erkennbar anders auffängt als durch eine Widerrufsmöglichkeit.

Beispiel: Beamter B hat sich im Laufe seiner Dienstzeit an der nicht heilbaren Krankheit X angesteckt und ist dadurch – also „aufgrund nachträglicher Tatsachen" – berufsunfähig geworden. Der Dienstherr wäre in dem gedachten Fall, B hätte sich damals mit dieser Krankheit als Beamter beworben, berechtigt, die Ernennung abzulehnen. Also scheint der Tatbestand des § 49 (2) Nr. 3 für einen Widerruf erfüllt zu sein. Das Beamtenrecht regelt eine solche Veränderung der Berufsfähigkeit aber durch die Versetzung in den Ruhestand und nicht durch Widerruf der Ernennung.

→ Wurde der VA nur im Hinblick auf eine bestimmte Sachlage erlassen und wurde er durch die Änderung der insoweit maßgeblichen Umstände gegenstandslos, so kommt nicht ein Widerruf gemäß § 49 (2) Nr. 3 in Betracht, sondern eine Neuregelung, die an die Schranken des § 49 (2) Nr. 3 nicht gebunden ist und auch keine Entschädigung nach Abs. 5 zur Folge hat.

Beispiel: Die Zurückstellung vom Wehrdienst für die Dauer eines Studiums braucht nicht widerrufen zu werden, wenn der Student dem Kreiswehrersatzamt mitteilt, er habe das Studium abgebrochen. Da die Zurückstellung durch den Abbruch gegenstandslos geworden ist, kommt nur eine Neuregelung in Form der Einziehung zur Bundeswehr in Betracht.

→ Nr. 3 ist ebenfalls nicht anwendbar auf VAe, die nach besonderen gesetzlichen Bestimmungen bzw. nach allgemeinen Rechtsgrundsätzen, insbesondere wegen der Art der getroffenen Entscheidungen, auch bei einer Änderung der Umstände nicht oder nur unter geringen Voraussetzungen widerruflich sind.

Beispiele: Eine Einbürgerung kann als rechtsgestaltender VA nicht widerrufen werden, weil der Betreffende sich später als kriminell erweist. Ein Abiturzeugnis kann nicht wegen späterer zunehmender Unkenntnis der Abiturinhalte widerrufen werden.

zu Nr. 4

→ Hierzu gelten die Hinweise zu Nr. 3 entsprechend. Insbesondere erfasst auch Nr. 4 nur VAe, die ohne Rücksicht auf eine etwaige Änderung der (Rechts-)lage Geltung beanspruchen.

zu Nr. 5

→ Nach h. M. ist diese Vorschrift eng auszulegen und auf Maßnahmen bei Katastrophen und sonstigen Notständen zu beschränken.

Hinweis zu § 49 (3) VwVfG:

Der Begriff der Geld- und teilbaren Sachleistungen ist mit dem des § 48 (2) identisch (vgl. Rn 219).

zu Nr. 1

→ Auf die Gründe, die für die nicht zweckgerechte Verwendung maßgebend waren, kommt es grundsätzlich nicht an. Fehlendes Verschulden kann aber bei der Ermessensausübung zu berücksichtigen sein.

zu Nr. 2

→ Für die Voraussetzungen gelten dieselben Maßstäbe wie für den allgemeinen Widerrufsgrund nach Abs. 2 (dazu siehe oben). Der Unterschied besteht in den unterschiedlichen Rechtswirkungen.

215 • **Ist der 1. VA nicht begünstigend, § 49 (1) VwVfG?**

§ 49 (1) VwVfG enthält zwei Alternativen, die den Widerruf ausschließen:
- Ein VA gleichen Inhalts müsste erneut erlassen werden (= gebundener VA)
- Ein Widerruf ist aus anderen Gründen unzulässig (z. B. wegen der Notwendigkeit der Gleichbehandlung nach Art. 3 (1) GG oder wegen der Bindung an eine Zusage).

2.1.2 Tatbestand des § 48 VwVfG

Prüfung der Tatbestandsmerkmale des § 48 VwVfG:

216 • **Ist der 1. VA rechtswidrig?**

217 Hier erfolgt die Prüfung, ob mit dem 2. VA ein *rechtswidriger* 1. VA zurück genommen wurde, ob also der 1. VA rechtswidrig oder rechtmäßig ist. Das erfolgt nach dem Aufbauschema Rn 134 ff. (belastender VA) bzw. Rn 180 ff. (begünstigender VA). Wenn diese Prüfung ergibt, dass der 1. VA *rechtmäßig* ist, muss § 49 VwVfG weiter geprüft werden. Sollte der 1. VA *rechtswidrig* sein, scheidet § 49 VwVfG als Ermächtigungsgrundlage aus. Dann ist 48 VwVfG weiter zu prüfen. Zu beachten ist dabei, dass der Tatbestand des § 48 in analoger Anwendung auch erfüllt ist, wenn der 1. VA *nichtig* ist, da auch nichtige VAe jedenfalls einen Rechtsschein erzeugen und bei *Nicht-VAen*, wenn das Fehlen der VA-Eigenschaft und der entsprechenden Verbindlichkeit als VA nicht offensichtlich ist.

- **Handelt es sich um einen VA, der *nicht* unter § 48 (2) fällt?**   218

Dann gilt nur die Anforderung des § 48 (1) 1 VwVfG, der außer der Rechtswidrigkeit des 1. VA keine weiteren Tatbestandsmerkmale aufweist.

- **Handelt es sich um einen VA, der unter § 48 (2) VwVfG fällt?**   219

> Hinweise zu § 48 (2) VwVfG:
>
> → *Geldleistungen* sind in Geld bezifferte oder bezifferbare Leistungen.
>
> *Beispiele:* Beihilfezahlungen, Zahlungen an Asylbewerber, Subventionen, aber auch die Stundung oder der Verzicht der Behörde auf eine geschuldete Leistung.
>
> → *Teilbare Sachleistungen* sind die Lieferung von Gütern und sonstigen Leistungen, deren Erbringung in Abgrenzung zu Abs. 3 für den Staat im wesentlichen nur eine finanzielle Belastung darstellt.
>
> *Beispiele:* Überlassung einer Dienstwohnung, Ausgabe von Wertgutscheinen für Asylbewerber, Gewährung eines Kuraufenthalts, nicht aber etwa eine Gewerbeerlaubnis.
>
> Die Teilbarkeit kann in sachlicher oder in zeitlicher Hinsicht bestehen.
>
> *Beispiele:* Teilbarkeit in sachlicher Hinsicht liegt vor bei der Ausgabe von Wertgutscheinen für Asylbewerber, in zeitlicher Hinsicht bei der Überlassung einer Dienstwohnung für eine bestimmte Zeit.
>
> → *Voraussetzung für eine Geld- oder teilbare Sachleistung* sind solche VAe, deren Zweck sich darin erschöpft, eine rechtliche Voraussetzung für eine solche Leistung zu schaffen.
>
> *Beispiel:* die Festsetzung des Besoldungsdienstalters nach § 27 (2) BBesG.

Wenn ein solcher VA (Geldleistungen, teilbare Sachleistungen, Voraussetzung ...) vorliegt, ist weiter Vertrauensschutz zu prüfen, soweit keine Drittanfechtung (mehr) möglich ist (§ 50 VwVfG). § 48 (2) VwVfG stellt für den Vertrauensschutz *negative* und *positive* Vermutungen auf: 220

negativ: § 48 (2) 3 VwVfG   221

> Zu Nr. 1:
>
> → Der Grundbegriff „Bestechung" ist nicht im technischen Sinn zu verstehen. Darunter fällt auch z.B. die Vorteilsgewährung (§ 333 StGB).
>
> → Das Handeln eines gewillkürten oder gesetzlichen Vertreters ist dem Vertretenen zuzurechnen.
>
> Zu Nr. 2:
>
> → Unvollständig oder unrichtig sind Angaben, wenn anzunehmen ist, dass die Behörde bei vollständiger und richtiger Angabe den Fehler nicht gemacht und den VA nicht so, wie er ergangen ist, erlassen hätte (wobei jedoch nicht auf den subjektiven Willen, sondern auf objektive Kriterien abzustellen ist).

→ Unerheblich ist, ob der Betroffene oder sein Vertreter schuldhaft gehandelt hat, insbesondere ob er die Unrichtigkeit oder Unvollständigkeit kannte bzw. hätte kennen müssen, da Nr. 2 auf dem Gedanken der Risikozuordnung beruht. Erforderlich ist aber, dass der Betroffene erkannte oder erkennen musste, dass die Angabe von ihm gefordert war. Nr. 2 greift daher nicht ein, wenn er alles ihm Zumutbare getan hat (BVerwGE 78, 143 = NVwZ 1988, 368).

zu Nr. 3:
→ Treten die Voraussetzungen der Nr. 3 erst zu einem späteren Zeitpunkt ein, so kann Nr. 3 entsprechend seinem Zweck Grundlage für eine Rücknahme ab diesem Zeitpunkt sein.
→ Grobe Fahrlässigkeit liegt vor, wenn die im Verkehr erforderliche Sorgfalt in besonders schwerer Weise verletzt worden ist, insbesondere, wenn einfache, ganz nahe liegende Überlegungen nicht angestellt worden sind. Dabei kommt es nicht auf die objektiven Erfordernisse des Rechtsverkehrs, sondern auf die individuellen Gegebenheiten, insbes. auch auf die individuellen Umstände und Fähigkeiten des Betroffenen an.
→ Der Bezug muss die Rechtswidrigkeit des VA sein. Dabei ist eine Kenntnis der entsprechenden Vorschrift nicht notwendig. Es reicht eine „Parallelwertung in der Laiensphäre" aus. Der Betroffene musste also erkennen können, dass der VA „nicht richtig" sein kann.
→ Kenntnis oder Kennenmüssen eines Vertreters sind dem Vertretenen zuzurechnen.

222 **positiv: § 48 (2) 2 VwVfG**

→ „Verbrauch" ist jede Form der Nutzung, die eine Minderung des Bestandes des aufgrund des VA Erhaltenen zur Folge hat, außerdem jede Abnützung oder sonstige Form einer Entwertung, nicht dagegen z. B. Ausgaben für Anschaffungen im entsprechenden Wert, die wertmäßig dem Vermögen zugeführt wurden oder die Tilgung von Schulden.
→ „Vermögensdisposition" ist nicht nur eine Verfügung über die gewährte Leistung, sondern auch jedes Verhalten, das in ursächlichem Zusammenhang mit dem begünstigenden VA steht und Auswirkungen auf die Vermögenssituation des Betroffenen hat, d. h. jedes Tun, Dulden oder Unterlassen, dem subjektiv das Vertrauen auf den Bestand des VA zugrunde liegt und das objektiv im Falle der Rücknahme des VA als wirtschaftlich nachteilig anzusehen wäre.
Beispiele: die Aushebung einer Baugrube, die Aufgabe des Arbeitsplatzes, die Buchung einer Reise.

223 **Grundsatz: § 48 (2) 1 VwVfG**

→ Hier sind alle sonstigen Gesichtspunkte für und gegen die Rücknahme heranzuziehen und gegeneinander abzuwägen. Nach dem BVerwG (anders die h. M. in der Literatur) setzt Vertrauensschutz nach Satz 1 jedoch voraus, dass das Vertrauen bereits betätigt worden ist: „Vertrauensschutz setzt Vertrauensbildung – d. h. eine

> Vertrauensbetätigung – voraus, d. h. ein „Ins-Werk-Setzen". Erforderlich ist also insbesondere eine durch das Vertrauen veranlasste Disposition des Bürgers (BVerwG 68, 164).

2.2 Rechtsfolge der Ermächtigungsnorm für den 2. VA

(Die folgenden Ausführungen gelten im Wesentlichen sowohl für den Fall, dass § 48 als auch für den, dass § 49 VwVfG als Ermächtigungsgrundlage in Betracht kommt.)

Es dürfen keine Ermessensfehler i. S. d. § 40 VwVfG vorliegen: 224

Achtung: Wenn die Einschränkung des § 49 (2) bzw. des § 49 (1) a. E. bzw. des § 48 (1) 2 VwVfG nicht eingreifen, darf die Behörde den 1. VA nicht aufheben. Es handelt sich bei der Aufhebung dann um keine Ermessensentscheidung. Ermessensfehler dürften eigentlich nicht geprüft werden. Gleichwohl auch in diesem Fall Ermessensfehler prüfen! Grund: Die Behörde ging, wenn auch fälschlich, von Ermessen aus. Eventuelle Fehler in diesem Bereich würden unentdeckt bleiben.

(1) **Kein Ermessensmangel** (vgl. Rn 169) 225

(2) **Keine Ermessensüberschreitung** (vgl. Rn 170 ff.) 226

    (2.1) Die Ermessensnorm selbst

    (2.2) Verfassungsrecht, insbes.
- Freiheitsrechte (vgl. Rn 172 ff.),
  Hier ist die Verhältnismäßigkeit zu prüfen, z. B. unter den Aspekten, ob im Fall des § 48 (1) S. 1, (2) S. 4 für die Vergangenheit oder für die Zukunft zurückgenommen werden kann, wie stark im Fall § 48 (3) das öffentliche Interesse an der Rücknahme im Verhältnis zum Vertrauensinteresse der Betroffenen ist bzw. ob im Fall der Rücknahme das Vertrauensinteresse der Betroffenen finanziell ausgeglichen werden kann oder nicht oder ob im Fall des § 49 (2) Nr. 2 ein dem Widerruf vorangehender Vollstreckungsversuch notwendig gewesen wäre.
  Die Prüfung von Vertrauensschutz im Rahmen der Angemessenheit kommt dagegen nicht in Betracht, soweit § 48 (2) bzw. § 49 (2), (3) die Frage des Vertrauensschutzes bereits regeln.
- Gleichheitsrechte (vgl. Rn 177)

    (2.3) Sonstige Normen, die bei Erlass des VA zu beachten sind, u. a.
- Bestimmtheit (vgl. Rn 178, 166)
- die Ausschlussregelung des § 48 (4) VwVfG. Beachte dabei: Maßgeblich für den Beginn der Frist ist entgegen dem Wortlaut der Vorschrift nicht die reine Tatsachenkenntnis. Es ist vielmehr zusätzlich erforderlich, dass die Behörde auch die fehlerhafte Rechtsanwendung bezüglich der bekannt gewordenen oder von vornherein bekannten Tatsachen erkennt.

227 **(3) Kein Ermessensfehlgebrauch** (vgl. Rn 179)

> *Hinweis:* Die Folge einer rechtmäßigen Aufhebung des 1. VA ist nach § 49a VwVfG die Verpflichtung zur Erstattung erbrachter Leistungen. Diese Prüfung erfolgt nach dem Prüfungsschema unter Rn 180 ff., wobei jedoch weitestgehend auf die vorangegangene Prüfung des § 48 bzw. des § 49 VwVfG verwiesen werden kann.

228 *Hinweis:* Ist eine Rücknahme eines rechtswidrigen VA nach § 48 nicht möglich (weil Vertrauensschutz gegeben ist oder die Frist des Abs. 4 abgelaufen ist, so kann § 49 VwVfG analog („erst recht") angewandt werden, falls eine der Voraussetzungen nach dessen Abs. 2 gegeben sind. Denn: Wenn schon ein *rechtmäßiger* Verwaltungsakt unter den Voraussetzungen des § 49 VwVfG aufgehoben werden kann, dann erst recht ein *rechtswidriger* (Erst-recht-Schluss).

Beispiel: Dem VA war eine Auflage beigefügt, die der Adressat nicht innerhalb der ihm gesetzten Frist erfüllt hat. Hier kann der VA analog § 49 (2) Nr. 2 VwVfG widerrufen werden.

d) Aufhebung eines Verwaltungsakts nach dem SGB X

229 Die Vorschriften des SGB X zur Aufhebung von Verwaltungsakten sind zum Teil deckungsgleich mit denen des VwVfG. Zu einem erheblichen Teil weichen sie von diesen aber auch ab. Deshalb wurden sie nicht bereits oben bei dem Prüfungsschema zu §§ 48 f. VwVfG mit berücksichtigt, sondern werden im Folgenden wiedergegeben. Von der Grundstruktur her kann das Prüfungsschema zu §§ 48 f. VwVfG aber auch hier entsprechend angewandt werden. Welche Vorschriften den gleichen Aspekt – wenn auch z. T. unterschiedlich – regeln, ergibt sich aus folgender Übersicht:

	VwVfG	SGB X
Rücknahme eines rechtswidrigen nicht begünstigenden VA	§ 48 (1)	§ 44
Rücknahme eines rechtswidrigen begünstigenden VA	§ 48 (1), (2)	§ 45
Widerruf eines rechtmäßigen nicht begünstigenden VA	§ 49 (1)	§ 46
Widerruf eines rechtmäßigen begünstigenden VA	§ 49 (2)–(5)	§ 47
Widerruf eines rechtmäßigen begünstigenden VA mit Dauerwirkung	§ 49 (2) Nr. 3, 4	§ 48
Rücknahme und Widerruf im Rechtsbehelfsverfahren	§ 50	§ 49
Erstattung zu Unrecht erbrachter Leistungen	§ 49a	§ 50

230 **§ 44 SGB X:** Rücknahme eines rechtswidrigen nicht begünstigenden Verwaltungsakts

> (1) Soweit sich im Einzelfall ergibt, dass bei Erlass eines Verwaltungsakts das Recht unrichtig angewandt oder von einem Sachverhalt ausgegangen worden ist, der sich als unrichtig erweist, und soweit deshalb Sozialleistungen zu Unrecht nicht erbracht oder Beiträge zu Unrecht erhoben worden sind, ist der Verwaltungsakt, auch nachdem er unanfechtbar geworden ist, mit Wirkung für die Vergangenheit zurückzunehmen. Dies gilt nicht, wenn der Verwaltungsakt auf Angaben beruht, die der Betroffene vorsätzlich in wesentlicher Beziehung unrichtig oder unvollständig gemacht hat.
>
> (2) Im übrigen ist ein rechtswidriger nicht begünstigender Verwaltungsakt, auch nachdem er unanfechtbar geworden ist, ganz oder teilweise mit Wirkung für die Zukunft zurückzunehmen. Er kann auch für die Vergangenheit zurückgenommen werden.

(3) Über die Rücknahme entscheidet nach Unanfechtbarkeit des Verwaltungsakts die zuständige Behörde; dies gilt auch dann, wenn der zurückzunehmende Verwaltungsakt von einer anderen Behörde erlassen worden ist.

(4) Ist ein Verwaltungsakt mit Wirkung für die Vergangenheit zurückgenommen worden, werden Sozialleistungen nach den Vorschriften der besonderen Teile dieses Gesetzbuchs längstens für einen Zeitraum bis zu vier Jahren vor der Rücknahme erbracht. Dabei wird der Zeitpunkt der Rücknahme von Beginn des Jahres an gerechnet, in dem der Verwaltungsakt zurückgenommen wird. Erfolgt die Rücknahme auf Antrag, tritt bei der Berechnung des Zeitraumes, für den rückwirkend Leistungen zu erbringen sind, anstelle der Rücknahme der Antrag.

§ 45 SGB X: Rücknahme eines rechtswidrigen begünstigenden Verwaltungsakts   231

(1) Soweit ein Verwaltungsakt, der ein Recht oder einen rechtlich erheblichen Vorteil begründet oder bestätigt hat (begünstigender Verwaltungsakt), rechtswidrig ist, darf er, auch nachdem er unanfechtbar geworden ist, nur unter den Einschränkungen der Absätze 2 bis 4 ganz oder teilweise mit Wirkung für die Zukunft oder für die Vergangenheit zurückgenommen werden.

(2) Ein rechtswidriger begünstigender Verwaltungsakt darf nicht zurückgenommen werden, soweit der Begünstigte auf den Bestand des Verwaltungsakts vertraut hat und sein Vertrauen unter Abwägung mit dem öffentlichen Interesse an einer Rücknahme schutzwürdig ist. Das Vertrauen ist in der Regel schutzwürdig, wenn der Begünstigte erbrachte Leistungen verbraucht oder eine Vermögensdisposition getroffen hat, die er nicht mehr oder nur unter unzumutbaren Nachteilen rückgängig machen kann. Auf Vertrauen kann sich der Begünstigte nicht berufen, soweit
1. er den Verwaltungsakt durch arglistige Täuschung, Drohung oder Bestechung erwirkt hat,
2. der Verwaltungsakt auf Angaben beruht, die der Begünstigte vorsätzlich oder grob fahrlässig in wesentlicher Beziehung unrichtig oder unvollständig gemacht hat, oder
3. er die Rechtswidrigkeit des Verwaltungsakts kannte oder infolge grober Fahrlässigkeit nicht kannte; grobe Fahrlässigkeit liegt vor, wenn der Begünstigte die erforderliche Sorgfalt in besonders schwerem Maße verletzt hat.

(3) Ein rechtswidriger begünstigender Verwaltungsakt mit Dauerwirkung kann nach Absatz 2 nur bis zum Ablauf von zwei Jahren nach seiner Bekanntgabe zurückgenommen werden. Satz 1 gilt nicht, wenn Wiederaufnahmegründe entsprechend § 580 der Zivilprozessordnung vorliegen. Bis zum Ablauf von zehn Jahren nach seiner Bekanntgabe kann ein rechtswidriger begünstigender Verwaltungsakt mit Dauerwirkung nach Absatz 2 zurückgenommen werden, wenn
1. die Voraussetzungen des Absatzes 2 Satz 3 Nr. 2 oder 3 gegeben sind oder
2. der Verwaltungsakt mit einem zulässigen Vorbehalt des Widerrufs erlassen wurde.

(4) Nur in den Fällen von Absatz 2 Satz 3 und Absatz 3 Satz 2 wird der Verwaltungsakt mit Wirkung für die Vergangenheit zurückgenommen. Die Behörde muss dies innerhalb eines Jahres seit Kenntnis der Tatsachen tun, welche die Rücknahme eines rechtswidrigen begünstigenden Verwaltungsakts für die Vergangenheit rechtfertigen.

(5) § 44 Abs. 3 gilt entsprechend.

§ 46 SGB X: Widerruf eines rechtmäßigen nicht begünstigenden Verwaltungsakts   232

(1) Ein rechtmäßiger nicht begünstigender Verwaltungsakt kann, auch nachdem er unanfechtbar geworden ist, ganz oder teilweise mit Wirkung für die Zukunft widerrufen werden, außer wenn ein Verwaltungsakt gleichen Inhalts erneut erlassen werden müsste oder aus anderen Gründen ein Widerruf unzulässig ist.

(2) § 44 Abs. 3 gilt entsprechend.

233 **§ 47 SGB X:** Widerruf eines rechtmäßigen begünstigenden Verwaltungsakts

> (1) Ein rechtmäßiger begünstigender Verwaltungsakt darf, auch nachdem er unanfechtbar geworden ist, ganz oder teilweise mit Wirkung für die Zukunft nur widerrufen werden, soweit
> 1. der Widerruf durch Rechtsvorschrift zugelassen oder im Verwaltungsakt vorbehalten ist,
> 2. mit dem Verwaltungsakt eine Auflage verbunden ist und der Begünstigte diese nicht oder nicht innerhalb einer ihm gesetzten Frist erfüllt hat.
>
> (2) Ein rechtmäßiger begünstigender Verwaltungsakt, der eine Geld- oder Sachleistung zur Erfüllung eines bestimmten Zweckes zuerkennt oder hierfür Voraussetzung ist, kann, auch nachdem er unanfechtbar geworden ist, ganz oder teilweise auch mit Wirkung für die Vergangenheit widerrufen werden, wenn
> 1. die Leistung nicht, nicht alsbald nach der Erbringung oder nicht mehr für den in dem Verwaltungsakt bestimmten Zweck verwendet wird,
> 2. mit dem Verwaltungsakt eine Auflage verbunden ist und der Begünstigte diese nicht oder nicht innerhalb einer ihm gesetzten Frist erfüllt hat.
>
> Der Verwaltungsakt darf mit Wirkung für die Vergangenheit nicht widerrufen werden, soweit der Begünstigte auf den Bestand des Verwaltungsakts vertraut hat und sein Vertrauen unter Abwägung mit dem öffentlichen Interesse an einem Widerruf schutzwürdig ist. Das Vertrauen ist in der Regel schutzwürdig, wenn der Begünstigte erbrachte Leistungen verbraucht oder eine Vermögensdisposition getroffen hat, die er nicht mehr oder nur unter unzumutbaren Nachteilen rückgängig machen kann. Auf Vertrauen kann sich der Begünstigte nicht berufen, soweit er die Umstände kannte oder infolge grober Fahrlässigkeit nicht kannte, die zum Widerruf des Verwaltungsakts geführt haben. § 45 Abs. 4 Satz 2 gilt entsprechend.
>
> (3) § 44 Abs. 3 gilt entsprechend.

234 **§ 48 SGB X:** Aufhebung eines Verwaltungsakts mit Dauerwirkung

> (1) Soweit in den tatsächlichen oder rechtlichen Verhältnissen, die beim Erlass eines Verwaltungsakts mit Dauerwirkung vorgelegen haben, eine wesentliche Änderung eintritt, ist der Verwaltungsakt mit Wirkung für die Zukunft aufzuheben. Der Verwaltungsakt soll mit Wirkung vom Zeitpunkt der Änderung der Verhältnisse aufgehoben werden, soweit
> 1. die Änderung zugunsten des Betroffenen erfolgt,
> 2. der Betroffene einer durch Rechtsvorschrift vorgeschriebenen Pflicht zur Mitteilung wesentlicher für ihn nachteiliger Änderungen der Verhältnisse vorsätzlich oder grob fahrlässig nicht nachgekommen ist,
> 3. nach Antragstellung oder Erlass des Verwaltungsakts Einkommen oder Vermögen erzielt worden ist, das zum Wegfall oder zur Minderung des Anspruchs geführt haben würde, oder
> 4. der Betroffene wusste oder nicht wusste, weil er die erforderliche Sorgfalt in besonders schwerem Maße verletzt hat, dass der sich aus dem Verwaltungsakt ergebende Anspruch kraft Gesetzes zum Ruhen gekommen oder ganz oder teilweise weggefallen ist.
>
> Als Zeitpunkt der Änderung der Verhältnisse gilt in Fällen, in denen Einkommen oder Vermögen auf einen zurückliegenden Zeitraum auf Grund der besonderen Teile dieses Gesetzbuchs anzurechnen ist, der Beginn des Anrechnungszeitraumes.
>
> (2) Der Verwaltungsakt ist im Einzelfall mit Wirkung für die Zukunft auch dann aufzuheben, wenn der zuständige oberste Gerichtshof des Bundes in ständiger Rechtsprechung nachträglich das Recht anders auslegt als die Behörde bei Erlass des Verwaltungsakts und sich dieses zugunsten des Berechtigten auswirkt; § 44 bleibt unberührt.
>
> (3) Kann ein rechtswidriger begünstigender Verwaltungsakt nach § 45 nicht zurückgenommen werden und ist eine Änderung nach Absatz 1 oder 2 zugunsten des Betroffenen eingetreten, darf die neu festzustellende Leistung nicht über den Betrag hinausgehen, wie er sich der Höhe nach ohne Berücksichtigung der Bestandskraft ergibt. Satz 1 gilt entsprechend, soweit einem rechtmä-

> ßigen begünstigenden Verwaltungsakt ein rechtswidriger begünstigender Verwaltungsakt zugrunde liegt, der nach § 45 nicht zurückgenommen werden kann.
>
> (4) 1 § 44 Abs. 3 und 4, § 45 Abs. 3 Satz 3 und Abs. 4 gelten entsprechend. 2 § 45 Abs. 4 Satz 2 gilt nicht im Fall des Absatzes 1 Satz 2 Nr. 1.

§ 49 SGB X: Rücknahme und Widerruf im Rechtsbehelfsverfahren 235

> § 45 Abs. 1 bis 4, §§ 47 und 48 gelten nicht, wenn ein begünstigender Verwaltungsakt, der von einem Dritten angefochten worden ist, während des Vorverfahrens oder während des sozial- oder verwaltungsgerichtlichen Verfahrens aufgehoben wird, soweit dadurch dem Widerspruch abgeholfen oder der Klage stattgegeben wird.

§ 50 SGB X: Erstattung zu Unrecht erbrachter Leistungen 236

> (1) Soweit ein Verwaltungsakt aufgehoben worden ist, sind bereits erbrachte Leistungen zu erstatten. Sach- und Dienstleistungen sind in Geld zu erstatten.
>
> (2) Soweit Leistungen ohne Verwaltungsakt zu Unrecht erbracht worden sind, sind sie zu erstatten. §§ 45 und 48 gelten entsprechend.
>
> (2a) Der zu erstattende Betrag ist zum Eintritt der Unwirksamkeit eines Verwaltungsakts, auf Grund dessen Leistungen zur Förderung von Einrichtungen oder ähnliche Leistungen erbracht worden sind, mit 3 vom Hundert über dem jeweiligen Diskontsatz der Deutschen Bundesbank jährlich zu verzinsen. Von der Geltendmachung des Zinsanspruchs kann insbesondere dann abgesehen werden, wenn der Begünstigte die Umstände, die zur Rücknahme, zum Widerruf oder zur Unwirksamkeit des Verwaltungsakts geführt haben, nicht zu vertreten hat und den zu erstattenden Betrag innerhalb der von der Behörde festgesetzten Frist leistet. Wird eine Leistung nicht alsbald nach der Auszahlung für den bestimmten Zweck verwendet, so können für die Zeit bis zur zweckentsprechenden Verwendung Zinsen nach Satz 1 verlangt werden; § 47 Abs. 2 Satz 1 Nr. 1 bleibt unberührt.
>
> (3) Die zu erstattende Leistung ist durch schriftlichen Verwaltungsakt festzusetzen. Die Festsetzung soll, sofern die Leistung auf Grund eines Verwaltungsakts erbracht worden ist, mit der Aufhebung des Verwaltungsakts verbunden werden.
>
> (4) Der Erstattungsanspruch verjährt in vier Jahren nach Ablauf des Kalenderjahres, in dem der Verwaltungsakt nach Absatz 3 unanfechtbar geworden ist. Für die Hemmung, die Unterbrechung und die Wirkung der Verjährung gelten die Vorschriften des Bürgerlichen Gesetzbuchs sinngemäß. § 52 bleibt unberührt.
>
> (5) Die Absätze 1 bis 4 gelten bei Berichtigungen nach § 38 entsprechend.

e) Aufhebung eines VA nach der Abgabenordnung

Die Vorschriften der Abgabenordnung zur Aufhebung von Verwaltungsakten sind zum Teil deckungsgleich mit denen des VwVfG. Zu einem erheblichen Teil weichen sie von diesen aber auch ab. Deshalb wurden sie nicht bereits oben bei dem Prüfungsschema zu §§ 48 f. VwVfG mit berücksichtigt, sondern werden im Folgenden wiedergegeben. Von der Grundstruktur her kann das Prüfungsschema zu §§ 48 f. VwVfG aber auch hier entsprechend angewandt werden. Welche Vorschriften den gleichen Aspekt – wenn auch z. T. unterschiedlich – regeln, ergibt sich aus folgender Übersicht: 237

	VwVfG	AO
Rücknahme eines rechtswidrigen nicht begünstigenden VA	§ 48 (1)	§ 130 (1), 172 f.
Rücknahme eines rechtswidrigen begünstigenden VA	§ 48 (1), (2)	§ 130 (2)
Widerruf eines rechtmäßigen nicht begünstigenden VA	§ 49 (1)	§ 131 (1)
Widerruf eines rechtmäßigen begünstigenden VA	§ 49 (2)	§ 131 (2)
Rücknahme und Widerruf im Rechtsbehelfsverfahren	§ 50	§ 132
Erstattung zu Unrecht erbrachter Leistungen	§ 49a	–

238 § 130 AO: Rücknahme eines rechtswidrigen Verwaltungsakts

(1) Ein rechtswidriger Verwaltungsakt kann, auch nachdem er unanfechtbar geworden ist, ganz oder teilweise mit Wirkung für die Zukunft oder für die Vergangenheit zurückgenommen werden.

(2) Ein Verwaltungsakt, der ein Recht oder einen rechtlich erheblichen Vorteil begründet oder bestätigt hat (begünstigender Verwaltungsakt), darf nur dann zurückgenommen werden, wenn
1. er von einer sachlich unzuständigen Behörde erlassen worden ist,
2. er durch unlautere Mittel, wie arglistige Täuschung, Drohung oder Bestechung erwirkt worden ist,
3. ihn der Begünstigte durch Angaben erwirkt hat, die in wesentlicher Beziehung unrichtig oder unvollständig waren,
4. seine Rechtswidrigkeit dem Begünstigten bekannt oder infolge grober Fahrlässigkeit nicht bekannt war.

(3) Erhält die Finanzbehörde von Tatsachen Kenntnis, welche die Rücknahme eines rechtswidrigen begünstigenden Verwaltungsakts rechtfertigen, so ist die Rücknahme nur innerhalb eines Jahres seit dem Zeitpunkt der Kenntnisnahme zulässig. Dies gilt nicht im Falle des Absatzes 2 Nr. 2.

(4) ...

239 § 131 AO: Widerruf eines rechtmäßigen Verwaltungsakts

(1) Ein rechtmäßiger nicht begünstigender Verwaltungsakt kann, auch nachdem er unanfechtbar geworden ist, ganz oder teilweise mit Wirkung für die Zukunft widerrufen werden, außer wenn ein Verwaltungsakt gleichen Inhalts erneut erlassen werden müsste oder aus anderen Gründen ein Widerruf unzulässig ist.

(2) Ein rechtmäßiger begünstigender Verwaltungsakt darf, auch nachdem er unanfechtbar geworden ist, ganz oder teilweise mit Wirkung für die Zukunft nur widerrufen werden,
1. wenn der Widerruf durch Rechtsvorschrift zugelassen oder im Verwaltungsakt vorbehalten ist,
2. wenn mit dem Verwaltungsakt eine Auflage verbunden ist und der Begünstigte diese nicht oder nicht innerhalb einer ihm gesetzten Frist erfüllt hat,
3. wenn die Finanzbehörde auf Grund nachträglich eingetretener Tatsachen berechtigt wäre, den Verwaltungsakt nicht zu erlassen, und wenn ohne den Widerruf das öffentliche Interesse gefährdet würde. § 130 Abs. 3 gilt entsprechend.

(3) Der widerrufene Verwaltungsakt wird mit dem Wirksamwerden des Widerrufs unwirksam, wenn die Finanzbehörde keinen späteren Zeitpunkt bestimmt.

(4) ...

§ 132 AO: Rücknahme, Widerruf, Aufhebung und Änderung im Einspruchsverfahren

240

Die Vorschriften über Rücknahme, Widerruf, Aufhebung und Änderung von Verwaltungsakten gelten auch während eines Einspruchsverfahrens und während eines finanzgerichtlichen Verfahrens. § 130 Abs. 2 und 3 und § 131 Abs. 2 und 3 stehen der Rücknahme und dem Widerruf eines von einem Dritten angefochtenen begünstigenden Verwaltungsakts während des Einspruchsverfahrens oder des finanzgerichtlichen Verfahrens nicht entgegen, soweit dadurch dem Einspruchsverfahren oder der Klage abgeholfen wird.

§ 164 AO: Steuerfestsetzung unter Vorbehalt der Nachprüfung

241

(1) Die Steuern können, solange der Steuerfall nicht abschließend geprüft ist, allgemein oder im Einzelfall unter dem Vorbehalt der Nachprüfung festgesetzt werden, ohne dass dies einer Begründung bedarf. Die Festsetzung einer Vorauszahlung ist stets eine Steuerfestsetzung unter Vorbehalt der Nachprüfung.
(2) Solange der Vorbehalt wirksam ist, kann die Steuerfestsetzung aufgehoben oder geändert werden ...
(3) Der Vorbehalt der Nachprüfung kann jederzeit aufgehoben werden ...
(4) Der Vorbehalt der Nachprüfung entfällt, wenn die Festsetzungsfrist abläuft ...

§ 165 AO: Vorläufige Steuerfestsetzung

242

(1) Soweit ungewiss ist, ob die Voraussetzungen für die Entstehung einer Steuer eingetreten sind, kann sie vorläufig festgesetzt werden .... Umfang und Grund der Vorläufigkeit sind anzugeben ....
(2) Soweit die Finanzbehörde eine Steuer vorläufig festgesetzt hat, kann sie die Festsetzung aufheben oder ändern. Wenn die Ungewissheit beseitigt ist, ist eine vorläufige Festsetzung aufzuheben, zu ändern oder für endgültig zu erklären; eine ausgesetzte Festsetzung ist nachzuholen ....

§ 172 AO: Aufhebung und Änderung von Steuerbescheiden

243

(1) Ein Steuerbescheid darf, soweit er nicht vorläufig oder unter dem Vorbehalt der Nachprüfung ergangen ist, nur aufgehoben oder geändert werden,
1. wenn er Zölle oder Verbrauchsteuern betrifft,
2. wenn er andere Steuern betrifft,
   a) soweit der Steuerpflichtige zustimmt oder seinem Antrag der Sache nach entsprochen wird; dies gilt jedoch zugunsten des Steuerpflichtigen nur, soweit er vor Ablauf der Einspruchsfrist zugestimmt oder den Antrag gestellt hat oder soweit die Finanzbehörde einem Einspruch oder einer Klage abhuft,
   b) soweit er von einer sachlich unzuständigen Behörde erlassen worden ist;
   c) soweit er durch unlautere Mittel, wie arglistige Täuschung, Drohung oder Bestechung erwirkt worden ist,
   d) soweit dies sonst gesetzlich zugelassen ist; die §§ 130 und 131 gelten nicht.
...
(2) Absatz 1 gilt auch für einen Verwaltungsakt, durch den ein Antrag auf Erlass, Aufhebung oder Änderung eines Steuerbescheides ganz oder teilweise abgelehnt wird.

244 **§ 173 AO:** Aufhebung oder Änderung von Steuerbescheiden wegen neuer Tatsachen oder Beweismittel

> (1) Steuerbescheide sind aufzuheben oder zu ändern,
> 1. soweit Tatsachen oder Beweismittel nachträglich bekannt werden, die zu einer höheren Steuer führen,
> 2. soweit Tatsachen oder Beweismittel nachträglich bekannt werden, die zu einer niedrigeren Steuer führen und den Steuerpflichtigen kein grobes Verschulden daran trifft, dass die Tatsachen oder Beweismittel erst nachträglich bekannt werden. Das Verschulden ist unbeachtlich, wenn die Tatsachen oder Beweismittel in einem unmittelbaren oder mittelbaren Zusammenhang mit Tatsachen oder Beweismitteln im Sinne der Nummer 1 stehen.
> ...

5. Übersicht: Prüfung des Wiederaufgreifens des Verfahrens

Literaturempfehlungen: siehe im Literaturverzeichnis Nr. 1

a) Übersicht

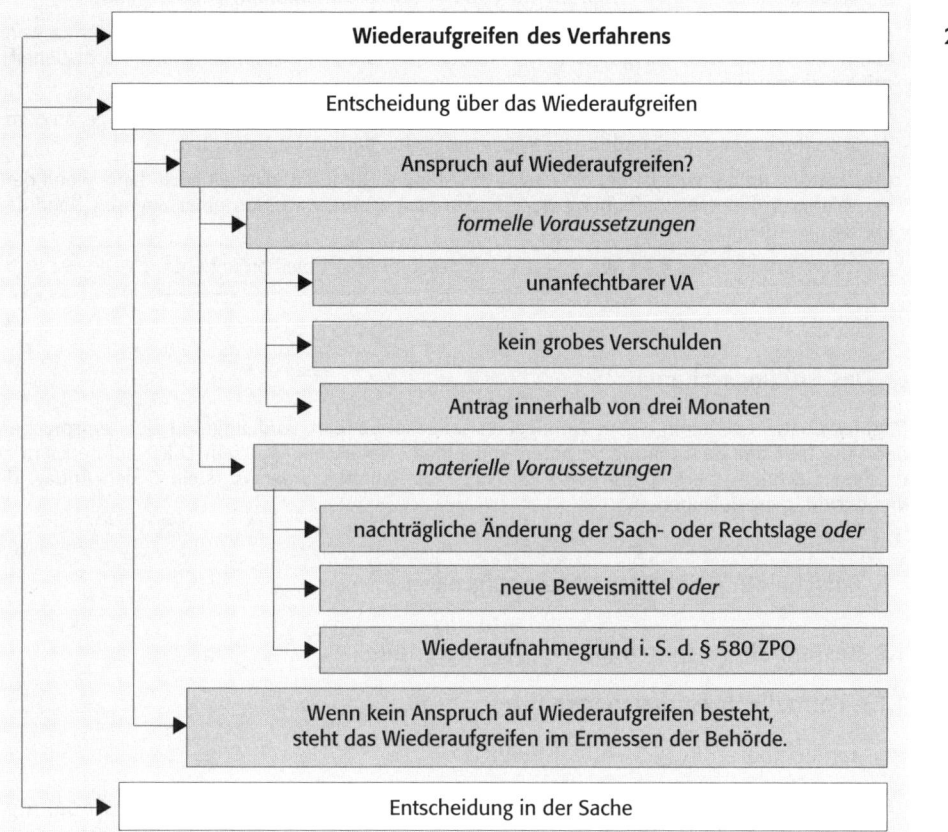

245

```
Wiederaufgreifen des Verfahrens
    │
    ├─ Entscheidung über das Wiederaufgreifen
    │     │
    │     ├─ Anspruch auf Wiederaufgreifen?
    │     │     │
    │     │     ├─ formelle Voraussetzungen
    │     │     │     ├─ unanfechtbarer VA
    │     │     │     ├─ kein grobes Verschulden
    │     │     │     └─ Antrag innerhalb von drei Monaten
    │     │     │
    │     │     └─ materielle Voraussetzungen
    │     │           ├─ nachträgliche Änderung der Sach- oder Rechtslage oder
    │     │           ├─ neue Beweismittel oder
    │     │           └─ Wiederaufnahmegrund i. S. d. § 580 ZPO
    │     │
    │     └─ Wenn kein Anspruch auf Wiederaufgreifen besteht,
    │        steht das Wiederaufgreifen im Ermessen der Behörde.
    │
    └─ Entscheidung in der Sache
```

Eine Regelung des Wiederaufgreifens des Verfahrens kennt nur das VwVfG. Dass das SGB X eine solche Regelung nicht enthält, obwohl es im Sozialrecht zahlreiche Verwaltungsakte mit Dauerwirkung gibt, erklärt sich daraus, dass §§ 44 und 48 SGB X eine Pflicht zur Aufhebung selbst unanfechtbarer Verwaltungsakte enthalten, was darauf hindeutet, dass der Gesetzgeber auch von einer Verpflichtung zu einem entsprechenden Wiederaufgreifen ausgeht.

246 b) Die Norm: § 51 VwVfG

(1) Die Behörde hat auf Antrag des Betroffenen über die Aufhebung oder Änderung eines unanfechtbaren Verwaltungsakts zu entscheiden, wenn
1. sich die dem Verwaltungsakt zugrunde liegende Sach- oder Rechtslage nachträglich zugunsten des Betroffenen geändert hat;
2. neue Beweismittel vorliegen, die eine dem Betroffenen günstigere Entscheidung herbeigeführt haben würden;
3. Wiederaufnahmegründe entsprechend § 580 der Zivilprozessordnung gegeben sind.

(2) Der Antrag ist nur zulässig, wenn der Betroffene ohne grobes Verschulden außerstande war, den Grund für das Wiederaufgreifen in dem früheren Verfahren, insbesondere durch Rechtsbehelf, geltend zu machen.

(3) Der Antrag muss binnen drei Monaten gestellt werden. Die Frist beginnt mit dem Tage, an dem der Betroffene von dem Grund für das Wiederaufgreifen Kenntnis erhalten hat.

(4) Über den Antrag entscheidet die nach § 3 zuständige Behörde; dies gilt auch dann, wenn der Verwaltungsakt, dessen Aufhebung oder Änderung begehrt wird, von einer anderen Behörde erlassen worden ist.

(5) Die Vorschriften des § 48 Abs. 1 Satz 1 und des § 49 Abs. 1 bleiben unberührt.

c) Das Prüfungsschema

Beispiel: Gastwirt G, der in einem Wohngebiet ein Lokal betreibt, wird aufgrund einer entsprechenden Vorschrift der Bauordnung verboten, mit einem Neonschild auf sein Lokal aufmerksam zu machen. Nachdem Jahre später diese Vorschrift abgeschafft worden ist, stellt G den Antrag, die Verbotsverfügung aufzuheben.

1. Entscheidung über das Wiederaufgreifen

1.1 Besteht ein Anspruch auf Wiederaufgreifen?

247 #### 1.1.1 Formelle Voraussetzungen

- unanfechtbarer VA (§ 51 Abs. 1 VwVfG)

Nach seinem Wortlaut erfasst § 51 nur den Fall, dass die Aufhebung oder Änderung eines unanfechtbaren VAs beantragt wird. Der Wortlaut erfasst daher nicht den Fall, dass ein VA unanfechtbar abgelehnt worden ist und später ein neuer Antrag gestellt wird, weil dabei die frühere Entscheidung nicht aufgehoben oder geändert werden muss. Seinem Sinn nach erfasst § 51 aber zum Teil auch diesen Fall. Hier ist jedoch zu differenzieren (vgl. Kopp, VwVfG, 10. Aufl. 2008, Rn 27):

→ Nach § 51 ist zu entscheiden, wenn der Betroffene eine Sachentscheidung in derselben Sache begehrt, also bei einem Verwaltungsakt mit Dauerwirkung. Das ist der Fall, wenn es sich um einen sachlich und zeitlich festliegenden Vorgang handelt (z. B. Abänderung einer ablehnenden Prüfungsentscheidung) oder wenn der Antragsteller nach Ablehnung einer Leistung neue Beweismittel i. S. d. § 51 (1) Nr. 2 vorlegt, um die Leistung mit Rückwirkung zu erhalten.

→ Bezieht sich der Antrag dagegen auf einen variablen Sachverhalt, macht der Antragsteller insbesondere eine Änderung der Sach- oder Rechtslage geltend und verlangt er keine Abänderung der früheren Ablehnung, sondern eine Neuregelung, ist § 51 nicht anwendbar.

Beispiel: Ein abgelehnter Beamtenanwärter stellt einen neuen Antrag, weil er meint, die Stellensituation habe sich geändert.

- kein grobes Verschulden (§ 51 Abs. 2)
- Antrag innerhalb von drei Monaten (§ 51 Abs. 3)

1.1.2 Materielle Voraussetzungen: § 50 Abs. 1 VwVfG

Nr. 1: nachträgliche Änderung der dem VA zugrunde liegenden Sach- oder Rechtslage zugunsten des Betroffenen.

248

- Nr. 1 verlangt ebenso wie § 49 (2) Nr. 3 und 4 VwVfG, dass der VA vom Fortbestand der bei Erlass gegebenen Sach- oder Rechtslage abhängig ist, praktisch also einen VA mit Dauerwirkung oder einen noch nicht vollzogenen VA.

Beispiel: Ein Rentenbescheid für den Fall, dass sich die Rechtslage zwischenzeitlich geändert hat.

- Eine Änderung der Rechtslage liegt vor, wenn eine dem VA zugrunde liegende Rechtsnorm aufgehoben oder geändert wird. Eine Änderung der Rechtsprechung reicht nicht aus.

Nr. 2: neue Beweismittel, die eine dem Betroffenen günstigere Entscheidung herbeigeführt haben würden.

- „Neue Beweismittel" sind auch solche, die bei Erlass des VA bereits vorhanden waren, aber nicht verwendet werden konnten, sofern den Betroffenen daran kein Verschulden traf.

Nr. 3: Vorliegen von Wiederaufnahmegründen des § 580 ZPO:

„Die Restitutionsklage findet statt:
→ wenn der Gegner durch Beeidigung einer Aussage, auf die das Urteil gegründet ist, sich einer vorsätzlichen oder fahrlässigen Verletzung der Eidespflicht schuldig gemacht hat;
→ wenn eine Urkunde, auf die das Urteil gegründet ist, fälschlich angefertigt oder verfälscht war;
→ wenn bei einem Zeugnis oder Gutachten, auf welches das Urteil gegründet ist, der Zeuge oder Sachverständige sich einer strafbaren Verletzung der Wahrheitspflicht schuldig gemacht hat;
→ wenn das Urteil von dem Vertreter der Partei oder von dem Gegner oder dessen Vertreter durch eine in Beziehung auf den Rechtsstreit verübte Straftat erwirkt ist;
→ wenn ein Richter bei dem Urteil mitgewirkt hat, der sich in Beziehung auf den Rechtsstreit einer strafbaren Verletzung seiner Amtspflichten gegen die Partei schuldig gemacht hat;
→ wenn das Urteil eines ordentlichen Gerichts, eines früheren Sondergerichts oder eines Verwaltungsgerichts, auf welches das Urteil gegründet ist, durch ein anderes rechtskräftiges Urteil aufgehoben ist;

> → wenn die Partei ein in derselben Sache erlassenes, früher rechtskräftig gewordenes Urteil oder eine andere Urkunde auffindet oder zu benutzen in den Stand gesetzt wird, die eine ihr günstigere Entscheidung herbeigeführt haben würde."

1.2 Wenn kein Anspruch auf Wiederaufgreifen besteht, steht das Wiederaufgreifen im Ermessen der Behörde (§ 51 Abs. 5 VwVfG)

249 Gegen ein Wiederaufgreifen sprechen z. B.:
- Sinn und Zweck der Unanfechtbarkeit;
- Es handelt sich um einen von zahlreichen gleich gelagerten Fällen;
- Das Wiederaufgreifen hätte eine erhebliche Arbeitsbelastung zur Folge;

Für ein Wiederaufgreifen sprechen z. B.
- Es wird ein besonders schwerer Fehler, der in die Nähe der Nichtigkeit kommt, geltend gemacht;
- Für den geltend gemachten Fehler trifft die Behörde eine Mitverantwortung;
- Der VA bedeutet für den Betroffenen in der Zukunft eine andauernde schwerwiegende Belastung.

2. Entscheidung in der Sache

Wenn die Behörde das Verfahren wiederaufgegriffen hat, erfolgt eine neue *Sachentscheidung* („Zweitbescheid"). Diese hat sich am sachlichen Recht zu orientieren. Bei dieser neuen Sachentscheidung hat die Behörde nur dann Ermessen, wenn das Gesetz ihr Ermessen einräumt. Dem Antragsteller stehen gegen diese neue Entscheidung alle Rechtsbehelfe zur Verfügung.

II. Polizei- und Ordnungsrecht

Literaturempfehlungen: siehe im Literaturverzeichnis Nr. 2

1. Prüfung der Rechtmäßigkeit einer Verfügung zur Gefahrenabwehr
a) Übersicht

251

```
Eine Verfügung zur Gefahrenabwehr ist rechtmäßig, wenn sie nicht gegen den
Grundsatz der Gesetzmäßigkeit verstößt.
    │
    ├──► formelle Rechtmäßigkeitsanforderungen
    │       ├──► Zuständigkeit
    │       ├──► Verfahren
    │       └──► Form
    │
    └──► materielle Rechtmäßigkeitsanforderungen
            ├──► Tatbestand der Ermächtigungsgrundlage
            │       ├──► Schutzgut der öffentlichen Sicherheit/Ordnung?
            │       ├──► bevorstehende Gefahr?
            │       ├──► Störung?
            │       └──► Öffentlichkeit?
            ├──► richtiger Adressat
            │       ├──► Handlungsstörer?
            │       ├──► Zustandsstörer?
            │       └──► Notstandspflichtiger?
            └──► Rechtsfolge der Ermächtigungsgrundlage
                    └──► Ermessens-
                         fehler-
                         freiheit
                             ├──► kein Ermessensmangel
                             ├──► keine Ermessensüberschreitung
                             └──► kein Ermessensfehlgebrauch
```

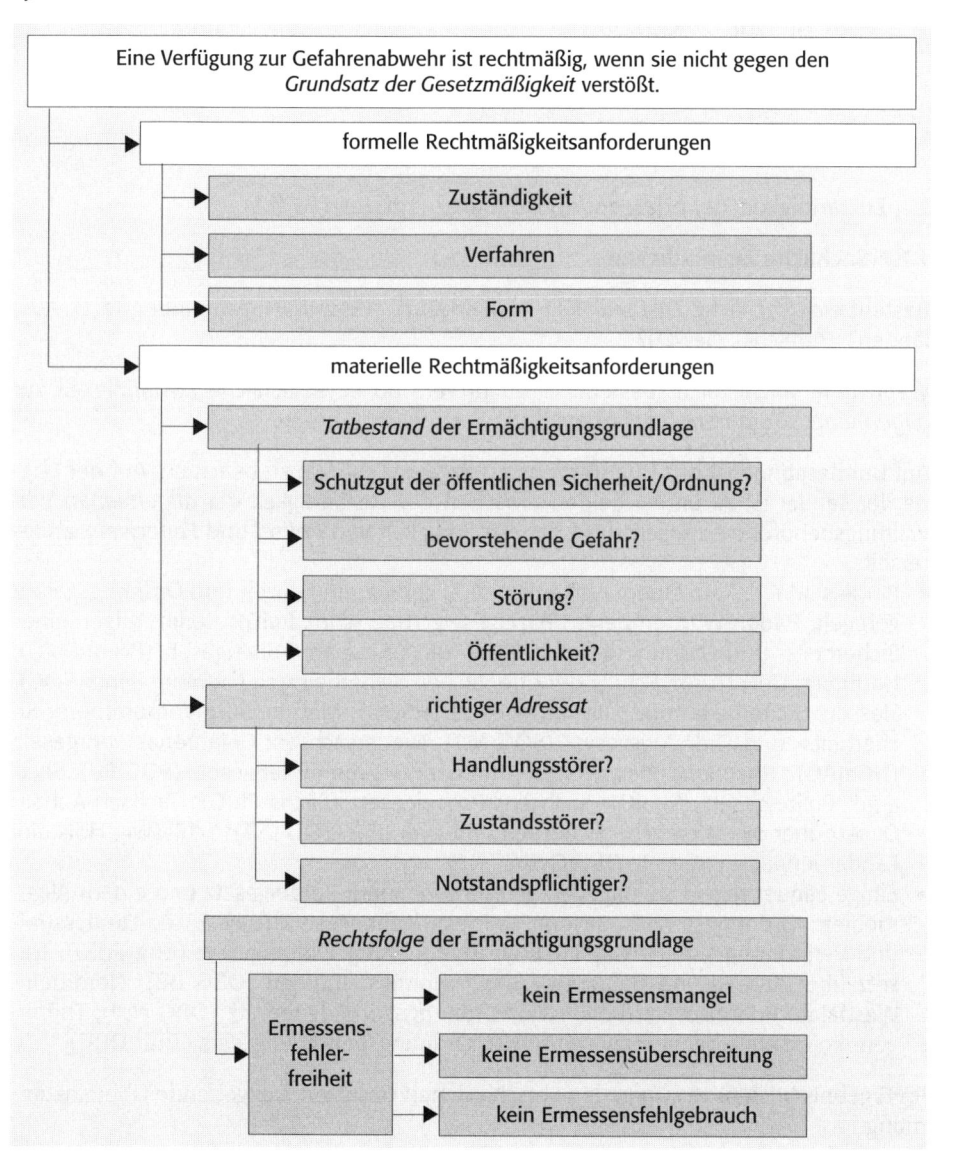

b) Das Prüfungsschema

Beispiel: A wird aufgefordert, das aus seinem Auto ausgeflossene Öl zu beseitigen.

252 Die Verfügung wäre rechtmäßig, wenn kein Verstoß gegen das Prinzip der Gesetzmäßigkeit der Verwaltung vorliegen würde. Danach darf kein staatliches Handeln gegen geltendes Recht verstoßen (Vorrang des Gesetzes, Art. 20 (3) GG). Weiterhin bedarf danach die Verwaltung für alle belastenden und sonst wesentlichen Maßnahmen (vgl. Rn 186) einer gesetzlichen Ermächtigungsgrundlage (Vorbehalt des Gesetzes, Art. 2 ff., 20 GG).

1. Formelle Rechtmäßigkeitsanforderungen

1.1 Zuständigkeit der erlassenden Behörde? (vgl. Rn 136 ff.)

1.1.1 Sachliche Zuständigkeit

253 Besteht eine sachliche Zuständigkeit nach *spezialgesetzlicher* Bestimmung (z. B. AusländerG, BImSchG, GewO)?

254 Wenn eine solche nicht besteht, ist zu prüfen, ob eine sachliche Zuständigkeit zur *allgemeinen Gefahrenabwehr* besteht.

Auf Bundesebene ist das Bundesgrenzschutzgesetz (BGSG) zu beachten. Auf der Ebene der Länder ist zu unterscheiden zwischen der Zuständigkeit der *allgemeinen* Verwaltungsbehörden einerseits und der Zuständigkeit von *Polizei* und *Feuerwehr* andererseits.
- Beide sind i. d. R. in einem einheitlichen Allgemeinem Polizei- und Ordnungsgesetz geregelt. Baden-Württemberg: Polizeigesetz (Bad-württ PolG); Berlin: Allgemeines Sicherheits- und Ordnungsgesetz (ASOG (Bln); Bremen: Polizeigesetz (Brem PolG); Hamburg: Gesetz zum Schutz der öffentlichen Sicherheit und Ordnung (Hmb SOG); Hessen: Sicherheits- und Ordnungsgesetz (HSOG); Mecklenburg-Vorpommern: Sicherheits- und Ordnungsgesetz (SOG MV); Niedersachsen: Gefahrenabwehrgesetz (NGefAG) ; Rheinland-Pfalz: Polizei- und Ordnungsbehördengesetz (POG RP); Saarland: Polizeigesetz (SPolG); Sachsen: Polizeigesetz (Sächs PolG); Sachsen-Anhalt: Gesetz über die öffentliche Sicherheit und Ordnung (SOG LSA); Schleswig-Holstein: Landesverwaltungsgesetz (LVWG SH)
- Einige Länder regeln sie dagegen getrennt in einem Polizeigesetz und einem Allgemeinem Ordnungsgesetz. Bayern: Polizeiaufgabengesetz (Bay PAG), Landesstraf- und Verordnungsgesetz (Bay LSTVG); Brandenburg: Polizeigesetz (Bbg PolG), Gesetz über Aufbau und Befugnisse der Ordnungsbehörden (OBG BB); Nordrhein-Westfalen: Polizeigesetz (PolG NW), Ordnungsbehördengesetz (OBG NW); Thüringen: Polizeiaufgabengesetz (Thür PAG), Ordnungsbehördengesetz (Thür OBG)

Im Ergebnis besteht zwischen den verschiedenen Gesetzen weitgehende Übereinstimmung:

(1) Danach ist grundsätzlich jede Verwaltungsbehörde im Rahmen ihres Geschäftsbereichs zur Gefahrenabwehr zuständig.

Art. 6 Bay LSTVG; §§ 1 (1) Bad-württ PolG; 1 (1) ASOG (Bln); 1 (1) OBG BB; 1 (1) Brem PolG; 3 (1) Hmb SOG; 1 (1) HSOG, 1 (1) SOG MV; 1 (1) NGefAG; 1 (1) OBG NW; 1 (1) POG RP; 1 (2) SPolG; 1 (1) Sächs PolG; 1 (1) SOG MÄ; 174 LVWG SH, 2 (1) 1 Thür OBG.

255

(2) Vollzugspolizei und Feuerwehr sind neben den allgemeinen Verwaltungsbehörden nur ausnahmsweise für unaufschiebbare Maßnahmen zuständig. Wenn sie gehandelt haben, müssen sie unverzüglich die zuständige Verwaltungsbehörde benachrichtigen und dieser ihre Feststellungen und Maßnahmen mitteilen. Die zuständige Verwaltungsbehörde darf die getroffenen Maßnahmen aufheben und ändern.

Art. 2 (1) i. V. m 3 Bay PAG; §§ 60 (2) Bad-württ PolG; 4 ASOG (Bln); 2 Bbg PolG; 7 (1) Nr. 3 SOG MV; 64 (1) S. 2 Brem PolG; 3 (2) Hmb SOG; 2 S. 1 HSOG; 1 (2) S. 1 NGefAG; 1 (1) PolG NW; 1 (6) POG RP; 85 (2) SPolG; 60 (2) Sächs PolG; 2 SOG LSA; 168 (1) LVwG SH; 2 (1) S. 2, 3 Thür PAG.

256

Eingeschränkt ist die Zuständigkeit der Gefahrenabwehrbehörden zum Erlass von Verfügungen, wenn eine Gefahr durch einen anderen Hoheitsträger oder durch Behörden des gleichen Hoheitsträgers verursacht wird. Hier ist zu unterscheiden:

- Ist der Hoheitsträger öffentlich-rechtlich organisiert und handelt er auch öffentlich-rechtlich, fehlt den Ordnungsbehörden die Kompetenz für belastende Verfügungen, da die einzelnen Ressorts den gleichen Rang besitzen. Die Gefahrenabwehrbehörden sind also nicht „Oberbehörden" mit Befehlsgewalt gegenüber anderen Behörden. Diese sind bei hoheitlichem Handeln nach dem Grundsatz der Selbstverantwortlichkeit vielmehr verpflichtet, die gefahrenabwehrrechtlichen Gesetze zu beachten. Wenn sie dem nicht nachkommen, sind sie mit den internen Aufsichtsmitteln dazu anzuhalten.

  Beispiel: Verfügung eines Ordnungsamtes gegenüber der Schulverwaltung.

- Das Gleiche gilt, wenn der öffentlich-rechtlich organisierte Hoheitsträger verwaltungsprivatrechtlich handelt (also unmittelbar öffentliche Aufgaben in privatrechtlicher Form durchführt), da er insoweit direkt den öffentlich-rechtlichen Bindungen des Gefahrenabwehrrechts unterliegt.

  Beispiel: als Teil der Gemeindeverwaltung betriebener Nahverkehrsbetrieb.

- Handelt der öffentlich-rechtlich organisierte Hoheitsträger dagegen fiskalisch (also in den Bereichen der fiskalischen Hilfsgeschäfte und der erwerbswirtschaftlichen Betätigung), fehlt es an einer öffentlich-rechtlichen Selbstverantwortlichkeit des Hoheitsträgers, die den Ausschluss der ordnungsbehördlichen Zuständigkeit legitimieren würde. Verfügungen zur Gefahrenabwehr sind gegen ihn also zulässig wie gegen jeden Privaten.

  Beispiel: Durchführungen von Baumaßnahmen an einem Behördengebäude.

- Das Gleiche gilt, wenn der Hoheitsträger Aufgaben durch eine juristische Person des Privatrechts durchführt.

  Beispiel: gemeindliches – als GmbH – organisiertes Theater.

257

258   **1.1.2 Instanzielle Zuständigkeit** (vgl. Rn 101)

259   **1.1.3 Örtliche Zuständigkeit** (vgl. Rn 102)

260   **1.2 Einhaltung von Verfahrensvorschriften** (vgl. Rn 141 ff.)

- insbesondere über Anhörung Beteiligter § 28 VwVfG

261   **1.3 Beachtung von Formvorschriften** (vgl. Rn 158 ff.)

- Zwar Grundsatz der Formfreiheit, aber:
- Spezialgesetzliche Formerfordernisse
- Behördenangabe, Unterschrift/Namenswiedergabe bei schriftlichem VA (außer bei EDV-VA)
- Schriftliche Begründung bei schriftlichem VA
- u. U. Rechtsbehelfsbelehrung

2. Materielle Rechtmäßigkeitsanforderungen

262   Nach dem Vorbehalt des Gesetzes (vgl. Rn 252) ist bei belastenden Verwaltungsakten stets eine Ermächtigungsgrundlage erforderlich. Welche kommt in Betracht?

(1) Ermächtigung in einem *speziellen* Gesetz des Bundes oder eines Landes (z. B. AbfG, AuslG, BImSchG, BSeuchG, GastG, GewO, StVG)?

(2) Ermächtigung in einer *Rechtsverordnung oder Satzung* des Bundes (z. B. der StVO) oder eines Landes (z. B. Hundeverordnung)? Hier ist zu prüfen, ob nach der Wesentlichkeitsrechtsprechung des BVerfG ein solches *materielles* Gesetz ausreicht oder ob ein *formelles* Gesetz erforderlich ist.

(3) Ermächtigung zu einer *Standardmaßnahme* im Bundesgrenzschutzgesetz (BGSG) oder in dem Allgemeinen Polizei – und Ordnungsgesetz des Landes?

263	• Vorladung § 25 BGSG; Art. 15 Bay PAG; §§ 27 (1) Bad-württ PolG; 20 ASOG (Bln); 15 BbgPolG; 12 Brem PolG; 11 Hmb SOG; 30 HSOG; 50 SOG MV; 16 NGefAG; 10 PolG NW; 12 POG RP; 11 (2) SPolG; 18 (2) Sächs PolG; 35 SOG LSA; 99 LVwG SH; 17 Thür PAG
264	• Feststellungen der Personalien Art. 12 bay PAG; §§ 26 bad-württ PolG; 21 ASOG (Bln); 15 BbgPAG; 11 Brem PolG; 12 Hmb SOG; 18 HSOG; 29 SOG MV; 12 NGefAG; 12 PolG NW; 10 POG RP; 9 SPolG; 19 Sächs PolG; 20 SOG LSA; 181 LVwG SH; 14 Thür PAG, 17 BGDG
265	• Platzverweisung § 38 BGSG; Art. 16 Bay PAG; §§ 29 ASOG (Bln); 16 BbgPolG; 14 Brem PolG; 12 a Hmb SOG; 31 HSOG; 52 SOG MV; 17 NGefAG; 34 PolG NW; 13 POG RP; 12 SPolG; § 21 Sächs PolG; 36 SOG LSA; § 201 LVwG SH; Art. 18 Thür PAG.
266	• Ingewahrsamnahme von Personen § 39 BGSG; Art. 17 Bay PAG; §§ 28 Bad-württ PolG; 30 ASOG (Bln); 17 BbgPolG; 15 Brem PolG; 13 Hmb SOG; 55 SOG MV; 32 HSOG; 18 NGefAG; 35 PolG NW; 14 POG RP; 13 SPolG; 22 Sächs PolG; 37 SOG LSA; 204 LVwG SH; 109 Thür PAG.

• Durchsuchen von Personen Art. 21 bay PAG, §§ 29 bad-württ PolG; 34 ASOG (Bln), 21 BbgPolG; 19 Brem PolG; 15 Hmb SOG; 36 HSOG; 53 SOG MV, 22 NGefAG; 39 PolG NW; 18 POG RP; 17 SPolG; 23 Sächs PolG; 41 SOG LSA; 202,203 LVwG SH; 23 Thür PAG.	267
• Durchsuchen von Sachen § 43 BGSG; Art. 23 Bay PAG; §§ 30 Bad-württ PolG; § 35 ASOG (Bln); 23 Nr. 1e OBG BB, 22 BbgPolG; 20 Brem PolG; 15 a Hmb SOG; 37 HSOG; 57 SOG MV; 23 NGefAG; § 24 Nr. 13 OBG, 40 PolG NW; 19 POG RP; § 18 SPolG; 24 Sächs PolG; § 42 SOG LSA; 206, 207 LVwG SH; 19 Thür OBG, 24 Thür PAG.	268
• Sicherstellung von Sachen § 47 BGSG; Art. 25 Bay PAG; §§ 32 Bad-württ PolG; § 38 ASOG (Bln); 23 Nr. 1e OBG BB, 25 BbgPolG; 23 Brem PolG; 14 Hmb SOG; 40 HSOG; 61 SOG MV; 26 NGefAG; 24 Nr. 13 OBG NW, 43 PolG NW; 22 POG RP; 21 SPolG; 26 Sächs PolG; § 45 SOG LSA; 210 LVwG SH; 22 Thür OBG, 27 Thür PAG.	269
• Betreten und Durchsuchen von Wohnungen § 45 BGSG; Art. 23 Bay PAG; §§ 31 Bad-württ PolG; 36 ASOG (Bln); 23 Nr. 1e OBG BB, 23 BbgPolG; 21, 22 Brem PolG; 16 Hmb SOG; 39 HSOG; 59 SOG MV; 24 NGe fAG; 24 Nr. 13 OBG, 41 PolG NW; 20 POG RP; 19 SPOIG; 25 Sächs PolG; 43 SOG LSA; 208 LVwG SH; 20 Thür OBG, 25 Thür PAG.	270

(4) Ermächtigung durch die *Generalklausel* des BGDG oder des Allgemeinen Polizei- und Ordnungsgesetz des Landes? 271

§ 14 BGSD; Art. 11 Bay PAG; § 1 (1) 3 Bad-württ PolG; 17 (1) ASOG (Bln); 10 (1) Bbg PolG; § 1 (1), 10 (1) Brem PolG; 3 (1) Hmb SOG; 11 (1) HSOG; 13, 16 SOG MV; § 11 NGefAG; 8 (1) PolG NW; 9 (1) POG RP; 8 (1) SPolG; 1 (1), 3 (1) Sächs PolG; 13 SOG LSA; 174, 176 LVwG SH; 12 Thür PAG; 14 BGSG.

2.1 Tatbestand der Ermächtigungsnorm

Es sind sowohl der Tatbestand als auch die Rechtsfolge der Norm zu prüfen:

= Subsumtion einschließlich erforderlicher Auslegung. (vgl. Rn 164) 272

- Tatbestand der *spezialgesetzlichen* Regelung?
- Wenn keine spezialgesetzliche Ermächtigung eingreift: Tatbestand der *Generalklausel* prüfen:
– Bevorstehende Gefahr für die öffentliche Sicherheit oder Ordnung oder
– Störung der öffentlichen Sicherheit oder Ordnung (Diese Alternative ist in neueren Sicherheits- und Ordnungsgesetzen nicht mehr enthalten!)

2.1.1 Ist ein Schutzgut der Generalklausel betroffen?

Schutzgut der **öffentlichen Sicherheit?**

Schutzgüter der öffentlichen Sicherheit sind (vgl. VGH Mannheim NVwZ 1988, 166):
- Der *Staat* und seine *Einrichtungen* 273
→ verfassungsrechtlicher Bestand des Staates
→ Bestand und Funktionsfähigkeit staatlicher Stellen und Organe
→ staatliche, d. h. der Gemeinschaft zustehende Güter (z. B. Grundwasser)
→ staatliche Veranstaltungen (z. B. Staatsbesuche)

274
- Die *Rechtsordnung*, soweit sie *den Bürger* zu einem bestimmten Verhalten oder Unterlassen verpflichtet.
  → Die Verpflichtung kann sich dabei aus Normen des *öffentlichen Rechts* (z. B. StVO, StGB) oder des *Privatrechts* (z. B. § 1004 BGB) ergeben.
  → *Grundrechte* sind gegen den Staat gerichtete Ge-/Verbotsnormen (= Abwehrrechte). Da im Recht der Gefahrenabwehr der Bürger Adressat der Verbotsnorm sein muss, kommen Grundrechte als Schutzgüter der öffentlichen Sicherheit grundsätzlich nicht in Betracht. Eine Ausnahme gilt jedoch, wenn sie so bedeutsam sind, dass sie staatliche Schutzpflichten begründen, z. B. Schutz einer Versammlung (Art. 8 GG) vor unfriedlicher Gegendemonstration.

275
- Die *Individualgüter*
  Dazu zählen: Leben, Körper, Freiheit, Ehre, Eigentum, Besitz, Vermögen (= Inbegriff der geldwerten Güter, wozu auch Ansprüche gehören).

276 Schutzgut der **öffentlichen Ordnung**?

„Unter öffentlicher Ordnung wird die Gesamtheit der ungeschriebenen Regeln verstanden, deren Befolgung nach den jeweils herrschenden und mit dem Wertgehalt des Grundgesetzes zu vereinbarenden sozialen und ethischen Anschauungen als unerlässliche Voraussetzung eines geordneten menschlichen Zusammenlebens innerhalb eines bestimmten Gebiets angesehen wird" (BVerfG DVBl 2004, 237). Mehrheitsentscheidungen allein reichen zur Bestimmung des Gehalts der öffentlichen Ordnung nicht" (BVerfG NJW 2001, 2071).

277 In Rechtsprechung und Lehre haben sich im Laufe der Zeit bestimmte Ordnungsgüter herausgebildet, z. B.: öffentliche Ruhe, Leichtigkeit des Verkehrs, öffentlicher Anstand, öffentliche Sittlichkeit, religiöses Empfinden, nationales Empfinden. Der ständige Wandel der Wertvorstellungen bewirkt jedoch, dass bisher anerkannte Ordnungsgüter entfallen bzw. sich neue entwickeln können (z. B. Umweltschutz).

278 Eine Verletzung eines Ordnungsgutes stellt nur dann eine Ordnungsstörung dar, wenn sie nicht bereits von der öffentlichen Sicherheit erfasst wird.

279 Beachte: Zur öffentlichen *Sicherheit* gehört z. B. auch § 118 (1) OWiG: „Ordnungswidrig handelt, wer eine grob ungehörige Handlung vornimmt, die geeignet ist, die Allgemeinheit zu belästigen oder zu gefährden und die öffentliche Ordnung zu beeinträchtigen." Viele eigentliche Störungen der öffentlichen Ordnung sind also bereits Störungen der öffentlichen Sicherheit.

2.1.2 Liegt eine bevorstehende Gefahr für die öffentliche Sicherheit oder Ordnung vor?

280 Eine bevorstehende Gefahr liegt vor, wenn im konkreten Fall ein Schaden mit hinreichender Wahrscheinlichkeit droht.

- Ein *Schaden* ist eine nicht unerhebliche rechtswidrige Beeinträchtigung eines Schutzgutes der öffentlichen Sicherheit oder Ordnung.
- Abzugrenzen von dem Schaden sind also bloße Belästigungen und Unannehmlichkeiten (es sei denn, solche Nachteile sind durch spezialgesetzliche Regelungen in den Gefahrenbegriff einbezogen, z. B. §§ 3 (1), 5 Nr. 1 BImSchG, 1 (2) StVO, 33a (1) 2 GewO, 5 (1) Nr. 3 GastG).

Beispiel: Belästigungen durch Hundegebell auf einem Grundstück, es sei denn, dieses führt zu einem Gesundheitsschaden der Anwohner der Nachbargrundstücke.

281

Der Schadenseintritt muss *hinreichend wahrscheinlich* sein. Es muss also eine nach der Lebenserfahrung begründete Befürchtung bestehen, dass in überschaubarer Zukunft ein Schaden eintritt. Der Schadenseintritt braucht also weder unmittelbar bevorzustehen, noch darf er allzu sehr entfernt sein. An den Grad der Wahrscheinlichkeit sind jedoch unterschiedliche Anforderungen zu stellen je nach Bedeutung des gefährdeten Rechtsguts. Es gilt also die „Je-desto-Formel": Je größer das Ausmaß des potentiellen Schadens, desto geringer sind die Anforderungen an die Wahrscheinlichkeit des Eintritts des Schadens. Allerdings reicht auch bei einem bedeutsamen Rechtsgut nicht die bloße Möglichkeit, ein Restrisiko, aus.

282

Beispiele: Bei Hundegebell sind die Anforderungen an die Wahrscheinlichkeit einer Schädigung der Gesundheit der Nachbarn höher, bei einem über einem Fußweg befindlichen durchgerosteten Balkon die Anforderungen an die Wahrscheinlichkeit einer Schädigung des Lebens der Passanten geringer. Das von Atomkraftwerken ausgehende Restrisiko bedeutet dagegen keine hinreichende Wahrscheinlichkeit eines Schadens für Leben und körperliche Unversehrtheit.

Der Schaden muss *im konkreten Fall* einzutreten drohen.

283

Hier gilt das Gleiche wie beim Merkmal „zur Regelung eines Einzelfalles" in § 35 VwVfG. Die Einzelfallbezogenheit muss also in sachlicher (Sachverhalt) und persönlicher Hinsicht (Adressatenkreis) bestehen. Der Gegensatz dazu ist die abstrakte Gefahr, bei der in gedachten typischen Fällen, also aus bestimmten Arten von Handlungen oder Zuständen Gefahren zu entstehen pflegen (z. B. durch Rauchen im Wald). Die abstrakte Gefahr reicht aus für den Erlass von Gesetzen und Verordnungen zur Gefahrenabwehr.

Der Schaden muss *objektiv* eintreten können. Wenn nicht, ist zu unterscheiden:

284

Eine *Anscheinsgefahr* liegt vor, wenn für einen objektiven Beobachter, der die Hintergründe nicht kennt,

285

- die nicht vorwerfbare Gewissheit erweckt wird, dass der Eintritt des Schadens bevorsteht (*Anscheinsgefahr i. e. S.*).

Beispiel: Ein Verbrecher zielt mit einer wie eine scharfe Pistole aussehenden Schreckschusspistole auf einen Bankkassierer. Im Hinblick auf dessen Leben liegt eine Anscheinsgefahr vor.

286 Eine solche Gefahr rechtfertigt Maßnahmen, die notwendig sind, um den Geschehensablauf zu unterbrechen.

- nach pflichtgemäßer Abwägung zwar keine Gewissheit, aber ein Verdacht einer Gefahr besteht (*Gefahrenverdacht*).

Beispiel: Die Polizei erhält einen anonymen Anruf, wonach in zwei Stunden eine Bombe im Hauptbahnhof explodieren wird.

Ein Verdacht einer Gefahr rechtfertigt nur Maßnahmen, die der Aufklärung dienen, ob tatsächlich eine Gefahr vorliegt. Nur beim Verdacht besonders schwerwiegender Gefahren können ausnahmsweise auch endgültige Maßnahmen rechtmäßig sein, soweit sie nicht zu schweren und irreversiblen Nachteilen für den Betroffenen führen.

Beispiel: Besteht der Verdacht, dass Lebensmittel verseucht sind, kann die Behörde ihre Vernichtung anordnen, wenn Maßnahmen zur Aufklärung der Gefahr nicht schnell genug ergriffen werden können, die Gefahr der Ausbreitung der Seuche bei Absehen von der Vernichtung aber offenkundig erscheint (BVerwGE 39, 196).

287 Hat der Anscheinsstörer die Anscheinsgefahr nicht verschuldet, hat er nach der Rechtsprechung einen Entschädigungsanspruch analog der Entschädigungsregelung für Notstandspflichtige.

288 Eine *Putativgefahr* liegt vor, wenn der handelnde Beamte *pflichtwidrig* eine Gefahr oder den Verdacht einer Gefahr annimmt.

Beispiel: Die Polizei stürmt eine Erdgeschosswohnung, aus der Nachbarn einen Hilfeschrei zu hören geglaubt haben, obwohl die Polizisten durch das Wohnzimmerfenster gesehen haben, dass Familie Glotzke friedlich vor dem Fernseher sitzt (und die Hilfeschreie daher offenkundig aus dem Fernseher kommen).

Eine Putativgefahr rechtfertigt keinerlei Maßnahme, auch keine, die nur der Aufklärung dient, ob wirklich eine Gefahr vorliegt.

2.1.3 Liegt eine Störung der öffentlichen Sicherheit und Ordnung vor?

289 Eine Störung (im ordnungsrechtlichen Sinn) liegt vor, wenn ein Schaden eingetreten ist, von dem weitere Gefahren ausgehen.

290 Die von einigen Sicherheits- und Ordnungsgesetzen noch als Alternative zur Gefahrenabwehr geregelte Aufgabe der Störungsbeseitigung zielt darauf ab, die Fortdauer einer bereits eingetretenen Störung zu unterbinden und damit die Gefahr weiterer Störungen abzuwehren. Die Einschränkung, dass von dem Schaden weitere Gefahren ausgehen müssen, ist notwendig, da die Sicherheits- und Ordnungsgesetze der Gefahrenabwehr dienen, nicht aber der Beseitigung *abgeschlossener* Schäden. Unter dem Gesichtspunkt der Gefahrenabwehr ist die Störung daher nur als Ursache weiterer Gefahren relevant. Damit ist sie – weil sie in dem Gefahrenbegriff aufgeht – begrifflich entbehrlich und wird deshalb auch in neueren Sicherheits- und Ordnungsgesetzen nicht mehr verwandt.

Beispiel: Eine nachts bei offenem Fenster laut aufgedrehte Stereoanlage bedeutet eine Verletzung der Lärmschutzverordnung. Insofern könnte man an eine Störung der öffentlichen Sicherheit denken. Soweit der Lärm aber bereits erfolgt ist, kann er nicht mehr beseitigt werden, sondern allenfalls Grund für die repressive Erteilung eines Bußgeldes nach dem OwiG sein. Eine Störung im Sinne der Gefahrenabwehr ist die Anlage aber insoweit, als der Lärm andauert und damit die Gefahr weiterer Störungen bedeutet. Eine Untersagungsverfügung der herbeigerufenen Polizei bewirkt daher eine Störungsbeseitigung zur Abwehr weiterer Gefahren. Der Störungsbegriff geht also voll in dem Gefahrenbegriff auf.

2.1.4 Öffentlichkeit der Gefahr bzw. der Störung?

Diese liegt vor, wenn die Gefahr bzw. Störung Ausstrahlungswirkung in die Öffentlichkeit erzeugt und damit ein öffentliches Interesse an ihrer Abwehr bzw. Beseitigung besteht.

291

Da das in der Regel der Fall ist, ist die Öffentlichkeit grundsätzlich nicht besonders zu prüfen.

292

- Ausnahmsweise muss die Öffentlichkeit geprüft werden, wenn privatrechtliche Ansprüche oder vermögenswerte Individualgüter (Eigentum, Besitz, Vermögen) betroffen sind. Da zu deren Schutz in erster Linie die Zivilgerichte zuständig sind, ist die Öffentlichkeit der Gefahr hier besonders zu prüfen. Sie liegt nur vor, wenn
  → ein Antrag des Betroffenen an die Behörde auf Einschreiten vorliegt,
  → der Anspruch hinreichend glaubhaft ist, insbesondere die Rechtslage nicht zweifelhaft ist,
  → gerichtliche Hilfe nicht rechtzeitig zu erlangen ist und
  → ohne behördliches Einschreiten die Durchsetzung des Anspruchs wesentlich erschwert oder ausgeschlossen wäre.

Beispiel: Ein Mann beschmiert versehentlich mit einem Eis das Seidenkleid einer Passantin. Da er, obwohl er den Schaden bemerkt, achtlos weitergeht, ruft die Frau einen zufällig anwesenden Polizisten um Hilfe.

In den meisten Bundesländern ist dieser Ausnahmefall ausdrücklich geregelt.

§ 1 (4) BGSG; 2 (2) bw PolG; Art. 2 (2) bay PAG; §§ 11 (4) ASOG Bln; 11 (2) br PolG; 111 hrPolG; 1 (3) HSOG; 1 (2) SOG MV; 1 (3) NGefAG; 1 (1 2PolG NW; 1 (2) POG RP; 1 (1) saarl POG; 2 (2) sächs PolG; 1 (2) SOG LSA; 162 (2ä) LVwG SH; (2) thür PAG, 2 (2) thür OBG

Im Übrigen ergibt sich die gleiche Regelung aus einer sachgerechten Abgrenzung der Zuständigkeiten der Ordnungsbehörden und der Gerichte.

Auch bei Vorliegen der oben genannten Voraussetzungen eines Eilfalles darf die Behörde nur *vorläufige* Maßnahmen zur Sicherung des gefährdeten Rechts ergreifen.

293

- Des weiteren muss die Öffentlichkeit auch dann geprüft werden, wenn es sich um Individualgüter des Störers selbst handelt. Reine Selbstgefährdungen, die bewusst und im Bewusstsein des Risikos erfolgen, stellen keine Störungen der *öffentlichen* Sicherheit dar (z. B. Boxkampf).

294

> Eine Ausnahme davon gilt jedoch nach h. M., soweit sich eine staatliche Schutzpflicht auf die Individualgüter des Störers bezieht.
>
> *Beispiel:* Ein auf dem Dach eines Hauses stehender Selbstmordkandidat droht herunterzuspringen. Hier liegt die Öffentlichkeit wegen der staatlichen Schutzpflicht im Hinblick auf das Recht auf Leben aus Art. 2 II 1 GG vor, auf die der einzelne nicht verzichten kann.

2.2 Richtiger Adressat?

295 Eine Ordnungsverfügung darf sich nur an bestimmte Personen richten. Die Person muss verantwortlich sein:
- nach spezialgesetzlicher Regelung?
- nach dem Allgemeinen Polizei- bzw. Ordnungsrecht?

Als Adressaten kommen nach dem Allgemeinen Polizei- und Ordnungsrecht in Betracht:
→ Handlungsstörer
→ Zustandsstörer
→ Notstandspflichtiger

296 Hoheitsträger unterliegen zwar materiell der gefahrenabwehrrechtlichen Verantwortlichkeit. Denn auch für sie gilt die allgemeine Nichtstörungspflicht. Sie sind gehalten, den Staat und seine Einrichtungen nicht selbst zu gefährden, alle Gesetze ohne Rücksicht darauf, auf welcher Normsetzungsebene diese entstanden sind, zu beachten und nicht in rechtswidriger Weise Individualgüter zu gefährden. Diese materielle Ordnungspflicht findet jedoch dort ihre Grenze, wo die strikte Beachtung der gefahrenabwehrrechtlichen Gesetze zu einer nachhaltigen Beeinträchtigung der Funktionsfähigkeit und der ordnungsgemäßen Aufgabenerfüllung führen würde. In solchem Fall müssen die kollidierenden Interessen abgewogen werden.

In jedem Fall aber kommen Hoheitsträger nur in eingeschränkten Maße als Adressaten von Ordnungsverfügungen in Betracht: vgl. Rn 257.

2.2.1 Handlungsstörer

297 § 17 BGSG; Art. 9 (1) Bay LStVG; § 6 (1) Bad-württ. PolG; 13 (1) ASOG (Bln), 16 (1) OBG BB; 5 (1) Brem PolG; 8 (1) Hmb SOG; 6 (1) HSOG, 69 (1) SOG MV; 6 (1) NGefAG; 17 (1) OBG NW; 4 (1) POG RP; 4 (1) SPolG; 4 (1) Sächs PolG; 7 (1) SOG LSA; 218 (1) LVwG SH; 10 (1) Thür OBG.

> Handlungsstörer ist, wer durch eine Handlung eine Gefahr für die öffentliche Sicherheit oder Ordnung oder eine Störung der öffentlichen Sicherheit oder Ordnung verursacht hat.

Prüfung der Handlungsstörung:

> - Kommt *positives Tun* für die Verursachung der Gefahr in Betracht?
>
> Beachte: Bei einer Anscheinsgefahr (einschließlich Gefahrenverdacht) kann der, der die Anscheinsgefahr durch eigene Handlung verursacht hat, als Anscheinshandlungsstörer herangezogen werden.
>
> - Kommt *ein Unterlassen* für die Verursachung der Gefahr in Betracht?
>
> Ein Unterlassen wird dem positiven Tun gleichgestellt, wenn eine öffentlich-rechtliche Handlungspflicht (z. B. Streupflicht) besteht, die nicht befolgt wird. Garantenpflichten wie im Strafrecht gibt es im Polizei- und Ordnungsrecht dagegen nicht!

298

299

> - Hat die Person die Gefahr *verursacht*?
>
> Im Unterschied zu der im Straf- und Ordnungswidrigkeitenrecht geltenden Äquivalenztheorie[5] und der im Zivilrecht geltenden Adäquanztheorie[6] gilt im Recht der Gefahrenabwehr die *Theorie der unmittelbar letzten Ursache:* Ursache ist danach nur die unmittelbar letzte Ursache, d. h. die Bedingung (Handlung), die unmittelbar die Gefahr bzw. Störung verursacht, d. h. die Gefahrengrenze überschreitet. Bedingungen (Handlungen), die *davor* liegen, sind grundsätzlich ordnungsrechtlich *unbeachtlich.* Zu jeder Störung gibt es zahllose entfernte und näher liegende solcher mittelbarer Ursachen,
>
> *Beispiel:* Ursächlich für eine Verletzung der StVO durch verbotenes Parken eines PKW ist der, der den PKW verbotenerweise geparkt hat, nicht aber der, der den PKW dem Fahrer geliehen, der den PKW produziert oder verkauft hat.

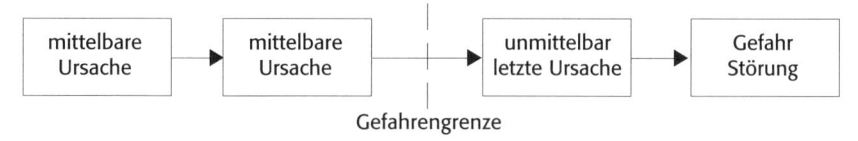

300

| mittelbare Ursache | → | mittelbare Ursache | → | unmittelbar letzte Ursache | → | Gefahr Störung |

Gefahrengrenze

Ausnahmsweise (es werden Ursachen berücksichtigt, die *vor* der unmittelbar letzten Ursache liegen) kann aber auch derjenige, der eine *mittelbare* Ursache setzt, die Gefahr bzw. Störung verursacht haben. Diese Person wird üblicherweise als *„Zweckveranlasser"* bezeichnet. Dieser ist also ordnungspflichtig.

301

Wann jemand *Zweckveranlasser* ist, ergibt sich aus dem folgenden Zitat:

VGH Bad.Württ. DVBl 96, 565: „Im Interesse einer wirksamen Gefahrenabwehr kann grundsätzlich nicht nur auf die Kenntnis und auf den Willen des die Gefahr verursachenden Störers abgestellt werden. Eine Zweckveranlassung kann indes auch ange-

---

[5] Wonach kausal jede Handlung ist, die nicht hinweggedacht werden kann, ohne dass der Erfolg konkret entfällt. Diese Theorie wäre im Polizei- und Ordnungsrecht zu weit.
[6] Wonach kausal jede Handlung ist, die nach den Erfahrungen des täglichen Lebens generell geeignet ist, den in Frage stehenden Erfolg herbeizuführen. Diese Theorie wäre im Polizei- und Ordnungsrecht zu eng.

nommen werden, wenn das Verhalten, das die Störung durch Dritte auslöst, in einem untrennbaren Zusammenhang mit ihr steht und sie somit zwangsläufig verursacht wird. Zu berücksichtigen ist, dass der Zweckveranlasser die Störung oder Gefahr für die öffentliche Sicherheit oder Ordnung nicht unmittelbar verursacht, sondern diese durch ein Verhalten Dritter herbeigeführt wird, das auf deren eigenständigem Willensentschluss beruht. Das Verhalten des Zweckveranlassers oder auch „Mitverursachers" und der durch das Verhalten der Dritten eintretende Erfolg müssen deshalb eine für den Zweckveranlasser erkennbare natürliche Einheit bilden, die es rechtfertigt, diesem das Verhalten der Dritten zuzurechnen. Bei der Beurteilung, ob diese „natürliche Einheit" besteht und ob der Zurechnungszusammenhang dadurch hergestellt wird, darf allerdings nicht unberücksichtigt bleiben, ob der Zweckveranlasser oder „Mitverursacher" von einer rechtlichen Befugnis Gebrauch macht und ob ein hinreichender sachlicher Grund besteht, ihm die Gefahr oder Störung unmittelbar zuzurechnen."

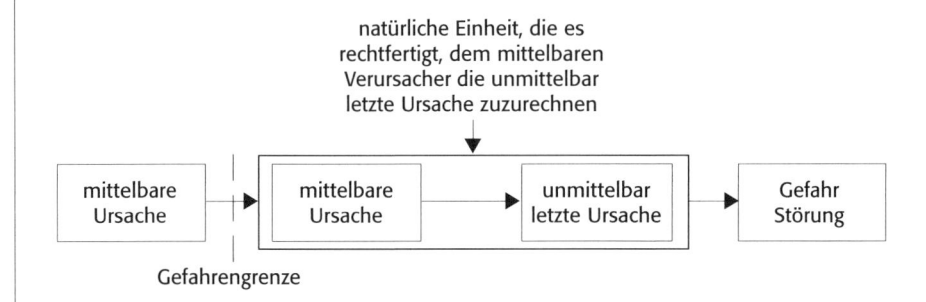

```
                    natürliche Einheit, die es
                    rechtfertigt, dem mittelbaren
                    Verursacher die unmittelbar
                    letzte Ursache zuzurechnen
                              ↓
  ┌──────────┐  ┌──────────┐   ┌──────────┐   ┌──────────┐
  │ mittelbare│→ │ mittelbare│→ │ unmittelbar│→ │  Gefahr  │
  │  Ursache  │  │  Ursache  │   │letzte Ursache│   │ Störung  │
  └──────────┘  └──────────┘   └──────────┘   └──────────┘
           Gefahrengrenze
```

Im Ergebnis ähnliche Zitate aus der Literatur:

→ *Schenke*, Polizei- und Ordnungsrecht, 5. Aufl. 2007, Rn 244: Zweckveranlassung liegt vor, wenn „zwischen der Veranlassung und dem die Gefahr herbeiführenden Verhalten ein so enger innerer Zusammenhang besteht, dass sich der Veranlasser die Gefahr selbst zurechnen lassen muss."

→ *Götz*, Allgemeines Polizei- und Ordnungsrecht, 13. Auflage 2001, Rn 202: Zweckveranlassung liegt vor, „wenn die Störung nach den Sätzen der Erfahrung eine nahe liegende Folge und nicht lediglich atypische Konsequenz der Handlung ist."

→ *Drews-Wacke*, Gefahrenabwehr 9. Aufl. 1986, S. 316: Zweckveranlassung liegt vor, „wenn Handlung und Erfolg eine natürliche Einheit bilden, die es rechtfertigt, einen Wertungszusammenhang zwischen ihnen herzustellen. ... Wenn jemand von einer ihm zustehenden rechtlichen Befugnis Gebrauch macht und dadurch eine Gefahr hervorgerufen wird, fehlt ein hinreichender sachlicher Grund dafür, ihm diese Gefahr zuzurechnen."

→ *Habermehl*, Polizei- und Ordnungsrecht, 2. Aufl. 1993, Rn 215: Zweckveranlasser ist, „wer das letztlich störende Verhalten objektiv bezweckt oder wissentlich zwangsläufig auslöst."

Beispiel ist der berühmte Borkum-Lied-Fall: In den 20er Jahren spielt die Kapelle des Nordseebades Borkum regelmäßig einen bekannten Marsch, zu dessen Melodie zahlreiche Kurgäste das „Borkum-Lied" zu singen pflegten. Das Lied pries die Schönheit der Insel und endete mit einem antisemitischen Text. Zweckveranlasser war hier nach allen obigen Aussagen die Kapelle.

- Richten kann sich die Verfügung nach den landesrechtlichen Regelungen i. d. R. gegen
  → den Handlungsstörer selbst.
  → den Sorgeverpflichteten, wenn der Handlungsstörer das 14. Lebensjahr noch nicht vollendet oder wegen Geisteskrankheit oder Geistesschwäche entmündigt oder unter vorläufige Vormundschaft gestellt worden ist.
  → den Geschäftsherrn eines Verrichtungsgehilfen, wenn dieser die öffentliche Sicherheit oder Ordnung in Ausführung der Verrichtung gefährdet oder stört.

302

Liegt nur der *Anschein* einer Gefahr vor, so kann derjenige, der diesen durch eine Handlung verursacht hat, als *Anscheinshandlungsstörer* herangezogen werden.

303

Beispiel: In der Nähe von E's Grundstück ist das Grundwasser durch giftige Chemikalien verunreinigt. E hat auf seinem Grundstück durchgerostete Fässer gelagert, aus denen eine übel riechende Flüssigkeit dringt. Die Behörde ordnet an, dass E bis zur genauen Klärung die Fässer zu einem sicheren Platz bringt. E ist Anscheinshandlungsstörer, wenn die Flüssigkeit in Wirklichkeit außer ihrem üblen Geruch harmlos ist und nicht die Ursache für die Verunreinigung des Grundwassers war.

Hat er den Anschein der Gefahr nicht verschuldet, so ist ihm analog zu der Regelung bei der Notstandspflicht auf Antrag eine Entschädigung zu zahlen.

Beispiel: Im obigen Fall hätte E einen Entschädigungsanspruch, wenn er keinen Anlass für die Aufregung gegeben, sondern ein Dritter mit weit übertriebenen Aussagen die Behörde informiert hätte.

Bei der Frage, ob sich die Verfügung auch gegen den Rechtsnachfolger der Störers richten kann, ist zu differenzieren: Ist das von dem Störer geforderte Verhalten höchstpersönlicher Natur, geht seine Verantwortlichkeit nicht auf den Rechtsnachfolger über. Handelt es sich um eine vertretbare Handlung, also eine, die auch von dem Rechtsnachfolger vorgenommen werden kann, so geht im Fall der Gesamtrechtsnachfolge (Erbfall) die Handlungshaftung nach §§ 1922, 1967 BGB auf den Erben über. Im Fall der Einzelrechtsnachfolge (Kauf, Schenkung) erfolgt das mangels einer entsprechenden Übertragungsregelung nicht.

304

2.2.2 Zustandsstörer

§ 18 BGSG; Art. 9 (2) Bay LStVG; §§ 7 Bad-württ PolG; 14 ASOG (Bln); 17 OBG BB; 6 (1) Brem PolG; 9 Hmb SOG; 7 HSOG; 70 SOG MV; 7 NGefAG; 18 OBG NW; 5 POG RP; 5 SPolG; 5 Sächs PolG; 8 SOG LSA; 219 LVerwG SH; 11 Thür OBG.

305

Zustandsstörer ist der Eigentümer oder Besitzer einer Sache, durch deren Zustand die öffentliche Sicherheit oder Ordnung gefährdet oder gestört wird.

Prüfung der Zustandsstörung:

- Wird die öffentliche Sicherheit oder Ordnung durch den *Zustand* einer Sache gefährdet oder gestört? Die Frage der *Verursachung* stellt sich auch bei der Zustandshaftung. Dabei ist die Zustandshaftung unabhängig von der Handlungshaf-

306

tung nach § 8 SOG (wo die Kausalität stärker „ins Auge fällt"). Die Kausalität spielt bei der Zustandshaftung aber insoweit eine Rolle, als zwischen dem Zustand der Sache und der Gefahr ein Ursachenzusammenhang bestehen muss. Es gilt auch hier die Theorie der unmittelbar letzten Ursache.

Beispiel: Eigentum und Besitz eines Flughafens sind nicht die unmittelbar letzte Ursache für terroristische Angriffe auf den Flughafen. Der Betreiber muss den Flughafen also nicht auf eigene Kosten vor solchen Anschlägen schützen (vgl. OVG Hamburg, DÖV 1983, 1017).

307 Besonderheiten sind bei Veränderungen der Umwelt zu beachten. Hier geht es um folgendes Problem: Eine Sache, deren Zustand *jetzt* die öffentliche Sicherheit oder Ordnung *unmittelbar* stört oder gefährdet, ist *erst* durch eine *Veränderung der Umwelt* zur Gefahrenquelle geworden. Für die Lösung derartiger Fälle gilt nach h. M.: Entstehen Ursachen, die kumulativ zur Gefahr bzw. Störung führen, *unabhängig voneinander*, so ist störende Ursache die, die von Anfang an *latent* gefährlich ist (sog. latente Gefahr), d. h. im Verhältnis zum Normalmaß eine erhöhte Gefahrentendenz aufweist, so dass es nur einer absehbaren Umweltveränderung bedarf, damit sich die Gefahr aktualisiert (vgl. z. B. OVG Münster NVwZ 1985, 355).

Es „kollidiert" also sozusagen die ältere latent gefährliche Ursache mit der zeitlich später liegenden neueren Ursache.

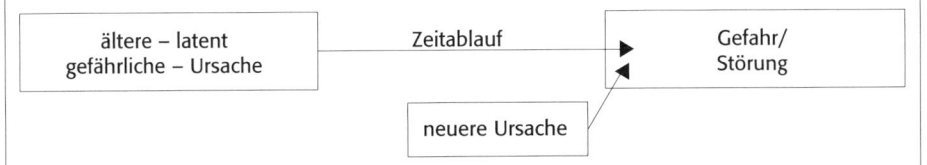

```
    ältere – latent           Zeitablauf          Gefahr/
  gefährliche – Ursache      ──────────▶         Störung
                                       ◀──
                              neuere Ursache
```

Beispiel: In einer als Wohngebiet ausgewiesenen aber noch kaum mit Wohnhäusern bebauten Gegend wird eine Wäscherei mit niedrigem Schornstein betrieben. Im Laufe der Zeit rückt die Wohnungsbebauung immer näher an die Wäscherei heran, so dass jetzt die Wohnungsinhaber durch die Emissionen aus dem Schornstein in ihrer Gesundheit beeinträchtigt zu werden drohen. Störerin ist die Wäscherei.

Bei der latenten Gefahr handelt es sich danach nicht um eine besondere Art der Gefahr, sondern um ein Kausalitätsproblem unter der Fragestellung, wer als Verantwortlicher für die Abwehr einer Gefahr herangezogen werden kann.

308 • Richten kann sich die Maßnahme nach den landesrechtlichen Regelungen i. d. R. gegen
→ den Eigentümer
→ den früheren Eigentümer bei Eigentumsaufgabe
→ den, der sein Eigentum nach den §§ 946 bis 950 BGB verloren hat
→ den Besitzer. Übt dieser den Besitz gegen den Willen des Eigentümers aus, so kommt nur er als Adressat in Betracht.

309 Liegt nur der *Anschein einer Gefahr* vor, so kann der Eigentümer bzw. Besitzer der Sachen, von der der Anschein der Gefahr ausgeht, als Anscheinszustandsstörer herangezogen werden. Hat dieser den Anschein der Gefahr nicht verschuldet, so ist ihm analog der Regelung zur Notstandspflicht auf Antrag eine Entschädigung zu zahlen.

Beispiel: In dem obigen Beispiel (Rn 303) zur Anscheinshandlungsstörung ist E auch Anscheinszustandsstörer.

Bei der Frage, ob sich die Verfügung auch gegen den Rechtsnachfolger der Störers richten kann, ist zu differenzieren: Im Fall der Gesamtrechtsnachfolge (Erbfall) ergibt sich der Übergang der Zustandshaftung auf den Erben aus den §§ 1922, 1967 BGB. Im Fall der Einzelrechtsnachfolge (Kauf, Schenkung, Erwerb in der Zwangsvollstreckung) wird von der h. M. obwohl es hier eine entsprechende Übertragungsregelung nicht gibt wegen des dinglichen Charakters der Zustandshaftung ebenfalls ein Übergang der Haftung auf den Rechtsnachfolger bejaht.

310

2.2.3 Notstandspflichtiger

§ 20 BGSG; Art. 9 (3) Bay LStVG, §§ 9 Bad-württ PolG; 16 Bln ASOG (Bln); 18 OBG BB; 7 Brem PolG; 10 (1) Hmb SOG; 9 HSOG; 71 SOG MV; 8 NGefAG; 19 OBG NW; 7 POG RP; 6 SPolG, 7 Sächs PolG, 10 SOG LSA, 220 LVwG SH; 13 Thür OBG

311

Notstandspflichtiger ist, wer ohne selbst Störer zu sein, statt eines Störers in Anspruch genommen wird, um eine Gefahr für die öffentliche Sicherheit oder Ordnung zu beseitigen.

Prüfung der Notstandspflicht:

- Es muss eine unmittelbar bevorstehende Gefahr (akute Gefahr) für die öffentliche Sicherheit oder Ordnung vorliegen. Unmittelbar bevorstehend ist eine Gefahr
  → bei der mit dem Eintritt eines Schadens innerhalb so kurzer Zeit zu rechnen ist, dass ein Abwarten der weiteren Entwicklung nicht in Betracht kommt oder
  → wenn der Schadenseintritt zeitlich zwar noch nicht klar absehbar ist, die Behörde aber sofort eingreifen muss, weil sie zu einem späteren Zeitpunkt die Gefahr nicht mehr abwehren kann.

312

- Ein Störer kann nicht herangezogen werden, z. B. weil
  → kein Störer vorhanden ist
  → der Störer nicht bekannt ist
  → der Störer nicht anwesend oder rechtzeitig erreichbar ist
  → der Störer zwar anwesend, aber zur Gefahrenabwehr nicht in der Lage ist
  → ein Eingreifen dem Störer nicht zugemutet werden kann
  → der Störer nur mit unverhältnismäßig hohem Aufwand in Anspruch genommen werden kann

- Die Behörde ist weder mit eigenen noch mit anderen öffentlichen Mitteln und Kräften in der Lage, die Gefahr abzuwehren oder die Störung zu beseitigen.

- Der ordnungsrechtliche Zweck kann nicht auf andere Weise als durch Inanspruchnahme des Dritten erreicht werden.

Beispiel: Ein Tanklastwagen kippt aufgrund eines abrupten Ausweichmanövers um. Das Öl läuft aus dem eingerissenen Tank in den Boden und droht, wenn nicht sofort gehandelt wird, in das

> Grundwasser zu gelangen. Da die herbeigerufene Feuerwehr nicht über schweres Gerät verfügt, fordert sie das Straßenbauunternehmen U, das gerade in der Nähe eine Straße erneuert, auf, mit einem Schaufelbagger die oberste bereits vom Öl verseuchte Erdschicht abzutragen und auf den vorhandenen LKWs zu einer Sondermülldeponie zu bringen.

313 Entschädigungsanspruch des Notstandspflichtigen:

> - Dem Notstandspflichtigen ist auf Antrag für seine Heranziehung oder für die Inanspruchnahme seiner Sachen eine angemessene Entschädigung in Geld zu leisten.
>
> In der Regel gilt auch (Vergleichen Sie aber den Wortlaut Ihres Landesgesetzes):
> → Einen Entschädigungsanspruch besitzen i. d. R. auch Personen, die freiwillig mit Zustimmung der zuständigen Verwaltungsbehörde bei der Gefahrenabwehr mitgewirkt oder Sachen zur Verfügung gestellt haben. Die Entschädigung wird durch die Verwaltungsbehörde festgesetzt.
> → Hat diese dann Entschädigung geleistet, so kann sie durch Verwaltungsakt von einem in Betracht kommenden Handlungs- oder Zustandsstörer Erstattung verlangen.
> → Ein Anspruch auf Entschädigung besteht jedoch nicht, soweit der Betreffende oder sein Vermögen geschützt werden sollte oder ihm sonst zugemutet werden kann, den Nachteil selbst zu tragen.

2.3 Rechtsfolge

Es dürfen keine Ermessensfehler i. S. d. § 40 VwVfG vorliegen:

314 (1) **Kein Ermessensmangel** (vgl. Rn 169)

315 (2) **Keine Ermessensüberschreitung** (vgl. Rn 170 ff.)

    (2.1) Die Ermessensnorm selbst

    (2.2) Verfassungsrecht, insbes.
- Freiheitsrechte, insbes. Verhältnismäßigkeit (vgl. Rn 172 ff.)
  Überwiegend ist die Verhältnismäßigkeit in den Polizei- und Ordnungsgesetzen ausdrücklich geregelt: § 15 f. BGSG; Art. 8 bay LStVG; §§ 5 bad-württ PolG; 11 ASOG (Bln); 14 OBG BB; 3 Brem PolG; 4 Hmb SOG; 4 HSOG; 15 SOG MV; 4 NGefAG; 15 OBG NW; 2 POG RP; 2 SPolG; 3 (2)–(4) Sächs PolG; 5 SOG LSA, 6 Thür OBG.
- Gleichheitsrechte (vgl. Rn 177)

    (2.3) Sonstige Normen, die bei Erlass des VA zu beachten sind, u. a.
- Bestimmtheit (vgl. Rn 178, 166)
- Möglichkeit der Befolgung (vgl. Rn 178, 167)

316 (3) **Kein Ermessensfehlgebrauch** (vgl. Rn 179)

(1) Ermessensfehlgebrauch wegen sachfremder Erwägungen:
- bei der Entscheidung, ob überhaupt gehandelt wird (*Entschließungsermessen*)
- bei der Entscheidung, wer in Anspruch genommen wird (*Auswahlermessen*).

> Sind mehrere Störer vorhanden, so ist die Entscheidung, *wer* heranzuziehen ist, eine Ermessensentscheidung. Bei ihr gilt im Ordnungsrecht der Grundsatz, dass derjenige heranzuziehen ist, der bei geringstmöglicher Belastung die Gefahr am effektivsten (schnellsten, nachhaltigsten) beseitigen kann. Kriterien, die dabei eine Rolle spielen, werden vielfach schon von den Gesichtspunkten der Möglichkeit und der Verhältnismäßigkeit erfasst. Soweit das nicht der Fall ist, sind sie hier zu prüfen. Dabei sind alle potenziellen Störer in die Überlegungen einzubeziehen. Dabei gilt:
>
> - In erster Linie ist der heranzuziehen, der die Gefahr am effektivsten (schnellsten, nachhaltigsten) beseitigen kann. Dabei sind insbesondere folgende Aspekte zu prüfen:
>   → Möglichkeit der Gefahrenabwehr
>   → Nähe zur Gefahrenquelle
>   → Einwirkungsmöglichkeit auf die Gefahrenquelle
>   → Greifbarkeit des Störers
>   → finanzielle Leistungsfähigkeit des Störers zur Gefahrenabwehr
> - Können zwei Störer die Gefahr gleich effektiv beseitigen, ist der heranzuziehen, der geringer belastet würde. Dabei sind insbesondere folgende Aspekte zu prüfen:
>   → Belastung des Störers durch die Inanspruchnahme
>   → Nutzen der Beseitigung der Gefahr
> - Bei gleicher Effektivität und Belastung ist ein Handlungsstörer vorrangig vor einem Zustandsstörer heranzuziehen.

(2) Ermessensfehlgebrauch wegen struktureller Begründungsmängel

2. Prüfung der Rechtmäßigkeit einer unmittelbaren Ausführung zur Gefahrenabwehr

Literaturempfehlungen: siehe im Literaturverzeichnis Nr. 2

a) Übersicht

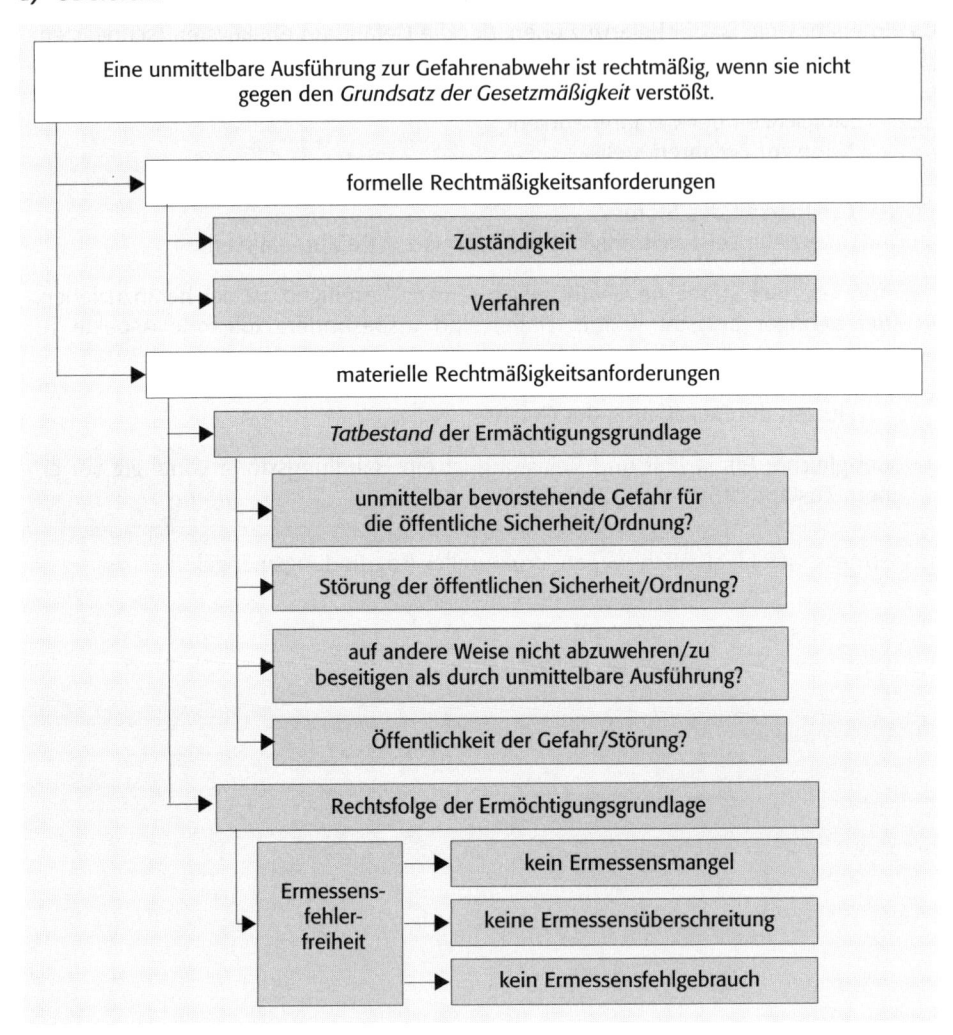

317

```
Eine unmittelbare Ausführung zur Gefahrenabwehr ist rechtmäßig, wenn sie nicht
gegen den Grundsatz der Gesetzmäßigkeit verstößt.
```

- formelle Rechtmäßigkeitsanforderungen
  - Zuständigkeit
  - Verfahren
- materielle Rechtmäßigkeitsanforderungen
  - *Tatbestand* der Ermächtigungsgrundlage
    - unmittelbar bevorstehende Gefahr für die öffentliche Sicherheit/Ordnung?
    - Störung der öffentlichen Sicherheit/Ordnung?
    - auf andere Weise nicht abzuwehren/zu beseitigen als durch unmittelbare Ausführung?
    - Öffentlichkeit der Gefahr/Störung?
  - Rechtsfolge der Ermöchtigungsgrundlage
    - Ermessensfehlerfreiheit
      - kein Ermessensmangel
      - keine Ermessensüberschreitung
      - kein Ermessensfehlgebrauch

Beispiel: Die Feuerwehr zieht zwei auf einer Kreuzung zusammengestoßene Autos von der Straße.

b) Das Prüfungsschema[7]

Beispiel: Die Feuerwehr räumt ein Unfallfahrzeug von der Autobahn.

> Die unmittelbare Ausführung wäre rechtmäßig, wenn kein Verstoß gegen das Prinzip der Gesetzmäßigkeit der Verwaltung vorliegen würde. Danach darf kein staatliches Handeln gegen geltendes Recht verstoßen (Vorrang des Gesetzes, Art. 20 (3) GG). Weiterhin bedarf danach die Verwaltung für alle belastenden und sonst wesentlichen Maßnahmen (vgl. Rn 186) einer gesetzlichen Ermächtigungsgrundlage (Vorbehalt des Gesetzes, Art. 2 ff., 20 GG).

318

1. Formelle Rechtmäßigkeitsanforderungen

1.1 Zuständigkeit der erlassenden Behörde, vgl. Rn 136 ff.

1.2 Einhaltung von Verfahrensvorschriften, vgl. Rn 141 ff.

319

2. Materielle Rechtmäßigkeitsanforderungen

- Nach dem Vorbehalt des Gesetzes (vgl. Rn 318) ist bei belastenden Maßnahmen stets eine gesetzliche Ermächtigungsgrundlage erforderlich.
- Kommt eine spezialgesetzliche Ermächtigung in Betracht? Sofern diese kein formelles Gesetz ist, ist zu prüfen, ob nach der Wesentlichkeitsrechtsprechung des BVerfG ein materielles Gesetz ausreicht.
- Kommt keine spezialgesetzliche Ermächtigung in Betracht, ist i. d. R. eine Ermächtigungsgrundlage im BGSG bzw. in dem allgemeinen Polizei- und Ordnungsgesetz des Landes enthalten.
  § 19 (1) BGSG; Art. 9 bay PAG; §§ 15 ASOG (Bln); 8 bad-württ PolG; 53 (2) PolG Bbg; 7 (1) Hmb SOG, 8 HSOG; 70a SOG MV; 6 POG RP; 6 Sächs PolG; 9 SOG LSA; 6 SPolG; 230 LVwG SH, 9 Thür PAG.
- In einigen Ländern fehlt eine entsprechende Regelung. Hier wird die vollstreckungsrechtliche Vorschrift über den sofortigen Vollzug analog angewandt. Begründung: Wenn die zwangsweise Durchsetzung eines VA zulässig ist, muss eine tatsächliche Ausführung ohne Beugung eines entgegenstehenden Willens erst recht zulässig sein.
  §§ 11 (2) Brem VwVG; 64 (2) NGefAG, 50 (2) PolG NW.

320

Es sind sowohl der *Tatbestand* als auch die *Rechtsfolge* der Norm zu prüfen.

---

[7] Hinweis: Da die unmittelbare Ausführung kein Verwaltungsakt ist, sind die für Verwaltungsakte typischen Aspekte wie Formvorschriften, Bestimmtheit und Möglichkeit nicht zu prüfen.

2.1 Tatbestand der Ermächtigungsnorm

321

2.1.1 Schutzgut der öffentlichen Sicherheit oder Ordnung betroffen (vgl. Rn 273 ff.)?

2.1.2 Unmittelbar bevorstehende Gefahr (vgl. Rn 280 ff., 312)

> *Unmittelbar* bevorstehend ist eine Gefahr, bei der mit dem Eintritt eines Schadens innerhalb so kurzer Zeit zu rechnen ist, dass ein Abwarten der weiteren Entwicklung nicht in Betracht kommt oder wenn der Schadenseintritt zeitlich zwar noch nicht klar absehbar ist, die Behörde aber sofort eingreifen muss, weil sie zu einem späteren Zeitpunkt die Gefahr nicht mehr abwehren kann.

2.1.3 Störung (vgl. Rn 289 f.)?

2.1.4 Öffentlichkeit der Gefahr bzw. Störung (vgl. Rn 292 ff.)?

2.1.5 Auf andere Weise als durch unmittelbare Ausführung kann die Gefahr nicht abgewehrt bzw. die Störung nicht beseitigt werden?

Es darf also insbesondere nicht möglich sein, die Gefahr durch eine an den Störer gerichtete Verfügung abzuwehren. Die insoweit denkbaren Fallsituationen sind dieselben wie bei der Notstandshaftung (vgl. Rn 312).

322

2.2 Rechtsfolge der Ermächtigungsnorm

Es dürfen keine Ermessensfehler i. S. d. § 40 VwVfG vorliegen:

(1) Kein Ermessensmangel (vgl. Rn 169)

(2) Keine Ermessensüberschreitung (vgl. Rn 170 ff.)

    (2.1) Die Ermessensnorm selbst

    (2.2) Verfassungsrecht, insbes.
- Freiheitsrechte, insbes. Verhältnismäßigkeit (vgl. Rn 172 ff.)
- Gleichheitsrechte, insbes. Art. 3 (1) GG (vgl. Rn 177)

    (2.3) Sonstige Normen, die bei Erlass des VA zu beachten sind

(3) Kein Ermessensfehlgebrauch (vgl. Rn 179)

3. Prüfung der Rechtmäßigkeit eines Kostenbescheides für eine unmittelbare Ausführung zur Gefahrenabwehr

Literaturempfehlungen: siehe im Literaturverzeichnis Nr. 2

a) Übersicht

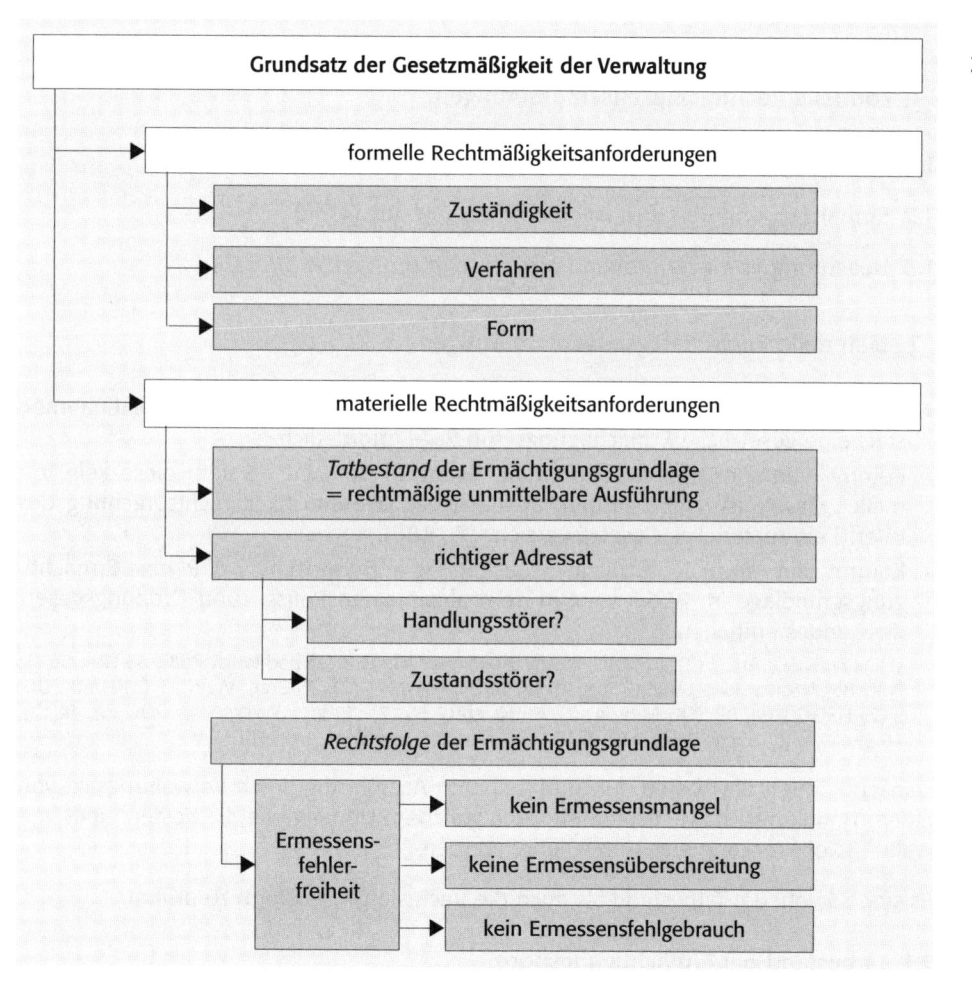

```
Grundsatz der Gesetzmäßigkeit der Verwaltung                    323
    │
    ├─► formelle Rechtmäßigkeitsanforderungen
    │       ├─► Zuständigkeit
    │       ├─► Verfahren
    │       └─► Form
    │
    └─► materielle Rechtmäßigkeitsanforderungen
            ├─► Tatbestand der Ermächtigungsgrundlage
            │   = rechtmäßige unmittelbare Ausführung
            ├─► richtiger Adressat
            │       ├─► Handlungsstörer?
            │       └─► Zustandsstörer?
            └─► Rechtsfolge der Ermächtigungsgrundlage
                    └─► Ermessens-      ├─► kein Ermessensmangel
                        fehler-         ├─► keine Ermessensüberschreitung
                        freiheit        └─► kein Ermessensfehlgebrauch
```

b) Das Prüfungsschema

Der Kostenbescheid wäre rechtmäßig, wenn kein Verstoß gegen das Prinzip der Gesetzmäßigkeit der Verwaltung vorliegen würde. Danach darf kein staatliches Handeln gegen geltendes Recht verstoßen (Vorrang des Gesetzes, Art. 20 (3) GG). Weiterhin bedarf danach die Verwaltung für alle belastenden und sonst wesentlichen Maßnahmen (vgl. Rn 186) einer gesetzlichen Ermächtigungsgrundlage (Vorbehalt des Gesetzes, Art. 2 ff., 20).

1. Formelle Rechtmäßigkeitsanforderungen

1.1 **Zuständigkeit der erlassenden Behörde** (vgl. Rn 136 ff.)

1.2 **Einhaltung von Verfahrensvorschriften** (vgl. Rn 141 ff.)

1.3 **Beachtung von eventuellen Formvorschriften** (vgl. Rn 158 ff.)

2. Materielle Rechtmäßigkeitsanforderungen

- Nach dem Vorbehalt des Gesetzes (vgl. Rn 324) ist bei belastenden Maßnahmen stets eine gesetzliche Ermächtigungsgrundlage erforderlich.
- Kommt eine spezialgesetzliche Ermächtigung in Betracht? Sofern diese kein formelles Gesetz ist, ist zu prüfen, ob nach der Wesentlichkeitsrechtsprechung des BVerfG ein materielles Gesetz ausreicht (Rn 186).
- Kommt keine spezialgesetzliche Ermächtigung in Betracht, ist i. d. R. eine Ermächtigungsgrundlage im BGSG bzw. in dem allgemeinen Polizei- und Ordnungsgesetz des Landes enthalten.
  § 19 (2) BGSG; Art. 9 (2) bay PAG, 32 i. V. m 35 Vw7VG; §§ 8 (2) bad-württ PolG; 53 (2) , 55 (1) PolG Bbg/15 (2) ,19 (1) VwVG Bbg; 15 (2) ASOG (Bln); 11 (2), 15 Brem VwVG; 7 (3) Hmb SOG; 8 (2) HSOG; 70a, 89 SOG MV; 64 (2), 66 NGefAG; 55 (2), 59 VwVG NW; 6 (2) POG RP; 44 (2), 46 SPolG; 6 (2) Sächs PolG; 9 (2) SOG LSA; 230, 238 LVwG SH; 9 (2) Thür PAG

Danach können die Kosten der unmittelbaren Ausführung durch Verwaltungsakt von einem Handlungs- bzw. Zustandsstörer in gleichem Umfang wie die Kosten einer Verwaltungsvollstreckung erstattet verlangt werden.

Es sind sowohl der Tatbestand als auch die Rechtsfolge der Norm zu prüfen.

2.1 Tatbestand der Ermächtigungsnorm

Handelt es sich um eine rechtmäßige unmittelbare Ausführung (vgl. Rn 318 ff.)

2.2 Richtiger Adressat

- Handlungsstörer (vgl. Rn 297 ff.)
- Zustandsstörer (vgl. Rn 305 ff.)

2.3 Rechtsfolge

Es dürfen keine Ermessensfehler i. S. d. § 40 VwVfG vorliegen: **329**

(1) **Kein Ermessensmangel** (vgl. Rn 169)

(2) **Keine Ermessensüberschreitung** (vgl. Rn 170 ff.)
- (2.1) Ermessensnorm
- (2.2) Verfassungsrecht, insbes.
  - Freiheitsrechte, insbes. Verhältnismäßigkeit (vgl. Rn 172 ff.)
  - Gleichheitsrechte, insbes. Art. 3 (1) GG (vgl. Rn 177)
- (2.3) Sonstige Normen, die bei Erlass des VA zu beachten sind, u. a.
  - Bestimmtheit (vgl. Rn 178, 148)
  - Möglichkeit der Befolgung (vgl. Rn 178, 167)

(3) **Kein Ermessensfehlgebrauch** (vgl. Rn 179)

Waren im Zeitpunkt der unmittelbaren Ausführung mehrere Störer vorhanden, kommt es bei der richtigen Ermessensausübung im Hinblick auf die Frage, wer als Adressat des Kostenbescheides heranzuziehen ist, nicht auf den Aspekt der Effektivität der Gefahrenabwehr (vgl. Rn 316) an, da die Gefahr ja bereits effektiv abgewehrt worden ist. Hier ist vielmehr in erster Linie auf Billigkeitsgesichtspunkte abzustellen. Bei einer Konkurrenz eines Handlungs- und eines Zustandsstörers hat das zur Folge, dass in erster Linie der Handlungsstörer heranzuziehen ist. Der Zustandsstörer kommt als Adressat des Kostenbescheides nur in Betracht, wenn der Handlungsstörer unbekannt oder aber im Hinblick auf den Kostenbescheid finanziell leistungsunfähig ist.

Vierter Teil: Denkbare Fragestellungen bei verwaltungsrechtlichen Klausuren

III. Vollstreckungsrecht

Literaturempfehlungen: siehe im Literaturverzeichnis Nr. 1

1. Prüfung der Rechtmäßigkeit eines Zwangsmittels zur Durchsetzung eines Verwaltungsakts, der auf eine Handlung, Duldung oder Unterlassung gerichtet ist

a) Übersicht

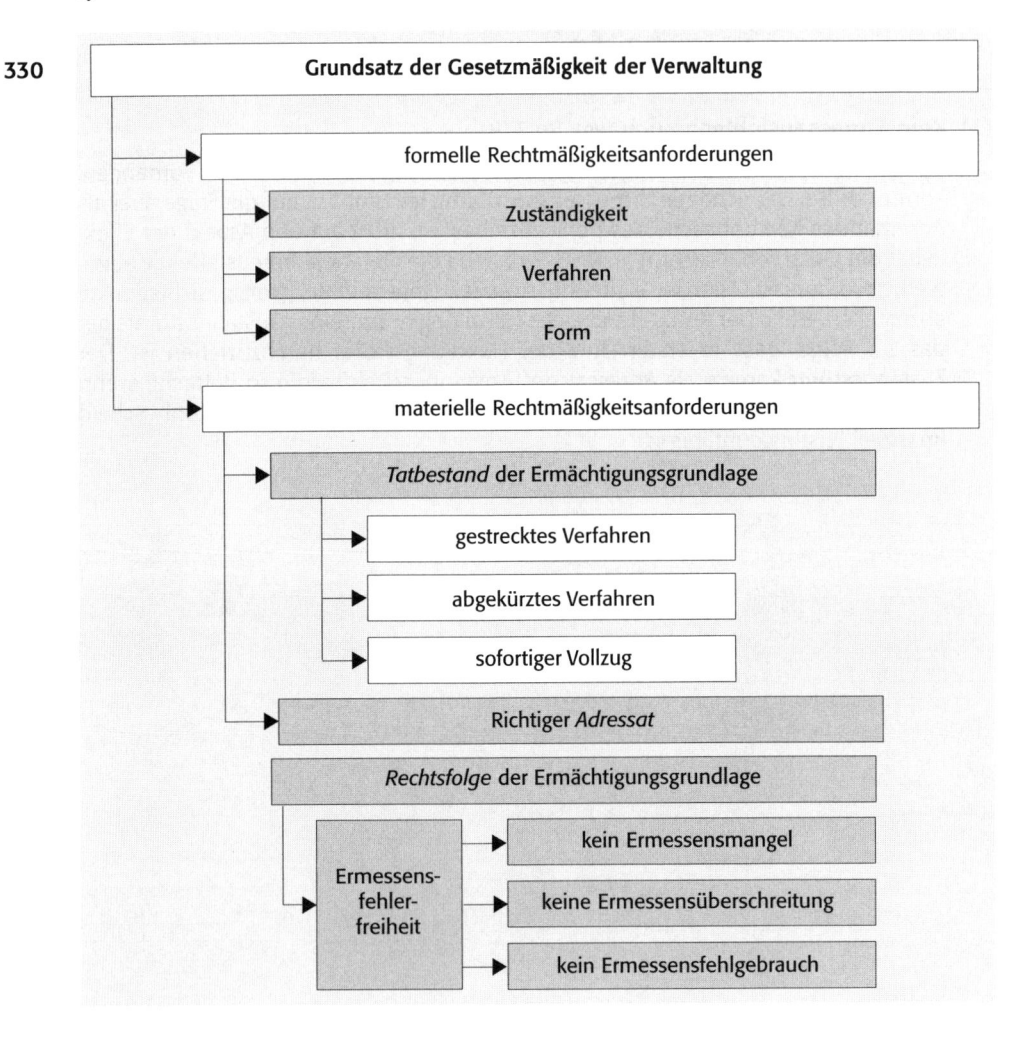

330

```
Grundsatz der Gesetzmäßigkeit der Verwaltung
├── formelle Rechtmäßigkeitsanforderungen
│   ├── Zuständigkeit
│   ├── Verfahren
│   └── Form
└── materielle Rechtmäßigkeitsanforderungen
    ├── Tatbestand der Ermächtigungsgrundlage
    │   ├── gestrecktes Verfahren
    │   ├── abgekürztes Verfahren
    │   └── sofortiger Vollzug
    ├── Richtiger Adressat
    └── Rechtsfolge der Ermächtigungsgrundlage
        └── Ermessensfehlerfreiheit
            ├── kein Ermessensmangel
            ├── keine Ermessensüberschreitung
            └── kein Ermessensfehlgebrauch
```

b) Das Prüfungsschema

Beispiel: Die Behörde lässt nach einer Abbruchverfügung durch einen privaten Unternehmer ein Haus abbrechen.

Das Zwangsmittel wäre rechtmäßig, wenn kein Verstoß gegen das Prinzip der Gesetzmäßigkeit der Verwaltung vorliegen würde. Danach darf kein staatliches Handeln gegen geltendes Recht verstoßen (Vorrang des Gesetzes, Art. 20 (3) GG). Weiterhin bedarf danach die Verwaltung für alle belastenden und sonst wesentlichen Maßnahmen (vgl. Rn 186) einer gesetzlichen Ermächtigungsgrundlage (Vorbehalt des Gesetzes, Art. 2 ff., 20 GG). 331

Für die Vollstreckung durch Bundesbehörden gilt in erster Linie das Verwaltungsvollstreckungsgesetz des Bundes. Daneben gibt es in Bundesgesetzen zum Teil vollstreckungsrechtliche Annexregelungen (z. B. §§ 49 ff. AuslG). Ansonsten gehört das Vollstreckungsrecht ebenso wie das Polizei- und Ordnungsrecht zur Gesetzgebungskompetenz der Länder. Dabei ist das Vollstreckungsrecht für die Ordnungsbehörden und für die Polizei nur z. T. in getrennten Gesetzen geregelt (also i. d. R. „Verwaltungsvollstreckungsgesetz" einerseits, „Polizei- und Ordnungsgesetz", „Polizeigesetz", „Polizeiaufgabengesetz" u. ä. andererseits). Daraus ergibt sich eine uneinheitliche und unübersichtliche Situation der Landesregelungen, die zum besseren Verständnis in fünf verschiedene Kategorien eingeteilt werden kann: 332

- Das Polizei- und Ordnungsgesetz trifft eine Vollregelung zur Erzwingung von Handlungen, Duldungen und Unterlassungen (nicht nur zur Gefahrenabwehr), so in Hessen (§§ 47 ff. HSOG), Niedersachsen (§§ 42 ff. Nds SOG), Mecklenburg-Vorpommern (§§ 79 ff. SOG MV), Rheinland-Pfalz (§§ 50 ff. POG RP), Saarland (§§ 44 ff. SPolG) und Sachsen-Anhalt (§§ 53 ff. SOG LSA). Das Vollstreckungsgesetz gilt dann nur für die Vollstreckung von Geldleistungs-Verwaltungsakten.
- Das Polizei- und Ordnungsgesetz trifft eine Vollregelung zur Erzwingung von Handlungen, Duldungen und Unterlassungen zur Gefahrenabwehr, so in Nordrhein-Westfalen (§§ 50 ff. PolG NW). Das Vollstreckungsgesetz findet hier auf die Vollstreckung aller sonstigen Verfügungen Anwendung (§§ 55 ff. VwVG NW).
- Das Polizei- und Ordnungsgesetz enthält keine Vollstreckungsregelung. Es ist also nur das allgemeine Verwaltungsvollstreckungsgesetz anzuwenden, so in Berlin (§§ 6 ff. Bln VwVG) und Schleswig-Holstein (§§ 228 ff. LVwG SH).
- Das Polizei- und Ordnungsgesetz regelt nur für den Polizeivollzugsdienst den Verwaltungszwang. Für die Ordnungsbehörden gilt daher ausschließlich das allgemeine Verwaltungsvollstreckungsgesetz, so in Bayern (§§ 53 ff. Bay PAG) und Thüringen (§§ 51 ff. Thür PAG).
- Das Polizei- und Ordnungsgesetz differenziert nach Zwangsmitteln und bestimmt, dass Zwangsgeld und Ersatzvornahme nach dem allgemeinen Landesverwaltungsvollstreckungsgesetz anzuwenden sind, während für den unmittelbaren Zwang das Polizei- und Ordnungsgesetz gilt, so in Baden-Württemberg (§ 49 bad-württ PolG), Bremen (§ 40 BremPolG), Hamburg (§ 17 HambSOG) und Sachsen (§ 30 SächsPolG).

Vierter Teil: Denkbare Fragestellungen bei verwaltungsrechtlichen Klausuren

> Einfacher ist, sich zu merken: Soweit die Polizei- und Ordnungsgesetze keine besonderen Vollstreckungsregelungen enthalten, sind die Verwaltungsvollstreckungsgesetze auch auf Verfügungen zur Gefahrenabwehr anzuwenden. Trotz der dargestellten unterschiedlichen Konzeptionen stimmt das Landesrecht hinsichtlich des Inhalts der Regelungen allerdings weitgehend überein, so dass im Folgenden auch eine einheitliche Darstellung erfolgen kann.

1. Formelle Rechtmäßigkeitsanforderungen

333   **1.1 Zuständigkeit der erlassenden Behörde** (vgl. Rn 136 ff.)

- sachliche Zuständigkeit
Zuständig ist die Behörde, die den zu vollstreckenden VA erlassen hat.

Art. 30 bay VwZVG; §§ 4 (1) bad-württ VwVG; 5 (2) Bln VwVfG; 7 VwVG Bbg; 16 VwVG Bbg; 12 Brem VwVG; 14 Hmb VwVG; 47 (2) HSOG; 82 SOG MV; 64 (3) NGefAG, 56 (1) VwVG NW; 4 (2) VwVG RP; 44 (3) PolG; 4 (1) Nr. 2 Sächs VwVG; 53 (3ä) SOG LSA; 43 (1) Thür VwZVG; 231 LVwG SH

Keine Zuständigkeit besitzt die Behörde jedoch dafür, Zwangsmittel gegen Behörden und juristische Personen des öffentlichen Rechts anzuwenden, außer wenn gesetzlich etwas Anderes bestimmt ist (z. B. §§ 61 II 3 VwVfG, 172 VwGO, 44, 46 BSeuchenG). In den meisten Vollstreckungsgesetzen ist das ausdrücklich geregelt:

§ 17 BVwVG; Art. 29 (4) bayVwZVG; §§ 22 bad-württVwVG; 5 (2) üBln VwVfG = 17 VwVG Bln; 36 VwVG Bbg; 73 Hess VwVG; 85 SOG MV; 76 VwVG NW; 7 VwVG RP; 17 SPolG; 234 LVwG SH; 44 (3) Thür VwZVG

In den anderen Ländern besteht laut Richterrecht die gleiche Rechtslage. Eine gewisse Ausnahme bildet Niedersachsen (§§ 70 NVwVG i. V. m. 7, 64 NGefAG). Hier ist im Fall der Gefahrenabwehr durch sofortigen Vollzug eine Ersatzvornahme gegen eine juristische Person des öffentlichen Rechts zulässig, soweit diese dadurch nicht an der Erfüllung ihrer öffentlichen Aufgaben gehindert wird.

- instanzielle Zuständigkeit

- örtliche Zuständigkeit

1.2 Einhaltung von Verfahrensvorschriften (vgl. Rn 141 ff.)

334   im gestreckten Vollstreckungsverfahren, insbesondere
- Anhörung Beteiligter, § 28 VwVfG. Allerdings kann nach § 28 (2) Nr. 5 VwVfG bei Maßnahmen von der Anhörung abgesehen werden, wenn „Maßnahmen in der Verwaltungsvollstreckung getroffen werden sollen."
- Nichteingreifen von Vollstreckungsschutz
- Durchführung bestimmter Arten der Vollstreckung durch einen Vollziehungsbeamten
- Beachtung von besonderen Vorschriften über Art und Weise der Vollstreckung durch den Vollziehungsbeamten

1.3 Beachtung von eventuellen Formvorschriften (vgl. Rn 158 ff.)

- Zwar Grundsatz der Formfreiheit, aber:
- Spezialgesetzliche Formerfordernisse
- Behördenangabe, Unterschrift/Namenswiedergabe bei schriftlichem VA (außer bei EDV-VA)
- Schriftliche Begründung bei schriftlichem VA
- u. U. Rechtsbehelfsbelehrung

335

2. Materielle Rechtmäßigkeitsanforderungen

- Nach dem Vorbehalt des Gesetzes (vgl. Rn 331) ist bei belastenden Verwaltungsakten stets eine Ermächtigungsgrundlage erforderlich.
- Welche kommt in Betracht? Eine Ermächtigungsgrundlage zur Vollstreckung von Verwaltungsakten kann sich aus speziellen Gesetzen ergeben (z. B. § 15 III VersG, § 49 I AuslG). Ansonsten kommt das jeweilige allgemeine Verwaltungsvollstreckungsgesetz bzw. – bei Verfügungen zur Gefahrenabwehr – das jeweilige Polizei- und Ordnungsgesetz in Betracht (vgl. Rn 254)
- Sofern die Ermächtigungsgrundlage kein *formelles* Gesetz ist, ist zu prüfen, ob nach der Wesentlichkeitsrechtsprechung des BVerfG ein *materielles* Gesetz ausreicht.

336

Es sind sowohl der *Tatbestand* als auch die *Rechtsfolge* der Norm zu prüfen.

2.1 Tatbestand der Ermächtigungsnorm

(1) Gestrecktes Verfahren

Es ist der Normalfall der Vollstreckung. Die folgenden Voraussetzungen müssen vorliegen. Liegt eine davon nicht vor, kann die Vollstreckung nur rechtmäßig sein, wenn die Voraussetzungen des abgekürzten Verfahrens (vgl. 343 f.) oder des sofortigen Vollzuges (vgl. 347 f.) vorliegen.

(1.1) Wirksamer – auf eine Handlung, Duldung oder Unterlassung gerichteter – Verwaltungsakt oder öffentlich-rechtlicher Vertrag

337

> Art. 19 bay VwZVG; §§ 2 bad-württ VwVG; 5 (2) Bln VwVfG, 6 (1) VwVG; 15 (1) VwVG Bbg; 11 (1) Brem VwVG; 18 (1) Hmb VwVG; 47 (1) HSOG; 80 (1) SOG MV; 64 (1) NGefAG; 1 nds VwVG; 55 (1) VwVG NW; 50 POG RP, 44 (1) SPolG; 2 Sächs VwVG; 53 (1) OG LSA; 229 (1) LVwG SH; 44 (1); 19 Thür VwZVG
>
> Diese Vorschriften regeln die Vollstreckung des Grund-VA. Er muss belastend und vollstreckungsfähig sein (was z. B. bei beamtenrechtlichen Versetzungsentscheidungen oder bei Auflagen i. S. d. § 15 VersG nicht der Fall ist). Er kann rechtswidrig, darf aber nicht nichtig sein (vgl. § 44 VwVfG, Rn 87). Einwendungen gegen ihn sind im Vollstreckungsverfahren also nur noch insoweit zulässig, als sie seine Nichtigkeit geltend machen.

Öffentlich-rechtliche Verträge sind, sofern in ihm die Unterwerfung unter die sofortige Vollstreckung i. S. d. § 61 (1) VwVfG vereinbart worden ist, ebenfalls nach den obigen Vorschriften vollstreckungsfähig, da insoweit nach § 61 (2) VwVfG das jeweilige Verwaltungsvollstreckungsgesetz entsprechend anzuwenden ist.

(1.2) Fristsetzung für die Befolgung des VA und erfolgloser Ablauf der Frist

338 Art. 36 bay VwZVG; §§ 20 bad-württ VwVG,; 5 Abs. 2 Bln VwVfG, 13 VwVG, 23 VwVG Bbg; 17, 19 Brem VwVG, 18 Abs. 2 Hmb VwVG; 53 HSOG; 87 SOG MV; 70 NGefAG; 63 VwVG NW; 56 POG Rp; 50 SPolG; 20 Sächs VwVG; 59, SOG LSA, 236 LVwG SH; 46 Thür VwZVG.

Die Frist muss so bemessen sein, dass der Adressat den VA in zumutbarer Weise befolgen kann. Grundsätzlich darf sie nicht kürzer als die Rechtsbehelfsfrist sein, außer wenn die sofortige Vollziehung des VA angeordnet worden ist (§ 80 VwGO, Rn 412). Im Notfall kann sie auch „sofort" heißen. Bei der Durchsetzung einer *Duldungspflicht* ist eine Frist nur notwendig, wenn der Pflichtige sich ausnahmsweise auf die Duldung vorbereiten muss. Bei der Durchsetzung einer Unterlassungspflicht entfällt sie ganz.

(1.3) Androhung von Zwangsmitteln

339 § 13 BVwVG; Art. 36 bay VwZVG; §§ 20 bad-württ VwVG; 5 Abs. 2 Bln VwVfG, 13 VwVG, 23 VwVG Bbg; 17, 19 Brem VwVG, 18 Abs. 2 Hmb VwVG; 53 HSOG; 87 SOG MV; 70 NGefAG; 63 VwVG NW; 56 POG RP; 50 SPolG; 20 Sächs VwVG; 59, SOG LSA, 236 LVwG SH; 46 Thür VwZVG.

Die Androhung kann bereits in dem Grund-VA erfolgen. Im Übrigen sind die Regelungen in den obigen Gesetzen unterschiedlich und daher im Einzelnen nachzulesen:
- Zum Teil darf nur ein bestimmtes Zwangsmittel angedroht werden, zum Teil können mehrere Zwangsmittel gleichzeitig angedroht werden.
- Zum Teil muss die Androhung schriftlich erfolgen, zum Teil sind Ausnahmen für Notfälle vorgesehen, z. T. ist keine Form vorgeschrieben.
- Zum Teil sind bei Androhung der Ersatzvornahme deren voraussichtliche Kosten zu veranschlagen, zum Teil wird das nicht zwingend verlangt.

(1.4) Festsetzung des Zwangsmittels

340 Die Festsetzung ist die Ankündigung der Vollstreckungsbehörde, dass sie das angedrohte Zwangsmittel anwenden werde. Überwiegend wird in den Vollstreckungsgesetzen eine Festsetzung nur für das Zwangsgeld verlangt. Einige Gesetze verlangen dagegen außer im Falle des sofortigen Vollzuges (vgl. Rn 347) die Festsetzung jeden Zwangsmittels (§ 14 BVwVG; 5 Abs. 2 VwVfG Bln, 14 VwVG Bln; 24 VwVG Bbg; 64 VwVG NW).

Voraussetzung der Festsetzung ist der erfolglose Ablauf der gesetzten Frist (vgl. Rn 338) und die Vollstreckbarkeit des Grund-VA (vgl. Rn 341). In Hamburg (§ 20 VwVG) kann die Festsetzung auch schon in dem Grund-VA erfolgen, wird aber erst wirksam, wenn der Grund-VA vollstreckbar (Rn 341) wird.

(1.5) Vollstreckbarkeit des VA

Die Vollstreckbarkeit muss in dem Zeitpunkt vorliegen, für den die Vollstreckung angedroht ist. Der Verwaltungsakt ist vollstreckbar
- nach Unanfechtbarkeit
- vor Unanfechtbarkeit
  - wenn ein Widerspruch keine aufschiebende Wirkung hat (§ 80 II Nr. 2, 3 VwGO),
  - die sofortige Vollziehung angeordnet worden ist (§ 80 II Nr. 4 VwGO).

341

(1.6) Fehlen von Vollstreckungshindernissen

§ 53 BVwVG; Art. 34, 37, 39 bay VwZVG; §§ 5 ff. bad-württ VwVG; 5 (2) Bln VwVfG = 15 Bln VwVG; 25 VwVG Bbg; 17; 19 Brem VwVG; 26 Hmb VwVG; 7 ff., 77 ff. HSOG; 79, 92 SOG MV; 70 f. NVwVG i. V. m. 64, 69 NGefAG; 65 VwVG NW; 8 ff., 62 LVwVG RP; 5 ff., 23 ff. SPolG; 2, 6, 7 Sächs VwVG; 71 VwVG LSA i. V. m. 53, 56, 58 SOG LSA; 241 LVwG SH; 25, 47, 51 Thür VwZVG

Vollstreckungshindernisse sind in den Vollstreckungsgesetzen der Länder nur zum Teil geregelt (z.B. §§ 241 LVwG SH, 26 Hmb VwVG). Im Übrigen ergeben sie sich aus allgemeinen Rechtsgedanken. (vgl. auch § 767 ZPO). In Betracht kommen insbesondere
- Der VA ist aufgehoben worden (Damit fehlt ein vollstreckbarer Titel).
- Der Zweck der Vollstreckung ist erreicht, insbesondere ist der VA befolgt worden.
- Weitere Verstöße gegen Duldungs- und Unterlassungspflichten sind nicht zu erwarten.
- Der Zweck der Vollstreckung kann nicht erreicht werden, etwa bei objektiver oder subjektiver Unmöglichkeit.
- Die Vollstreckung ist unzulässig, etwa bei wesentlicher Veränderung der Sach- und Rechtslage oder der Erkenntnis, dass die Vollstreckung unverhältnismäßig würde.
- Die Vollziehung des VA ist ausgesetzt worden.
- Die aufschiebende Wirkung eines Rechtsbehelfs ist angeordnet worden.
- Die zivilrechtliche Zustimmung eines berechtigten Dritten fehlt.

Beispiel: Ein VA ist nur gegen einen von zwei Miteigentümern gerichtet. Die Vollstreckung gegen ihn ist nur zulässig, wenn der andere Miteigentümer zustimmt oder wenn auch gegen ihn die gleiche Verfügung oder eine Verfügung, die Vollstreckung zu dulden, ergangen ist.

342

(2) Abgekürztes Verfahren

In einigen Bundesländern ist die Möglichkeit geregelt, bei akuter Gefahr (Rn 312) einen Verwaltungsakt in einem abgekürzten Verfahren im Wege der Ersatzvornahme oder des unmittelbaren Zwangs zu vollstrecken. Das abgekürzte Verfahren dient einer schnellen Vollziehung in Eilfällen, in denen das gestreckte Verfahren – selbst bei Anordnung der sofortigen Vollziehung nach § 80 (2) Nr. 4 VwGO – zu lange dauern würde, um einen Gefahrenzustand zu beseitigen.

343

§§ 35 Bay VwZVG; 21 bad-württ VwVG; 27 Hmb VwVG, 68 (1), 72 Hess VwVG; 80 (2) SOG MV; 229 (2) LVwG SH; § 21 sächsVwVG; 44, 54 ThürVwZVG.

Fristsetzung, Zwangsmittelandrohung und Vollstreckbarkeit des VA sind danach nicht nötig. Die verbleibenden Voraussetzungen sind:

344 *(2.1) Wirksamer Verwaltungsakt*

345 *(2.2) Unmittelbar bevorstehende Gefahr, die nur durch unmittelbare Ausführung abgewehrt werden kann*

> Beispiel: § 27 Hmb VwVG: „... wenn eine Störung der öffentlichen Sicherheit oder Ordnung auf andere Weise nicht beseitigt werden kann oder wenn dies zum Schutz der Allgemeinheit oder des Einzelnen vor einer unmittelbar bevorstehenden Gefahr für die öffentliche Sicherheit oder Ordnung erforderlich ist oder wenn eine rechtswidrige Tat, die einen Straf- oder Bußgeldtatbestand verwirklicht, anders nicht verhindert werden kann."

346 *(2.2) Fehlen von Vollstreckungshindernissen (vgl. Rn 342)*

> In den Ländern, in denen die Möglichkeit eines abgekürzten Verfahrens nicht ausdrücklich geregelt ist, lässt sich die gleiche Möglichkeit unter Heranziehung der Regelung über den sofortigen Vollzug (vgl. Rn 347) erreichen: Wenn schon vollstreckt werden kann, ohne vorher einen VA zu erlassen, dann ist es „erst recht" verhältnismäßig, wenn erst ein Grund-VA ergeht, der dann im Wege des abgekürzten Verfahrens vollstreckt wird.

(3) Sofortiger Vollzug

347 In den meisten Bundesländern ist die Möglichkeit geregelt, bei akuter Gefahr im Wege des sofortigen Vollzuges zu vollstrecken. Dieser dient einer schnellen Vollziehung in Eilfällen, in denen der vorherige Erlass eines zu vollstreckenden Verwaltungsakts zu lange dauern würde, um einen Gefahrenzustand zu beseitigen. Diese Länder gehen somit von einem weiten Vollstreckungsbegriff aus, indem sie in den Fällen des Sofortvollzuges auf die Notwendigkeit eines Grund-VA verzichten. Es reicht vielmehr aus, dass ein vermuteter Wille des für die Gefahrensituation Verantwortlichen gebrochen werden muss.

§§ 5 (2) Bln VwVfG, 6 (2) Bln VwVG; 15 (2) VwVG Bbg; 11 (2) brem VwVG; 6 (2) hess VwVG, 47 (2) HSOG; 81 SOG MV; 64 (2) NGefAG, 71 NVwVG; 50 (2) PolG NW, 55 VwVG NW; 61 LVwVG Rhl-Pf.; 230, 244 LVwG SH; 53 (2) SOG LSA, 72 VwVG LSA; 51 (2) Thür PAG, 12 Thür OBG.

Die verbleibenden Voraussetzungen sind:

348 *(3.1) Unmittelbar bevorstehende Gefahr (vgl. Rn 312), die nur durch sofortigen Vollzug abgewehrt werden kann*

> Es muss sich also um eine dringende Gefahr handeln, die durch eine Inanspruchnahme des Störers nicht oder nicht rechtzeitig abgewehrt werden kann.

(3.2) Entgegenstehender Wille

349

> Es muss ein geäußerter oder vermuteter entgegenstehender Wille des Störers zu überwinden sein.
>
> *Beispiel:* Die Polizei schießt in den Reifen eines Autos, um einen flüchtenden Verbrecher zu stoppen.
>
> Ist bei akuter Gefahr ein entgegenstehender Wille des Störers nicht zu überwinden, etwa weil ein Störer gar nicht anwesend ist, so kommt nur die unmittelbare Ausführung des Polizei- und Ordnungsrechts (vgl. Rn 317 ff.) in Betracht, die sich im Übrigen in ihren Voraussetzungen von dem sofortigen Vollzug kaum unterscheidet.
>
> In den Ländern, in denen eine Regelung des sofortigen Vollzuges fehlt (Baden-Württemberg, Hamburg und Rheinland-Pfalz), können notwendige Sofortmaßnahmen nur analog auf die Bestimmungen der unmittelbaren Ausführung (vgl. Rn 317 ff.) gestützt werden. Diese sind so auszulegen, dass sie auch eine Sofortmaßnahme ermöglichen, wenn ein entgegenstehender Wille gebrochen werden muss.

2.2 Richtiger Adressat (beim gestreckten und abgekürzten Verfahren)

350

- der, gegen den sich der VA richtet
- seinen Rechtsnachfolger, soweit der VA auch gegen ihn wirkt

  Beispiel: Abbruchverfügung, nicht dagegen eine Unterlassungsverfügung.

  Gegen den Rechtsnachfolger darf die Vollstreckung erst beginnen, nachdem er von dem durchzusetzenden Verwaltungsakt Kenntnis erhalten hat und darauf hingewiesen worden ist, dass Verwaltungszwang gegen ihn angewandt werden kann. Diese Einschränkung gilt aber nicht, wenn eine Vollstreckung im Zeitpunkt des Eintritts der Rechtsnachfolge bereits begonnen hatte.

- der, der nach gesetzlichen Vorschriften verpflichtet ist, eine Vollstreckung zu dulden, soweit seine Duldungspflicht reicht.

2.3 Rechtsfolge der Ermächtigungsnorm

2.3.1 Kein Ermessensmangel (vgl. Rn 169)

351

2.3.2 Keine Ermessensüberschreitung (vgl. Rn 170)

(1) Ermessensnorm: Ist ein danach zulässiges Zwangsmittel gewählt? Zulässig sind:

- Ersatzvornahme

352

> § 10 BVwVG; Art. 32 bay VwZVG; §§ 25 bad-württ LVwVG; 5 Abs. 2 Bln VwVfG, 10 VwVG; 19 VwVG Bbg; 15 Brem VwVG; 19 Hmb VwVG; 49 HSOG; 89 SOG MV; 66 NGefAG; 59 VwVG NW; 52 POG RP; 46 SPolG; 24 Sächs VwVG; 55 SOG LSA; 238 LVwG SH; 50 Thür VwVZG
>
> Ersatzvornahme ist danach die Ausführung einer dem Pflichtigen obliegenden vertretbaren Handlung durch einen Dritten. Dritter kann dabei nach den meisten Voll-

streckungsgesetzen nicht nur ein von der Vollstreckungsbehörde beauftragter Dritter, sondern auch die Behörde selbst sein. Andere sehen die Selbstvornahme der Behörde dagegen als unmittelbaren Zwang an (§ 10 BVwVG; 32 bay VwVZG; 5 VwVfG Bln; 63 LVwVG RP).

Die Folge einer rechtmäßigen Ersatzvornahme ist die Pflicht des Pflichtigen zur Erstattung der entstandenen Kosten (vgl. Rn 362).

353 • Zwangsgeld

§ 11 BVwVG; Art. 31, 37 bay VwZVG; §§ 23 bad-württ VwVG; 5 Bln VwVfG; 11 Bln VwVG; 20 VwVG Bbg; 14,18 Brem VwVG; 20 Hmb VwVG; 76 HSOG, 88 SOG MV; 67 NGefAG; 70 NVwVG; 64, 60 VwVG NW; 53, 64 POG RP; 20 SPolG; 22 Sächs VwVG; 71 VwVG LSA i.V.m. 56 SOG LSA; 237 LVwG SH; 48 Thür VwZVG

Der Höchstbetrag ist unterschiedlich (von 1000 Euro nach § 11 BVwVG bis zu 250 000 Euro nach § 48 II Thür VwVZG).

Für den Fall, dass ein Zwangsgeld nicht beigetrieben werden kann, sehen der Bund und die meisten Bundesländer die Möglichkeit der Anordnung einer Ersatzzwanghaft vor. In der Regel beträgt ihr zulässiger Umfang einen Tag bis zwei Wochen, lediglich in Sachsen-Anhalt bis zu sechs Monaten.

§ 16 BVwVG; §§ 24 bad-württ VwVG; VwVG Bln; 21 VwVG Bbg; §§ 20 Brem VwVG, § 51 HSOG; 91 SOG MV; 70 NVwVG i.V.m. 68 NGefAG; 61 VwVG NW, 54 PolG NW; 54 PVG RP; 67 LVwVG RP; 13, 23 Sächs VwVG; 71 VwVG LSA i. V. m. 57 SOG LSA; 240 LVwG SH; 49 Thür VwZVG

354 • Unmittelbarer Zwang

§ 12 BVwVG; 34 bay VwZVG, Art. 60 ff. bay PAG; 25 ff. bad-württ. LVwVG, §§ 49 ff. bad-württ PolG; 5 Bln VwVfG, 12 Bln VwVG; 26 ff. VwVG Bbg; 14; 16 Brem VwVG, 41 ff. Brem PolG; 21 ff. Hmb VwVG, 17 ff. Hmb SOG; 74 ff. HessVwVG, 54 ff. HSOG; 101 ff. SOG MV; 70 NVwVG i. V. m. 71 ff. NGefAG; 66 ff. VwVG NW, 57 ff. PolG NW; 65 LVwVG RP, 57 ff. POG RP; 22 ff. Saarl VwVG, 51 ff. Saarl PolG; 25 ff. Sächs VwVG, 30 ff. Sächs PolG; 60 ff. SOG LSA; 250 ff. LVwG SH; 51 ThürVwZVG, 58 ff. Thür PAG

Als Formen des unmittelbaren Zwanges sind in diesen Vorschriften insbesondere geregelt:
→ Wegnahme von Personen
→ Wegnahme von Sachen
→ Vorführung
→ Zwangsräumung
→ Waffengebrauch
→ Es lassen sich aber auch andere Formen unmittelbaren Zwangs denken, etwa der Einsatz von Polizeihunden oder von Wasserwerfern.

355 • Erzwingungshaft

In Bayern, Hamburg und im Saarland gibt es keine Ersatzzwanghaft, sondern die Erzwingungshaft als selbständiges Zwangsmittel (Art. 29, 33, 37 bay VwZVG; 14, 24 Hmb VwVG, 13, 28 SVwVG). Sie ist nur zulässig, wenn ein vorher angewandtes

> Zwangsmittel erfolglos geblieben ist und wenn seine Wiederholung oder die Anwendung eines anderen Zwangsmittels keinen Erfolg verspricht. Wegen des Richtervorbehalts des Art. 104 (2) GG darf sie nur durch das Verwaltungsgericht angeordnet werden. Dauer: einen Tag bis sechs Wochen, in Bayern bis vier Wochen.

(2) Verfassungsrecht

- Freiheitsrechte, insbes. Verhältnismäßigkeit (vgl. Rn 172 ff.) 356
> Geeignetheit
> Angemessenheit

> Die Angemessenheit von Zwangsgeld ist nicht nur an dem Ziel zu orientieren, den Pflichtigen zur Vornahme der verlangten Handlung zu bewegen, sondern auch an den wirtschaftlichen Verhältnissen des Betroffenen. Der Höchstrahmen darf nur im Wiederholungsfall und bei besonderer Hartnäckigkeit des Betroffenen ausgeschöpft werden.
>
> Die Angemessenheit von unmittelbarem Zwang setzt voraus, dass Ersatzvornahme und Zwangsgeld voraussichtlich nicht zum Ziel führen.
>
> Zur Angemessenheit der Ersatzzwang- bzw. Erzwingungshaft: Bereits in den entsprechenden Vorschriften ist ihre Nachrangigkeit gegenüber den anderen Zwangsmitteln und eine zulässige Höchstgrenze geregelt (vgl. Rn 353, 355). Im Übrigen sind bei ihrer Höhe nicht nur ihr Ziel, sondern auch die Schwere des Eingriffs zu berücksichtigen.

> Erforderlichkeit

> Kommen sowohl Zwangsgeld als auch Ersatzvornahme in Betracht, wird das Zwangsgeld z. T. für nicht erforderlich gehalten, da es im Unterschied zur Ersatzvornahme den Pflichtigen doppelt belasten kann: Zahlung des Zwangsgeldes und Durchführung der verlangten Handlung. In der Praxis der Verwaltungsbehörden wird dagegen i. d. R. kein Rangverhältnis zwischen beiden Vollstreckungsmitteln gesehen. Noch eindeutiger zugunsten des Zwangsgeldes z. B. Art. 32 bayVwZVG: „Eine Ersatzvornahme ist nur zulässig, wenn ein Zwangsgeld keinen Erfolg erwarten lässt." Die Erforderlichkeit eines Zwangsgeldes ist jedoch in jedem Fall zu bejahen, wenn unsicher ist, ob der Pflichtige in der Lage sein wird, die Kosten der Ersatzvornahme zu erstatten.

- Gleichheitsrechte, insbes. Art. 3 (1) GG (vgl. Rn 177) 357

(3) Sonstige Normen, die bei Erlass des VA zu beachten sind, u. a.
- Bestimmtheit
- Möglichkeit der Befolgung

2.3.3 Kein Ermessensfehlgebrauch (vgl. Rn 179) 358

2. Prüfung der Rechtmäßigkeit eines Kostenbescheides für eine Ersatzvornahme

Literaturempfehlungen: siehe im Literaturverzeichnis Nr. 1

a) Übersicht

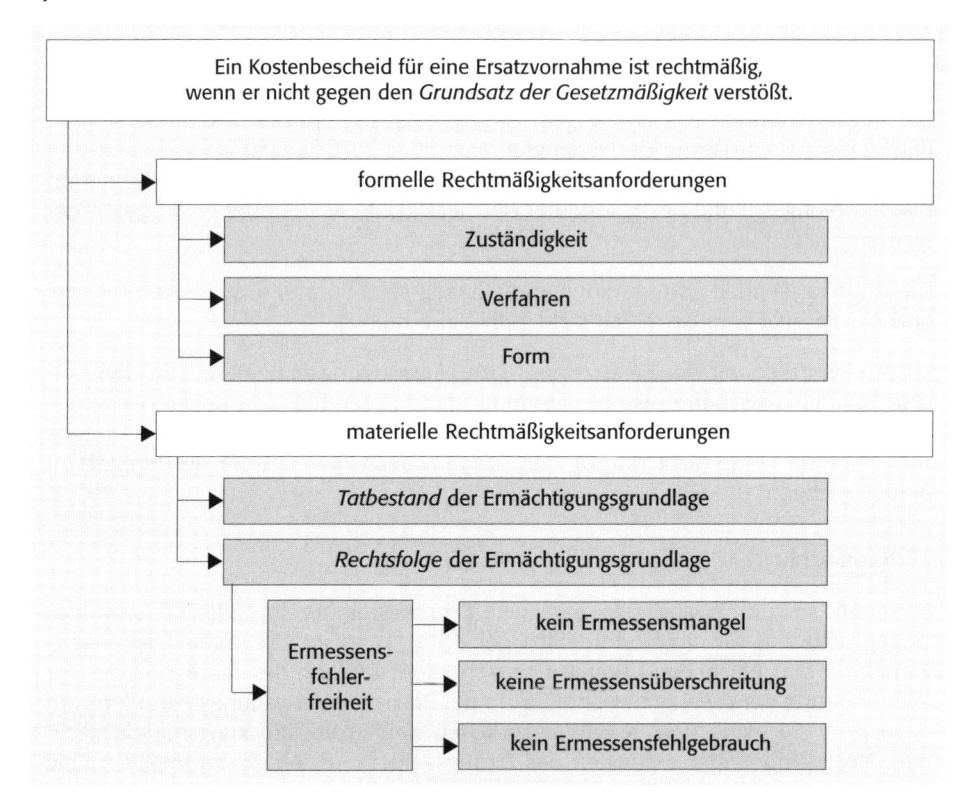

359

```
Ein Kostenbescheid für eine Ersatzvornahme ist rechtmäßig,
wenn er nicht gegen den Grundsatz der Gesetzmäßigkeit verstößt.
    │
    ├──▶ formelle Rechtmäßigkeitsanforderungen
    │         ├──▶ Zuständigkeit
    │         ├──▶ Verfahren
    │         └──▶ Form
    │
    └──▶ materielle Rechtmäßigkeitsanforderungen
              ├──▶ Tatbestand der Ermächtigungsgrundlage
              ├──▶ Rechtsfolge der Ermächtigungsgrundlage
              └──▶ Ermessens-        ├──▶ kein Ermessensmangel
                   fehler-           ├──▶ keine Ermessensüberschreitung
                   freiheit          └──▶ kein Ermessensfehlgebrauch
```

b) Das Prüfungsschema

Beispiel: Die Behörde verlangt im Beispiel Rn 332 den Ersatz der entstandenen Kosten.

360 Der Kostenbescheid wäre rechtmäßig, wenn kein Verstoß gegen das Prinzip der Gesetzmäßigkeit der Verwaltung vorliegen würde. Danach darf kein staatliches Handeln gegen geltendes Recht verstoßen (Vorrang des Gesetzes, Art. 20 (3) GG). Weiterhin bedarf danach die Verwaltung für alle belastenden und sonst wesentlichen Maßnahmen (vgl. Rn. 186) einer gesetzlichen Ermächtigungsgrundlage (Vorbehalt des Gesetzes, Art. 2 ff., 20 GG).

1. Formelle Rechtmäßigkeitsanforderungen

1.1 **Zuständigkeit der erlassenden Behörde** (vgl. Rn 136 ff.)

1.2 **Einhaltung von Verfahrensvorschriften** (vgl. Rn 141 ff.)   361

1.3 **Beachtung von eventuellen Formvorschriften** (vgl. Rn 158 ff)

2. Materielle Rechtmäßigkeitsanforderungen

- Nach dem Vorbehalt des Gesetzes (vgl. Rn 360) ist bei belastenden Maßnahmen stets eine gesetzliche Ermächtigungsgrundlage erforderlich.   362
- Kommt eine spezialgesetzliche Ermächtigung in Betracht? Sofern diese kein formelles Gesetz ist, ist zu prüfen, ob nach der Wesentlichkeitsrechtsprechung des BVerfG ein materielles Gesetz ausreicht (vgl. Rn 186).
- Kommt keine spezialgesetzliche Ermächtigung in Betracht, ist i. d. R. eine Ermächtigungsgrundlage in dem allgemeinen Polizei- und Ordnungsgesetz bzw. dem Vollstreckungsgesetz des Landes enthalten (vgl. Rn 257).

Art. 41 (1) bay VwZVG; §§ 25 bad-württ VwVG; 5 (2) VwVfG Bln, 10 VwVG Bln; 191 VwVG Bbg; 40 (1) Brem PolG; 19 Hmb VwVG; 49 HSOG; 89 SOG MV; 66 NGefAG; 59 VwVG NW; 52 POG RP; 46 Saarl PolG; 24 Sächs VwVG; 55 (1) SOG LSA; 238 LVwG SH; 50 Thür VwZVG

Danach können die Kosten der Ersatzvornahme von dem Pflichtigen erstattet verlangt werden. Die Vollstreckungsbehörde kann auch dem Pflichtigen auferlegen, die Kosten der Ersatzvornahme in der vorläufig veranschlagten Höhe vorauszuzahlen.

- Es sind sowohl der *Tatbestand* als auch die *Rechtsfolge* der Norm zu prüfen.

2.1 Tatbestand der Ermächtigungsnorm

Er liegt vor, wenn die Ersatzvornahme rechtmäßig war.   363
- formelle Rechtmäßigkeitsanforderungen an die Ersatzvornahme (vgl. Rn 333 ff.)
- materielle Rechtmäßigkeitsanforderungen an die Ersatzvornahme (vgl. Rn 336 ff.)

2.2 Rechtsfolge

Es dürfen keine Ermessensfehler i. S. d. § 40 VwVfG vorliegen: 364

(1) **Kein Ermessensmangel** (vgl. Rn 169)

(2) **Keine Ermessensüberschreitung** (vgl. Rn 170 ff.)

    (2.1) Die Ermessensnorm selbst

    (2.2) Verfassungsrecht, insbes.
- Freiheitsrechte, insbes. Verhältnismäßigkeit (vgl. Rn 172 ff.)
- Gleichheitsrechte, insbes. Art. 3 (1) GG (vgl. Rn 177)

(2.3) Sonstige Normen, die bei Erlass des VA zu beachten sind, u. a.
- Bestimmtheit (vgl. Rn 178, 148)
- Möglichkeit der Befolgung (vgl. Rn 178, 167)

(3) Kein Ermessensfehlgebrauch (vgl. Rn 179)

3. Prüfung der Rechtmäßigkeit der Beitreibung einer Geldforderung

Literaturempfehlungen: siehe im Literaturverzeichnis Nr. 1

a) Übersicht

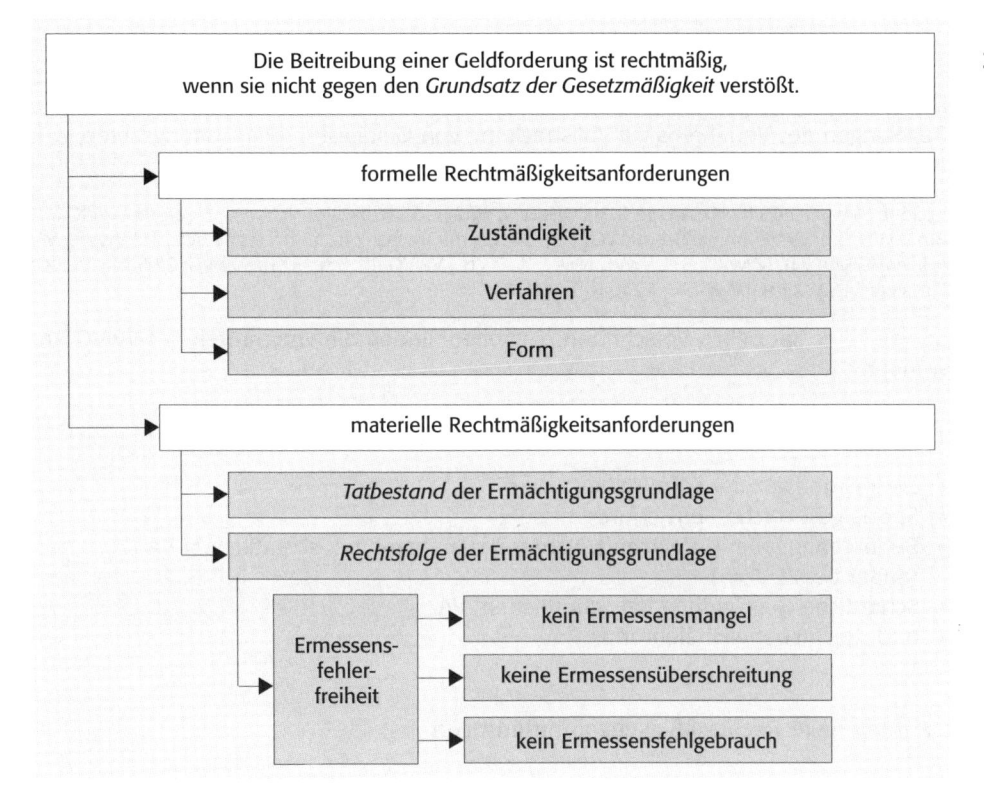

365

```
Die Beitreibung einer Geldforderung ist rechtmäßig,
wenn sie nicht gegen den Grundsatz der Gesetzmäßigkeit verstößt.
    │
    ├─► formelle Rechtmäßigkeitsanforderungen
    │       ├─► Zuständigkeit
    │       ├─► Verfahren
    │       └─► Form
    │
    └─► materielle Rechtmäßigkeitsanforderungen
            ├─► Tatbestand der Ermächtigungsgrundlage
            └─► Rechtsfolge der Ermächtigungsgrundlage
                    └─► Ermessensfehlerfreiheit
                            ├─► kein Ermessensmangel
                            ├─► keine Ermessensüberschreitung
                            └─► kein Ermessensfehlgebrauch
```

b) Das Prüfungsschema

Beispiel: A hat die für die Erteilung einer Baugenehmigung geforderte Gebühr nicht bezahlt.

366 Die Beitreibung wäre rechtmäßig, wenn kein Verstoß gegen das Prinzip der Gesetzmäßigkeit der Verwaltung (Art. 20 GG) vorliegen würde. Danach darf kein staatliches Handeln gegen geltendes Recht verstoßen (Vorrang des Gesetzes, Art. 2 (3) GG). Weiterhin bedarf danach die Verwaltung für alle belastenden und sonst wesentlichen Maßnahmen (vgl. Rn 186) einer gesetzlichen Ermächtigungsgrundlage (Vorbehalt des Gesetzes, Art. 2 ff., 20 GG).

1. Formelle Rechtmäßigkeitsanforderungen

1.1 Zuständigkeit der Behörde (vgl. Rn 136 ff.)

367
- sachliche Zuständigkeit
- instanzielle Zuständigkeit
- örtliche Zuständigkeit

1.2 Einhalten von Verfahrensvorschriften (vgl. Rn 141 ff.)

368 Die Vollstreckungsgesetze des Bundes und der Länder enthalten z. T. eigenständige Regelungen des Verfahrens zur Vollstreckung von Geldleistungsverwaltungsakten, z. T. verweisen sie auf die Verfahrensvorschriften der Abgabenordnung (AO):

§§ 15 ff. BVwVG; 249 ff. AO, Art. 19 ff. bay VwZVG; §§ 2 ff., 13 ff. bad-württ VwVG; 5 (2) Bln VwVfG = 5 Bln VwVG; 3 ff. VwVG Bbg; 6 Brem GVG; 5 ff., 30 ff. Hmb VwVG; 2 ff., 15 ff. Hess VwVG, 111 VwVfG MV = 5 VwVG MV; 7 ff. NVwVG; 5 ff. VwVG NW; 5 ff., 73 ff. LVwVG RP; 3 ff., 32 ff. SVwVG; 22 Sächs VwVG; 7 ff. VwVG LSA; 22 ff. LVwG SH; 22 ff. Thür VwZVG

Soweit keine speziellen Vorschriften eingreifen, finden die Vorschriften des VwVG Anwendung.

1.3 Beachten von eventuellen Formvorschriften (vgl. Rn 158 ff.)

369
- Zwar Grundsatz der Formfreiheit, aber:
- Spezialgesetzliche Formerfordernisse
- Behördenangabe, Unterschrift/Namenswiedergabe bei schriftlichem VA (außer bei EDV-VA)
- Schriftliche Begründung bei schriftlichem VA
- u. U. Rechtsbehelfsbelehrung

2. Materielle Rechtmäßigkeitsanforderungen

370
- Nach dem Vorbehalt des Gesetzes (vgl. Rn 366) ist bei belastenden Maßnahmen stets eine gesetzliche Ermächtigungsgrundlage erforderlich.
- Kommt eine spezialgesetzliche Ermächtigung in Betracht? Sofern diese kein formelles Gesetz ist, ist zu prüfen, ob nach der Wesentlichkeitsrechtsprechung des BVerfG ein materielles Gesetz ausreicht.
- Kommt keine spezialgesetzliche Ermächtigung in Betracht, ist i. d. R. eine Ermächtigungsgrundlage in dem allgemeinen Vollstreckungsgesetz vorhanden (vgl. Rn 332).
- Es sind sowohl der *Tatbestand* als auch die *Rechtsfolge* der Norm zu prüfen.

2.1 Tatbestand der Ermächtigungsnorm

Voraussetzungen der Beitreibung einer Geldforderung sind nach den einzelnen Vollstreckungsgesetzen (vgl. Rn 332)

2.1.1 Wirksamer Vollstreckungstitel

- Das ist i. d. R. ein auf eine öffentlich-rechtliche Geldforderung gerichteter Verwaltungsakt.
- In analoger Anwendung aufgrund des § 61 (2) VwVfG erfassen die Vollstreckungsgesetze auch auf öffentlich-rechtliche Geldforderungen gerichtete öffentlich-rechtliche Verträge im Fall der Unterwerfung unter die sofortige Vollstreckung.
- In einigen Ländern können es auch bestimmte öffentlich-rechtliche Selbstberechnungserklärungen, Beitragsnachweise zur Sozialversicherung bzw. sonstige Verzeichnisse sein (§§ 18 Hess VwVG; 6 (2) VwVG NW; 246 (2) LVwG SH).
- Schließlich können es z. T. sogar bestimmte zivilrechtliche Forderungen sein (§§ 1 (2) Brem GVG; 5 ff., 2 (1) b, (3) Nr. 1 Hmb VwVG; 2 ff., 66 Hess VwVG, 14 (1) KommunalabgabenG MV; 61 NVwVG; 71 LVwVG RP; 74 SVwVG; 61 VwVG LSA; 319 LVwG SH; 42. Thür VwZVG).

371

2.1.2 Fälligkeit der Forderung

372

2.1.3 Mahnung

373

Sie ist eine nochmalige deutliche Erinnerung des Schuldners mit dem Hinweis, dass er nach Ablauf der gesetzten Frist (i. d. R. eine Woche) mit Vollstreckungsmaßnahmen rechnen muss.

2.1.4 Vollstreckbarkeit des VA

374

Diese liegt vor
- nach Unanfechtbarkeit
- vor Unanfechtbarkeit,
> wenn kein Widerspruch eingelegt ist.
> wenn zwar Widerspruch eingelegt ist, dieser aber nach § 80 (2) VwGO keine aufschiebende Wirkung hat.

2.1.5 Fehlen von Vollstreckungshindernissen

375

insbesondere
- Erlöschen des Anspruchs
- Aufhebung des Verwaltungsakts
- Stundung der Leistung

2.1.6 Richtiger Adressat

- derjenige, der die Leistung als Selbstschuldner schuldet
- derjenige, der für die Leistung eines anderen persönlich haftet
- derjenige, der zur Duldung der Vollstreckung verpflichtet ist

2.2 Rechtsfolge der Ermächtigungsnorm

Es dürfen keine Ermessensfehler i. S. d. § 40 VwVfG vorliegen :

(1) Kein Ermessensmangel (vgl. Rn 169)

(2) Keine Ermessensüberschreitung (vgl. Rn 170 ff.)

(2.1) Die Ermessensnorm selbst

Zulässige Vollstreckungsarten sind nach den Vollstreckungsgesetzen:

(2.1.1) Vollstreckung in das *bewegliche* Vermögen
> Vollstreckung in *Sachen* durch
  * Pfändung und Versteigerung
  * Arrest zur Sicherung der Vollstreckung
> Vollstreckung in *Forderungen* und andere *Vermögenswerte* durch
  * Pfändung der Forderung
  * Verbot an den Drittschuldner, an den Pflichtigen zu zahlen
  * Gebot an den Pflichtigen, sich jeder Verfügung über die Forderung zu enthalten
  * Überweisung der gepfändeten Forderung an den Gläubiger

(2.1.2) Vollstreckung in das *unbewegliche* Vermögen
> Zwangsversteigerung
> Zwangsverwaltung
> Eintragung einer Zwangshypothek

(2.2) Verfassungsrecht, insbes.
- Freiheitsrechte, insbes. Verhältnismäßigkeit (vgl. Rn 172 ff.)
- Gleichheitsrechte, insbes. Art. 3 (1) GG (vgl. Rn 177)

(2.3) Sonstige Normen, die bei Erlass des VA zu beachten sind, u. a.
- Bestimmtheit (vgl. Rn 178, 148)
- Möglichkeit der Befolgung (vgl. Rn 178, 167)

(3) Kein Ermessensfehlgebrauch (vgl. Rn 179)

IV. Widerspruch und vorläufiger Rechtsschutz

Literaturempfehlungen: siehe im Literaturverzeichnis Nr. 3

1. Prüfung der Erfolgsaussichten eines Widerspruchs

Hinweis: Das Widerspruchsverfahren nach §§ 78 ff. SGG (das nur für einen Teil der Sozialverwaltung gilt, vgl. Rn 39) und z. T. auch das Einspruchsverfahren nach §§ 347 ff. AO weisen viele Gemeinsamkeiten mit dem Widerspruchsverfahren der VwGO auf. Deshalb werden sie nicht gesondert dargestellt. In dem folgenden Prüfungsschema nach der VwGO wird aber auf sie jeweils hingewiesen. 380

a) Übersicht

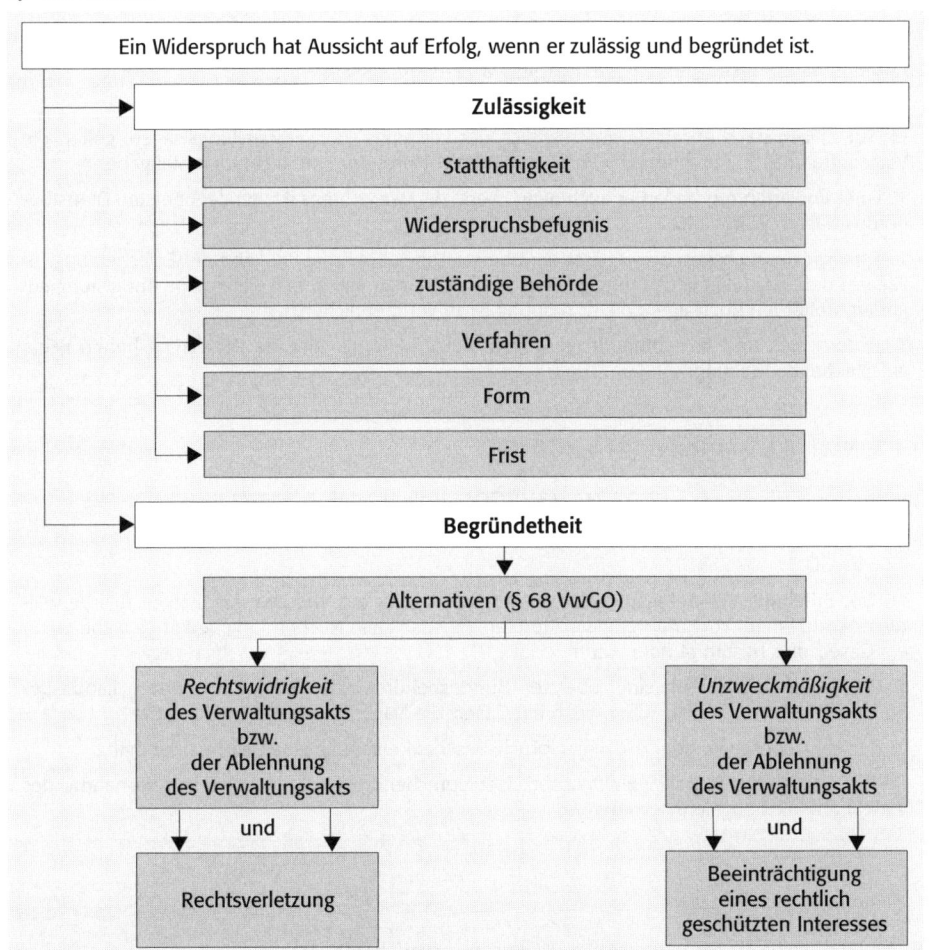

```
Ein Widerspruch hat Aussicht auf Erfolg, wenn er zulässig und begründet ist.
    │
    ├──▶ Zulässigkeit
    │       ├──▶ Statthaftigkeit
    │       ├──▶ Widerspruchsbefugnis
    │       ├──▶ zuständige Behörde
    │       ├──▶ Verfahren
    │       ├──▶ Form
    │       └──▶ Frist
    │
    └──▶ Begründetheit
            │
            ▼
        Alternativen (§ 68 VwGO)
         ┌──────────────┴──────────────┐
         ▼                             ▼
   Rechtswidrigkeit              Unzweckmäßigkeit
   des Verwaltungsakts           des Verwaltungsakts
         bzw.                          bzw.
    der Ablehnung                 der Ablehnung
   des Verwaltungsakts           des Verwaltungsakts
         │                             │
         und                           und
         ▼                             ▼
   Rechtsverletzung              Beeinträchtigung
                                 eines rechtlich
                                 geschützten Interesses
```

b) Das Prüfungsschema

381 Der Widerspruch hätte Aussicht auf Erfolg, wenn er zulässig und begründet wäre.

1. Zulässigkeit

1.1 Statthaftigkeit

Die Statthaftigkeit des Widerspruchs folgt entweder aus einer spezialgesetzlichen Regelung oder aus § 68 VwGO bzw. § 78 SGG bzw. 347 AO („Einspruch")

1.1.1 Nach spezialgesetzlicher Regelung

382
> z. B. § 126 (3) BRRG (bzw. die entsprechende landesrechtliche Regelung):
> (1) Für alle Klagen der Beamten, Ruhestandsbeamten, früheren Beamten und der Hinterbliebenen aus dem Beamtenverhältnis ist der Verwaltungsrechtsweg gegeben.
> (2) Für Klagen des Dienstherrn gilt das Gleiche.
> (3) Für Klagen nach Absatz 1, einschließlich der Leistungs- und Feststellungsklagen, gelten die Vorschriften des 8. Abschnitts der Verwaltungsgerichtsordnung[8] mit folgenden Maßgaben:
> 1. Eines Vorverfahrens bedarf es auch dann, wenn der Verwaltungsakt von der obersten Dienstbehörde erlassen worden ist.
> 2. Den Widerspruchsbescheid erlässt die oberste Dienstbehörde. Sie kann die Entscheidung für Fälle, in denen sie den Verwaltungsakt nicht selbst erlassen hat, durch allgemeine Anordnung auf andere Behörden übertragen; die Anordnung ist zu veröffentlichen.
> 3. Widerspruch und Anfechtungsklage gegen die Abordnung oder die Versetzung haben keine aufschiebende Wirkung.

1.1.2 Nach § 68 (1) oder (2) VwGO

Weitgehend identisch ist § 78 (1), (3) SGG; ähnlich auch § 347 AO

383
> § 68 VwGO:
> (1) Vor Erhebung der Anfechtungsklage sind Rechtmäßigkeit und Zweckmäßigkeit des Verwaltungsakts in einem Vorverfahren nachzuprüfen. Einer solchen Nachprüfung bedarf es nicht, wenn ein Gesetz dies bestimmt oder wenn
> 1. der Verwaltungsakt von einer obersten Bundesbehörde oder von einer obersten Landesbehörde erlassen worden ist, außer wenn ein Gesetz die Nachprüfung vorschreibt, oder
> 2. der Abhilfebescheid oder der Widerspruchsbescheid erstmalig eine Beschwer enthält.
> (2) Für die Verpflichtungsklage gilt Absatz 1 entsprechend, wenn der Antrag auf Vornahme des Verwaltungsakts abgelehnt worden ist.

---

8 Im 8. Abschnitt ist das Vorverfahren (Widerspruchsverfahren) geregelt.

Zu prüfen ist:
- Ist ein Verwaltungsakt erlassen oder abgelehnt worden?   384
- Ist der Verwaltungsrechtsweg gegeben?

Siehe hierzu Rn 461. Sind die §§ 78 SGG bzw. 347 AO einschlägig, müsste der Sozialgerichtsweg nach § 51 SGG bzw. der Finanzgerichtsweg nach § 33 FGG gegeben sein.   385

- Ist das Widerspruchsverfahren gem. § 68 (1) 2 VwGO ausgeschlossen?   386

1.2 Widerspruchsbefugnis

Die Widerspruchsbefugnis ergibt sich aus einer Analogie zur Klagbefugnis nach § 42 (2) VwGO (vgl. Rn 464). Die entsprechenden Vorschriften für die beiden anderen Rechtsbehelfsverfahren sind die §§ 54 (1) 2 SGG und 40 (2) FGG.   387

> Widerspruchsbefugt ist, wer geltend macht, durch einen rechtswidrigen VA in seinen Rechten verletzt bzw. durch einen unzweckmäßigen VA in seinen rechtlich geschützten Interessen beeinträchtigt zu sein. Das ist, wer durch den VA möglicherweise in seinen Rechten verletzt bzw. beeinträchtigt ist. Negativ liegt diese Möglichkeit nicht vor, wenn eine Verletzung bzw. Beeinträchtigung eindeutig und offensichtlich ausgeschlossen ist.   388

Hinweis: Dass die Beeinträchtigung durch einen unzweckmäßigen VA ausreicht, ergibt sich daraus, dass nach § 68 VwGO im Widerspruchsverfahren nicht nur die Rechtmäßigkeit, sondern auch die Zweckmäßigkeit des angefochtenen VA überprüft wird. Die Prüfung der Zweckmäßigkeit entfällt in Klausuren jedoch regelmäßig, da die Sachverhalte i. d. R. eine Entscheidung insoweit nicht zulassen.   389

§ 350 AO regelt die Einspruchsbefugnis ausdrücklich: „Befugt, Einspruch einzulegen, ist nur, wer geltend macht, durch eine Verwaltungsakt oder dessen Unterlassung beschwert zu sein."   390

Rechte i. S. d. § 42 (2) VwGO sind subjektiv-öffentliche Rechte. Auf sie wird unter Rn 465 ff. und 480 bei der Darstellung der Klagebefugnis eingegangen.   391

1.3 Zuständige Behörde

für die Prüfung des Widerspruchs ist nach § 70 VwGO die Behörde, die den VA erlassen hat oder die, die über den Widerspruch zu entscheiden hat. Inhaltsgleiche Regelungen enthalten die §§ 84 (1) SGG und 357 (1) AO.   392

1.4 Verfahren

Die Verfahrensvorschriften des VwVfG gelten nach § 79 VwVfG auch für das Widerspruchsverfahren, soweit die §§ 68 ff. VwGO keine spezielleren Regelungen enthalten. In Betracht kommen zur Beurteilung der Zulässigkeit eines Widerspruchs insbesondere: 393

- § 11 VwVfG: Beteiligungsfähigkeit (bzw. § 10 SGB X)
- § 12 VwVfG: Handlungsfähigkeit (bzw. §§ 11 SGB X, 79 AO)
- § 13 VwVfG: Beteiligteneigenschaft (bzw. §§ 12 SGB X, 78 AO)
- §§ 14 ff. VwVfG: Vertretung, Beistände (bzw. §§ 13 SGB X, 80 f. AO)
- § 23 VwVfG: Amtssprache (bzw. §§ 19 SGB X, 87 AO)

1.5 Form

394 Die Form des Widerspruchs ergibt sich aus § 70 (1) VwGO: „schriftlich oder zur Niederschrift". Ihm entspricht § 357 (1) AO. Das SGB X enthält keine Formvorschrift.

1.6 Frist

Die Frist regeln in der VwGO die folgenden Vorschriften:

395 **§ 70 VwGO:** (1) Der Widerspruch ist innerhalb eines Monats, nachdem der Verwaltungsakt dem Beschwerten bekannt gegeben worden ist, schriftlich oder zur Niederschrift bei der Behörde zu erheben, die den Verwaltungsakt erlassen hat. Die Frist wird auch durch Einlegung bei der Behörde, die über den Widerspruch zu entscheiden hat, gewahrt.

(2) §§ 58 und 60 Abs. 1 bis 4 gelten entsprechend.

396 **§ 58 VwGO:** (1) Die Frist für ein Rechtsmittel oder einen anderen Rechtsbehelf beginnt nur zu laufen, wenn der Beteiligte über den Rechtsbehelf, die Verwaltungsbehörde oder das Gericht, bei denen der Rechtsbehelf anzubringen ist, den Sitz und die einzuhaltende Frist schriftlich belehrt worden ist.

(2) Ist die Belehrung unterblieben oder unrichtig erteilt, so ist die Einlegung des Rechtsbehelfs nur innerhalb eines Jahres seit Zustellung, Eröffnung oder Verkündung zulässig, außer wenn die Einlegung vor Ablauf der Jahresfrist infolge höherer Gewalt unmöglich war oder eine schriftliche Belehrung dahin erfolgt ist, dass ein Rechtsbehelf nicht gegeben sei. § 60 Abs. 2 gilt für den Fall höherer Gewalt entsprechend.

397 **§ 60 VwGO:** (1) Wenn jemand ohne Verschulden verhindert war, eine gesetzliche Frist einzuhalten, so ist ihm auf Antrag Wiedereinsetzung in den vorigen Stand zu gewähren.

(2) Der Antrag ist binnen zwei Wochen nach Wegfall des Hindernisses zu stellen. Die Tatsachen zur Begründung des Antrags sind bei der Antragstellung oder im Verfahren über den Antrag glaubhaft zu machen. Innerhalb der Antragsfrist ist die versäumte Rechtshandlung nachzuholen. Ist dies geschehen, so kann die Wiedereinsetzung auch ohne Antrag gewährt werden.

(3) Nach einem Jahr seit dem Ende der versäumten Frist ist der Antrag unzulässig, außer wenn der Antrag vor Ablauf der Jahresfrist infolge höherer Gewalt unmöglich war.

(4) Über den Wiedereinsetzungsantrag entscheidet das Gericht, das über die versäumte Rechtshandlung zu befinden hat.

(5) Die Wiedereinsetzung ist unanfechtbar.

398 Die entsprechenden Vorschriften sind
- zu § 70 VwGO: § 84 (1) SGG (nur die Monatsfrist) und § 355 (1) AO
- zu § 58 VwGO: § 66 SGB X und § 55 FGG
- zu § 60 VwGO: § 67 SGB X und § 56 FGG

Wie wird die Widerspruchsfrist berechnet? 399

§ 57 (2) VwGO: Für die Fristen gelten die Vorschriften der §§ 222, 224 Abs. 2 und 3, 225 und 226 der Zivilprozessordnung.

§ 222 ZPO: (1) Für die Berechnung der Fristen gelten die Vorschriften des Bürgerlichen Gesetzbuchs.
(2) Fällt das Ende einer Frist auf einen Sonntag, einen allgemeinen Feiertag oder einen Sonnabend, so endet die Frist mit Ablauf des nächsten Werktages.

§ 187 BGB: (1) Ist für den Anfang einer Frist ein Ereignis oder ein in den Lauf eines Tages fallender Zeitpunkt maßgebend, so wird bei der Berechnung der Frist der Tag nicht mitgerechnet, in welchen das Ereignis oder der Zeitpunkt fällt.

§ 188 BGB: (2) Eine Frist, die nach Wochen, nach Monaten oder nach einem mehrere Monate umfassenden Zeiträume Jahr, halbes Jahr, Vierteljahr bestimmt ist, endigt im Falle des § 187 Abs. 1 mit dem Ablaufe desjenigen Tages der letzten Woche oder des letzten Monats, welcher durch seine Benennung oder seine Zahl dem Tage entspricht, in den das Ereignis oder der Zeitpunkt fällt, im Falle des § 187 Abs. 2 mit dem Ablaufe desjenigen Tages der letzten Woche oder des letzten Monats, welcher dem Tage vorhergeht, der durch seine Benennung oder seine Zahl dem Anfangstage der Frist entspricht.
(3) Fehlt bei einer nach Monaten bestimmten Frist in dem letzten Monate der für ihren Ablauf maßgebende Tag, so endigt die Frist mit dem Ablaufe des letzten Tages dieses Monats.

Bei Anwendung des SGB X sind zu beachten: § 64 (1) ist inhaltsgleich zu §§ 187 (1) BGB; § 64 (2) zu § 188 BGB und § 64 (3) zu § 222 (2) ZPO. 400

§ 54 (2) AO verweist wie § 57 (2) VwGO auf die §§ 222, 224 Abs. 2 und 3, 225 und 226 der Zivilprozessordnung.

2. Begründetheit

Der Widerspruch ist begründet, soweit der VA bzw. seine Ablehnung *rechtswidrig* bzw. *unzweckmäßig* ist (§ 68 VwGO) *und* der Widersprechende dadurch in seinen Rechten verletzt, bzw. beeinträchtigt wird (§ 113 (1) bzw. § 113 (5) VwGO analog). 401

Hinweis: Die Zweckmäßigkeit kann in einer Klausur i. d. R. nicht geprüft werden. Deshalb wird im Folgenden nur auf die Prüfung der Rechtmäßigkeit eingegangen.

2.1 Prüfung der Rechtmäßigkeit (Rechtswidrigkeit) des VA

An dieser Stelle ist die Rechtmäßigkeit (bzw. Rechtswidrigkeit) des VA zu prüfen, gegen den Widerspruch eingelegt worden ist. Die Prüfung erfolgt nach den bereits oben dargestellten Prüfungsschemata, die hier also zu integrieren sind. Je nachdem, gegen welchen Typ von Verwaltungsakt Widerspruch eingelegt worden ist, ist das entsprechende Prüfungsschema auszuwählen. 402

Die Prüfung erfolgt also z. B. bei:

- einem *belastenden VA* nach dem Prüfungsschema Rn 134 ff.
- einer *Ablehnung eines begünstigenden VA* nach dem Prüfungsschema Rn 191 ff.
- einem *zurücknehmenden bzw. widerrufenden VA* nach dem Prüfungsschema Rn 202 ff.
- einer *Verfügung zur Gefahrenabwehr* nach dem Prüfungsschema Rn 251 ff.
- einem *Kostenbescheid wegen einer unmittelbaren Ausführung zur Gefahrenabwehr* nach dem Prüfungsschema Rn 323 ff.
- einem *Zwangsmittel zur Durchsetzung eines VA* nach dem Prüfungsschema Rn 330 ff.
- einem *Kostenbescheid wegen einer Ersatzvornahme* nach dem Prüfungsschema Rn 359 ff.

In allen Fällen ist stets zu prüfen:

403 → Ist der Fehler gemäß § 45 VwVfG *geheilt* worden[9] (spätestens durch den Widerspruchsbescheid, § 45 (2) VwVfG)? Wenn ja, ist der ursprünglich rechtswidrige VA *nunmehr rechtmäßig* (vgl. auch § 79 (1) Ziff. 1 VwGO). Folge: Der Widerspruch ist *nicht* begründet.

404 → Ist der Fehler *unbeachtlich* (§ 46 VwVfG[10])? Trifft dies zu, bleibt der VA *rechtswidrig*. Trotzdem ist der Widerspruch *nicht* begründet.

2.2 Prüfung der Rechtsverletzung

405 Der Widersprechende muss *tatsächlich*[11] in seinen Rechten verletzt bzw. – bei Geltendmachung und Prüfung der Unzweckmäßigkeit (vgl. Rn 389, 399) – in seinen Rechten beeinträchtigt sein.

c) Hinweise zum Ablauf des Widerspruchsverfahrens

406 Die Vorschriften des VwVfG gelten nach § 79 VwVfG auch für das Widerspruchsverfahren, soweit die §§ 68 VwGO keine spezielleren Regelungen enthalten. Einige dieser Vorschriften der VwGO sind bereits bei Prüfung der Zulässigkeit des Widerspruchs genannt (vgl. Rn 382 ff.) Darüber hinaus sind einschlägig:

---

9 Vgl. Rn 90.
10 Vgl. Rn 92 ff.
11 Anders als im Rahmen der Zulässigkeit, wo der Widersprechende ja nur *geltend machen* muss, dass er in seinen Rechten verletzt worden sei, wird im Rahmen der Begründetheit des Widerspruchs geprüft, ob die Rechtsverletzung auch *tatsächlich* vorliegt.

IV. Widerspruch und vorläufiger Rechtsschutz

> § 71 VwGO: Ist die Aufhebung oder Änderung eines Verwaltungsakts im Widerspruchsverfahren erstmalig mit einer Beschwer verbunden, soll der Betroffene vor Erlass des Abhilfebescheides oder des Widerspruchsbescheides gehört werden.
>
> § 72 VwGO: Hält die Behörde den Widerspruch für begründet, so hilft sie ihm ab und entscheidet über die Kosten.
>
> § 73 VwGO: (1) Hilft die Behörde dem Widerspruch nicht ab, so ergeht ein Widerspruchsbescheid. Diesen erlässt
> 1. die nächsthöhere Behörde, soweit nicht durch Gesetz eine andere höhere Behörde bestimmt wird,
> 2. wenn die nächsthöhere Behörde eine oberste Bundes- oder oberste Landesbehörde ist, die Behörde, die den Verwaltungsakt erlassen hat,
> 3. in Selbstverwaltungsangelegenheiten die Selbstverwaltungsbehörde, soweit nicht durch Gesetz etwas anderes bestimmt ist.
>
> (2) ...
>
> (3) Der Widerspruchsbescheid ist zu begründen, mit einer Rechtsmittelbelehrung zu versehen und zuzustellen. Der Widerspruchsbescheid bestimmt auch, wer die Kosten trägt.

Als spezielle Vorschriften zur VwGO kommen insbesondere Verfahrensvorschriften des Beamtenrechts in Betracht: § 126 (1), (3) Nr. 2 BRRG bzw. die entsprechende Vorschrift des Bundes- bzw. Landesbeamtengesetzes: **407**

> (1) Für alle Klagen der Beamten, Ruhestandsbeamten, früheren Beamten und der Hinterbliebenen aus dem Beamtenverhältnis ...
>
> (3) Den Widerspruchsbescheid erlässt die oberste Dienstbehörde. Sie kann die Entscheidung für Fälle, in denen sie den Verwaltungsakt nicht selbst erlassen hat, durch allgemeine Anordnung auf andere Behörden übertragen; die Anordnung ist zu veröffentlichen.

Von den Vorschriften des VwVfG finden folglich, da die VwGO insoweit abschließende Regelungen enthält, keine Anwendung: **408**

§ 28 VwVfG: Anhörung	>	§ 71 VwGO
§ 32 VwVfG: Wiedereinsetzung	>	§ 60 VwGO (vgl. Rn 395)
§ 37 (2) VwVfG: Formfreiheit	>	§ 70 VwGO (vgl. Rn 395)
§ 39 (2) VwVfG: Absehen von Begründung	>	§ 73 (3) VwGO bzgl. des Widerspruchs-, nicht aber des Abhilfebescheides

Ebenso gelten nach § 76 SGB X die Vorschriften des SGB X und des SGB I auch für das Widerspruchsverfahren, soweit die §§ 77 SGG keine spezielleren Regelungen enthalten. Solche sind über bei Prüfung der Zulässigkeit des Widerspruchs einschlägigen (vgl. Rn 382 ff.) hinaus: **409**

> § 85 SGG: (1) Wird der Widerspruch für begründet erachtet, so ist ihm abzuhelfen.
>
> (2) Wird dem Widerspruch nicht abgeholfen, so erlässt den Widerspruchsbescheid
> 1. die nächsthöhere Behörde oder, wenn diese eine oberste Bundes- oder eine oberste Bundesbehörde ist, die Behörde, die den Verwaltungsakt erlassen hat,
> 2. in Angelegenheiten der Sozialversicherung die von der Vertreterversammlung bestimmte Stelle,
> 3. in Angelegenheiten der Bundesanstalt für Arbeit die von dem Verwaltungsrat bestimmte Stelle.

> (3) Der Widerspruchsbescheid ist schriftlich zu erlassen, zu begründen und den Beteiligten bekannt zu geben. Die Beteiligten sind hierbei über die Zulässigkeit der Klage, die einzuhaltende Frist und den Sitz des zuständigen Gerichts zu belehren.
>
> **§ 86 SGG:** Wird während des Vorverfahrens der Verwaltungsakt abgeändert, so wird auch der neue Verwaltungsakt Gegenstand des Vorverfahrens; er ist der Stelle, die über den Widerspruch entscheidet, unverzüglich mitzuteilen.

410 Von den Vorschriften des SGB X finden folglich, da das SGG insoweit abschließende Regelungen enthält, keine Anwendung:

§ 27 SGB X: Wiedereinsetzung	>	§ 67 SGB X
§ 33 (2) SGB X: Formfreiheit	>	§ 85 (2) SGB X
§ 39 (2) VwVfG: Absehen von Begründung	>	§ 84 (1) SGB X bzgl. des Widerspruchs-, nicht aber des Abhilfebescheides
§§ 48 ff. VwVfG: Aufhebung von VAen	>	§ 85 (1) SGB X (BVerwG NVwZ 97, 272)

Bei der Abgabenordnung ergibt sich die Frage der Anwendbarkeit ihrer Vorschriften auf das Einspruchsverfahren nicht, da dieses selbst in der AO geregelt ist (§§ 347 ff.).

2. Prüfung der aufschiebenden Wirkung von Widerspruch und Anfechtungsklage

Literaturempfehlungen: siehe im Literaturverzeichnis Nr. 3

a) Übersicht

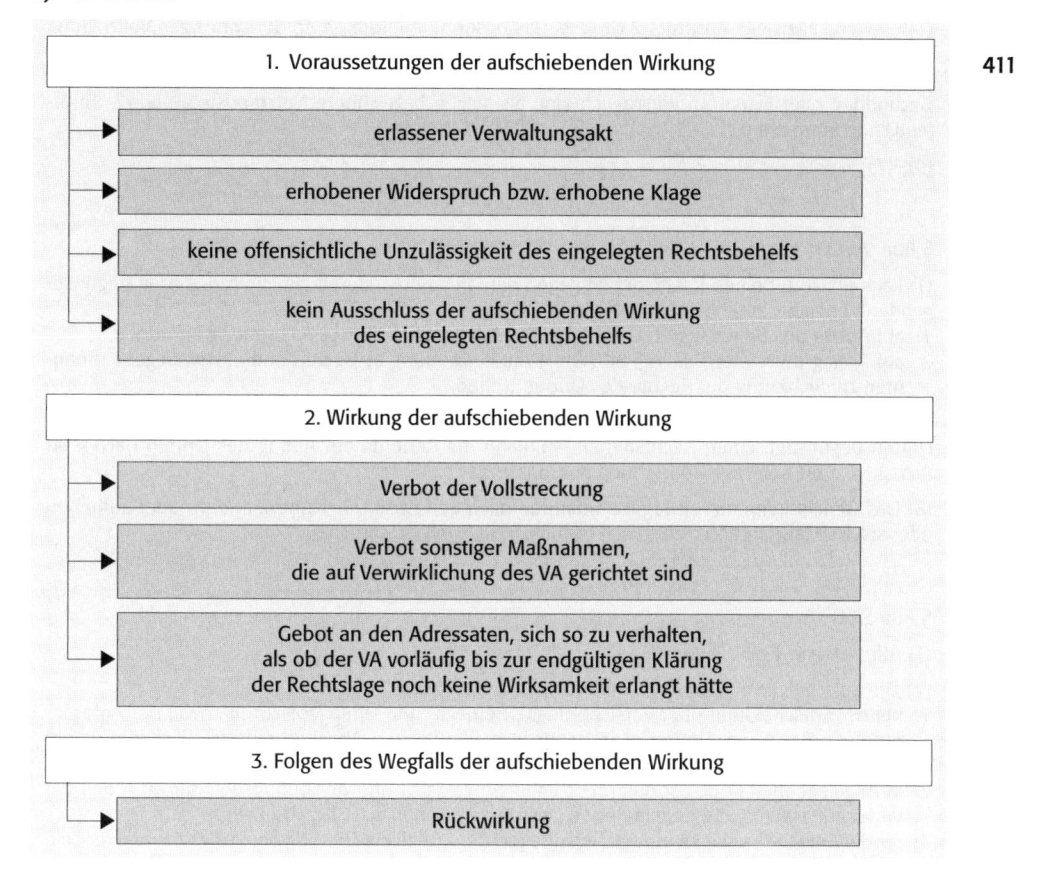

1. Voraussetzungen der aufschiebenden Wirkung 411
   - erlassener Verwaltungsakt
   - erhobener Widerspruch bzw. erhobene Klage
   - keine offensichtliche Unzulässigkeit des eingelegten Rechtsbehelfs
   - kein Ausschluss der aufschiebenden Wirkung des eingelegten Rechtsbehelfs

2. Wirkung der aufschiebenden Wirkung
   - Verbot der Vollstreckung
   - Verbot sonstiger Maßnahmen, die auf Verwirklichung des VA gerichtet sind
   - Gebot an den Adressaten, sich so zu verhalten, als ob der VA vorläufig bis zur endgültigen Klärung der Rechtslage noch keine Wirksamkeit erlangt hätte

3. Folgen des Wegfalls der aufschiebenden Wirkung
   - Rückwirkung

b) Die Normen

§ 80 VwGO:

(1) Widerspruch und Anfechtungsklage haben aufschiebende Wirkung. Das gilt auch bei rechtsgestaltenden und feststellenden Verwaltungsakten sowie bei Verwaltungsakten mit Doppelwirkung (§ 80a). 412

(2) Die aufschiebende Wirkung entfällt nur
1. bei der Anforderung von öffentlichen Abgaben und Kosten,
2. bei unaufschiebbaren Anordnungen und Maßnahmen von Polizeivollzugsbeamten

3. in anderen durch Bundesgesetz oder für Landesrecht durch Landesgesetz vorgeschriebenen Fällen, insbesondere für Widersprüche und Klagen Dritter gegen Verwaltungsakte, die Investitionen oder die Schaffung von Arbeitsplätzen betreffen,
4. in den Fällen, in denen die sofortige Vollziehung im öffentlichen Interesse oder im überwiegenden Interesse eines Beteiligten von der Behörde, die den Verwaltungsakt erlassen oder über den Widerspruch zu entscheiden hat, besonders angeordnet wird. Die Länder können auch bestimmen, dass Rechtsbehelfe keine aufschiebende Wirkung haben, soweit sie sich gegen Maßnahmen richten, die in der Verwaltungsvollstreckung durch die Länder nach Bundesrecht getroffen werden.

(3) In allen Fällen des Absatzes 2 Nr. 4 ist das besondere Interesse an der sofortigen Vollziehung des Verwaltungsakts schriftlich zu begründen. Einer besonderen Begründung bedarf es nicht, wenn die Behörde bei Gefahr im Verzug, insbesondere bei drohenden Nachteilen für Leben, Gesundheit oder Eigentum vorsorglich eine als solche bezeichnete Notstandsmaßnahme im öffentlichen Interesse trifft.

(4)–(7) ...

413 | **§ 80a VwGO:**

(1) Legt ein Dritter einen Rechtsbehelf gegen den an einen anderen gerichteten, diesen begünstigenden Verwaltungsakt ein, kann die Behörde
1. auf Antrag des Begünstigten nach § 80 Abs. 2 Nr. 4 die sofortige Vollziehung anordnen,
2. auf Antrag des Dritten nach § 80 Abs. 4 die Vollziehung aussetzen und einstweilige Maßnahmen zur Sicherung der Rechte des Dritten treffen.

(2) Legt ein Betroffener gegen einen an ihn gerichteten belastenden Verwaltungsakt, der einen Dritten begünstigt, einen Rechtsbehelf ein, kann die Behörde auf Antrag des Dritten nach § 80 Abs. 2 Nr. 4 die sofortige Vollziehung anordnen.

(3) Das Gericht kann auf Antrag Maßnahmen nach den Absätzen 1 und 2 ändern oder aufheben oder solche Maßnahmen treffen. 2 § 80 Abs. 5 bis 8 gilt entsprechend.

414 | **§ 86a SGG**

(1) *(ähnlich wie § 80 (1) VwGO)*

(2) Die aufschiebende Wirkung entfällt
1. bei der Entscheidung über Versicherungs-, Beitrags- und Umlagepflichten sowie der Anforderung von Beiträgen, Umlagen und sonstigen öffentlichen Abgaben einschließlich der darauf entfallenden Nebenkosten,
2. in Angelegenheiten des sozialen Entschädigungsrechts und der Bundesagentur für Arbeit bei Verwaltungsakten, die eine laufende Leistung entziehen oder herabsetzen,
3. für die Anfechtungsklage in Angelegenheiten der Sozialversicherung bei Verwaltungsakten, die eine laufende Leistung herabsetzen oder entziehen,
4. in anderen durch Bundesgesetz vorgeschriebenen Fällen,
5. *(ähnlich wie § 80 (2) Nr. 4 VwGO)*.

Soweit das folgende Prüfungsschema nicht spezielle Ausführungen zu § 80 VwGO enthält, ist es auf Widerspruch und Klage nach dem SGG entsprechend anzuwenden.

c) Das Prüfungsschema

Beispiel: A hat am 27. 7. 2008 eine Abbruchverfügung erhalten. Er legt am 15. 8. 2008 Widerspruch ein.

1. Voraussetzungen der aufschiebenden Wirkung

1.1 Es muss ein VA erlassen worden sein, gegen den im Hauptsacheverfahren eine Anfechtungsklage statthaft wäre. 415

Beispiel: Gaststättenschließung, nicht aber die Ablehnung einer Gaststättenerlaubnis.

1.2 Es muss Widerspruch bzw. Klage erhoben worden sein. 416

1.3 Der Widerspruch bzw. die Klage darf nicht offensichtlich unzulässig sein (z. B. OVG Hamburg, NVwZ 1987, 1002). 417

> Offensichtlich unzulässig ist der Widerspruch, wenn
>
> - der Verwaltungsrechtsweg nicht eröffnet ist,
>
>   *Beispiel:* bei einem gegen einen Bußgeldbescheid eingelegten Rechtsbehelf
>
> - der Widerspruch (bzw. die Klage) nicht wirksam eingelegt worden ist,
>
>   *Beispiel:* Der Widerspruch ist telefonisch oder durch einen Vertreter ohne Vollmacht eingelegt worden.
>
> - der Widerspruch (bzw. die Klage) offensichtlich verspätet ist,
>
>   *Beispiel:* Der Widerspruch wird trotz ordnungsgemäßer Rechtsbehelfsbelehrung erst nach acht Wochen eingelegt, ohne dass ein Wiedereinsetzungsgrund geltend gemacht wird oder sonst ersichtlich ist.
>
> - der Betroffene unter keinen denkbaren Gesichtspunkten in seinen Rechten betroffen sein kann.
>
>   *Beispiel:* Jemand legt gegen die Ausweisung eines Ausländers, von der er aus der Zeitung erfahren hat, Widerspruch ein.

1.4 Die aufschiebende Wirkung darf nicht gemäß § 80 (2) VwGO ausgeschlossen sein. 418

> - zu Nr. 1:
> Öffentliche Abgaben und Kosten sind Steuern, Gebühren, Beiträge und sonstige Abgaben, die die Deckung des Finanzierungsbedarfs des Staates zum Ziel haben. Nicht darunter fallen daher z.B. Zwangsgelder, Säumniszuschläge oder die Kosten einer Ersatzvornahme.
>
> - zu Nr. 2:
> Diese Vorschrift wird u. a. analog angewandt auf Verkehrszeichen.

- zu Nr. 3:
Beispiele sind: § 126 (3) Nr. 3 BRRG, § 21 (3) 2 AuslG, § 3 WBO, §§ 33 (5) 2 WPflG. Der Ausschluss der aufschiebenden Wirkung im Vollstreckungsverfahren fällt dagegen nicht darunter, sondern beruht auf der Ermächtigung des § 187 (3) VwGO.

- zu Nr. 4:
Die aufschiebende Wirkung ist ausgeschlossen, wenn die sofortige Vollziehung angeordnet worden ist. Ob die in Nr. 4 dafür genannten materiellen Voraussetzungen vorliegen oder nicht, ist demgegenüber keine Frage der aufschiebenden Wirkung, sondern der Begründetheit eines Antrages auf Wiederherstellung der aufschiebenden Wirkung nach § 80 (5) VwGO.

2. Folgen der aufschiebenden Wirkung

(vgl. z. B. Kopp, VwVfG Rn 22 ff.; OVG Bremen NVwZ-RR 1993, 216)

419
- Verbot der Vollstreckung des VA (soweit er vollstreckbar ist).
  Beispiel: Verbot des Abbruchs eines ungenehmigten Anbaus, wenn gegen die Abbruchverfügung Widerspruch eingelegt worden ist.

- Verbot sonstiger Maßnahmen, die auf die Verwirklichung des VA gerichtet sind.
  Beispiel: Verhängung eines Bußgeldes wegen Fahrens ohne Führerschein trotz eingelegten Widerspruchs gegen die Entziehung der Fahrerlaubnis.

- Gebot an den Adressaten, sich so zu verhalten, als ob der VA vorläufig bis zur abschließenden Klärung der Rechtslage noch keine Wirksamkeit erlangt hätte.
  Beispiel: Der Beamte, der gegen seine Entlassung Widerspruch eingelegt hat, muss bis zur endgültigen Entscheidung über den Widerspruch weiterhin zum Dienst gehen.

d) Folgen des Wegfalls der aufschiebenden Wirkung bei Unanfechtbarkeit des Widerspruchsbescheides (bzw. Rechtskraft des Urteils)

420
Der Wegfall der aufschiebenden Wirkung wirkt auf den Zeitpunkt des Einlegens des Widerspruchs zurück. Alle Beteiligten müssen sich also so verhalten, als ob der Verwaltungsakt von vornherein voll wirksam gewesen wäre.

Beispiel: Der Widerspruch eines Beamten gegen seine Entlassung wird unanfechtbar zurückgewiesen. Hier ist die Folge, dass der Beamte zu dem Zeitpunkt, der in der *Entlassungsverfügung* genannt ist, aus dem Dienst geschieden ist und nicht erst mit Unanfechtbarkeit des Widerspruchsbescheides. Stirbt er etwa während des Widerspruchverfahrens, wird seine Frau also nicht Beamtenwitwe mit entsprechenden Ansprüchen gegen den Staat.

3. Prüfung der Voraussetzungen einer Aussetzung der Vollziehung eines Verwaltungsakts durch die Behörde

Literaturempfehlungen: siehe im Literaturverzeichnis Nr. 3

Hinweis: Die Möglichkeit der Aussetzung der Vollziehung durch die Behörde ist in § 80 (4) VwGO geregelt (s. u. Rn 423). Die Möglichkeit der Aussetzung regeln auch die beiden anderen Gerichtsordnungen: das Sozialgerichtsgesetz (SGG) in § 86 (3) und die Finanzgerichtsordnung (FGO) in § 69 (2). Da diese Vorschriften die Voraussetzungen der Aussetzung ähnlich wie § 80 (4) VwGO regeln, kann das folgende Prüfungsschema auf sie entsprechend angewendet werden. Soweit in dem Schema auf § 80 (5) VwGO verwiesen wird, müsste entsprechend im Hinblick auf das sozialgerichtliche Verfahren auf § 86 (3) SGG und im Hinblick auf das finanzgerichtliche Verfahren auf § 69 (3) FGO verwiesen werden.

421

a) Übersicht

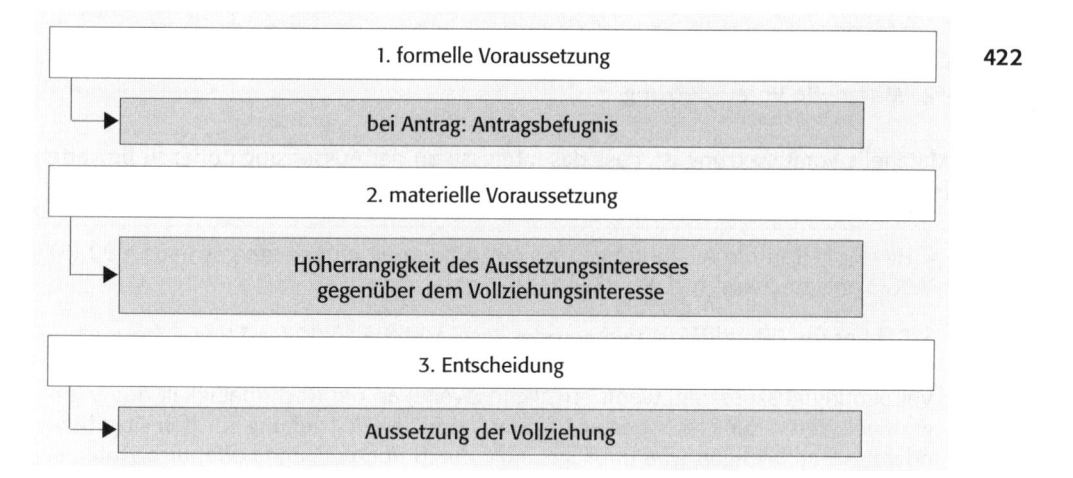

1. formelle Voraussetzung
   → bei Antrag: Antragsbefugnis
2. materielle Voraussetzung
   → Höherrangigkeit des Aussetzungsinteresses gegenüber dem Vollziehungsinteresse
3. Entscheidung
   → Aussetzung der Vollziehung

422

b) Die Norm

§ 80 (4) VwGO:
Die Behörde, die den Verwaltungsakt erlassen oder über den Widerspruch zu entscheiden hat, kann in den Fällen des Absatzes 2 die Vollziehung aussetzen, soweit nicht bundesgesetzlich etwas anderes bestimmt ist. Bei der Anforderung von öffentlichen Abgaben und Kosten kann sie die Vollziehung auch gegen Sicherheit aussetzen. Die Aussetzung soll bei öffentlichen Abgaben und Kosten erfolgen, wenn ernstliche Zweifel an der Rechtmäßigkeit des angegriffenen Verwaltungsakts bestehen oder wenn die Vollziehung für den Abgaben- oder Kostenpflichtigen eine unbillige, nicht durch überwiegende öffentliche Interessen gebotene Härte zur Folge hätte.

423

c) Das Prüfungsschema

1. Formelle Voraussetzung

424 Die Möglichkeit der (Erst- oder Widerspruchs-)Behörde, die Vollziehung auszusetzen, wird i. d. R. aufgrund eines Antrages erfolgen. In diesem Fall ist als Zulässigkeitsvoraussetzung die Antragsbefugnis analog § 42 (2) VwGO – wie bei der Anfechtungsklage (vgl. Rn 464) – zu prüfen.

425 Die Behörde kann die Aussetzung aber auch von Amts wegen vornehmen.

426 Die Aussetzung der Vollziehung – bzw. der Zulässigkeit eines entsprechenden Antrages – ist *nicht* dadurch ausgeschlossen, dass

- in der Hauptsache noch kein Widerspruch eingelegt ist,
- ein eingelegter Widerspruch unzulässig ist,
- zuvor oder gleichzeitig ein Antrag beim Verwaltungsgericht nach § 80 (5) VwGO gestellt worden ist,
- in der Zwischenzeit Klage erhoben worden ist.

2. Materielle Voraussetzung

427 Materielle Voraussetzung ist, dass das Interesse an der Aussetzung höher zu bewerten ist als das Interesse an der Vollziehung.

- Hierfür gelten die Ausführungen zur Begründetheit eines Antrages nach § 80 (5) VwGO entsprechend (vgl. Rn 436, 442).

- Geht es um öffentliche *Abgaben* oder *Kosten*, enthält § 80 (4) 3 VwGO besondere Kriterien, die bei der Abwägung zu beachten sind. Hiernach ist grundsätzlich die Vollziehung auszusetzen, wenn ernstliche Zweifel an der Rechtmäßigkeit des angegriffenen Verwaltungsakts bestehen oder wenn die Vollziehung für den Abgaben- oder Kostenpflichtigen eine unbillige, nicht durch überwiegende öffentliche Interessen gebotene Härte zur Folge hätte.

3. Entscheidung

428 Ist nach der Abwägung unter 2. das Aussetzungsinteresse höher zu bewerten, so ist die Vollziehung auszusetzen.

Das kann erfolgen:

- ganz oder zum Teil
- unter Bedingungen
- mit Auflagen
- gegen Sicherheitsleistung (trotz der irreführenden Formulierung des Abs. 4 S. 2 auch bei Verwaltungsakten, die nicht Abgaben oder Kosten betreffen)
- Die Entscheidung kann auch – in entsprechender Anwendung des § 80 (5) S. 3 VwGO – anordnen, dass bereits erfolgte Vollziehungsmaßnahmen rückgängig gemacht werden.

4. Prüfung der Erfolgsaussichten eines Antrages nach § 80 (5) VwGO an das Verwaltungsgericht auf Herstellung bzw. Wiederherstellung der aufschiebenden Wirkung eines Widerspruchs

Literaturempfehlungen: siehe im Literaturverzeichnis Nr. 3

a) Übersicht

429

Ein Antrag nach § 80 (5) VwGO hätte Aussicht auf Erfolg, wenn er zulässig und begründet wäre.

- **Zulässigkeit**
  - Statthaftigkeit
  - Antragsbefugnis
  - zuständiges Gericht
  - Form
  - u. U. Vorverfahren
- **Begründetheit**
  - in den Fällen des § 80 (2) Nr. 1–3 VwGO
    - Wenn das Aussetzungsinteresse ausnahmsweise höher zu bewerten ist als das Vollzugsinteresse und die Rechtsverletzung des Antragsstellers
  - in den Fällen des § 80 (2) Nr. 4 VwGO
    - *Rechtswidrigkeit* der Anordnung
      - formelle Rechtmäßigkeitsanforderungen
      - materielle Rechtmäßigkeitsanforderungen
      - *Tatbestand des § 80 (2) Nr. 4 VwGO*
      - *Rechtsfolge des § 80 (2) Nr. 4 VwGO*
    - *Rechtsverletzung* des Antragstellers

Hinweis: Das SGG regelt in § 86b (1) die Möglichkeit eines entsprechenden Antrages an das Sozialgericht. Da dieser Antrag ähnlich zu prüfen ist wie der nach § 80 (5) VwGO, ist die folgende Übersicht und das folgende Prüfungsschema auf ihn entsprechend anzuwenden.

430

b) Die Normen

§ 80 VwGO:

(1), (2), (3), (4) vgl. Rn 412, 423

431

(5) Auf Antrag kann das Gericht der Hauptsache die aufschiebende Wirkung in den Fällen des Absatzes 2 Nr. 1 bis 3 ganz oder teilweise anordnen, im Falle des Absatzes 2 Nr. 4 ganz oder teilweise wiederherstellen. Der Antrag ist schon vor Erhebung der Anfechtungsklage zulässig. Ist der Verwaltungsakt im Zeitpunkt der Entscheidung schon vollzogen, so kann das Gericht die Aufhebung der Vollziehung anordnen. Die Wiederherstellung der aufschiebenden Wirkung kann von der Leistung einer Sicherheit oder von anderen Auflagen abhängig gemacht werden. Sie kann auch befristet werden.

(6) In den Fällen des Absatzes 2 Nr. 1 ist der Antrag nach Absatz 5 nur zulässig, wenn die Behörde einen Antrag auf Aussetzung der Vollziehung ganz oder zum Teil abgelehnt hat. Das gilt nicht, wenn
1. die Behörde über den Antrag ohne Mitteilung eines zureichenden Grundes in angemessener Frist sachlich nicht entschieden hat oder
2. eine Vollstreckung droht.

(7) Das Gericht der Hauptsache kann Beschlüsse über Anträge nach Absatz 5 jederzeit ändern oder aufheben. Jeder Beteiligte kann die Änderung oder Aufhebung wegen veränderter oder im ursprünglichen Verfahren ohne Verschulden nicht geltend gemachter Umstände beantragen.

§ 80a VwGO:

(1) Legt ein Dritter einen Rechtsbehelf gegen den an einen anderen gerichteten, diesen begünstigenden Verwaltungsakt ein, kann die Behörde
1. auf Antrag des Begünstigten nach § 80 Abs. 2 Nr. 4 die sofortige Vollziehung anordnen,
2. auf Antrag des Dritten nach § 80 Abs. 4 die Vollziehung aussetzen und einstweilige Maßnahmen zur Sicherung der Rechte des Dritten treffen.

432

(2) Legt ein Betroffener gegen einen an ihn gerichteten belastenden Verwaltungsakt, der einen Dritten begünstigt, einen Rechtsbehelf ein, kann die Behörde auf Antrag des Dritten nach § 80 Abs. 2 Nr. 4 die sofortige Vollziehung anordnen.

(3) Das Gericht kann auf Antrag Maßnahmen nach den Absätzen 1 und 2 ändern oder aufheben oder solche Maßnahmen treffen. § 80 Abs. 5 bis 8 gilt entsprechend.

c) Das Prüfungsschema

Beispiel: A soll eine 300 Jahre alte Eiche fällen, die umzustürzen droht. Die sofortige Vollziehung der Verfügung wurde angeordnet. A legt Widerspruch ein und stellt beim Verwaltungsgericht einen Antrag, die Anordnung der sofortigen Vollziehung aufzuheben.

Der Antrag nach § 80 (5) VwGO hätte Aussicht auf Erfolg, wenn er zulässig und begründet wäre.

433

1. Zulässigkeit

1.1 Statthaftigkeit

434 1.1.1 **Belastender VA**[12]

1.1.2 **Zulässigkeit des Verwaltungsrechtsweges**

Prüfung wie bei der Anfechtungsklage (vgl. Rn 461)

1.1.3 **Widerspruch eingelegt**: § 80 (1) VwGO[13]

1.1.4 **Keine aufschiebende Wirkung des Widerspruchs**[14]

- gemäß § 80 (2) Nr. 1–3 VwGO kraft Gesetzes oder
- gemäß § 80 (2) Nr. 4 VwGO kraft Anordnung der sofortigen Vollziehung?

1.2 Antragsbefugnis des Antragstellers: analog § 42 (2) VwGO

Prüfung wie bei der Anfechtungsklage (vgl. Rn 464)

1.3 Zuständiges Gericht: Gericht der Hauptsache: § 80 (5) VwGO

1.4 Form: Schriftform analog § 81 VwGO

1.5 Ergebnisloses Vorverfahren im Fall des § 80 (2) Nr. 1 VwGO

Nach § 80 (6) VwGO ist im Fall des § 80 (1) Nr. 1 VwGO der Antrag nach Absatz 5 nur zulässig, wenn die Behörde einen Antrag auf Aussetzung der Vollziehung ganz oder zum Teil abgelehnt hat. Das gilt jedoch nicht, wenn die Behörde über den Antrag ohne Mitteilung eines zureichenden Grundes in angemessener Frist sachlich nicht entschieden hat oder wenn eine Vollstreckung droht.

2. Begründetheit

435 > Es ist zu unterscheiden, ob es um einen Fall des § 80 (2) Nr. 1–3 VwGO (Die aufschiebende Wirkung des Widerspruchs entfällt *kraft Gesetzes*) oder um einen Fall nach § 80 (2) Nr. 4 VwGO (Die aufschiebende Wirkung des Widerspruchs entfällt, weil die Behörde die sofortige Vollziehung angeordnet hat) geht. In der folgenden Darstellung ist die Begründetheit für diese beiden Fälle getrennt dargestellt. Es ist im konkreten Fall das einschlägige Schema heranzuziehen.

---

12 Vgl. Rn 46 ff., 152.
13 Vgl. Rn 392 ff.
14 Vgl. Rn 418.

2.1 Begründetheit in den Fällen des § 80 (2) Nr. 1–3 VwGO

Es ist abzuwägen zwischen
- dem vom Gesetz durch den Ausschluss der aufschiebenden Wirkung anerkannten besonderen Vollzugsinteresse (das grundsätzlich überwiegt!) und
- dem Interesse des Betroffenen am Unterbleiben des Vollzugs. Nur wenn dieses überwiegt, ist der Antrag begründet.

436

> *Hinweis:* Im Fall des § 80 (2) Nr. 1 VwGO ist das nach der Wertung des § 80 (4) S. 3 bei ernstlichen Zweifeln an der Rechtmäßigkeit des VA oder bei unbilliger Härte der Fall, im Fall der Nr. 2 und 3 bei ernstlichen Zweifeln an der Rechtmäßigkeit des VA. Die Rechtmäßigkeit ist nach den Schemata Rn 134 ff zu prüfen.

2.2 Begründetheit im Fall des § 80 (2) Nr. 4 VwGO

Der Antrag nach § 80 VwGO ist *begründet*, wenn die Anordnung der sofortigen Vollziehung rechtswidrig ist und den Antragsteller in seinen Rechten verletzt (§ 113 (1) S. 1 VwGO analog).

437

2.2.1 Rechtswidrigkeit der Anordnung der sofortigen Vollziehung

> Sie wäre rechtswidrig, wenn ein Verstoß gegen das Prinzip der Gesetzmäßigkeit der Verwaltung (Art. 20 GG) vorliegen würde. Danach darf kein staatliches Handeln gegen geltendes Recht verstoßen (Vorrang des Gesetzes, Art. 20 (3) GG). Weiterhin bedarf danach die Verwaltung für alle belastenden und sonst wesentlichen Maßnahmen einer gesetzlichen Ermächtigungsgrundlage (Vorbehalt des Gesetzes, Art. 2 ff., 20 GG).

438

> *Hinweis:* Ob die Anordnung der sofortigen Vollziehung ein VA ist, ist in Rechtsprechung und Literatur umstritten (vgl. zum Streitstand Kopp/Puttler § 80 Rn 82; für VA neuerdings wohl auch BVerfG NJW 2003, 3619 : „selbständiger Eingriff"). Auf diese Streitfrage kommt es aber – wie aus Rn 439 und 444 ersichtlich – im praktischen Fall nicht an.

(1) Formelle Rechtmäßigkeitsanforderungen

(bezogen auf die Befugnis einer Anordnung der sofortigen Vollziehung, nicht etwa auf den Grundverwaltungsakt!)
- Zuständigkeit: Nach § 80 (2) Nr. 4 VwGO ist die Behörde, die den VA erlassen oder über den Widerspruch zu entscheiden hat, zuständig.
- Verfahren: § 28 VwVfG findet unstreitig keine Anwendung, da § 80 VwGO als Sonderregelung keine entsprechende Regelung enthält.
- Form: § 80 (3) VwGO sieht für die Begründung als Regel die Schriftform vor. Daraus ist abzuleiten, dass auch die Anordnung selbst schriftlich zu erfolgen hat.

439

> „(3) In den Fällen des Absatzes 2 Nr. 4 ist das besondere Interesse an der sofortigen Vollziehung des Verwaltungsakts schriftlich zu begründen. Einer besonderen Begründung bedarf es nicht, wenn die Behörde bei Gefahr im Verzug, insbesondere bei drohenden Nachteilen für Leben, Gesundheit oder Eigentum vorsorglich eine als solche bezeichnete Notstandsmaßnahme im öffentlichen Interesse trifft."

Die Begründung kann ausnahmsweise auf die Begründung des zu vollziehenden VA Bezug nehmen, wenn aus dieser bereits die besondere Dringlichkeit der Anordnung der sofortigen Vollziehung hervorgeht und die von der Behörde getroffene Interessenabwägung erkennbar ist.

(2) Materielle Rechtmäßigkeitsanforderungen

440 Als wirksame Ermächtigungsgrundlage kommt § 80 (2) Nr. 4 VwGO in Betracht.

- Tatbestand des § 80 (2) Nr. 4 VwGO

Die sofortige Vollziehung muss im öffentlichen Interesse oder im überwiegenden Interesse eines Beteiligten besonders angeordnet sein (vgl. Rn 719).

Hier ist zu unterscheiden:

441 → Wenn der VA, dessen sofortige Vollziehung angeordnet wurde, rechtswidrig ist und damit der in der Hauptsache eingelegte Rechtsbehelf (Widerspruch, Klage) Erfolg hat, kann das VG ein besonderes öffentliches Interesse oder ein überwiegendes Interesse einer Beteiligten nicht bejahen. Die Prüfung der Rechtswidrigkeit (Rechtmäßigkeit) erfolgt nach den Aufbauschemata Rn 134 ff.

442 → Wenn der VA aufgrund der Prüfung durch das VG rechtmäßig ist, erübrigt sich die Feststellung eines besonderen Vollzugsinteresses nicht. Die bloße Rechtmäßigkeit kann das besondere Vollzugsinteresse weder begründen, noch ersetzen oder entbehrlich machen. Zudem kann ein Widerspruch auch aus Gründen der Zweckmäßigkeit Erfolg haben, selbst wenn der VA rechtmäßig ist. Hier ist daher das öffentliche Interesse bzw. das überwiegende Interesse eines Beteiligten konkret zu prüfen.

443 Das Gleiche gilt, wenn sich die Rechtmäßigkeit in dem Eilverfahren Verfahren nach § 80 (5) VwGO nicht ohne weitere Aufklärung festgestellt werden kann.

Wann liegen die Voraussetzungen des § 80 (2) Nr. 4 VwGO nun vor?

Ein öffentliche Interesse bzw. ein überwiegendes Interesse eines Beteiligten am Sofortvollzug des VA ist zu bejahen, wenn es so gewichtig ist, dass es gerechtfertigt erscheint, den durch die aufschiebende Wirkung ansonsten eintretenden Rechtsschutz des Betroffenen einstweilen zurückzustellen. Ob es besteht, ist durch eine Abwägung aller Umstände des konkreten Einzelfalles festzustellen (BVerfG BayVBl 1990, 207). Im Einzelnen sind dabei zu berücksichtigen (Die folgenden Aspekte überschneiden sich zum Teil, können also kumulativ einschlägig sein!):

1. das spezielle Interesse der anordnenden Behörde. Es muss, um zu überwiegen, hinreichend gewichtig und dringlich sein, z. B. (vgl. Kopp, VwGO, § 80, Rn 90 ff.):
- bei besonderen Gefahrensituationen
  Beispiel: Eine Fahrerlaubnis wir entzogen, weil der Inhaber mehrfach unter hohem Alkoholeinfluss Auto gefahren ist.
- wenn der Gesetzeszweck nur bei Sofortvollzug erreicht werden kann
  Beispiel: Die unter Verstoß gegen das Mutterschutzgesetz erfolgte Beschäftigung einer Hochschwangeren wird untersagt.
- beim Unterlaufen eines Genehmigungserfordernisses, wenn im Schutz der aufschiebenden Wirkung eine genehmigungsbedürftige Nutzung fortgesetzt werden könnte.
  Beispiel: Verbot der Ausübung eines ohne Genehmigung ausgeübten genehmigungspflichtigen Handwerks.
- bei Wertung des Gesetzgebers, wenn dieser den verbotenen Zustand zu einer Ordnungswidrigkeit gemacht hat
  Beispiel: Verbot von ruhestörendem Lärm.
- um ein „Exempel zu statuieren"
  Beispiel: Die sofortige Ausweisung eines ausländischen Drogenhändlers soll bewirken, dass andere Ausländer von einer entsprechenden Straftat abgehalten werden.
- zum wirksamen Vollzug des Europarechts
  Beispiel: Rückforderung einer unter Verstoß gegen den EG-Vertrag, also rechtswidrig erfolgten Subvention.
- bei fehlender Erfolgsaussicht eines Rechtsbehelfs, wenn der Tatbestand der Ermächtigungsgrundlage *eindeutig* vorliegt und die Rechtsfolge zwingend ist.
  Beispiel: Auflösung einer verbotenen Versammlung.

2. Das Interesse des Betroffenen an der aufschiebenden Wirkung, etwa wegen der Schwierigkeit oder Unmöglichkeit einer etwaigen Rückgängigmachung eines sofortigen Vollzugs.
Beispiel: Ein Ausländer wird in seinen Heimatstaat, in dem ihm politische Verfolgung droht, ausgewiesen.

3. sonstige öffentliche oder durch die Behörde zu schützende private Interessen, soweit sie in unmittelbarem rechtlichen Zusammenhang mit dem zu vollziehenden VA stehen.
Beispiele: Die Interessen des Ehepartners eines ausgewiesenen Ausländers oder der Verlust von Arbeitsplätzen bei Schließung eines Betriebes.

- Rechtsfolge des § 80 (2) Nr. 4 VwGO

444

Die Prüfung erfolgt in entsprechender Anwendung des Schemas Rn 165 ff. Das gilt auch, wenn man die Anordnung der sofortigen Vollziehung nicht als Verwaltungsakt ansieht (vgl. Rn 438), da die unter Rn 165 ff. genannten Aspekte allgemeingültige Grundsätze sind, die als solche für jede Art des Verwaltungshandelns gelten. Zu beachten ist jedoch:

- Da die Berücksichtigung der Interessen des Anfechtenden und Dritter und damit die Angemessenheit (Rn 174) sinnvoller Weise bereits auf der Ebene des Tatbestandes geprüft worden ist, ist darauf bei der Prüfung der Verhältnismäßigkeit zu verweisen.
- Der Aspekt „Möglichkeit der Befolgung" (Rn 178, 167) entfällt, da die Anordnung der sofortigen Vollziehung von dem Adressaten kein Handeln verlangt.
- Ist bei einer Klausuraufgabe zuvor ein Widerspruch geprüft worden, kann auf die dabei erfolgte Prüfung der Rechtsfolge des angefochtenen Verwaltungsakts hinsichtlich der notwendigen Definitionen verwiesen werden. Es ist also nur noch die – in der Regel kurze – Subsumtion nötig.

2.2.2 Rechtsverletzung

445 Der Antragsteller ist, wenn die Anordnung der sofortigen Vollziehung rechtswidrig ist, in einem seiner Rechte verletzt, zumindest in dem aus Art. 2 (1) GG.

5. Prüfung der Erfolgsaussichten eines Antrages auf Erlass einer einstweiligen Anordnung

Beispiel: Ein Schüler hält seine Nichtversetzung in die nächsthöhere Klasse für rechtswidrig. Um für den Fall, dass seine dagegen gerichtete Klage Erfolg haben sollte, nicht in der Zwischenzeit den Anschluss zu verpassen, beantragt er, vorläufig am Unterricht der nächsthöheren Klasse teilnehmen zu können.

Literaturempfehlungen: siehe im Literaturverzeichnis Nr. 3

Hinweis: Dem § 123 VwGO entsprechende – überwiegend auch wortgleiche – Regelungen enthalten auch die beiden anderen allgemeinen Verfahrensgesetze: das SGG in § 86 b (2) und das FGG in § 114. Das folgende Prüfungsschema kann daher für diese beiden Gesetze entsprechend angewandt werden.

a) Die Norm

> **§ 123 VwGO:**
> (1) Auf Antrag kann das Gericht, auch schon vor Klageerhebung, eine einstweilige Anordnung in Bezug auf den Streitgegenstand treffen, wenn die Gefahr besteht, dass durch eine Veränderung des bestehenden Zustands die Verwirklichung eines Rechts des Antragstellers vereitelt oder wesentlich erschwert werden könnte. Einstweilige Anordnungen sind auch zur Regelung eines vorläufigen Zustands in Bezug auf ein streitiges Rechtsverhältnis zulässig, wenn diese Regelung, vor allem bei dauernden Rechtsverhältnissen, um wesentliche Nachteile abzuwenden oder drohende Gewalt zu verhindern oder aus anderen Gründen nötig erscheint.
> (2) Für den Erlass einstweiliger Anordnungen ist das Gericht der Hauptsache zuständig. Dies ist das Gericht des ersten Rechtszugs und, wenn die Hauptsache im Berufungsverfahren anhängig ist, das Berufungsgericht. § 80 Abs. 8 ist entsprechend anzuwenden.
> (3) Für den Erlass einstweiliger Anordnungen gelten §§ 920, 921, 923, 926, 928 bis 932, 938, 939, 941 und 945 der Zivilprozessordnung entsprechend.
> (4) Das Gericht entscheidet durch Beschluss.
> (5) Die Vorschriften der Absätze 1 bis 3 gelten nicht für die Fälle der §§ 80 und 80a.

446

b) Das Prüfungsschema

Beispiel: Schüler S ist nicht versetzt worden. Er hat dagegen Klage eingereicht und beantragt jetzt beim Verwaltungsgericht, bis zur endgültigen Entscheidung über die Klage vorläufig am Unterricht der nächst höheren Klasse teilnehmen zu können.

Der Antrag nach § 123 VwGO hätte Aussicht auf Erfolg, wenn er zulässig und begründet wäre.

447

1. Zulässigkeit

1.1 Zulässigkeit des Verwaltungsrechtsweges

Sie ist zu prüfen wie bei der Anfechtungsklage (vgl. Rn 461)

1.2 Antrag auf einstweilige Regelung gestellt

1.3 Statthaftigkeit des Antrages

> Der Antrag ist statthaft, wenn er sich nicht gegen die Vollziehung eines belastenden VA oder gegen die Beseitigung der aufschiebenden Wirkung eines Rechtsbehelfs richtet, § 123 (5) VwGO,

1.4 Antragsbefugnis des Antragstellers

§ 42 (2) VwGO analog (vgl. Rn 464)

1.5 Antrag beim Gericht der Hauptsache gestellt

§ 123 (2) 1 VwGO

2. Begründetheit

Der Antrag nach § 123 VwGO ist begründet, wenn der Antragsteller ein überwiegendes Interesse am Erlass der einstweiligen Anordnung hat.

2.1 Die Voraussetzungen des § 123 (1) S. 1 oder 2 müssen vorliegen:

- **Sicherungsanordnung nach § 123 (1) S. 1 VwGO**

Ihre Voraussetzungen sind:
→ drohende Veränderung eines bestehenden Zustandes
→ Gefahr, dass dadurch ein Recht des Antragstellers vereitelt oder wesentlich erschwert werden könnte.

Mit der Sicherungsanordnung soll der status quo von Rechten gegenüber drohenden Eingriffen vorläufig geschützt werden. Sie hat daher eine bestandsschützende Zielrichtung. Sie schützt damit in erster Linie Abwehrrechte, insbesondere Grundrechte, gegenüber belastenden Eingriffen. Belastende Eingriffe in bestehende Rechte erfolgen aber i. d. R. durch Verwaltungsakt. Der einstweilige Rechtsschutz bei belastenden Verwaltungsakten erfolgt jedoch nach Art. 80 VwGO, worauf auch § 123 (5) VwGO hinweist. Für § 123 VwGO verbleiben daher als Gegenstand der Sicherungsanordnung nur Eingriffe durch Realakte.

Beispiel: Eine Straße wird im Rahmen einer Erneuerung tiefer gelegt mit der Folge, dass Anwohner A die Zufahrt zu seinem Grundstück vereitelt zu werden droht. Hier wird durch Realakt in das sich aus Art. 14 GG ergebende Recht auf Zugang und Zufahrt zur öffentlichen Straße eingegriffen.

Darüber hinaus wird die Sicherungsanordnung z. T. auch auf Vornahmerechte angewandt wie Ansprüche auf Zahlung oder Erlass eines VA (z. B. Kopp, VwGO, Rn 7). Für sie sollte – zur klareren Abgrenzung der beiden Regelungsarten des § 123 – aber grundsätzlich die Regelungsanordnung (Rn 452) bejaht werden. Die Rechtsprechung bemüht sich im übrigen in solchen Fällen häufig nicht um eine klare Abgrenzung, sondern lässt häufig offen, ob die Entscheidungen aus § 123 (1) S. 1 oder S. 2 abgeleitet sind.

451

- **Regelungsanordnung nach § 123 (1) S. 2 VwGO**

Ihre Voraussetzungen sind:
→ streitiges Rechtsverhältnis, aus dem der Antragsteller eigene Rechte herleitet
→ drohender Eintritt wesentlicher Nachteile

452

Mit der Regelungsanordnung soll der Rechtskreis des Antragstellers vorläufig erweitert werden.

2.2 Folge bei Vorliegen der Voraussetzungen des § 123 VwGO

Ob bei Vorliegen der Voraussetzungen des § 123 (1) VwGO eine einstweilige Anordnung erlassen wird oder nicht, ist eine im *Ermessen* des Gerichts stehende Entscheidung. Dabei berücksichtigt das Gericht insbesondere folgende Aspekte:
- Erfolgsaussicht im Hauptsacheverfahren,
- Zumutbarkeit bzw. Unzumutbarkeit, eine Entscheidung in der Hauptsache abzuwarten,
- Ausmaß einer eventuellen Gefährdung oder Beeinträchtigung öffentlicher Interessen oder schutzwürdiger Interessen Dritter,
- Möglichkeit bzw. Unmöglichkeit, den für den Antragsteller bzw. für die Allgemeinheit oder Dritte entstehenden Schaden nachträglich wieder rückgängig zu machen.

453

V. Klagearten

Literaturempfehlungen: siehe im Literaturverzeichnis Nr. 3

1. Prüfung der Erfolgsaussichten einer Anfechtungsklage

Hinweis: zur Anfechtungsklage nach dem SGG und dem FGG: siehe Rn 460.

a) Übersicht

454

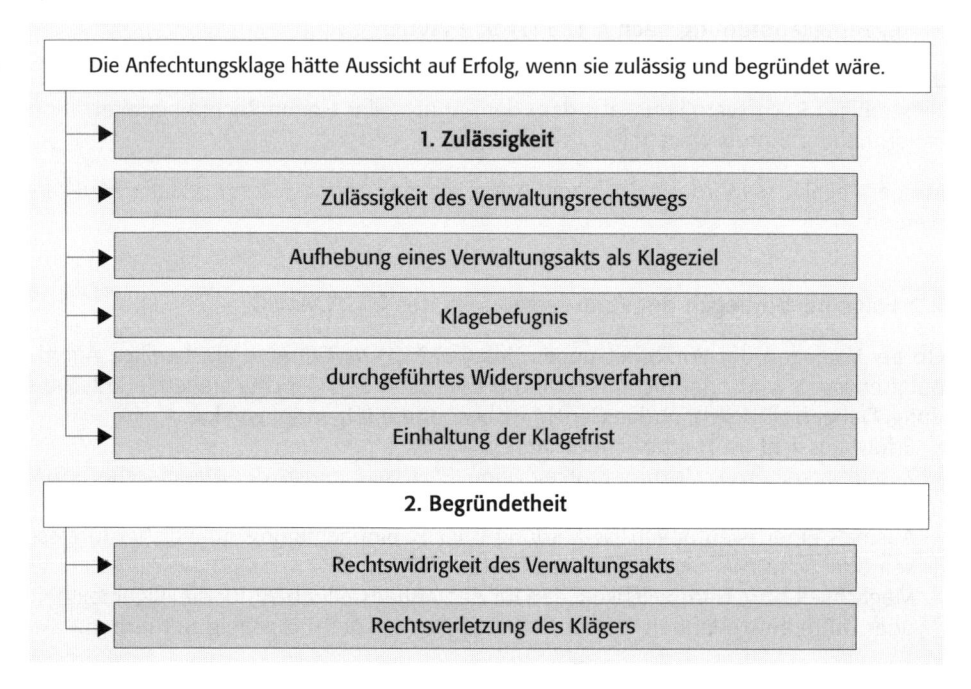

```
Die Anfechtungsklage hätte Aussicht auf Erfolg, wenn sie zulässig und begründet wäre.
   ▶ 1. Zulässigkeit
   ▶ Zulässigkeit des Verwaltungsrechtswegs
   ▶ Aufhebung eines Verwaltungsakts als Klageziel
   ▶ Klagebefugnis
   ▶ durchgeführtes Widerspruchsverfahren
   ▶ Einhaltung der Klagefrist
   2. Begründetheit
   ▶ Rechtswidrigkeit des Verwaltungsakts
   ▶ Rechtsverletzung des Klägers
```

b) Die Normen (zur Anfechtungs- und zur Verpflichtungsklage)

455 § 42 VwGO: (1) Durch Klage kann die Aufhebung eines Verwaltungsakts (Anfechtungsklage) sowie die Verurteilung zum Erlass eines abgelehnten oder unterlassenen Verwaltungsakts (Verpflichtungsklage) begehrt werden.

(2) Soweit gesetzlich nichts anderes bestimmt ist, ist die Klage nur zulässig, wenn der Kläger geltend macht, durch den Verwaltungsakt oder seine Ablehnung oder Unterlassung in seinen Rechten verletzt zu sein.

456 § 74 VwGO: (1) Die Anfechtungsklage muss innerhalb eines Monats nach Zustellung des Widerspruchsbescheids erhoben werden. Ist nach § 68 ein Widerspruchsbescheid nicht erforderlich, so muss die Klage innerhalb eines Monats nach Bekanntgabe des Verwaltungsakts erhoben werden.

(2) Für die Verpflichtungsklage gilt Absatz 1 entsprechend, wenn der Antrag auf Vornahme des Verwaltungsakts abgelehnt worden ist.

§ 75 VwGO: Ist über einen Widerspruch oder über einen Antrag auf Vornahme eines Verwaltungsakts ohne zureichenden Grund in angemessener Frist sachlich nicht entschieden worden, so ist die Klage abweichend von § 68 zulässig. Die Klage kann nicht vor Ablauf von drei Monaten seit der Einlegung des Widerspruchs oder seit dem Antrag auf Vornahme des Verwaltungsakts erhoben werden, außer wenn wegen besonderer Umstände des Falles eine kürzere Frist geboten ist. Liegt ein zureichender Grund dafür vor, dass über den Widerspruch noch nicht entschieden oder der beantragte Verwaltungsakt noch nicht erlassen ist, so setzt das Gericht das Verfahren bis zum Ablauf einer von ihm bestimmten Frist, die verlängert werden kann, aus. Wird dem Widerspruch innerhalb der vom Gericht gesetzten Frist stattgegeben oder der Verwaltungsakt innerhalb dieser Frist erlassen, so ist die Hauptsache für erledigt zu erklären.

457

§ 113 VwGO: (1) Soweit der Verwaltungsakt rechtswidrig und der Kläger dadurch in seinen Rechten verletzt ist, hebt das Gericht den Verwaltungsakt und den etwaigen Widerspruchsbescheid auf. Ist der Verwaltungsakt schon vollzogen, so kann das Gericht auf Antrag auch aussprechen, dass und wie die Verwaltungsbehörde die Vollziehung rückgängig zu machen hat. Dieser Ausspruch ist nur zulässig, wenn die Behörde dazu in der Lage und diese Frage spruchreif ist. Hat sich der Verwaltungsakt vorher durch Zurücknahme oder anders erledigt, so spricht das Gericht auf Antrag durch Urteil aus, dass der Verwaltungsakt rechtswidrig gewesen ist, wenn der Kläger ein berechtigtes Interesse an dieser Feststellung hat.

458

(2) Begehrt der Kläger die Änderung eines Verwaltungsakts, der einen Geldbetrag festsetzt oder eine darauf bezogene Feststellung trifft, kann das Gericht den Betrag in anderer Höhe festsetzen oder die Feststellung durch eine andere ersetzen. Erfordert die Ermittlung des festzusetzenden oder festzustellenden Betrags einen nicht unerheblichen Aufwand, kann das Gericht die Änderung des Verwaltungsakts durch Angabe der zu Unrecht berücksichtigten oder nicht berücksichtigten tatsächlichen oder rechtlichen Verhältnisse so bestimmen, dass die Behörde den Betrag auf Grund der Entscheidung errechnen kann. Die Behörde teilt den Beteiligten das Ergebnis der Neuberechnung unverzüglich formlos mit; nach Rechtskraft der Entscheidung ist der Verwaltungsakt mit dem geänderten Inhalt neu bekannt zu geben.

(3) Hält das Gericht eine weitere Sachaufklärung für erforderlich, kann es, ohne in der Sache selbst zu entscheiden, den Verwaltungsakt und den Widerspruchsbescheid aufheben, soweit nach Art oder Umfang die noch erforderlichen Ermittlungen erheblich sind und die Aufhebung auch unter Berücksichtigung der Belange der Beteiligten sachdienlich ist. Auf Antrag kann das Gericht bis zum Erlass des neuen Verwaltungsakts eine einstweilige Regelung treffen, insbesondere bestimmen, dass Sicherheiten geleistet werden oder ganz oder zum Teil bestehen bleiben und Leistungen zunächst nicht zurückgewährt werden müssen. Der Beschluss kann jederzeit geändert oder aufgehoben werden. Eine Entscheidung nach Satz 1 kann nur binnen sechs Monaten seit Eingang der Akten der Behörde bei Gericht ergehen.

(4) Kann neben der Aufhebung eines Verwaltungsakts eine Leistung verlangt werden, so ist im gleichen Verfahren auch die Verurteilung zur Leistung zulässig.

(5) Soweit die Ablehnung oder Unterlassung des Verwaltungsakts rechtswidrig und der Kläger dadurch in seinen Rechten verletzt ist, spricht das Gericht die Verpflichtung der Verwaltungsbehörde aus, die beantragte Amtshandlung vorzunehmen, wenn die Sache spruchreif ist. Andernfalls spricht es die Verpflichtung aus, den Kläger unter Beachtung der Rechtsauffassung des Gerichts zu bescheiden.

§ 114 VwGO: Soweit die Verwaltungsbehörde ermächtigt ist, nach ihrem Ermessen zu handeln, prüft das Gericht auch, ob der Verwaltungsakt oder die Ablehnung oder Unterlassung des Verwaltungsakts rechtswidrig ist, weil die gesetzlichen Grenzen des Ermessens überschritten sind oder von dem Ermessen in einer dem Zweck der Ermächtigung nicht entsprechenden Weise Gebrauch gemacht ist. Die Verwaltungsbehörde kann ihre Ermessenserwägungen hinsichtlich des Verwaltungsakts auch noch im verwaltungsgerichtlichen Verfahren ergänzen.

459

460 *Hinweis:* Die Anfechtungsklage wird nicht nur in der VwGO geregelt, sondern im Wesentlichen inhaltsgleich auch im SGG und im FGG geregelt. Das folgende Prüfungsschema kann daher für diese beiden Gesetze entsprechend angewandt werden. Vergleichbar sind:

VwGO	SGG	FGG
§ 42 (1)	§ 54 (1) 1	§ 40 (1)
§ 42 (2)	§ 54 (1) 2	§ 40 (2)
§ 74	§ 87	§ 47
§ 75	§ 88	§ 46
§ 113	§ 131	§ 100

c) Das Prüfungsschema

Beispiel: Gastwirt G klagt nach erfolglosem Widerspruch auf Aufhebung einer Verfügung, nach der er seine Gaststätte schließen muss.

Die Anfechtungsklage hätte Aussicht auf Erfolg, wenn sie zulässig und begründet wäre.

1. Zulässigkeit

1.1 Zulässigkeit des Verwaltungsrechtswegs

461 Der Verwaltungsrechtsweg kann aufgrund einer Sonderzuweisung oder aufgrund des § 40 VwGO gegeben sein.
→ Sonderzuweisung (z. B. §§ 126 (3) BRRG, 8 (4) HandwO, 54 BaföG)?
    Wenn nicht:
→ Generalklausel des § 40 (1) VwGO prüfen:

> § 40 VwGO: Der Verwaltungsrechtsweg ist in allen öffentlich-rechtlichen Streitigkeiten nichtverfassungsrechtlicher Art gegeben, soweit die Streitigkeiten nicht durch Bundesgesetz einem anderen Gericht ausdrücklich zugewiesen sind. ...

462 Zu prüfen ist:

○ Handelt es sich um eine öffentlich-rechtliche Streitigkeit?

Um eine öffentlich-rechtliche Streitigkeit handelt es sich, wenn der Streitigkeit eine Norm des öffentlichen Rechts zugrunde liegt (vgl. Rn 10 ff.).

○ Ist die Streitigkeit nichtverfassungsrechtlicher Art?

Die Streitigkeit ist nichtverfassungsrechtlicher Art, wenn sich keine Verfassungsorgane über die Auslegung der Verfassung streiten (vgl. BVerwGE 60, 172).

○ Liegt eine anderweitige Zuweisung vor?

z. B. an die Sozialgerichte, Finanzgerichte, Disziplinargerichte, Strafgerichte (z. B. bei Einspruch gegen Bußgeldbescheid), Zivilgerichte (z. B. für Amtshaftungsansprüche, Art. 34 GG)

1.2 Richtige Klageart, § 42 (1) VwGO

Die Anfechtungsklage ist nach § 42 (1) VwGO die richtige Klageart, wenn die *Aufhebung eines Verwaltungsakts* begehrt wird. 463
- Es ist zu prüfen, ob das, was der Kläger aufgehoben haben will, ein Verwaltungsakt ist (vgl. Rn 46 ff.).
- Weiterhin kommt es auf das eigentliche Ziel des Klägers an. Im Fall der Ablehnung einer Begünstigung ist sein eigentliches Ziel nicht die Aufhebung der Ablehnung, sondern der Erlass der Begünstigung. Eine isolierte Anfechtung der Ablehnung ist daher mangels Rechtsschutzbedürfnisses unzulässig. Die richtige Klageart wäre in diesem Fall die Verpflichtungsklage.

1.3 Klagebefugnis, § 42 (2) VwGO

Soweit gesetzlich nichts anderes bestimmt ist, muss der Kläger *geltend machen*, durch den Verwaltungsakt in seinen Rechten verletzt zu sein. 464

Es muss im Rahmen der Klagebefugnis also nicht geprüft werden, ob tatsächlich eine Rechtsverletzung vorliegt, der VA also rechtswidrig ist und den Kläger tatsächlich in seinen Rechten verletzt. Es genügt insoweit für die Bejahung der Klagebefugnis, wenn er durch den VA möglicherweise in seinen Rechten verletzt bzw. beeinträchtigt ist. Negativ liegt diese Möglichkeit nicht vor, wenn eine Verletzung eindeutig und offensichtlich ausgeschlossen ist (vgl. BVerwG NVwZ 1997, 885).

Rechte i. S. d. § 42 (2) VwGO sind subjektiv öffentliche Rechte. Als solche kommen in Betracht:

- **Grundrechte**

Sie gewähren als Abwehrrechte einen umfassenden Schutz gegen *unmittelbare,* d. h. zielgerichtet gegen den Grundrechtsträger gerichtete staatliche Hoheitsakte: Entweder schränken sie ein spezielles Freiheitsrecht ein oder aber zumindest Art. 2 (1) GG als nachrangiges Grundrecht der allgemeinen Handlungsfreiheit. Der Adressat eines belastenden Verwaltungsakts ist also immer in einem Grundrecht eingeschränkt. Dann aber besteht auch immer die Möglichkeit einer Verletzung dieses Grundrechts. Damit ist er immer klagbefugt, was z. T. auch „Adressatentheorie" genannt wird (vgl. BVerwG NVwZ 1988, 2753). 465

Grundrechte (als Abwehrrechte): Sie schützen jedoch grundsätzlich nur vor unmittelbaren Einwirkungen, d. h. solchen, die zielgerichtet gegen den Grundrechtsträger gerichtet sind, aber nicht vor *mittelbaren* Einwirkungen, d. h. solchen, die an einen anderen Bürger gerichtet sind und dabei nur mittelbare Auswirkungen auf den (Wi- 466 derspruch oder Klage erhebenden) Grundrechtsträger haben. Das Umfeld gehört daher zur Risikosphäre des Grundrechtsträgers. Eine Ausnahme gilt aber, wenn der Staat besonders schwerwiegend („schwer und unerträglich", „willkürlich und unzumutbar") auf das Umfeld einwirkt und der Kreis der betroffenen Grundrechtsträger deutlich abgrenzbar ist (vgl. BVerwGE 50, 286; 52, 130).

Beispiel: Die Genehmigung eines Kraftwerks richtet sich zielgerichtet an den künftigen Betreiber, der die Genehmigung beantragt hat. Gegenüber denen, die in der Nähe des künftigen Kraftwerks wohnen, entfaltet die Genehmigung nur mittelbare, weil nicht zielgerichtete Auswirkungen. Diese können aber – je nach Einzelfall – aufgrund der zu erwartenden Immissionen besonders schwerwiegend sein. Auch ist der Kreis der Betroffenen deutlich abgrenzbar, da nur ein begrenzter Kreis von Personen erhebliche Nachteile durch das Kraftwerk haben wird. Dass sich der Kreis nicht exakt bestimmen lässt, ist demgegenüber unschädlich.

Hinweis: Obwohl es sich bei der Genehmigung um einen begünstigenden VA handelt, ist die Anfechtungsklage die richtige Klageart, weil die Nachbarn die Aufhebung der Genehmigung erstreben.

- **Rechte aus drittschützenden Normen**

467   Ein subjektiv öffentliches Recht ergibt sich auch aus einer Norm, die *neben* der Allgemeinheit *auch* den einzelnen schützen will, soweit bei ihrer konkreten Anwendung der Kreis der Einzelberechtigten deutlich abgrenzbar ist und der Betreffende zu diesem Personenkreis gehört (vgl. BVerwGE 92, 317). Soweit es sich dabei um eine *Ermessensnorm* handelt, ergibt sich für den Widersprechenden daraus ein *subjektiv-öffentliches Recht auf fehlerfreie Ausübung des Ermessens,* das möglicherweise verletzt ist.

Beispiel: § 5 (1) GaststättenG:
(1) Gewerbetreibenden, die einer Erlaubnis bedürfen, können jederzeit Auflagen zum Schutze
1. der Gäste gegen Ausbeutung und gegen Gefahren für Leben, Gesundheit oder Sittlichkeit,
2. der im Betrieb Beschäftigten gegen Gefahren für Leben, Gesundheit oder Sittlichkeit oder
3. gegen schädliche Umwelteinwirkungen im Sinne des Bundes-Immissionsschutzgesetzes und sonst gegen erhebliche Nachteile, Gefahren oder Belästigungen für die Bewohner des Betriebsgrundstücks oder der Nachbargrundstücke sowie der Allgemeinheit
erteilt werden.
Ein subjektiv öffentliches Recht ergibt sich danach für die „im Betrieb Beschäftigten" nach Nr. 2 für die „Bewohner des Betriebsgrundstücks und der Nachbargrundstücke" nach Nr. 3, nicht dagegen für die Gäste nach Nr. 1, da insoweit der Personenkreis nicht deutlich abgrenzbar, sondern völlig offen ist.

- **Rechte aus Verwaltungsakten**

468   Rechte aus Verwaltungsakten können sich nur ergeben, sofern sie begünstigend sind. Begünstigende Verwaltungsakte sind nach § 48 (1) 2 VwVfG solche, die ein Recht oder einen rechtlich erheblichen Vorteil begründen oder bestätigen.

Selbstverständlich ergibt sich aus einem rechtmäßigen begünstigenden Verwaltungsakt ein subjektiv öffentliches Recht.

Aber auch aus einem rechtswidrigen begünstigenden Verwaltungsakt ergibt sich ein subjektiv öffentliches Recht, sofern der Verwaltungsakt wirksam ist, also an keinem besonders schweren und offenkundigen Fehler leidet (§§ 43 (3), 44 VwVfG).

1.4 Durchgeführtes Widerspruchsverfahren, § 68 VwGO siehe oben Rn 380 ff. 469

1.5 Einhaltung der Klagefrist, § 74 (1) VwGO 470

Die Klage ist danach nur innerhalb eines Monats nach Zustellung des Widerspruchsbescheids zulässig.

Zur Berechnung der Frist und zur Wiedereinsetzung in den vorigen Stand vgl. Rn 396 ff.

2. Begründetheit

Die Anfechtungsklage ist nach § 113 (1) VwGO begründet, wenn der VA rechtswidrig und der Kläger dadurch in seinen Rechten verletzt ist. 471

2.1 Prüfung der Rechtmäßigkeit (Rechtswidrigkeit) des VA

Die Prüfung erfolgt nach den bereits oben dargestellten Prüfungsschemata, die hier also zu integrieren sind. Je nachdem, gegen welchen Typ von Verwaltungsakt der Kläger sich wehrt, ist das entsprechende Prüfungsschema auszuwählen. Die Prüfung erfolgt also z. B. bei: 472

- einem *belastenden VA* nach dem Prüfungsschema Rn 134 ff.
- einem *zurücknehmenden bzw. widerrufenden VA* nach dem Prüfungsschema Rn 202 ff.
- einer *Verfügung zur Gefahrenabwehr* nach dem Prüfungsschema Rn 251 ff.
- einem *Kostenbescheid wegen einer unmittelbaren Ausführung zur Gefahrenabwehr* nach dem Prüfungsschema Rn 323 ff.
- einem *Zwangsmittel zur Durchsetzung eines VA* nach dem Prüfungsschema Rn 330 ff.
- einem *Kostenbescheid wegen einer Ersatzvornahme* nach dem Prüfungsschema Rn 359 ff.

2.2 Prüfung der Rechtsverletzung

Wenn der belastende Verwaltungsakt rechtswidrig ist, ist der Kläger grundsätzlich dadurch auch tatsächlich in seinen Rechten verletzt, zumindest in dem aus Art. 2 (1) GG. 473

2. Prüfung der Erfolgsaussichten einer Verpflichtungsklage

Literaturempfehlungen: siehe im Literaturverzeichnis Nr. 3

Hinweis: Die Verpflichtungsklage wird nicht nur in der VwGO geregelt, sondern – im wesentlichen inhaltsgleich – auch im SGG und im FGG. Das folgende Prüfungsschema kann daher für diese beiden Gesetze entsprechend angewandt werden. Zu den einschlägigen Vorschriften des SGG und des FGG siehe Rn 460.

a) Übersicht

Die Verpflichtungsklage hätte Aussicht auf Erfolg, wenn sie zulässig und begründet wäre.

- **1. Zulässigkeit**
  - Zulässigkeit des Verwaltungsrechtswegs
  - Verurteilung zum Erlass eines abgelehnten oder unterlassenen Verwaltungsakts als Klageziel
  - Klagebefugnis
  - durchgeführtes Widerspruchsverfahren
  - Einhaltung der Klagefrist
- **2. Begründetheit**
  - Rechtswidrigkeit des Verwaltungsakts oder Unterlassung des Verwaltungsakts
  - Rechtsverletzung des Klägers

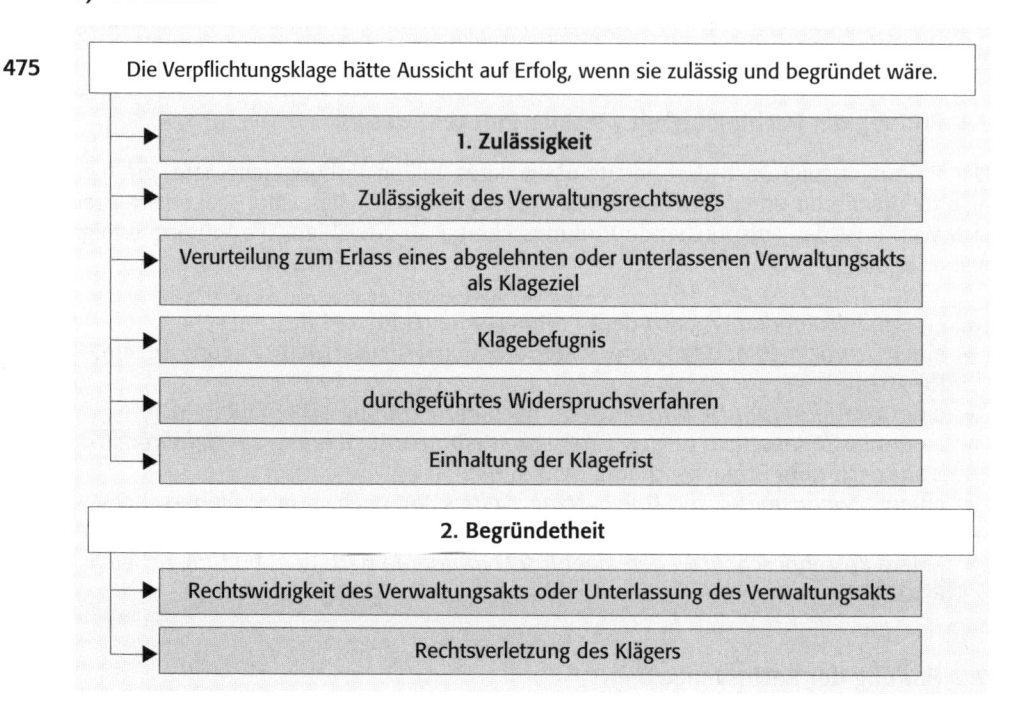

b) Die Normen

vgl. Rn 455 ff.

c) Das Prüfungsschema

Beispiel: Nachdem A ohne Erfolg gegen die Ablehnung einer Baugenehmigung Widerspruch eingelegt hatte, klagt er jetzt auf Erteilung der Genehmigung.

Die Verpflichtungsklage hätte Aussicht auf Erfolg, wenn sie zulässig und begründet wäre.

1. Zulässigkeit

1.1 Zulässigkeit des Verwaltungsrechtswegs

Die Prüfung erfolgt wie bei der Anfechtungsklage (vgl. Rn 461).

1.2 Richtige Klageart, § 42 (1) VwGO

Mit der Klage muss die Verurteilung zum Erlass eines *abgelehnten* oder *unterlassenen* Verwaltungsakts begehrt werden. **479**

1.3 Klagebefugnis, § 42 (2) VwGO

Soweit gesetzlich nichts anderes bestimmt ist, ist die Verpflichtungsklage nach § 42 (2) VwGO nur zulässig, wenn der Kläger geltend macht, durch die Ablehnung oder Unterlassung des VA in seinen Rechten verletzt zu sein. Er muss also möglicherweise in seinen Rechten verletzt sein (vgl. Rn 464). **480**

Als Rechte, die möglicherweise verletzt sein können, kommen in Betracht :

- **Grundrechte**
  - *Freiheitsrechte als Abwehrrechte* kommen in Betracht, wenn zu ihrem Schutz der Erlass eines VA begehrt wird (z. B. Klage auf Erlass einer Abbruchverfügung gegen einen Nachbarn).
  - *Soweit Freiheitsrechte auf staatliche Leistungen abzielen* (z. B. Art. 6 (1), (4), 7 (4) GG), können unmittelbar aus ihnen grundsätzlich keine Ansprüche abgeleitet werden, da sie mittlerweile durch Gesetze konkretisiert sind und sich Ansprüche daher grundsätzlich nur noch aus diesen Gesetzen ergeben können.
  - *Soweit Freiheitsrechte auch Rechte auf Teilhabe an staatlichen Einrichtungen sind* (z. B. Recht auf Zugang zu Hochschulen aus Art. 12 GG), können sie Rechte i. S. d. § 42 (2) VwGO sein.
  - *Das Gleichheitsrecht des Art. 3 (1) GG* kommt in Betracht, wenn der Staat Leistungen gewährt, einzelne aber ohne sachlichen Grund davon ausschließt.

- **Rechte aus Normen, die Leistungsansprüche gewähren**

Beispiele: Recht auf eine Sozialleistung, Baugenehmigung oder Einbürgerung

Die Möglichkeit der Rechtsverletzung besteht hier, wenn der Kläger die Leistung für sich, also nicht für einen anderen verlangt.

- **Rechte aus drittschützenden Normen** (vgl. Rn 467)

- **Rechte aus Verwaltungsakten** (vgl. Rn 468)

In Betracht kommt hier etwa eine durch VA erfolgte Zusage i. S. d. § 39 VwVfG.

1.4 Durchgeführtes Widerspruchsverfahren, § 68 VwGO

481 Diese Voraussetzung gilt jedoch nach § 75 S.1 VwGO nicht, wenn über den Widerspruch oder über einen Antrag auf Vornahme eines Verwaltungsakts ohne zureichenden Grund in angemessener Frist sachlich nicht entschieden worden ist.

1.5 Klagefrist, § 74 (2) VwGO

482 Die Klagefrist beträgt danach grundsätzlich einen Monat nach Zustellung des Widerspruchsbescheids. Ist ein solcher nicht ergangen, gilt: Wenn über den Widerspruch oder über einen Antrag auf Vornahme des Verwaltungsakts ohne zureichenden Grund in angemessener Frist sachlich nicht entschieden worden ist, kann die Klage nach § 75 S. 2 VwGO grundsätzlich nach Ablauf von drei Monaten erhoben werden.

2. Begründetheit

Die Verpflichtungsklage ist nach § 113 (5) VwGO begründet, wenn die Ablehnung oder Unterlassung des VA rechtswidrig und der Kläger dadurch in seinen Rechten verletzt ist.

2.1 Prüfung der Rechtmäßigkeit (Rechtswidrigkeit) der Ablehnung oder Unterlassung des VA

483 Die Ablehnung oder Unterlassung des VA ist rechtswidrig, wenn sie gegen das Prinzip der Gesetzmäßigkeit der Verwaltung verstößt. Danach darf kein staatliches Handeln gegen geltendes Recht verstoßen. (Vorrang des Gesetzes, Art. 20 (3) GG). Weiterhin bedarf danach die Verwaltung für alle belastenden und alle sonst wesentlichen Maßnahmen (vgl. Rn 186) einer gesetzlichen Ermächtigungsgrundlage. (Vorbehalt des Gesetzes, Art. 2 ff., 20 GG).

484 Die Ablehnung oder Unterlassung des VA ist in folgenden Fällen rechtswidrig:
- Der Kläger hat einen Anspruch auf Erlass des VA. Dann spricht das Gericht nach § 113 (5) VwGO die Verpflichtung der Behörde aus, den VA zu erlassen (Verpflichtungsurteil).
- Bei Anwendung einer Ermessensnorm ist der beantragte VA in ermessensfehlerhafter Weise abgelehnt worden. Hier ist der Kläger in seinem Recht auf fehlerfreie Ausübung des Ermessens verletzt. Die Folge ist dann nach § 113 (5) VwGO grundsätzlich, dass die Behörde verurteilt wird, den Kläger unter Beachtung der Rechtsauffassung des Gerichts neu zu bescheiden (Bescheidungsurteil). Nur wenn feststeht, dass nur eine bestimmte Entscheidung fehlerfrei sein kann (Ermessensreduktion auf Null), erfolgt die Verurteilung zum Erlass des beantragten VA (Verpflichtungsurteil).

Die Prüfung der Rechtswidrigkeit erfolgt nach dem Aufbauschema Rn 191 ff.

2.2 Prüfung der Rechtsverletzung

Wenn die Ablehnung oder Unterlassung des beantragten VA rechtswidrig ist, ist der Kläger in dem Recht auf Erlass des VA bzw. in dem Recht auf fehlerfreie Ausübung des Ermessens verletzt (vgl. Rn 467). **485**

3. Prüfung der Erfolgsaussichten einer allgemeinen Leistungsklage

Literaturempfehlungen: siehe im Literaturverzeichnis Nr. 3

a) Die Normen

486 Die allgemeine Leistungsklage ist in der VwGO nicht direkt geregelt. Ihre Zulässigkeit ergibt sich aber aus mehreren Vorschriften der VwGO: §§ 43 (2), 111 und 113 (4).

Hinweis: Ausdrückliche Regelungen der Leistungsklage enthalten dagegen das SGG in § 54 (4) und das FGG in § 40 (1). Da diese Regelungen inhaltsgleich mit denen der VwGO sind, ist das folgende Prüfungsschema auf sie entsprechend anwendbar. Soweit in dem Schema Vorschriften der VwGO zitiert werden, sind die ihnen entsprechenden Vorschriften des SGG bzw. des FGG der Synopse unter Rn 460 zu entnehmen.

b) Das Prüfungsschema

Beispiel: Beamter B ist in seiner Behörde in eine andere Abteilung umgesetzt worden. Jetzt klage er auf Rückgängigmachung der Umsetzung.

487 Die allgemeine Leistungsklage hätte Aussicht auf Erfolg, wenn sie zulässig und begründet wäre.

1. Zulässigkeit

1.1 Zulässigkeit des Verwaltungsrechtswegs

488 Sie ist wie bei der Anfechtungsklage zu prüfen (s. o. Rn 461).

1.2 Richtige Klageart

489 Die allgemeine Leistungsklage ist gerichtet auf eine Leistung (Handlung, Duldung, Unterlassung), die *nicht* im Erlass oder in der Aufhebung eines Verwaltungsakts besteht. Das ergibt sich indirekt aus den §§ 43 (2) S. 1, 111, 113 (4) VwGO (zum SGG und zum FGG vgl. Rn 486).

1.3 Klagebefugnis, § 42 Abs. 2 VwGO analog

490 Soweit die allgemeine Leistungsklage auf Abwehr oder Beseitigung staatlichen Handelns gerichtet ist, ist die Klagebefugnis wie bei der Anfechtungsklage (vgl. Rn 464 ff.) zu prüfen. Ist sie auf eine positive Leistung gerichtet, ist die Klagebefugnis wie bei der Verpflichtungsklage (vgl. Rn 480) zu prüfen.

1.4 Vorverfahren, § 68 VwGO bzw. Rechtsschutzbedürfnis

Ein abgeschlossenes Vorverfahren nach § 68 ff. VwGO ist formal zwar nur bei Klagen aus einem Beamtenverhältnis notwendig, § 126 (3) BRRG (vgl. Rn 407). Verlangt aber eine Privatperson von der Verwaltung eine Leistung, die nicht im Erlass eines VA besteht, muss er aufgrund des allgemeinen Rechtsschutzbedürfnisses i. d. R. zunächst die Leistung bei der Behörde beantragen und darf die Klage – wie bei der Verpflichtungsklage – erst erheben, wenn die Behörde die Leistung abgelehnt oder nicht innerhalb angemessener Zeit darüber entschieden hat. **491**

1.5 Klagefrist

Grundsätzlich gibt es keine Frist. Ausnahme: Bei Klagen aus dem Beamtenverhältnis gilt – wegen § 126 (3) BRRG – die Frist des § 74 (1) VwGO. **492**

2. Begründetheit

Die allgemeine Leistungsklage ist begründet, wenn der geltend gemachte Anspruch auf die Leistung besteht. Als Anspruchsgrundlage kommen entsprechende gesetzliche Vorschriften, aber auch allgemeine Ansprüche wie der Folgenbeseitigungsanspruch (vgl. Rn 652 ff.), der öffentlich-rechtliche Unterlassungsanspruch (vgl. Rn 660 ff.) oder der öffentlich-rechtliche Erstattungsanspruch (vgl. Rn 665 ff.) oder ein Anspruch aus einem öffentlich-rechtlichen Vertrag in Betracht. **493**

Besteht auf die Leistung kein Anspruch, sondern steht sie im Ermessen der Verwaltung, ist analog § 113 (5) 2 VwGO ein Bescheidungsurteil möglich (vgl. Rn 484).

4. Prüfung der Erfolgsaussichten einer Feststellungsklage

Literaturempfehlungen: siehe im Literaturverzeichnis Nr. 3

a) Die Norm

494 | § 43 VwGO:
(1) Durch Klage kann die Feststellung des Bestehens oder Nichtbestehens eines Rechtsverhältnisses oder der Nichtigkeit eines Verwaltungsakts begehrt werden, wenn der Kläger ein berechtigtes Interesse an der baldigen Feststellung hat (Feststellungsklage).
(2) Die Feststellung kann nicht begehrt werden, soweit der Kläger seine Rechte durch Gestaltungs- oder Leistungsklage verfolgen kann oder hätte verfolgen können. Dies gilt nicht, wenn die Feststellung der Nichtigkeit eines Verwaltungsakts begehrt wird.

495 | *Hinweis:* Auch das SGG und das FGG regeln die Feststellungsklage: § 41 FGG ist identisch mit § 43 VwGO. § 55 SGG enthält zwei zusätzliche Ziele (die Feststellung, welcher Versicherungsträger der Sozialversicherung zuständig ist, und die Feststellung, ob eine Gesundheitsstörung oder der Tod die Folge eines Arbeitsunfalls, einer Berufskrankheit oder einer Schädigung im Sinne des Bundesversorgungsgesetzes ist). Andererseits kennt § 55 SGG die Nachrangigkeit der Feststellungsklage entsprechend § 43 (2) VwGO nicht. Mit diesen Vorbehalten kann das folgende Prüfungsschema auf FGG und SGG entsprechend angewandt werden.

b) Das Prüfungsschema

Beispiel: Spätaussiedler S klagt auf Feststellung, dass er deutscher Staatsangehöriger ist, was von der Behörde bestritten wird.

496 Die Feststellungsklage hätte Aussicht auf Erfolg, wenn sie zulässig und begründet wäre.

1. Zulässigkeit

1.1 Zulässigkeit des Verwaltungsrechtswegs

497 Sie ist wie bei der Anfechtungsklage zu prüfen (s. o. Rn 461).

1.2 Klageart, § 43 VwGO

498 Die Feststellungsklage ist gerichtet auf die Feststellung des Bestehens oder Nichtbestehens eines Rechtsverhältnisses oder der Nichtigkeit eines Verwaltungsakts.

- Ein Rechtsverhältnis i. S. d. § 43 ist die – sich aus der Anwendung einer öffentlich-rechtlichen Rechtsnorm auf einen Sachverhalt ergebende – rechtliche Beziehung einer Person zu einer anderen Person oder zu einer Sache.

Beispiele: Statusrechte einer Person wie z. B. die Staatsangehörigkeit, Berechtigungen einer Person wie z.B. die zum Betreiben eines Gewerbes, Leistungsrechte einer Person wie z. B. ein Sozialhilfeanspruch, Verpflichtungen einer Person wie z. B. die zur Amtsverschwiegenheit.

- Zur Nichtigkeit von Verwaltungsakten vgl. Rn 87 ff.

1.3 Klagebefugnis, § 43 Abs. 1 VwGO

Sie liegt bei berechtigtem Interesse an alsbaldiger Feststellung vor. 499

1.4 Subsidiarität, § 43 Abs. 2 VwGO (vgl. auch Rn 495)

Eine Klage auf Feststellung des Bestehens oder Nichtbestehens eines Rechtsverhältnisses ist nach § 43 (2) VwGO unzulässig, wenn der Kläger seine Rechte durch Gestaltungs- oder Leistungsklage (z. B. durch eine Anfechtungs- oder Verpflichtungsklage) verfolgen kann oder hätte verfolgen können. 500

1.5 Vorverfahren, §§ 68 ff. VwGO

Es ist nur – wegen 126 (3) BRRG – bei Klagen aus einem Beamtenverhältnis nötig (vgl. Rn 407). 501

2. Begründetheit

Begründet ist die Feststellungsklage, wenn das strittige Rechtsverhältnis besteht bzw. nicht besteht oder der Verwaltungsakt nichtig ist (vgl. auch Rn 495). 502

VI. Ordnungswidrigkeitenrecht

1. Prüfung, ob ein Bußgeldbescheid bei einem vorsätzlichen Begehungsdelikt erlassen werden kann

Literaturempfehlungen: siehe im Literaturverzeichnis Nr. 4

a) Übersicht

503   Ein Bußgeldbescheid kann erlassen werden, wenn der Täter tatbestandsmäßig, rechtswidrig und vorwerfbar ein Gesetz verwirklicht hat, das die Ahndung mit einer Geldbuße zulässt (§ 1 OWiG).

- Tatbestandsmäßigkeit
  - objektiver Tatbestand
  - subjektiver Tatbestand
    - Vorsatz
    - sonstige subjektive Merkmale
- Rechtswidrigkeit
  - bei Fehlen von Rechtfertigungsgründen
- Vorwerfbarkeit
  - Verantwortlichkeit
  - Unrechtsbewusstsein
  - Fehlen von Entschuldigungsgründen

b) Das Prüfungsschema

Beispiel: A ist, obwohl die Verkehrsampel auf rot zeigte, vorsätzlich über die Kreuzung gefahren.

1. Tatbestandsmäßigkeit

1.1 Objektiver (äußerer) Tatbestand

Die Tatbestandsmerkmale der zu prüfenden Norm sind zu definieren und zu subsumieren (vgl. Rn 164).

Beachte: Im Ordnungswidrigkeitenrecht ist eine Analogie *zu Lasten* des Täters verboten (§ 3 OWiG, Art. 103 (2) GG).

> Probleme bei der Prüfung der Tatbestandsmäßigkeit
> - Problem: *Kausalität.* Bei den im Ordnungswidrigkeitenrecht relativ seltenen Erfolgsdelikten (z. B. § 117 OWiG). muss das Handeln des Täters kausal für den Erfolg sein. Hier ist die Kausalität ungeschriebenes Tatbestandsmerkmal. Also muss sich auch der Vorsatz auf die Kausalität beziehen (vgl. Rn 574). Die Kausalität richtet sich nach der Äquivalenztheorie. Danach ist kausale Ursache jede Bedingung, die nicht hinweggedacht werden kann, ohne dass der konkrete Erfolg entfällt.
> - Problem: *„ohne Genehmigung", „unbefugt" usw.*? In etlichen Bußgeldnormen finden sich Wendungen wie „Wer ohne Genehmigung", „ohne Erlaubnis", „unbefugt" usw. handelt. Hier stellt sich die Frage, ob die fehlende Genehmigung Tatbestandsmerkmal ist oder die Rechtswidrigkeit begründet. Siehe hierzu Rn 560.
> - Problem: *objektive Bedingung der Ahndung* ? Nach einigen Bußgeldnormen liegt eine Ordnungswidrigkeit nicht schon dann vor, wenn der Täter eine bestimmte Handlung vorgenommen hat, sondern es wird – i. d. R. durch das Wort „wenn" ausgedrückt – zusätzlich eine weitere Handlung vorausgesetzt (z. B. §§ 122, 130 OWiG). Hier stellt sich die Frage, ob diese weitere Handlung ein Tatbestandsmerkmal oder eine objektive Bedingung der Ahndung ist. Siehe hierzu Rn 561.
> - Problem: *Nichtbefolgen eines Verwaltungsakts*? In etlichen Bußgeldnormen ist Tatbestandsmerkmal, dass der Täter ein Gebot oder Verbot einer Behörde, also einen Verwaltungsakt, nicht befolgt. Reicht es für den Tatbestand aus, dass der Verwaltungsakt existiert? Siehe hierzu Rn 562.
> - Problem: *Beteiligung mehrerer Personen* an einer Ordnungswidrigkeit, etwa in Form der Anstiftung oder der Beihilfe. Wie ist ihre Tatbeteiligung einzuordnen? Siehe hierzu § 14 OWiG und Rn 563.
> - Problem: *Handeln für einen anderen:* Wenn jemand in Vertretung eines Betriebes handelt und dabei – bis auf ein Merkmal (z. B. „Betriebsinhaber") – den Tatbestand einer Ordnungswidrigkeiten-Vorschrift erfüllt, dieses Merkmal aber auf den Vertretenen zutrifft: Kann er trotzdem nach dieser Vorschrift ein Bußgeld erhalten? Siehe hierzu § 9 OWiG und Rn 564.
> - Problem: *Versuch* einer Ordnungswidrigkeit: Wird der Tatbestand nicht vollendet, kommt eine versuchte Ordnungswidrigkeit in Betracht. Siehe hierzu § 13 OWiG und Rn 567.

1.2 Subjektiver Tatbestand

Der subjektive Tatbestand umfasst:

507 • Vorsatz. Vorsatz ist Wissen und Wollen der zum objektiven Tatbestand gehörenden Merkmale.

508 Problem: Abgrenzung des Vorsatzes von der Fahrlässigkeit

Die Schwierigkeit besteht darin, den Eventualvorsatz von der bewussten Fahrlässigkeit abzugrenzen (vgl. dazu insbesondere Bohnert, OWiG, § 10 Rn 1 ff. und Göhler, OWiG, § 10 Rn 2 ff.).

→ Hinsichtlich des *Wissens* decken sich der Eventualvorsatz und die bewusste Fahrlässigkeit: In beiden Fällen genügt ein „Für-möglich-halten".
→ Der Unterschied liegt beim *Wollen*. Beim Eventualvorsatz ist das Wollen schwach ausgebildet, aber immerhin vorhanden und damit zu bejahen. Bei der bewussten Fahrlässigkeit ist das Wollen zu verneinen. Die Zuordnung ist schwierig. Dazu die „Franksche Formel": Bei der bewussten Fahrlässigkeit sagt sich der Täter: „Es wird schon gut gehen". Bei dem Eventualvorsatz sagt sich der Täter: „Na wenn schon".

Beispiel: A macht nachts Lärm. Er will damit jedoch die Nachbarn nicht stören und glaubt, dass – trotz der Lautstärke des Lärms – wahrscheinlich auch niemand gestört wird = bewusste Fahrlässigkeit im Hinblick auf den Tatbestand des § 117 OWiG (ruhestörender Lärm). Alternative: A meint, wenn die Nachbarn entgegen seiner Vorstellung doch gestört werden sollten, wäre das auch nicht schlimm = Eventualvorsatz.

509 Problem: Tatbestandsirrtum

§ 11 (1) OWiG: Wer bei Begehung einer Handlung einen Umstand nicht kennt, der zum gesetzlichen Tatbestand gehört, handelt nicht vorsätzlich. Die Möglichkeit der Ahndung wegen fahrlässigen Handelns bleibt unberührt.

Beispiel: In dem Fall zu § 13 OWiG – vgl. Rn 567 – gibt E den Kuchen dem Anwalt des M, der von der Säge nichts weiß, mit.

Da der Tatbestandsirrtum etliche Probleme aufweist, wird er im Einzelnen unter Rn 569 ff. dargestellt.

510 • sonstige subjektiven Merkmale, die z. T. in Bußgeldtatbeständen enthalten sind (*Beispiel:* § 33 (4) Nr. 1 Außenwirtschaftsgesetz: „um eine Genehmigung zu erschleichen".)

2. Rechtswidrigkeit

511 Die Tatbestandsmäßigkeit indiziert die Rechtswidrigkeit, es sei denn, es liegen Rechtfertigungsgründe vor.

Rechtfertigungsgründe sind:

- **Notwehr, § 15 OWiG:** 512

> (1) Wer eine Handlung begeht, die durch Notwehr geboten ist, handelt nicht rechtswidrig.
> (2) Notwehr ist die Verteidigung, die erforderlich ist, um einen gegenwärtigen rechtswidrigen Angriff von sich oder einem anderen abzuwenden.

Die Notwehr spielt im Ordnungswidrigkeitenrecht, anders als im Strafrecht, praktisch keine Rolle.

- **rechtfertigender Notstand, § 16 OWiG:** 513

> Wer in einer gegenwärtigen, nicht anders abwendbaren Gefahr für Leben, Leib, Freiheit, Eigentum oder ein anderes Rechtsgut eine Handlung begeht, um die Gefahr von sich oder einem anderen abzuwenden, handelt nicht rechtswidrig, wenn bei Abwägung der widerstreitenden Interessen, namentlich der betroffenen Rechtsgüter und des Grades der ihnen drohenden Gefahr, das geschützte Interesse das beeinträchtigte wesentlich überwiegt. Dies gilt jedoch nur, soweit die Handlung ein angemessenes Mittel ist, die Gefahr abzuwenden.

Beispiel: Ein Arzt fährt einen Schwerkranken zu einer lebensrettenden Operation in ein Krankenhaus und überschreitet dabei die zulässige Höchstgeschwindigkeit um 5 km/h, ohne andere Verkehrsteilnehmer zu gefährden.

- **rechtfertigende Pflichtenkollision** 514
  (Sonderfall des rechtfertigenden Notstandes)

= Sie liegt vor, wenn der Handelnde mehrere Handlungspflichten zu erfüllen hat, aber nicht allen nachkommen kann. In einer solchen Situation ist es gerechtfertigt, wenn er die höherrangige zu Lasten der geringerwertigen erfüllt.

Beispiel: Unternehmer U verletzt unter Verstoß gegen § 130 OWiG eine betriebliche Aufsichtspflicht, um einen schwer verletzten Mitarbeiter ins Krankenhaus zu fahren.

- **Einwilligung des „Verletzten"** 515

Beispiel: Benutzung einer Preisliste eines anderen Unternehmens mit dessen Einwilligung, was den Tatbestand des § 24 WarenzeichenG erfüllt (aber wegen der Einwilligung gerechtfertigt ist).

- **behördliche Genehmigung (Erlaubnis)** (in den Fällen, in denen die Genehmigung 516 nicht Tatbestandsmerkmal, sondern Rechtfertigungsgrund ist, Rn 560)

Beispiel: A erhält die Genehmigung, im Wald ein Feuer zu entzünden.

- **Sonderrechte nach § 35 (1) StVO** 517

3. Vorwerfbarkeit

3.1 Verantwortlichkeit

518 **§ 12 OWiG:**

> (1) Nicht vorwerfbar handelt, wer bei Begehung einer Handlung noch nicht vierzehn Jahre alt ist. Ein Jugendlicher handelt nur unter den Voraussetzungen des § 3 Satz 1 des Jugendgerichtsgesetzes vorwerfbar.
>
> (2) Nicht vorwerfbar handelt, wer bei Begehung der Handlung wegen einer krankhaften seelischen Störung, wegen einer tiefgreifenden Bewusstseinsstörung oder wegen Schwachsinns oder einer schweren anderen seelischen Abartigkeit unfähig ist, das Unerlaubte der Handlung einzusehen oder nach dieser Einsicht zu handeln.

519 **§ 3 JGG:**

> Ein Jugendlicher ist strafrechtlich verantwortlich, wenn er zur Zeit der Tat nach seiner sittlichen und geistigen Entwicklung reif genug ist, das Unrecht der Tat einzusehen und nach dieser Einsicht zu handeln. Zur Erziehung eines Jugendlichen, der mangels Reife strafrechtlich nicht verantwortlich ist, kann der Richter dieselben Maßnahmen anordnen wie der Vormundschaftsrichter.

3.2 Unrechtsbewusstsein

520 **§ 11 (2) OWiG:**

> Fehlt dem Täter bei Begehung der Handlung die Einsicht, etwas Unerlaubtes zu tun, namentlich weil er das Bestehen oder die Anwendbarkeit einer Rechtsvorschrift nicht kennt, so handelt er nicht vorwerfbar, wenn er diesen Irrtum nicht vermeiden konnte.

- Liegt ein Verbotsirrtum vor?
- War der Verbotsirrtum vermeidbar?

Da der Verbotsirrtum etliche Probleme aufweist, wird er im Einzelnen unter Rn 575 ff. erörtert.

3.3 Fehlen von Entschuldigungsgründen

Entschuldigungsgründe kommen im Ordnungswidrigkeitenrecht kaum vor. In Betracht kommen nur:

521 • **Notwehrexzess, § 15 (3) OWiG:**

> Überschreitet der Täter die Grenzen der Notwehr aus Verwirrung, Furcht oder Schrecken, so wird die Handlung nicht geahndet.

522 • **entschuldigender Notstand, § 35 StGB analog:**

> (1) Wer in einer gegenwärtigen, nicht anders abwendbaren Gefahr für Leben, Leib oder Freiheit eine rechtswidrige Tat begeht, um die Gefahr von sich, einem Angehörigen oder einer anderen ihm

nahe stehenden Person abzuwenden, handelt ohne Schuld. Dies gilt nicht, soweit dem Täter nach den Umständen, namentlich weil er die Gefahr selbst verursacht hat oder weil er in einem besonderen Rechtsverhältnis stand, zugemutet werden konnte, die Gefahr hinzunehmen; jedoch kann die Strafe nach § 49 Abs. 1 gemildert werden, wenn der Täter nicht mit Rücksicht auf ein besonderes Rechtsverhältnis die Gefahr hinzunehmen hatte.

(2) Nimmt der Täter bei Begehung der Tat irrig Umstände an, welche ihn nach Absatz 1 entschuldigen würden, so wird er nur dann bestraft, wenn er den Irrtum vermeiden konnte. Die Strafe ist nach § 49 Abs. 1 zu mildern.

Problem: Konkurrenzen

Wenn Sie aufgrund der obigen Prüfung zu dem Ergebnis gekommen sein sollten, dass der Täter eine Ordnungswidrigkeit begangen hat, stellt sich u. U. ein weiteres Problem: Wenn der Täter mehrfach gehandelt und damit mehrere Ordnungswidrigkeiten begeht oder einmal handelt und dadurch gegen mehrere Normen oder gegen dieselbe Norm mehrfach verstößt, ist zu klären, ob nur ein Bußgeld oder ob mehrere Bußgelder zu verhängen sind. Diese Frage wird als besonderes Problem unter Rn 579 ff. dargestellt

523

2. Prüfung, ob ein Bußgeldbescheid bei einem fahrlässigen Begehungsdelikt erlassen werden kann

Literaturempfehlungen: siehe im Literaturverzeichnis Nr. 4

a) Übersicht

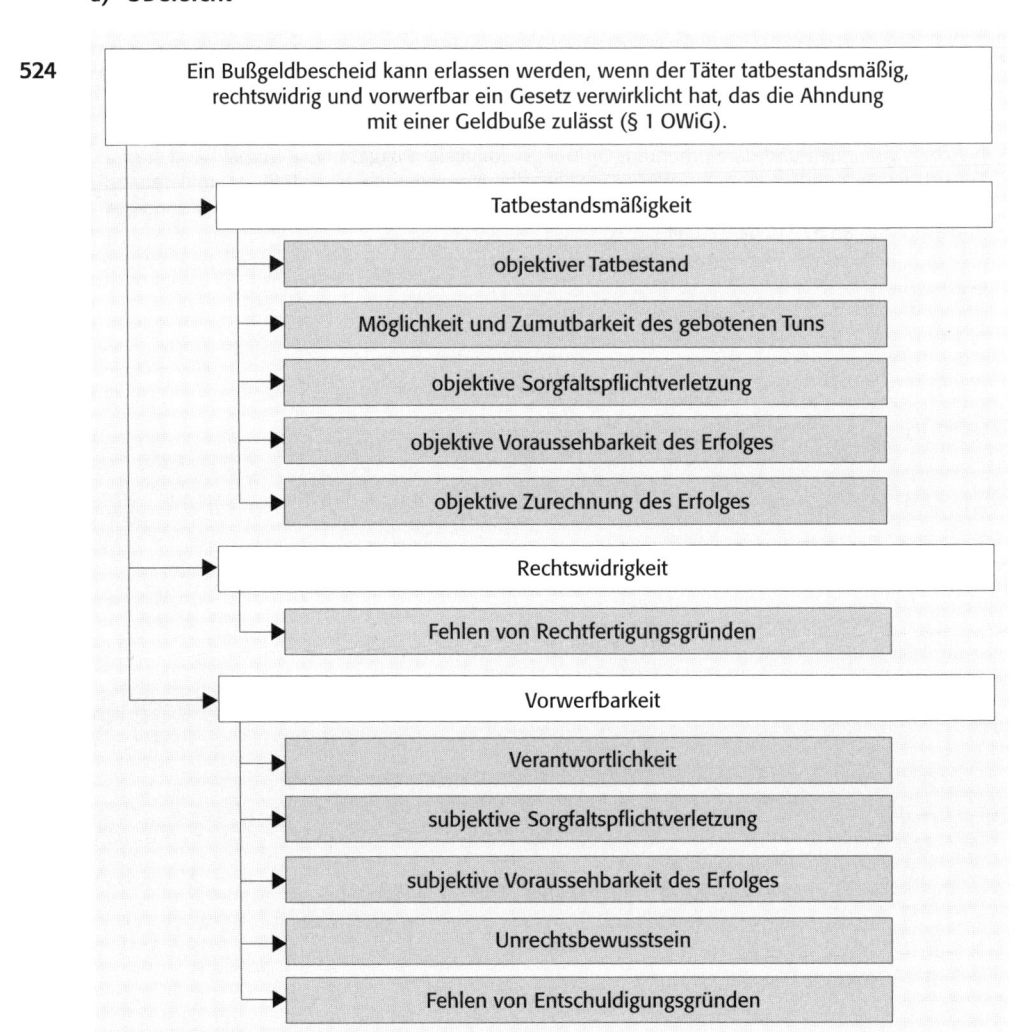

524

Ein Bußgeldbescheid kann erlassen werden, wenn der Täter tatbestandsmäßig, rechtswidrig und vorwerfbar ein Gesetz verwirklicht hat, das die Ahndung mit einer Geldbuße zulässt (§ 1 OWiG).

- Tatbestandsmäßigkeit
  - objektiver Tatbestand
  - Möglichkeit und Zumutbarkeit des gebotenen Tuns
  - objektive Sorgfaltspflichtverletzung
  - objektive Voraussehbarkeit des Erfolges
  - objektive Zurechnung des Erfolges
- Rechtswidrigkeit
  - Fehlen von Rechtfertigungsgründen
- Vorwerfbarkeit
  - Verantwortlichkeit
  - subjektive Sorgfaltspflichtverletzung
  - subjektive Voraussehbarkeit des Erfolges
  - Unrechtsbewusstsein
  - Fehlen von Entschuldigungsgründen

b) Das Prüfungsschema

Beispiel: A hat versehentlich im Parkverbot geparkt.

Vorfrage: Ist fahrlässiges Handeln überhaupt mit Geldbuße bedroht? § 10 OWiG: 525

> Als Ordnungswidrigkeit kann nur vorsätzliches Handeln geahndet werden, außer wenn das Gesetz fahrlässiges Handeln *ausdrücklich* mit Geldbuße bedroht.

1. Tatbestandsmäßigkeit

1.1 Objektiver Tatbestand

Die Tatbestandsmerkmale der zu prüfenden Norm sind zu definieren und zu subsumieren (vgl. Rn 164).   526

Beachten Sie dabei, dass im Ordnungswidrigkeit eine Analogie *zu Lasten* des Täters verboten ist, § 3 OWiG, Art. 103 (2) GG.   527

- Problem: *Kausalität.* Bei den im Ordnungswidrigkeitenrecht relativ seltenen Erfolgsdelikten (z.B. § 117 OWiG). muss das Handeln des Täters kausal für den Erfolg sein. Hier ist sie ungeschriebenes Tatbestandsmerkmal. Also muss sich auch der Vorsatz auf die Kausalität beziehen. Die Kausalität richtet sich nach der Äquivalenztheorie. Danach ist kausale Ursache jede Bedingung, die nicht hinweggedacht werden kann, ohne dass der Erfolg entfällt.
- Problem: *„ohne Genehmigung", „unbefugt" usw.*? In etlichen Bußgeldnormen finden sich Wendungen wie „Wer ohne Genehmigung", „ohne Erlaubnis", „unbefugt" usw. handelt. Hier stellt sich die Frage, ob die fehlende Genehmigung Tatbestandsmerkmal ist oder die Rechtswidrigkeit begründet. Siehe hierzu Rn 560
- Problem: *objektive Bedingung der Ahndung*? Nach einigen Bußgeldnormen liegt eine Ordnungswidrigkeit nicht schon dann vor, wenn der Täter eine bestimmte Handlung vorgenommen hat, sondern es wird – i. d. R. durch das Wort „wenn" ausgedrückt – zusätzlich eine weitere Handlung vorausgesetzt (z. B. §§ 122, 130 OWiG). Hier stellt sich die Frage, ob diese weitere Handlung ein Tatbestandsmerkmal oder eine objektive Bedingung der Ahndung ist. Siehe hierzu Rn 561
- Problem: *Nichtbefolgen eines Verwaltungsakts*? In etlichen Bußgeldnormen ist Tatbestandsmerkmal, dass der Täter ein Gebot oder Verbot einer Behörde, also einen Verwaltungsakt, nicht befolgt. Reicht es für den Tatbestand aus, dass der Verwaltungsakt existiert? Siehe hierzu Rn 562
- Problem: *Handeln für einen anderen:* Wenn jemand in Vertretung eines Betriebes handelt und dabei – bis auf ein Merkmal (z. B. „Betriebsinhaber") – den Tatbestand einer Ordnungswidrigkeiten-Vorschrift erfüllt, dieses Merkmal aber auf den Vertretenen zutrifft: Kann er trotzdem nach dieser Vorschrift ein Bußgeld erhalten? Siehe hierzu § 9 OWiG und Rn 564

  528

1.2 Objektive Sorgfaltspflichtverletzung

529 Hier prüfen Sie, und zwar ohne auf den individuellen Täter abzustellen, ob objektiv überhaupt eine Sorgfaltspflichtverletzung (= Sorgfaltswidrigkeit) vorliegt. Für diese Prüfung gilt:

- Maßstab für die Sorgfalt ist ein Verhalten, das von einem einsichtigen und besonnenen Menschen in der Lage des Täters verlangt werden kann; und zwar kommt es auf das gedachte Verhalten eines einsichtigen und besonnenen Menschen aus dem Verkehrskreis an, dem der Täter angehört.

1.3 Objektive Voraussehbarkeit des Erfolges

530 Auch hier wird nicht auf den individuellen Täter abgestellt. Zur objektiven Voraussehbarkeit des Erfolges gilt:

> Ein Erfolg ist objektiv voraussehbar, wenn sein Eintritt für einen einsichtigen und besonnenen Menschen in der Lage des Täters innerhalb der allgemeinen Lebenserfahrung liegt (also praktisch wie die Adäquanztheorie).

Beispiel: A weiß, dass die Bremsen seines PKW defekt sind. Gleichwohl fährt er mit dem PKW. Es kommt zu dem objektiv voraussehbaren Unfall.

1.4 Objektive Zurechnung

531 („Rechtswidrigkeitszusammenhang", bzw. „Pflichtwidrigkeitszusammenhang"), insbesondere bei Erfolgsdelikten:

- rechtmäßiges Alternativverhalten:

Objektiv zurechenbar ist der Erfolg dem Handelnden dann nicht, wenn sich nicht ausschließen lässt, dass der Erfolg auch bei pflichtgemäßem Verhalten eingetreten wäre (in dubio pro reo).

Beispiel: A überholt den betrunkenen Radfahrer R zu nah. Es kommt zum Unfall. Nach gutachterlicher Feststellung lässt sich nicht ausschließen, dass es wegen der Trunkenheit von R auch dann zum Unfall gekommen wäre, wenn A den R in ordnungsgemäßem Abstand überholt hätte.

2. Rechtswidrigkeit

532 Die Tatbestandsmäßigkeit indiziert die Rechtswidrigkeit, es sei denn, es liegen Rechtfertigungsgründe vor. Zu den Rechtfertigungsgründen vgl. Rn 512 ff.

3. Vorwerfbarkeit

3.1 Verantwortlichkeit, § 12 OWiG

vgl. Rn 518 f. 533

3.2 Subjektive Sorgfaltspflichtverletzung

Hier wird geprüft, ob gerade der Täter nach seinen Fähigkeiten und Kenntnissen in der Lage war, den Sorgfaltspflichten zu genügen. Es gilt: Die objektive Sorgfaltswidrigkeit indiziert die subjektive Sorgfaltswidrigkeit. 534

Diese ist als Aspekt der Vorwerfbarkeit also grundsätzlich zu unterstellen und nur in Ausnahmefällen zu prüfen:
- Körperliche Mängel und Verstandesfehler, Mängel an bestimmten Fähigkeiten und Wissens- und Erfahrungslücken können die subjektive Sorgfaltspflichtverletzung ausschließen. Allerdings gilt:
- Die Übernahme einer Tätigkeit, von der der Betreffende erkennen muss und kann, dass er ihr nicht gewachsen ist, führt zur Bejahung der subjektiven Sorgfaltspflichtverletzung. Er kann sich also nicht darauf berufen, dass er nicht über die nötige Erfahrung verfügt hat.

3.3 Subjektive Voraussehbarkeit des Erfolges

Hier wird geprüft, ob gerade der Täter den Erfolg voraussehen konnte. Dabei gilt: Die objektive Voraussehbarkeit indiziert jedoch die subjektive Voraussehbarkeit des Erfolges. Diese ist als Aspekt der Vorwerfbarkeit also grundsätzlich zu unterstellen und nur in Ausnahmefällen zu prüfen. Solche können etwa sein: 535
- Körperliche Mängel und Verstandesfehler, vor allem aber Wissens- und Erfahrungslücken können die subjektive Voraussehbarkeit des Erfolges ausschließen. Allerdings gilt:
- Die Übernahme einer Tätigkeit, von der der Betreffende erkennen muss und kann, dass er ihr nicht gewachsen ist, führt zur Bejahung der subjektiven Voraussehbarkeit des Erfolges. Er kann sich also nicht darauf berufen, dass er nicht über die nötige Erfahrung verfügt hat.

3.4 Unrechtsbewusstsein

Das Unrechtsbewusstsein ist auch bei der fahrlässigen Tat zu prüfen. Hier lässt sich unterscheiden: 536
- das aktuelle Unrechtsbewusstsein. Es liegt vor, wenn dem Täter bei seinem Tun das Unrecht klar vor Augen stand.
- das potentielle Unrechtsbewusstsein. Es liegt vor, wenn der Täter kein aktuelles Unrechtsbewusstsein hatte, er unter Berücksichtigung seiner Fähigkeiten und Kenntnisse aber zur Unrechtseinsicht hätte kommen können (z. B. dadurch, dass er sich vor seiner Handlung informiert hätte), vgl. Rn 575 ff.

Hinweis: Wenn oben unter 3.2 und 3.3 die subjektive Sorgfaltspflichtverletzung und die subjektive Voraussehbarkeit des Erfolges bejaht worden sind, ist das Unrechtsbewusstsein praktisch immer gegeben.

3.5 Fehlen von Entschuldigungsgründen

537 vgl. oben Rn 521 f.

Problem: Konkurrenzen

538 Wenn Sie aufgrund der obigen Prüfung zu dem Ergebnis gekommen sein sollten, dass der Täter eine Ordnungswidrigkeit begangen hat, stellt sich u. U. ein weiteres Problem: Wenn der Täter mehrfach gehandelt und damit mehrere Ordnungswidrigkeiten begeht oder einmal handelt und dadurch gegen mehrere Normen oder gegen dieselbe Norm mehrfach verstößt, ist zu klären, ob nur ein Bußgeld oder ob mehrere Bußgelder zu verhängen sind. Diese Frage wird als besonderes Problem unter Rn 579 ff. dargestellt.

3. Prüfung, ob ein Bußgeldbescheid bei einem vorsätzlichen Unterlassungsdelikt erlassen werden kann

Literaturempfehlungen: siehe im Literaturverzeichnis Nr. 4

a) Übersicht

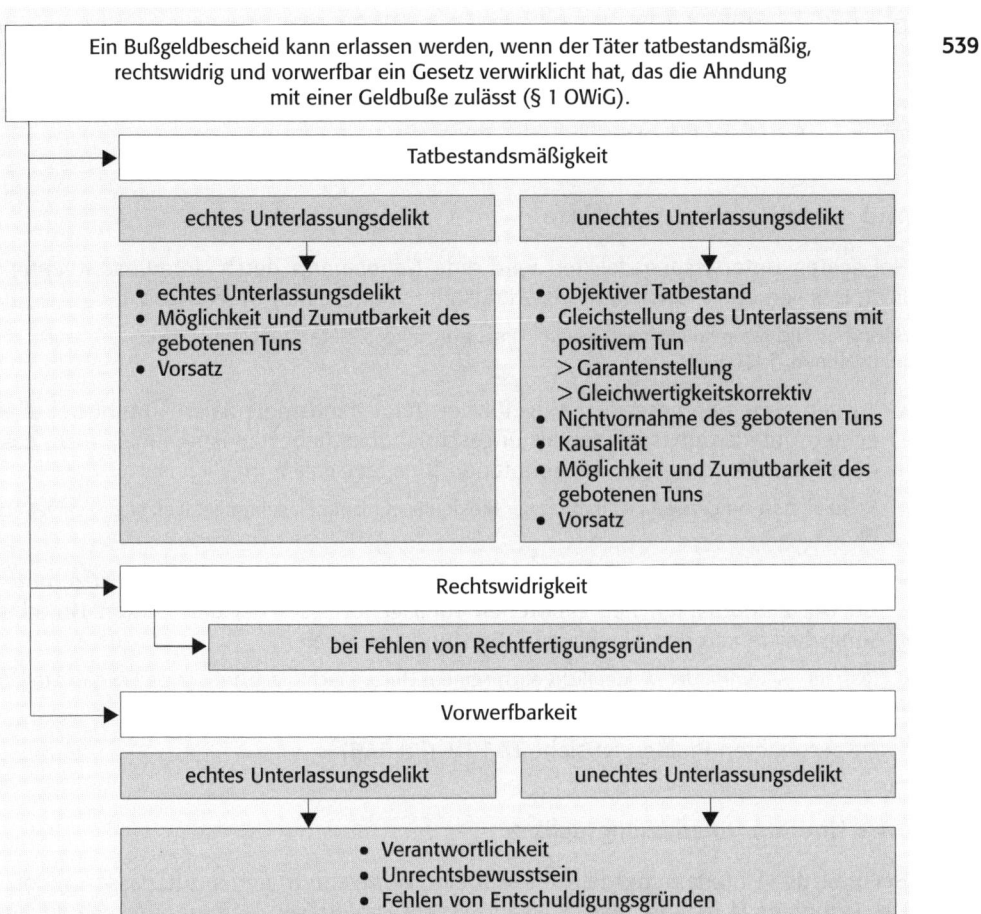

539

```
Ein Bußgeldbescheid kann erlassen werden, wenn der Täter tatbestandsmäßig,
rechtswidrig und vorwerfbar ein Gesetz verwirklicht hat, das die Ahndung
mit einer Geldbuße zulässt (§ 1 OWiG).
```

Tatbestandsmäßigkeit

echtes Unterlassungsdelikt	unechtes Unterlassungsdelikt
• echtes Unterlassungsdelikt • Möglichkeit und Zumutbarkeit des gebotenen Tuns • Vorsatz	• objektiver Tatbestand • Gleichstellung des Unterlassens mit positivem Tun > Garantenstellung > Gleichwertigkeitskorrektiv • Nichtvornahme des gebotenen Tuns • Kausalität • Möglichkeit und Zumutbarkeit des gebotenen Tuns • Vorsatz

Rechtswidrigkeit

bei Fehlen von Rechtfertigungsgründen

Vorwerfbarkeit

echtes Unterlassungsdelikt	unechtes Unterlassungsdelikt

- Verantwortlichkeit
- Unrechtsbewusstsein
- Fehlen von Entschuldigungsgründen

b) Das Prüfungsschema

Beispiele: vgl. Rn 541 ff.

1. Tatbestandsmäßigkeit

1.1 Objektiver Tatbestand

540 Die Tatbestandsmerkmale der zu prüfenden Norm sind zu definieren und zu subsumieren (vgl. Rn 164).

Beachten Sie dabei, dass im Ordnungswidrigkeitenrecht eine Analogie zu Lasten des Täters verboten ist, § 3 OWiG, Art. 103 (2) GG.

1.1.1 Echte Unterlassungsdelikte

541 Bei echten Unterlassungsdelikten wird eine *Gebotsnorm* durch Unterlassen verwirklicht. Das verbotene Verhalten besteht also in einem reinen Unterlassen.

Beispiele: Nichtanmeldung nach einem Umzug in eine andere Stadt, Unterlassen von Aufsichtsmaßnahmen, § 130 OWiG

542 • Zu den einzelnen gesetzlich aufgeführten Tatbestandsmerkmalen kommt bei allen echten Unterlassungsdelikten als ungeschriebenes Tatbestandsmerkmal hinzu, dass dem Täter die Vornahme des gebotenen Tuns tatsächlich möglich ist.

Beispiel: A ist umgezogen, kann aber der Meldepflicht nicht nachkommen, weil er schwerverletzt ist.

543 • Weiter handelt der nicht tatbestandsmäßig, dem das gebotene Tun nicht zuzumuten ist. Die Zumutbarkeit des gebotenen Tuns gehört also bei den echten Unterlassungsdelikten zu den objektiven Tatbestandsmerkmalen.

Beispiel : A kommt der Meldepflicht nach seinem Umzug nicht nach, weil seine Frau im Sterben liegt.

• Zu besonderen Problemen siehe TZ 1.1.3 (Rn 546)

1.1.2 Unechte Unterlassungsdelikte

544 Bei unechten Unterlassungsdelikten wird eine *Verbotsnorm* durch Unterlassen verletzt. Das verbotene Verhalten besteht also in einem Unterlassen, aufgrund dessen ein bestimmter Erfolg nicht abgewendet wird. Da Erfolgsdelikte im Ordnungswidrigkeitenrecht selten sind, gilt das auch für unechte Unterlassungsdelikte.

Beispiel zu § 117 OWiG: Die Kinder des E machen bis in die frühen Morgenstunden Lärm. E greift nicht ein.

545 Im Einzelnen sind zu prüfen:
(1) Objektiver Tatbestand, vgl. Rn 540
(2) Gleichstellung des Unterlassens mit positivem Tun

> § 8 OWiG: „Wer es unterlässt, einen Erfolg abzuwenden, der zum Tatbestand einer Bußgeldvorschrift gehört, handelt nach dieser Vorschrift nur dann ordnungswidrig, wenn er rechtlich dafür einzustehen hat, dass der Erfolg nicht eintritt, und wenn das Unterlassen der Verwirklichung des gesetzlichen Tatbestandes durch ein Tun entspricht."
>
> 1. Garantenstellung
>
> Zunächst ist also erforderlich, dass der Betreffende „rechtlich dafür einzustehen hat, dass der Erfolg nicht eintritt" oder mit anderen Worten, dass er eine Garantenstellung besitzt, die sich daraus ergebende Garantenpflicht aber verletzt hat. Garantenpflichten lassen sich unterteilen in Obhuts- und Kontrollpflichten (ähnlich BGH NJW 1995, 3194 und Bohnert, OWiG, § 8 Rn 9 ff.):
> - Bei einer Obhutspflicht steht der Garant im Lager des Opfers und ist verpflichtet, die ihm anvertrauten Rechtsgüter gegen von außen drohende Gefahren zu schützen: Ehegatten, Eltern, Verwandte in gerader Linie, Geschwister, Partner nichtehelicher Lebensgemeinschaften, Teilnehmer an Gefahrengemeinschaften, Personen, die Schutz- und Beistandspflichten übernommen haben.
> - Bei einer Kontrollpflicht trägt der Garant die Verantwortung dafür, dass eine Gefahrenquelle, die sich in seinem Zuständigkeitsbereich befindet, Dritte nicht beeinträchtigt: gefährliches vorangegangenes Tun, Herrschaft über einen Gefahrenbereich (z. B. Eigentum an einem Grundstück), Beaufsichtigung Dritter.
>
> 2. Gleichwertigkeitskorrektiv
>
> Ob das Unterlassen der Verwirklichung des gesetzlichen Tatbestandes durch ein Tun entspricht (= Gleichwertigkeitskorrektiv), ist bedeutsam im Strafrecht bei verhaltensqualifizierenden Merkmalen wie etwa Heimtücke, Grausamkeit, Täuschung usw. Da es im Ordnungswidrigkeit solche Merkmale kaum gibt (Ausnahme etwa § 118 OWiG: „ungehörig"), spielt das Gleichwertigkeitskorrektiv hier auch kaum eine Rolle.

(3) Nichtvornahme des gebotenen Tuns

(4) Kausalität

Da ein Unterlassen selbst für einen Erfolg nicht kausal sein kann, muss – nach der modifizierten Äquivalenztheorie – geprüft werden, ob bei Vornahme der gebotenen Handlung der Erfolg mit an Sicherheit grenzender Wahrscheinlichkeit entfallen wäre.

(5) Möglichkeit und Zumutbarkeit des gebotenen Tuns vgl. Rn 542 f.

(6) Zu besonderen Problemen siehe TZ 1.1.3 (Rn 546)

1.1.3 Besondere Probleme:

Problem: „ohne Genehmigung" usw., vgl. Rn 506 und 560   546

Problem: „objektive Bedingung der Ahndung", vgl. Rn 506 und 561

Problem: „Nichtbefolgen eines Verwaltungsakts", vgl. Rn 506 und 562

Problem: „Handeln für einen anderen", vgl. Rn 506 und 564

1.2 Subjektiver Tatbestand

Der subjektive Tatbestand umfasst den Vorsatz.

547 Vorsatz ist Wissen und Wollen der zum objektiven Tatbestand gehörenden Merkmale

Problem: Abgrenzung des Vorsatzes von der Fahrlässigkeit vgl. Rn 508

Problem: Tatbestandsirrtum vgl. Rn 509 und 569 ff.

2. Rechtswidrigkeit

548 Die Tatbestandsmäßigkeit indiziert die Rechtswidrigkeit, es sei denn, es liegen Rechtfertigungsgründe vor, vgl. Rn 512 ff.

3. Vorwerfbarkeit

549 **3.1 Verantwortlichkeit,** vgl. Rn 518 f.

3.2 Unrechtsbewusstsein, vgl. Rn 520 und Rn 575 ff.

3.3 Fehlen von Entschuldigungsgründen, vgl. Rn 521 f.

550 **Problem: Konkurrenzen**

> Wenn Sie aufgrund der obigen Prüfung zu dem Ergebnis gekommen sein sollten, dass der Täter eine Ordnungswidrigkeit begangen hat, stellt sich u. U. ein weiteres Problem: Wenn der Täter mehrfach gehandelt und damit mehrere Ordnungswidrigkeiten begeht oder einmal handelt und dadurch gegen mehrere Normen oder gegen dieselbe Norm mehrfach verstößt, ist zu klären, ob nur ein Bußgeld oder ob mehrere Bußgelder zu verhängen sind. Diese Frage wird als besonderes Problem unter Rn 579 ff. dargestellt.

4. Prüfung, ob ein Bußgeldbescheid bei einem fahrlässigen Unterlassungsdelikt erlassen werden kann

Literaturempfehlungen: siehe im Literaturverzeichnis Nr. 4

a) Übersicht

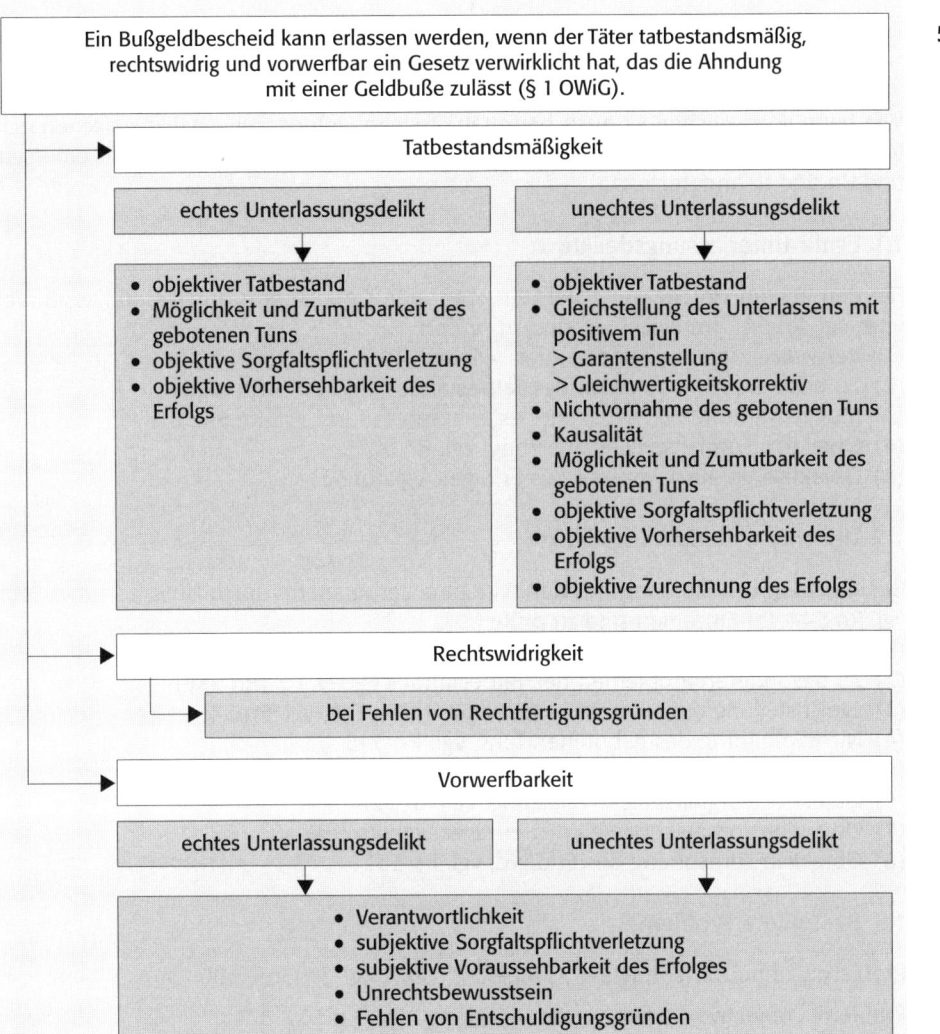

551

| Ein Bußgeldbescheid kann erlassen werden, wenn der Täter tatbestandsmäßig, rechtswidrig und vorwerfbar ein Gesetz verwirklicht hat, das die Ahndung mit einer Geldbuße zulässt (§ 1 OWiG). |

Tatbestandsmäßigkeit

echtes Unterlassungsdelikt	unechtes Unterlassungsdelikt

• objektiver Tatbestand
• Möglichkeit und Zumutbarkeit des gebotenen Tuns
• objektive Sorgfaltspflichtverletzung
• objektive Vorhersehbarkeit des Erfolgs
	• objektiver Tatbestand
	• Gleichstellung des Unterlassens mit positivem Tun
	  > Garantenstellung
	  > Gleichwertigkeitskorrektiv
	• Nichtvornahme des gebotenen Tuns
	• Kausalität
	• Möglichkeit und Zumutbarkeit des gebotenen Tuns
	• objektive Sorgfaltspflichtverletzung
	• objektive Vorhersehbarkeit des Erfolgs
	• objektive Zurechnung des Erfolgs

Rechtswidrigkeit

bei Fehlen von Rechtfertigungsgründen

Vorwerfbarkeit

echtes Unterlassungsdelikt	unechtes Unterlassungsdelikt

- Verantwortlichkeit
- subjektive Sorgfaltspflichtverletzung
- subjektive Voraussehbarkeit des Erfolges
- Unrechtsbewusstsein
- Fehlen von Entschuldigungsgründen

b) Das Prüfungsschema

Beispiel: A hat nicht gemerkt, dass es geschneit hat und ist daher seiner Verpflichtung zur Gehwegreinigung nicht nachgekommen.

552 Vorfrage: Ist fahrlässiges Handeln überhaupt mit Geldbuße bedroht?

> § 10 OWiG: „Als Ordnungswidrigkeit kann nur vorsätzliches Handeln geahndet werden, außer wenn das Gesetz fahrlässiges Handeln ausdrücklich mit Geldbuße bedroht."

1. Tatbestandsmäßigkeit

553 Wie beim vorsätzlichen ist auch beim fahrlässigen Unterlassungsdelikt zwischen echten und unechten Unterlassungsdelikten zu unterscheiden, vgl. Rn 541 ff. einerseits und Rn 544 ff. andererseits.

1.1 Echte Unterlassungsdelikte

554 Bei den echten Unterlassungsdelikten wird eine Gebotsnorm durch Unterlassen verletzt, vgl. Rn 541. Im Einzelnen sind zu prüfen:
(1) Verwirklichung des Tatbestandes, vgl. Rn 540
(2) Zu besonderen Problemen des Tatbestandes vgl. TZ 1.3 (Rn 556)
(3) Möglichkeit und Zumutbarkeit des gebotenen Tuns, vgl. Rn 542 f.
(4) Objektive Sorgfaltspflichtverletzung, vgl. Rn 529
(5) Objektive Voraussehbarkeit des Erfolges, vgl. Rn 531

1.2 Unechte Unterlassungsdelikte

555 Bei unechten Unterlassungsdelikten wird eine Verbotsnorm durch Unterlassen verletzt, vgl. Rn 544. Im Einzelnen sind zu prüfen:
(1) Verwirklichung des Tatbestandes, vgl. Rn 540
(2) Zu besonderen Problemen des Tatbestandes vgl. TZ 1.3 (Rn 556)
(3) Gleichstellung des Unterlassens mit positivem Tun, vgl. Rn 545
(4) Nichtvornahme des gebotenen Tuns, vgl. Rn 545
(5) Möglichkeit und Zumutbarkeit des gebotenen Tuns, vgl. Rn 542 f.
(6) Objektive Sorgfaltspflichtverletzung, vgl. Rn 529
(7) Objektive Vorhersehbarkeit des Erfolges, vgl. Rn 530
(8) Objektive Zurechnung des Erfolges, vgl. Rn 531

1.3 Besondere Probleme

556 Problem: „ohne Genehmigung", „unbefugt" usw., vgl. Rn 505, 560

Problem: „objektive Bedingung der Ahndung", vgl. Rn 505, 561

Problem: „Nichtbefolgen eines Verwaltungsakts", vgl. Rn 505, 562

Problem: „Handeln für einen anderen", vgl. Rn 505, 564

2. Rechtswidrigkeit

Die Tatbestandsmäßigkeit indiziert die Rechtswidrigkeit, es sei denn es liegen Rechtfertigungsgründe vor, siehe Rn 512 ff. 557

3. Vorwerfbarkeit

3.1 Verantwortlichkeit, vgl. Rn 518 558

3.2 subjektive Sorgfaltspflichtverletzung, vgl. Rn 534

3.3 subjektive Voraussehbarkeit des Erfolges, vgl. Rn 535

3.4 Unrechtsbewusstsein, vgl. Rn 536, 575 ff.

3.5 Fehlen von Entschuldigungsgründen, vgl. Rn 521 f.

Problem: Konkurrenzen

Wenn Sie aufgrund der obigen Prüfung zu dem Ergebnis gekommen sein sollten, dass der Täter eine Ordnungswidrigkeit begangen hat, stellt sich u. U. ein weiteres Problem: Wenn der Täter mehrfach gehandelt und damit mehrere Ordnungswidrigkeiten begeht oder einmal handelt und dadurch gegen mehrere Normen oder gegen dieselbe Norm mehrfach verstößt, ist zu klären, ob nur ein Bußgeld oder ob mehrere Bußgelder zu verhängen sind. Diese Frage wird als besonderes Problem unter Rn 579 ff. dargestellt.	559

5. Prüfung besonderer Probleme des Ordnungswidrigkeitenrechts

Literaturempfehlungen: siehe im Literaturverzeichnis Nr. 4

- **Problem: „ohne Genehmigung", „unbefugt" usw.**

560 In etlichen Bußgeldnormen finden sich Wendungen wie „Wer ohne Genehmigung", „ohne Erlaubnis", „unbefugt" usw. handelt (z. B. § 115 OWiG). Hier taucht die Frage auf, ob die fehlende Genehmigung Tatbestandsmerkmal ist oder die Rechtswidrigkeit begründet. Im ersten Fall muss sich der Vorsatz auf das Fehlen der Genehmigung beziehen mit der Folge, dass bei fehlendem Vorsatz ein den Tatbestand ausschließender Tatbestandsirrtum vorliegt und nur eine Ahndung wegen fahrlässigen Verhaltens in Betracht kommt, § 11 (1) OWiG. Im zweiten Fall kommt nur ein Verbotsirrtum in Betracht, der die Vorwerfbarkeit lediglich dann ausschließt, wenn er unvermeidbar war, § 11 (2) OWiG. Bei der Antwort ist zu differenzieren:

Bei einem *präventiven Verbot mit Erlaubnisvorbehalt* geht es darum, dass ein Verhalten des Bürgers, das sozialadäquat ist, nicht grundsätzlich verboten, sondern nur in „geordnete Bahnen" gelenkt werden soll (z. B. das Bebauen eines Grundstücks oder das Verkaufen von Waren). Eine Genehmigung ist hier Tatbestandsmerkmal.

Bei einem *repressiven Verbot mit Befreiungsvorbehalt* geht es darum, dass ein Verhalten des Bürgers, dass nicht sozialadäquat ist, grundsätzlich verboten und nur in Ausnahmefällen durch Erteilung einer Genehmigung erlaubt sein soll (z. B. das Tragen von Waffen). In diesen Fällen ist die Genehmigung nicht Tatbestandsmerkmal. Hier begründet eine fehlende Genehmigung die Rechtswidrigkeit des Verhaltens.

- **Problem: objektive Bedingung der Ahndung**

561 Nach einigen Bußgeldnormen liegt eine Ordnungswidrigkeit nicht schon dann vor, wenn der Täter eine bestimmte Handlung vorgenommen hat, sondern es wird – i. d. R. durch das Wort „wenn" ausgedrückt – für das Begehen der Ordnungswidrigkeit zusätzlich eine weitere Handlung vorausgesetzt. Beispiel § 122 OWiG: „wenn er in diesem Zustand eine mit Geldbuße bedrohte Handlung begeht". Hier könnte man meinen, dass es sich bei solchen Merkmalen um Tatbestandsmerkmale handelt. Richtigerweise handelt es sich aber um sog. objektive Bedingungen der Ahndung, die keine Tatbestandsmerkmale sind. Der Vorsatz (und auch die Fahrlässigkeit) muss sich also auf sie nicht erstrecken. Es genügt, dass diese Handlungen objektiv tatsächlich begangen werden. Irrtümer (§ 11 (1) OWiG) sind unbeachtlich. Die objektive Bedingung der Ahndung stellt somit einerseits eine Haftungsbeschränkung dar (weil ein Bußgeld eben nur bei Eintritt der objektiven Bedingung verhängt werden kann), andererseits wirkt sie durchaus ahndungsverschärfend (weil dem Täter die Berufung auf den vorsatzausschließenden § 11 (1) OWiG versagt ist).

- **Problem: Nichtbefolgen eines Verwaltungsakts**

562 In etlichen Bußgeldnormen ist Tatbestandsmerkmal, dass der Täter ein Gebot oder Verbot einer Behörde, also einen Verwaltungsakt, nicht befolgt (z. B. § 28 (1) Nr. 7

GastG: „... entgegen einem Verbot nach § 19 alkoholische Getränke verabreicht", Missachtung eines Verkehrsschildes, soweit es ein Ge- oder Verbot enthält). Es gilt: Die Nichtbeachtung des Verwaltungsakts ist nur dann tatbestandsmäßig, wenn der Verwaltungsakt wirksam und vollstreckbar ist.

Wirksamkeit

Jeder ordnungsgemäß bekannt gegebene Verwaltungsakt ist, sofern er nicht nach § 44 VwVfG nichtig ist, wirksam. Zur Prüfung der Nichtigkeit vgl. Rn 87 ff.

Vollstreckbarkeit

Ein Verwaltungsakt ist vollstreckbar, wenn er entweder unanfechtbar ist oder einer der in § 80 (2) VwGO genannten Fälle vorliegt, ein Widerspruch also keine aufschiebende Wirkung hat. Anders ausgedrückt: Solange der Täter die Vollstreckung des Verwaltungsakts durch einen Widerspruch hemmen kann, handelt er nicht tatbestandsmäßig. Zur Vollstreckbarkeit von Verwaltungsakten vgl. Rn 330 ff.

- **Problem: Beteiligung mehrerer Personen an einer Ordnungswidrigkeit**

§ 14 OWiG: 563

„(1) Beteiligen sich mehrere an einer Ordnungswidrigkeit, so handelt jeder von ihnen ordnungswidrig. Dies gilt auch dann, wenn besondere persönliche Merkmale (§ 9 Abs. 1), welche die Möglichkeit der Ahndung begründen, nur bei einem Beteiligten vorliegen.

(2) Die Beteiligung kann nur dann geahndet werden, wenn der Tatbestand eines Gesetzes, das die Ahndung mit einer Geldbuße zulässt, rechtswidrig verwirklicht wird oder in Fällen, in denen auch der Versuch geahndet werden kann, dies wenigstens versucht wird.

(3) Handelt einer der Beteiligten nicht vorwerfbar, so wird dadurch die Möglichkeit der Ahndung bei den anderen nicht ausgeschlossen. Bestimmt das Gesetz, dass besondere persönliche Merkmale die Möglichkeit der Ahndung ausschließen, so gilt dies nur für den Beteiligten, bei dem sie vorliegen.

(4) Bestimmt das Gesetz, dass eine Handlung, die sonst eine Ordnungswidrigkeit wäre, bei besonderen persönlichen Merkmalen des Täters eine Straftat ist, so gilt dies nur für den Beteiligten, bei dem sie vorliegen."

§ 14 OWiG ist nur bei vorsätzlicher Tat anwendbar. Die Vorschrift unterscheidet nicht – wie das Strafrecht – zwischen dem Täter, dem Anstifter und dem Gehilfen. Jeder Beteiligte – ob er selbst den Tatbestand erfüllt, Beihilfe geleistet oder zu der Tat angestiftet hat – wird also als Täter behandelt. Eine Differenzierung hinsichtlich des Tatbeitrages ist jedoch hinsichtlich der Höhe der Geldbuße nach § 17 (3) OWiG oder durch Nichtverfolgung gemäß § 47 OWiG möglich.

- **Problem: Handeln für einen anderen**

§ 9 OWiG: 564

„(1) Handelt jemand
1. als vertretungsberechtigtes Organ einer juristischen Person oder als Mitglied eines solchen Organs,
2. als vertretungsberechtigter Gesellschafter einer Personenhandelsgesellschaft oder
3. als gesetzlicher Vertreter eines anderen,

so ist ein Gesetz, nach dem besondere persönliche Eigenschaften, Verhältnisse oder Umstände (besondere persönliche Merkmale) die Möglichkeit der Ahndung begründen, auch auf den Vertreter anzuwenden, wenn diese Merkmale zwar nicht bei ihm, aber bei dem Vertretenen vorliegen.
(2) Ist jemand von dem Inhaber eines Betriebes oder einem sonst dazu Befugten
1. beauftragt, den Betrieb ganz oder zum Teil zu leiten, oder
2. ausdrücklich beauftragt, in eigener Verantwortung Aufgaben wahrzunehmen, die dem Inhaber des Betriebes obliegen, und handelt er auf Grund dieses Auftrages, so ist ein Gesetz, nach dem besondere persönliche Merkmale die Möglichkeit der Ahndung begründen, auch auf den Beauftragten anzuwenden, wenn diese Merkmale zwar nicht bei ihm, aber bei dem Inhaber des Betriebes vorliegen. Dem Betrieb im Sinne des Satzes 1 steht das Unternehmen gleich. Handelt jemand auf Grund eines entsprechenden Auftrages für eine Stelle, die Aufgaben der öffentlichen Verwaltung wahrnimmt, so ist Satz 1 sinngemäß anzuwenden.
(3) Die Absätze 1 und 2 sind auch dann anzuwenden, wenn die Rechtshandlung, welche die Vertretungsbefugnis oder das Auftragsverhältnis begründen sollte, unwirksam ist."

Hinzuweisen ist auf Folgendes:

→ Besondere persönliche Merkmale i. S. d. § 9 OWiG können nur solche sein, bei denen eine Vertretung möglich ist, z. B. die Eigenschaften als Halter, Eigentümer, Betreiber, Gewerbetreibender oder Veranstalter. Soll dagegen der Täter höchstpersönlich in die Pflicht genommen werden, kommt § 9 OWiG dagegen nicht in Betracht. Das ist vor allem bei den mit der Person des Menschen als solchen verbundenen Merkmalen wie Geschlecht, Alter, Volljährigkeit, Gesinnung usw. der Fall, oder in sonstigen Fällen, in denen eine Vertretung ausgeschlossen ist wie etwa bei der Bestellung als Beisitzer oder bei bestimmten Geheimhaltungspflichten von Amtsträgern.

→ Sowohl bei § 9 (1) als auch bei § 9 (2) ist stets zu prüfen, ob nicht neben dem Vertreter auch der Vertretene haftet.

565 → Vernachlässigt der Vertretene lediglich seine Aufsichtspflicht, ohne dass ihm auch ein Verschulden hinsichtlich der konkreten Zuwiderhandlung vorgeworfen werden kann, kommt eine Ahndung nach § 130 OWiG in Betracht:

„(1) Wer als Inhaber eines Betriebes oder Unternehmens vorsätzlich oder fahrlässig die Aufsichtsmaßnahmen unterlässt, die erforderlich sind, um in dem Betrieb oder Unternehmen Zuwiderhandlungen gegen Pflichten zu verhindern, die den Inhaber als solchen treffen und deren Verletzung mit Strafe oder Geldbuße bedroht ist, handelt ordnungswidrig, wenn eine solche Zuwiderhandlung begangen wird, die durch gehörige Aufsicht verhindert oder wesentlich erschwert worden wäre. Zu den erforderlichen Aufsichtsmaßnahmen gehören auch die Bestellung, sorgfältige Auswahl und Überwachung von Aufsichtspersonen.
(2) Betrieb oder Unternehmen im Sinne des Absatzes 1 ist auch das öffentliche Unternehmen.
(3) ..."

566 → Beachten Sie auch § 30 OWiG zur Möglichkeit, bei Ordnungswidrigkeiten eine Geldbuße gegen juristische Personen zu verhängen:

„(1) Hat jemand
1. als vertretungsberechtigtes Organ einer juristischen Person oder als Mitglied eines solchen Organs,

> 2. als Vorstand eines nicht rechtsfähigen Vereins oder als Mitglied eines solchen Vorstandes,
> 3. als vertretungsberechtigter Gesellschafter einer Personenhandelsgesellschaft oder
> 4. als Generalbevollmächtigter oder in leitender Stellung als Prokurist oder Handlungsbevollmächtigter einer juristischen Person oder einer in Nummer 2 oder 3 genannten Personenvereinigung eine Straftat oder Ordnungswidrigkeit begangen, durch die Pflichten, welche die juristische Person oder die Personenvereinigung treffen, verletzt worden sind oder die juristische Person oder die Personenvereinigung bereichert worden ist oder werden sollte, so kann gegen diese eine Geldbuße festgesetzt werden.
> (2) …"

Zweck dieser Vorschrift ist zum einen, die Vorteile abzuschöpfen, die einem Unternehmen durch eine in ihrem Interesse begangenen Straftat bzw. Ordnungswidrigkeit zugeflossen sind (was auch über § 29a II OWiG bzw. §§ 73 f. StGB möglich wäre). Zum anderen sollen die Organe und Vertreter des Unternehmens dazu angehalten werden, dafür zu sorgen, dass innerhalb des Unternehmens Rechtsverstöße, durch die Pflichten des Unternehmens verletzt oder dieses bereichert werden könnte, unterbleiben.

- **Problem: Versuch einer Ordnungswidrigkeit**

Wird der Tatbestand nicht vollendet, kommt eine versuchte Ordnungswidrigkeit in Betracht. 567

> § 13 OWiG:
> „(1) Eine Ordnungswidrigkeit versucht, wer nach seiner Vorstellung von der Handlung zur Verwirklichung des Tatbestandes unmittelbar ansetzt.
> (2) Der Versuch kann nur geahndet werden, wenn das Gesetz es ausdrücklich bestimmt.
> (3) Der Versuch wird nicht geahndet, wenn der Täter freiwillig die weitere Ausführung der Handlung aufgibt oder deren Vollendung verhindert. Wird die Handlung ohne Zutun des Zurücktretenden nicht vollendet, so genügt sein freiwilliges und ernsthaftes Bemühen, die Vollendung zu verhindern.
> (4) Sind an der Handlung mehrere beteiligt, so wird der Versuch desjenigen nicht geahndet, der freiwillig die Vollendung verhindert. Jedoch genügt sein freiwilliges und ernsthaftes Bemühen, die Vollendung der Handlung zu verhindern, wenn sie ohne sein Zutun nicht vollendet oder unabhängig von seiner früheren Beteiligung begangen wird."

§ 13 OWiG setzt, was sich schon aus dem Wortlaut ergibt, vorsätzliches Handeln voraus. Das Problem ist dabei insbesondere, den Versuch von der – nicht mit einem Bußgeld ahnbaren – Vorbereitungshandlung abzugrenzen. Wann setzt also der Täter i. S. d. § 13 (1) nach seiner Vorstellung von der Handlung unmittelbar zur Verwirklichung des Tatbestandes an? Das ist zum einen dann der Fall, wenn der Täter bereits eines von mehreren Tatbestandsmerkmalen verwirklicht hat. Wenn das noch nicht der Fall ist, liegt nach dem BGH Versuch vor, wenn der Täter subjektiv die Schwelle zum „jetzt geht es los" überschreitet und Handlungen vornimmt, die in die Tatbestandshandlung unmittelbar einmünden und – nach der Vorstellung des Täters – das geschützte Rechtsgut in eine konkrete Gefahr bringen (vgl. BGHSt 43, 177; 44, 34).

Beispiel: Frau E will ihrem im Gefängnis einsitzenden Ehemann M zur Flucht verhelfen und „verbackt" dazu eine Metallsäge in einem Kuchen. Bevor sie ihrem Mann den Kuchen übergeben kann, wird der

Kuchen bei einer Kontrolle im Eingangsbereich des Gefängnisses aufgeschnitten und die Säge entdeckt = Versuch einer Ordnungswidrigkeit nach § 115 (1) Nr. 1 OWiG.

Problem: Irrtum

568

```
Irrtum
├── Tatbestandsirrtum nach § 11 (1) OWiG: Ausschluss des Vorsatzes
│   ├── Tatsachenirrtum
│   └── Rechtsirrtum
│       ├── Subsumtionsirrtum
│       ├── Irrtum über das Handlungsobjekt
│       ├── Fehlgehen der Tat
│       └── Irrtum über den Kausalverlauf
└── Verbotsirrtum nach § 11 (2) OWiG: Ausschluss der Vorwerfbarkeit
    (Ausnahme: Erlaubnistatbestandsirrtum)
    ├── direkter Verbotsirrtum
    │   ├── Täter kennt die Norm nicht
    │   ├── Täter hält die Norm für ungültig
    │   └── Täter subsumiert falsch
    └── indirekter Verbotsirrtum
        ├── Erlaubnisirrtum
        └── Erlaubnistatbestandsirrtum
            Rechtsfolge: Vorsatzausschluss
```

1. Der Tatbestandsirrtum

569 § 11 (1) OWiG: „Wer bei Begehung einer Handlung einen Umstand nicht kennt, der zum gesetzlichen Tatbestand gehört, handelt nicht vorsätzlich. Die Möglichkeit der Ahndung wegen fahrlässigen Handelns bleibt unberührt."

Der Tatbestandsirrtum führt zum Ausschluss des Vorsatzes. Es sind zwei Arten des Tatbestandsirrtums zu unterscheiden:

1.1 Tatsachenirrtum

Bei ihm kennt der Täter Teile des Lebenssachverhalts nicht, die für die Erfüllung des Tatbestandes der Norm von Bedeutung sind.

570

Beispiel: A übersieht ein Verkehrsschild.

1.2 Rechtsirrtum

1.2.1 Subsumtionsirrtum

Bei einem Subsumtionsirrtum legt der Täter ein Tatbestandsmerkmal falsch aus oder legt es zwar richtig aus, subsumiert aber falsch.

571

- Betrifft der Subsumtionsirrtum ein *deskriptives* Tatbestandsmerkmal falsch, so ist sein Irrtum dann unbeachtlich (d. h. trotz seines Irrtums entfällt sein Vorsatz nicht nach § 11 (1) OWiG), wenn er den tatsächlichen Lebenssachverhalt kennt.

  Beispiel: A ist Besitzer eines größeren Stalles. In einer Norm ist das Tatbestandsmerkmal „Haus" genannt. Es ist völlig gleichgültig, wie A das deskriptive Tatbestandsmerkmal „Haus" definiert hat. Ausschlaggebend ist, dass er den Lebenssachverhalt gekannt hat.

- Betrifft der Subsumtionsirrtum ein *normatives* Tatbestandsmerkmal falsch, so ist sein Irrtum dann unbeachtlich (wiederum mit der Folge, dass er trotz seines Irrtums vorsätzlich handelt, also § 11 (1) OWiG nicht greift), wenn er erstens den tatsächlichen Lebenssachverhalt kennt (also wie beim deskriptiven Tatbestandsmerkmal) und, weil eine präzise juristische Auslegung des Tatbestandsmerkmals von ihm nicht erwartet werden kann, und er zweitens aufgrund einer „Parallelwertung in der Laiensphäre" den wesentlichen Bedeutungsgehalt des normativen Tatbestandsmerkmals erfasst hat.

  Beispiel: Ordnungswidrig handelt nach § 118 OWiG, wer eine „grob ungehörige Handlung" vornimmt. Der Täter muss keine exakte juristische Definition vornehmen. Es genügt, dass seine Vorstellung dem wesentlichen Sinngehalt des Merkmals „grob ungehörige Handlung" entspricht.

1.2.2 Irrtum über das Handlungsobjekt

Dieser Irrtum beschreibt Fälle, in denen der Täter über die Identität des Handlungsobjektes irrt. Der Täter kennt also den tatsächlichen Sachverhalt nicht richtig.

572

- Sind die Objekte (das vorgestellte und das tatsächlich verletzte) gleichwertig, so ist der Irrtum unbeachtlich. Der Vorsatz entfällt nicht.

  Beispiel: A will unbefugt das Wappen des Bundeslandes Bayern benutzen, benutzt aber unbefugt das Wappen von Sachsen, das er für das von Bayern hält (§ 124 OWiG). Das vorgestellte und verletzte Objekt sind gleichwertig.

- Sind die Objekte (das vorgestellte und das tatsächlich verletzte) nicht gleichwertig, so ist der Irrtum beachtlich. Der Vorsatz entfällt also.

  Beispiel: A will ein Phantasiewappen benutzen und benutzt das ihm nicht bekannte Wappen von Mecklenburg-Vorpommern. Das vorgestellte und das tatsächlich verletzte Rechtsgut sind nicht gleichwertig.

1.2.3 Fehlgehen der Tat

573 Das Kennzeichnende beim Fehlgehen der Tat ist, dass der Täter nicht das von ihm anvisierte Tatobjekt, sondern ein völlig anderes Objekt trifft.

Beispiel: A will Abfall unbefugt im Wald entsorgen, durch den ein Bach fließt. Beim Abkippen passiert es: Der Abfall landet versehentlich im Bach und nicht wie beabsichtigt auf dem Waldboden.

Verwechseln Sie das Fehlgehen der Tat nicht mit dem Irrtum über das Handlungsobjekt: Hat der Täter das Objekt getroffen, das er treffen wollte (und sich nur über die Identität geirrt), so handelt es sich um ein Irrtum über das Handlungsobjekt. Wenn er ein anderes Objekt (also daneben) getroffen hat, dann handelt es sich um einen Fall des Fehlgehens der Tat.

Die h. M. behandelt das Fehlgehen der Tat als Unterfall der Kausalabweichung. Merke: Nach h. M. führt das Fehlgehen der Tat stets zum Vorsatzausschluss bezüglich des tatsächlich verwirklichten Erfolges. Insoweit kommt nur eine Fahrlässigkeitstat in Betracht. Hinsichtlich des eigentlich anvisierten Objektes kommt eine versuchte vorsätzliche Tat in Betracht.

1.2.4 Irrtum über den Kausalverlauf

574 Dieser Irrtum spielt nur bei Erfolgsdelikten eine Rolle. Dabei handelt es sich um Fälle, in denen zwar der beabsichtigte Erfolg eintritt, jedoch auf anderem Weg und auf andere Weise, als es sich der Täter vorgestellt hat.

Beispiel: A will seinen bösartigen Hund im Wald sich frei umherbewegen lassen (§ 121 Abs. 1 Nr. 1 OWiG). Zunächst will er in der Waldschänke ein Bier trinken. Als er wieder aus der Schänke kommt, ist sein Wagen, in dem der Hund eingeschlossen war, aufgebrochen. Der Hund läuft als Folge davon jetzt alleine durch den Wald.

Der BGH vertritt hierzu die folgende Auffassung:
- Ein Irrtum über den Kausalverlauf führt gemäß § 11(1) OWiG dann nur zum Vorsatzausschluss, wenn der tatsächlich eingetretene Kausalverlauf wesentlich von dem vorgestellten Kausalverlauf abweicht.
- Unwesentliche Abweichungen des tatsächlich eingetretenen vom vorgestellten Kausalverlauf führen nicht zum Wegfall des Vorsatzes.
- Abweichungen zwischen dem vorgestellten und dem wirklichen Kausalverlauf sind dann unwesentlich, wenn sie sich noch in den Grenzen des nach allgemeiner Lebenserfahrung Voraussehbaren halten und keine andere Bewertung der Tat rechtfertigen.

Zum obigen Beispiel: Hier wird von einer wesentlichen Abweichung des von A geplanten Kausalverlaufs vom tatsächlichen Kausalverlauf auszugehen sein. Folge: A hat § 121 Abs. 1 Nr. 1 OWiG nicht vorsätzlich verletzt. Zu prüfen bleibt, ob A fahrlässig gehandelt hat (was zu verneinen ist).

2. Der Verbotsirrtum

> § 11 (2) OWiG: „Fehlt dem Täter bei Begehung der Handlung die Einsicht, etwas Unerlaubtes zu tun, namentlich weil er das Bestehen oder die Anwendbarkeit einer Rechtsvorschrift nicht kennt, so handelt er nicht vorwerfbar, wenn er diesen Irrtum nicht vermeiden konnte."

575

Der Verbotsirrtum ist der Irrtum über die Rechtswidrigkeit. Der Täter handelt also ohne Unrechtsbewusstsein, anders ausgedrückt, ohne das Bewusstsein, dass sein Tun rechtswidrig (Unrecht) ist. Nach § 11 (2) OWiG handelt er dann nicht vorwerfbar, wenn er diesen Irrtum nicht vermeiden konnte. Ein Verbotsirrtum ist vermeidbar, wenn dem Täter sein Vorhaben unter Berücksichtigung seiner Fähigkeiten und Kenntnisse hätte Anlass geben müssen, über dessen mögliche Rechtswidrigkeit nachzudenken oder sich zu erkundigen, und wenn er auf diesem Wege zur Unrechtseinsicht gekommen wäre. In diesen Fällen hat der Täter das sog. potentielle Unrechtsbewusstsein. Bei der Frage, ob der Täter den Irrtum vermeiden konnte, werden von der Rechtsprechung hohe Anforderungen an den Täter gestellt.

Der Täter hat ohne Unrechtsbewusstsein gehandelt, wenn ein direkter oder indirekter Verbotsirrtum vorliegt.

2.1 Direkter Verbotsirrtum

Bei ihm hält der Täter sein Tun für zulässig, weil er
- die Norm, gegen die er verstößt, nicht kennt
- die Norm für ungültig hält
- die Norm falsch auslegt und damit falsch subsumiert.

576

Achtung: Der Subsumtionsirrtum spielt zweimal eine Rolle. Einmal als eine Erscheinungsform des Tatbestandsirrtums (vgl. Rn 509, 569 ff.). In diesem Fall entfällt der Vorsatz und ein Bußgeldbescheid kann wegen einer Vorsatztat nicht verhängt werden. Was aber passiert, wenn Sie zwar einen Subsumtionsirrtum bejahen, aber feststellen, dass er unbeachtlich ist? Dann hat der Täter trotz seines Subsumtionsirrtums vorsätzlich gehandelt. Nun glaubt der Täter aber weiterhin, dass sein Tun nicht rechtswidrig ist, weil er die Norm ja tatsächlich falsch subsumiert hat. Er handelt also ohne Unrechtsbewusstsein. Und genau diesen Aspekt prüfen Sie im Rahmen des Verbotsirrtums. Bis zu diesem Punkt kommen Sie also immer nur dann, wenn Sie bei der Prüfung der subjektiven Tatbestandsmäßigkeit einen relevanten Tatbestandsirrtum verneint haben.

Wenn Sie einen direkten Verbotsirrtum bejaht haben, handelt der Täter gemäß § 11 (2) OWiG nicht vorwerfbar, wenn er diesen Irrtum nicht vermeiden konnte. Ein Bußgeld kann nicht verhängt werden.

2.2 Indirekter Verbotsirrtum

2.2.1 Erlaubnisirrtum

577 Dieser Irrtum lässt sich in zwei Gruppen gliedern:

(1) Der Täter verkennt die Grenzen eines anerkannten Rechtfertigungsgrundes.

Beispiel: A glaubt, er dürfe den in der Parkbucht stehenden B mit dem Auto herausdrängen.

(2) Der Täter glaubt an das Bestehen eines von der Rechtsordnung nicht anerkannten Rechtfertigungsgrundes.

Beispiel: Ein Lehrer glaubt, er habe das Recht der körperlichen Züchtigung eines Schülers.

Rechtsfolge des nicht vermeidbaren Erlaubnisirrtums: Der Täter handelt gemäß § 11 (2) OWiG nicht vorwerfbar. Ein Bußgeldbescheid kann nicht erlassen werden. In den beiden Beispielsfällen ist der Irrtum natürlich vermeidbar.

2.2.2 Erlaubnistatbestandsirrtum

578 Dieser liegt vor, wenn der Täter irrig einen Lebenssachverhalt annimmt, der im Falle seines wirklichen Gegebenseins seine Tat rechtfertigen würde. Der Täter nimmt also irrig an, dass die Voraussetzungen eines anerkannten Rechtfertigungsgrundes (z. B. Notwehr, § 15 OWiG) vorliegen.

Beispiel: Frau A glaubt sich auf einer einsamen Landstraße von einem PKW verfolgt. Um zu entkommen, überschreitet sie die zulässige Höchstgeschwindigkeit. In Wahrheit handelte es sich entgegen der Annahme von Frau A nicht um einen Verbrecher, sondern um einen Polizisten in einem Zivilfahrzeug, der Frau A auf das defekte Rücklicht ihres Wagens aufmerksam machen wollte. Hier nahm Frau A irrig die Voraussetzungen des rechtfertigenden Notstandes nach § 16 OWiG an.

Die Rechtsfolge des Erlaubnistatbestandsirrtums ist bestritten. Nach h. M. ist § 11 (1) OWiG analog anzuwenden mit der Folge, dass der Täter nicht vorsätzlich gehandelt hat.

- **Problem: Konkurrenzen**

579 Wenn der Täter einmal handelt und dadurch gegen mehrere Normen oder gegen dieselbe Norm mehrfach verstößt oder mehrfach handelt und dadurch gegen mehrere Normen verstößt, stellt sich die Frage, ob nur *ein* Bußgeld oder ob *mehrere* Bußgelder zu verhängen sind. Diese Fragen regeln §§ 19, 20 OWiG.

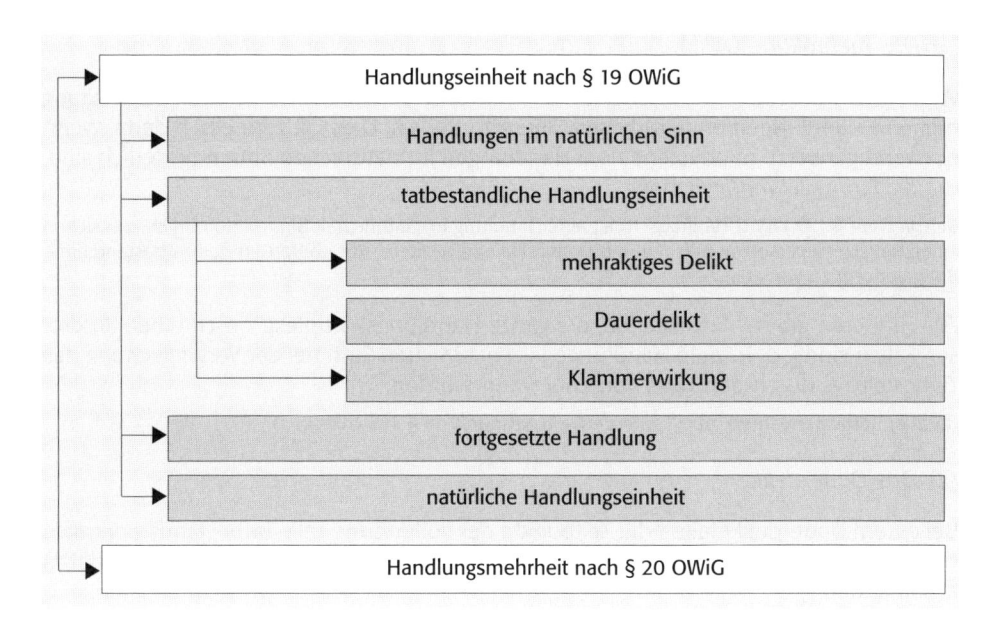

```
┌─► Handlungseinheit nach § 19 OWiG
│   ├─► Handlungen im natürlichen Sinn
│   ├─► tatbestandliche Handlungseinheit
│   │    ├─► mehraktiges Delikt
│   │    ├─► Dauerdelikt
│   │    └─► Klammerwirkung
│   ├─► fortgesetzte Handlung
│   └─► natürliche Handlungseinheit
└─► Handlungsmehrheit nach § 20 OWiG
```

1. Die Handlungseinheit, § 19 OWiG

(1) Verletzt dieselbe Handlung mehrere Gesetze, nach denen sie als Ordnungswidrigkeit geahndet werden kann, oder ein solches Gesetz mehrmals, so wird nur eine einzige Geldbuße festgesetzt.

(2) Sind mehrere Gesetze verletzt, so wird die Geldbuße nach dem Gesetz bestimmt, das die höchste Geldbuße androht. Auf die in dem anderen Gesetz angedrohten Nebenfolgen kann erkannt werden.

580

Was ist „dieselbe Handlung" i. S. d. § 19? Es sind dabei folgenden Fälle zu unterscheiden:

1.1 Fälle der Handlungseinheit

1.1.1 Die Handlung im natürlichen Sinn

Sie liegt vor, wenn *ein* Willensentschluss zu *einer* Willensbetätigung führt. Dabei ist es ohne Bedeutung, wie viele tatbestandliche Erfolge die Handlung hervorgerufen hat (z. B. A öffnet einen Zwinger und lässt fünf gefährliche Tiere frei herumlaufen, § 121 OWiG).

581

1.1.2 Die tatbestandliche Handlungseinheit

Bei ihr werden *mehrere* Handlungen im natürlichen Sinn zu *einer* Handlung zusammengefasst. Das Tatbestandsmerkmal „dieselbe Handlung" in § 19 OWiG wird also weit ausgelegt. Dabei lassen sich die folgenden Untergruppen bilden:

582

(1) Das mehraktige Delikt

583 Wenn der Täter den Tatbestand nur einer Norm verwirklicht hat, sind dazu häufig mehrere Handlungen im natürlichen Sinn erforderlich. Dies gilt zum einen dann, wenn notwendigerweise mindestens zwei Handlungen im natürlichen Sinn erforderlich sind, um die Norm zu verwirklichen.

Beispiel: Für § 122 OWiG (Vollrausch) ist eine Handlung im natürlichen Sinne erforderlich, um sich in einen Rausch zu versetzen und notwendigerweise eine weitere, um im Rausch den Tatbestand einer Bußgeldnorm zu verwirklichen.

Zum anderen gibt es Tatbestände, die ganze Handlungskomplexe beschreiben. In diesen Fällen sind i. d. R. viele Handlungen im natürlichen Sinn bei der Verwirklichung des Tatbestandes durch den Täter vorgenommen worden.

Beispiel: Tatbestandsmerkmal „Verbreiten von Schriften" in § 116 OWiG.

(2) Das Dauerdelikt

584 Bei einem Dauerdelikt fallen die Zeitpunkte der Vollendung (alle Tatbestandsmerkmale sind verwirklicht) und Beendigung (das geschützte Rechtsgut wird nicht mehr verletzt) auseinander.

Beispiel: Fahren mit überhöhter Geschwindigkeit während einer Stunde. Vollendet ist das Delikt mit der ersten Geschwindigkeitsüberschreitung, beendet, wenn der Fahrer wieder mit der zulässigen Geschwindigkeit fährt.

Beim Dauerdelikt taucht folgendes Problem auf: Wie ist zu entscheiden, wenn das Dauerdelikt unterbrochen wird, also zwischendurch wieder ein rechtmäßiger Zustand eintritt? Sind hier eine oder zwei Ordnungswidrigkeiten begangen worden?

Beispiel: Der Täter muss während der Fahrt mit überhöhter Geschwindigkeit stark abbremsen, so dass er mit erlaubter Geschwindigkeit fährt, anschließend gibt er wieder „Gas".

Hier gilt: Nur vorübergehende Unterbrechungen lassen das Dauerdelikt als Einheit bestehen. Anders, wenn der Täter nach der Unterbrechung einen neuen Entschluss zur weiteren Verwirklichung des Tatbestandes gefasst hat.

Beispiel: Der Täter geht zwischendurch einkaufen und fährt anschließend wieder mit erhöhter Geschwindigkeit.

Im Rahmen der schwierigen Abgrenzung lassen sich die beiden Kriterien „Dauer" und „neuer Entschluss" kombinieren: Je länger die Unterbrechung dauert, um so mehr spricht dafür, dass der Täter auch einen neuen Entschluss gefasst hat.

(3) Die Handlungseinheit durch Klammerwirkung

585 1. Fallgruppe: Durch eine Handlung im natürlichen Sinne wird jeweils ein Tatbestandsmerkmal in verschiedenen Normen verwirklicht mit der Folge, dass trotz Verletzung zweier Normen nur ein Bußgeld festgesetzt werden kann.

Beispiel: Eine Vorfahrtsverletzung beruht auf einer Geschwindigkeitsüberschreitung.

2. Fallgruppe: Es werden zwei Delikte, die zueinander eigentlich in Tatmehrheit stehen, durch ein übergreifendes drittes Delikt – häufig durch ein Dauerdelikt – zur

Tateinheit gebracht, wenn die beiden ersten zum dritten Delikt jeweils in Tateinheit stehen.

Beispiel: Falsches Überholen mit andauernd überhöhter Geschwindigkeit und Vorfahrtsverletzung auf Grund der überhöhten Geschwindigkeit.

Beachte: Um unangemessene Vergünstigungen für den Täter auszuschließen, muss generell der verklammernde Tatbestand mit den verklammerten Delikten annähernd wertgleich sein.

Beispiel: Das Fahren ohne Führerschein (= Dauerdelikt) kann nicht einen Rotlichtverstoß und eine spätere Geschwindigkeitsüberschreitung verklammern.

1.1.3 Die Handlungseinheit bei fortgesetzter Tat

Mit ihr sollen vor allem gleichartige Serientaten durch Bejahung der Handlungseinheit zusammengefasst werden. Durch Beschluss des Großen Senats des BGH für Strafsachen vom 3. 5. 1994 (BGHStGS 40, 138 = NJW 94, 1663) ist die jahrelange Rechtsprechung zur fortgesetzten Handlung fast völlig aufgegeben worden. Sie soll nur noch möglich sein, „wenn dies zur sachgerechten Erfassung des durch die mehreren Verwirklichungen des Tatbestandes begangenen Unrechts und der Schuld unumgänglich" ist. Sie setzt damit voraus: 586

- Die Begehungsweise muss im wesentlichen gleichartig sein.
- Die Einzelakte müssen sich gegen dieselbe Norm richten.
- Die Einzelakte müssen in einem gewissen räumlichen und zeitlichen Zusammenhang stehen.
- Es muss Gesamtvorsatz vorliegen: Der Täter muss von vornherein den Gesamterfolg der Tat in seinen wesentlichen Zügen nach Ort, Zeit und Begehungsweise ins Auge gefasst und auf dessen stückweise Verwirklichung abgezielt haben.

Beispiel: Grundeigentümer E will unter Verstoß gegen die Baumschutzverordnung fünf Fichten, die seine Terrasse verschatten, fällen und verwirklicht diese Absicht.

1.1.4 Die natürliche Handlungseinheit

Bei der natürlichen Handlungseinheit geht es darum, inwiefern verschiedene Handlungen im natürlichen Sinn, durch die ein Gesetz mehrfach oder verschiedene Gesetze verletzt wurden, als „dieselbe Handlung" i. S. d. § 19 OWiG betrachtet werden können. Vorweg folgender Hinweis: Die natürliche Handlungseinheit ist in besonderem Maße bestritten. Sie dient häufig als „Auffangbecken". Vor allem die Auffassung der Rechtsprechung lässt einen sicheren Maßstab vermissen. Worum geht es? Nach der Auffassung des BGH (BGHSt 10, 230) liegt eine natürliche Handlungseinheit dann vor, wenn mehrere Verhaltensweisen (Handlungen im natürlichen Sinne) von einem einheitlichen Willen getragen werden und aufgrund ihres räumlich-zeitlichen Zusammenhangs derart eng miteinander verbunden sind, dass sie nach Auffassung des Lebens *eine* Handlung bilden. 587

Beispiele: Vorschriftswidriges Überholen mehrerer Fahrzeuge (einer „Schlange"); ein Metzger füllt während eines Produktionsvorganges in verschiedene Würstchensorten verbotene Konservierungsstoffe.

Der Fortfall der Handlungseinheit bei fortgesetzter Tat (vgl. Rn 506) wird vermutlich zu einer Ausweitung der „natürlichen Handlungseinheit" führen, was wegen ihrer Unbestimmtheit verfassungsrechtlich bedenklich wäre.

1.2 Folgen der Handlungseinheit

1.2.1 Gesetzeskonkurrenz

588 Haben Sie festgestellt, dass mehrere Ordnungswidrigkeiten durch eine Handlung („dieselbe Handlung" i. S. d. § 19 OWiG) verwirklicht wurden, müssen Sie noch weitere Prüfungen vornehmen. Es steht nämlich noch nicht fest, ob Sie alle begangenen Ordnungswidrigkeiten berücksichtigen dürfen. Einige (oder eine) können noch ausscheiden! Eine Norm wird dann nicht weiter berücksichtigt, wenn ein Fall der Spezialität, der Subsidiarität oder der Konsumtion vorliegt.

(1) Spezialität

589 ist dann anzunehmen, wenn ein Tatbestand alle Merkmale eines anderen Tatbestandes plus ein weiteres besonderes enthält. Es wird im Rahmen des § 19 OWiG nur die speziellere Norm berücksichtigt. z. B.: § 8 (1) StVO: „An Kreuzungen hat Vorfahrt, wer von rechts kommt" ist die spezielle Norm zu § 1(2) StVO: „Jeder hat sich so zu verhalten, dass …".

(2) Subsidiarität

590 ist anzunehmen, wenn ein Tatbestand nur für den Fall gilt (Auffangfunktion), dass die Tat nicht schon nach einer anderen (i. d. R. schwereren) Norm mit Bußgeld bedroht ist. Die subsidiäre Norm wird nicht weiter berücksichtigt, sofern die primär anzuwendende Norm eingreift. Unterscheiden Sie dabei die
- ausdrückliche Subsidiarität: Die Norm selbst regelt das Zurücktreten (z. B. mit der Formulierung „sofern nicht ein anderes Gesetz", vgl. etwa § 111(3) OWiG: Diese Norm ist subsidiär zu z. B. § 79a (2) Nr. 14 ZollG oder den Meldegesetzen der Länder).
- stillschweigende Subsidiarität: Sie ergibt sich aus einem Wertungszusammenhang. Danach ist z. B. subsidiär die Fahrlässigkeit gegenüber dem Vorsatz; das Unterlassen gegenüber dem positiven Tun; der Versuch gegenüber der Vollendung; das abstrakte Gefährdungsdelikt gegenüber dem konkreten Gefährdungsdelikt.

(3) Konsumtion

591 Begriff und Abgrenzung sind heftig umstritten. Konsumtion ist dann anzunehmen, wenn der Unrechtsgehalt einer Ordnungswidrigkeit bereits durch einen anderen Tatbestand regelmäßig, aber nicht notwendigerweise miterfasst ist und damit bereits durch dessen Ahndung im wesentlichen mitabgegolten ist und zwar ohne dass Spezialität oder Subsidiarität gegeben wäre. Beispiel: § 119 (1) Ziff. 2 OWiG konsumiert § 120 (1) Ziff. 2 OWiG.

1.2.2 Ergebnis der Prüfung

592 In dem Bußgeldbescheid werden nur die Ordnungswidrigkeiten erwähnt, die nicht durch Spezialität, Subsidiarität und Konsumtion ausgeschieden sind. Diese stehen zueinander in Idealkonkurrenz (Tateinheit). Jetzt findet das Absorptionsprinzip des

§ 19 (2) OWiG Anwendung: „Sind mehrere Gesetze verletzt, so wird die Geldbuße nach dem Gesetz bestimmt, das die höchste Geldbuße androht. Auf die in den anderen Gesetzen angedrohten Nebenfolgen kann erkannt werden."

2. Handlungsmehrheit nach § 20 OWiG

2.1 Begriff der Handlungsmehrheit

Handlungsmehrheit liegt vor, wenn *mehrere* Ordnungswidrigkeiten durch mehrere Handlungen (also nicht durch „dieselbe Handlung" i. S. d. Handlungseinheit des § 19 OWiG) verwirklicht worden sind.

593

Beispiel (s. o. 1.2.2): Der Täter führt während des Fahrens ohne Führerschein unbefugterweise eine Schusswaffe mit sich.

2.2 Folge der Handlungsmehrheit

Handlungsmehrheit führt zur Anwendung des § 20 OWiG:

594

> „Sind mehrere Geldbußen verwirkt, so wird jede gesondert festgesetzt."

Jede Ordnungswidrigkeit wird also für sich geahndet (Kumulationsprinzip).

6. Das Bußgeldverfahren

a) Übersicht

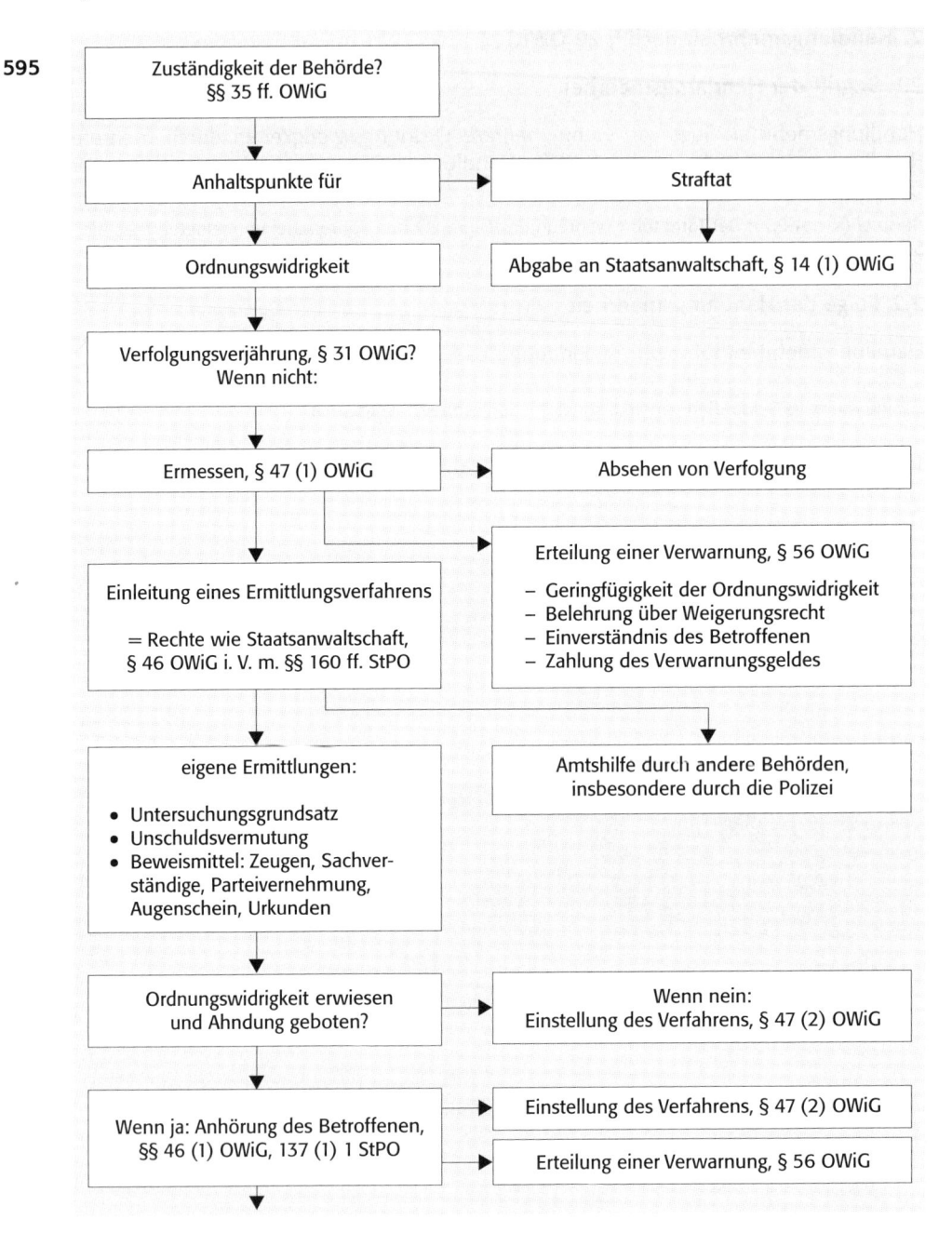

595

```
Zuständigkeit der Behörde?
§§ 35 ff. OWiG
         │
         ▼
   Anhaltspunkte für ─────────────►  Straftat
         │                              │
         ▼                              ▼
   Ordnungswidrigkeit              Abgabe an Staatsanwaltschaft, § 14 (1) OWiG
         │
         ▼
   Verfolgungsverjährung, § 31 OWiG?
   Wenn nicht:
         │
         ▼
   Ermessen, § 47 (1) OWiG ─────────►  Absehen von Verfolgung
         │
         │                          Erteilung einer Verwarnung, § 56 OWiG
         │                          – Geringfügigkeit der Ordnungswidrigkeit
         ▼                          – Belehrung über Weigerungsrecht
   Einleitung eines Ermittlungsverfahrens  – Einverständnis des Betroffenen
   = Rechte wie Staatsanwaltschaft,        – Zahlung des Verwarnungsgeldes
   § 46 OWiG i. V. m. §§ 160 ff. StPO
         │
         ▼                          Amtshilfe durch andere Behörden,
   eigene Ermittlungen:             insbesondere durch die Polizei
   • Untersuchungsgrundsatz
   • Unschuldsvermutung
   • Beweismittel: Zeugen, Sachver-
     ständige, Parteivernehmung,
     Augenschein, Urkunden
         │
         ▼
   Ordnungswidrigkeit erwiesen ─────►  Wenn nein:
   und Ahndung geboten?                Einstellung des Verfahrens, § 47 (2) OWiG
         │
         ▼                              Einstellung des Verfahrens, § 47 (2) OWiG
   Wenn ja: Anhörung des Betroffenen, ─►
   §§ 46 (1) OWiG, 137 (1) 1 StPO         Erteilung einer Verwarnung, § 56 OWiG
         │
         ▼
```

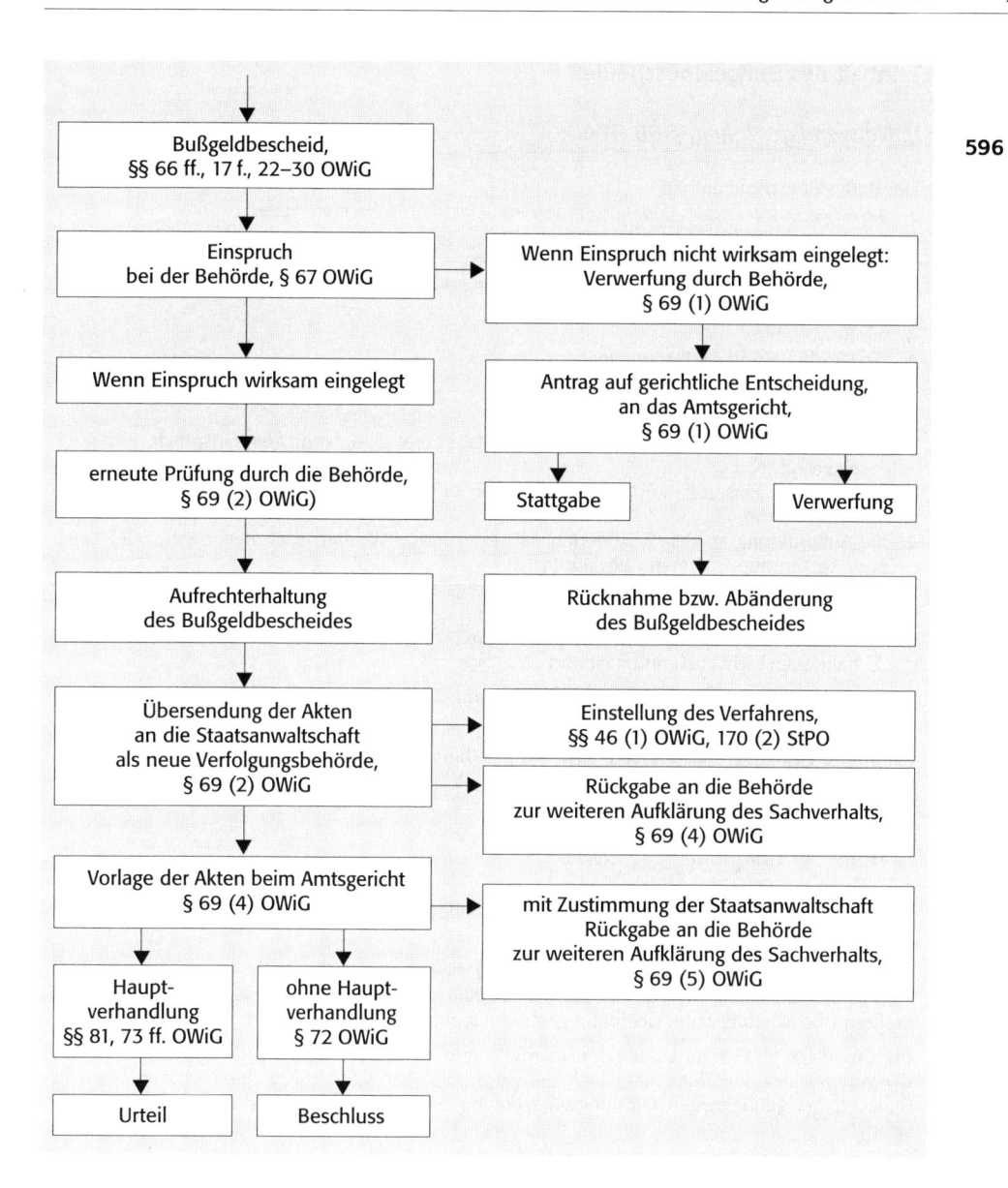

VI. Ordnungswidrigkeitenrecht

596

```
Bußgeldbescheid,
§§ 66 ff., 17 f., 22–30 OWiG
            │
            ▼
   Einspruch                    ──▶  Wenn Einspruch nicht wirksam eingelegt:
   bei der Behörde, § 67 OWiG         Verwerfung durch Behörde,
            │                         § 69 (1) OWiG
            ▼                                │
   Wenn Einspruch wirksam eingelegt          ▼
            │                         Antrag auf gerichtliche Entscheidung,
            ▼                         an das Amtsgericht,
   erneute Prüfung durch die Behörde,        § 69 (1) OWiG
   § 69 (2) OWiG)                         ┌──────┴──────┐
            │                             ▼             ▼
            │                        Stattgabe     Verwerfung
            ▼                             │
   ┌────────┴──────────┐                   │
   ▼                   ▼                   ▼
Aufrechterhaltung    Rücknahme bzw. Abänderung
des Bußgeldbescheides    des Bußgeldbescheides
   │
   ▼
Übersendung der Akten       ──▶ Einstellung des Verfahrens,
an die Staatsanwaltschaft        §§ 46 (1) OWiG, 170 (2) StPO
als neue Verfolgungsbehörde,
§ 69 (2) OWiG               ──▶ Rückgabe an die Behörde
   │                             zur weiteren Aufklärung des Sachverhalts,
   │                             § 69 (4) OWiG
   ▼
Vorlage der Akten beim Amtsgericht ──▶ mit Zustimmung der Staatsanwaltschaft
§ 69 (4) OWiG                           Rückgabe an die Behörde
   │                                    zur weiteren Aufklärung des Sachverhalts,
   │                                    § 69 (5) OWiG
┌──┴──────────────┐
▼                 ▼
Haupt-            ohne Haupt-
verhandlung       verhandlung
§§ 81, 73 ff. OWiG § 72 OWiG
│                 │
▼                 ▼
Urteil            Beschluss
```

b) Inhalt des Bußgeldbescheides

(1) Notwendiger Inhalt, § 66 OWiG:

597
Der Bußgeldbescheid enthält
1. die Angaben zur Person des Betroffenen und etwaiger Nebenbeteiligter,
2. den Namen und die Anschrift des Verteidigers,
3. die Bezeichnung der Tat, die dem Betroffenen zur Last gelegt wird, Zeit und Ort ihrer Begehung, die gesetzlichen Merkmale der Ordnungswidrigkeit und die angewendeten Bußgeldvorschriften,
4. die Beweismittel,
5. die Geldbuße und die Nebenfolgen.

(2) Der Bußgeldbescheid enthält ferner
1. den Hinweis, dass
   a) der Bußgeldbescheid rechtskräftig und vollstreckbar wird, wenn kein Einspruch nach § 67 eingelegt wird,
   b) bei einem Einspruch auch eine für den Betroffenen nachteiligere Entscheidung getroffen werden kann,
2. die Aufforderung an den Betroffenen, spätestens zwei Wochen nach Rechtskraft oder einer etwa bestimmten späteren Fälligkeit (§ 18)
   a) die Geldbuße oder die bestimmten Teilbeträge an die zuständige Kasse zu zahlen oder
   b) im Falle der Zahlungsunfähigkeit der Vollstreckungsbehörde (§ 92) schriftlich oder zur Niederschrift darzutun, warum ihm die fristgemäße Zahlung nach seinen wirtschaftlichen Verhältnissen nicht zuzumuten ist und
3. die Belehrung, dass Erzwingungshaft (§ 96) angeordnet werden kann, wenn der Betroffene seiner Pflicht nach Nummer 2 nicht genügt.

(3) Über die Angaben nach Absatz 1 Nr. 3 und 4 hinaus braucht der Bußgeldbescheid nicht begründet zu werden.

(2) Höhe der Geldbuße, § 17 OWiG:

598
(1) Die Geldbuße beträgt mindestens fünf Euro und, wenn das Gesetz nichts anderes bestimmt, höchstens eintausend Euro.

(2) Droht das Gesetz für vorsätzliches und fahrlässiges Handeln Geldbuße an, ohne im Höchstmaß zu unterscheiden, so kann fahrlässiges Handeln im Höchstmaß nur mit der Hälfte des angedrohten Höchstbetrages der Geldbuße geahndet werden.

(3) Grundlage für die Zumessung der Geldbuße sind die Bedeutung der Ordnungswidrigkeit und der Vorwurf, der den Täter trifft. Auch die wirtschaftlichen Verhältnisse des Täters kommen in Betracht; bei geringfügigen Ordnungswidrigkeiten bleiben sie jedoch in der Regel unberücksichtigt.

(4) Die Geldbuße soll den wirtschaftlichen Vorteil, den der Täter aus der Ordnungswidrigkeit gezogen hat, übersteigen. Reicht das gesetzliche Höchstmaß hierzu nicht aus, so kann es überschritten werden.

(3) Nebenfolgen

599 Neben der Verhängung eines Bußgeldes können in dem Bußgeldbescheid je nach Fallsituation u. a. folgende Nebenfolgen angeordnet werden:
- Einziehung nach § 22–29 OWiG

- § 24 (2) OWiG: Anweisung
  - die Gegenstände unbrauchbar zu machen,
  - an Gegenständen bestimmte Einrichtungen oder Kennzeichen zu beseitigen oder die Gegenstände sonst zu ändern,
  - über die Gegenstände in bestimmte Weise zu verfügen.
- Verfall von Vermögensvorteilen nach § 29a OWiG
- Geldbuße gegen juristische Personen oder Personenvereinigungen nach § 30 OWiG, vgl Rn 566
- Fahrverbot nach § 25 StVG
- Abführung des Mehrerlöses nach § 8 Wirtschaftsstrafgesetz (WiStG)
- Verbot der Jagdausübung nach § 39 BJagdG

c) Vollstreckung eines Bußgeldbescheides

siehe §§ 89 ff. OWiG

600

VII. Öffentlich-rechtliche Haftungsansprüche

1. Prüfung eines Schadensersatzanspruchs aus Amtshaftung

Literaturempfehlungen: siehe im Literaturverzeichnis Nr. 5

a) Übersicht

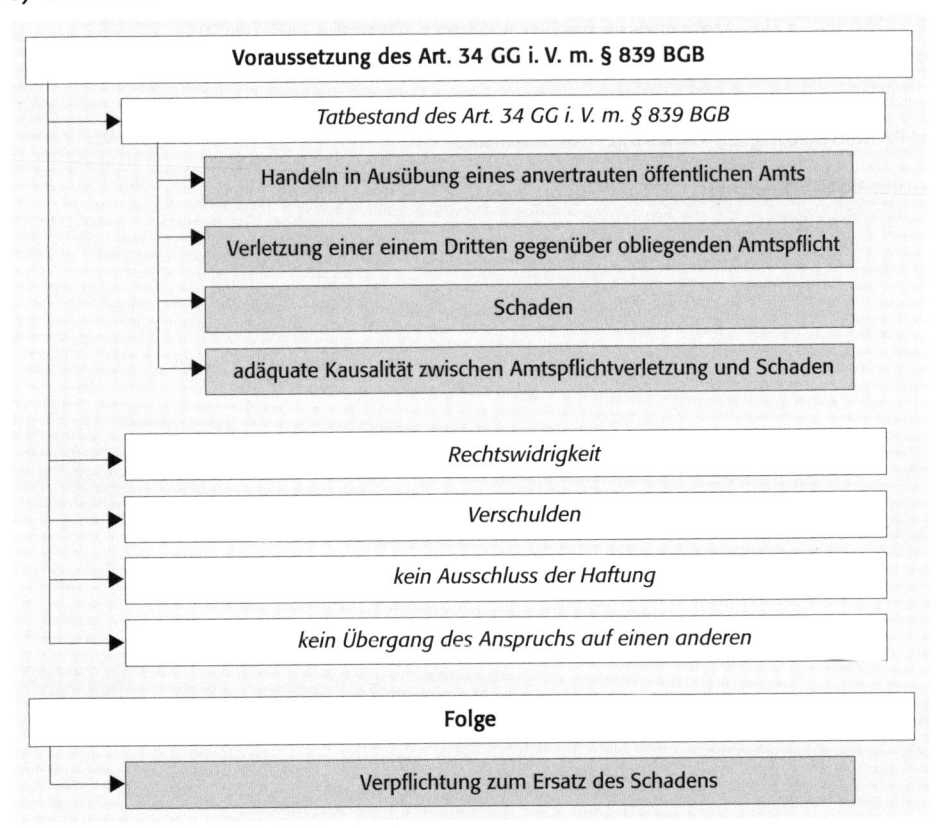

601

```
Voraussetzung des Art. 34 GG i. V. m. § 839 BGB
    │
    ├── Tatbestand des Art. 34 GG i. V. m. § 839 BGB
    │       ├── Handeln in Ausübung eines anvertrauten öffentlichen Amts
    │       ├── Verletzung einer einem Dritten gegenüber obliegenden Amtspflicht
    │       ├── Schaden
    │       └── adäquate Kausalität zwischen Amtspflichtverletzung und Schaden
    │
    ├── Rechtswidrigkeit
    ├── Verschulden
    ├── kein Ausschluss der Haftung
    └── kein Übergang des Anspruchs auf einen anderen

Folge
    └── Verpflichtung zum Ersatz des Schadens
```

602 *Beispiele:* Ersatzanspruch wegen eines Schadens,
- den ein 8-jähriger Schüler infolge der Vernachlässigung der Aufsichtspflicht des Sportlehrers erlitten hat.
- der durch eine rechtswidrige und schuldhafte Schließung einer Gaststätte verursacht worden ist.
- der durch eine falsche Auskunft eines Bauprüfungsbeamten entstanden ist.

b) Die Normen

§ 839 BGB: (1) Verletzt ein Beamter vorsätzlich oder fahrlässig die ihm einem Dritten gegenüber obliegende Amtspflicht, so hat er dem Dritten den daraus entstehenden Schaden zu ersetzen. Fällt dem Beamten nur Fahrlässigkeit zur Last, so kann er nur dann in Anspruch genommen werden, wenn der Verletzte nicht auf andere Weise Ersatz zu erlangen vermag.

(2) Verletzt ein Beamter bei dem Urteil in einer Rechtssache seine Amtspflicht, so ist er für den daraus entstehenden Schaden nur dann verantwortlich, wenn die Pflichtverletzung in einer Straftat besteht. Auf eine pflichtwidrige Verweigerung oder Verzögerung der Ausübung des Amtes findet diese Vorschrift keine Anwendung.

(3) Die Ersatzpflicht tritt nicht ein, wenn der Verletzte vorsätzlich oder fahrlässig unterlassen hat, den Schaden durch Gebrauch eines Rechtsmittels abzuwenden.

Art. 34 GG: Verletzt jemand in Ausübung eines ihm anvertrauten öffentlichen Amtes die ihm einem Dritten gegenüber obliegende Amtspflicht, so trifft die Verantwortlichkeit grundsätzlich den Staat oder die Körperschaft, in deren Dienst er steht. Bei Vorsatz oder grober Fahrlässigkeit bleibt der Rückgriff vorbehalten. Für den Anspruch auf Schadensersatz und für den Rückgriff darf der ordentliche Rechtsweg nicht ausgeschlossen werden.

603

c) Das Prüfungsschema

Beispiele: vgl. Rn 602.

1. Voraussetzungen: Art. 34 GG i. V. m. § 839 BGB

Die Grundlage des Amtshaftungsanspruchs ist Art. 34 i. V. m. § 839 BGB (vgl. Rn 603). Beide Vorschriften bilden zusammen eine einheitliche Anspruchsgrundlage.

1.1 Tatbestand

1.1.1 Handeln in Ausübung eines anvertrauten öffentlichen Amtes

- „Handeln": Im Amtshaftungsrecht gilt nach Art. 34 GG der haftungsrechtliche Beamtenbegriff, der über den statusrechtlichen des § 839 BGB weit hinausgeht: Er umfasst neben Beamten auch Angestellte und Arbeiter im öffentlichen Dienst, Soldaten, Zivildienstleistende, Richter, Abgeordnete und Beliehene.
- „in Ausübung eines anvertrauten öffentlichen Amtes" bedeutet *öffentlich-rechtliches* Handeln (vgl. Rn 10 ff).

604

1.1.2 Verletzung einer „einem Dritten gegenüber obliegenden Amtspflicht"

- Wichtige *Amtspflichten* sind insbesondere die:

605

→ Pflicht zu rechtmäßigem Verwaltungshandeln
→ Pflicht zur allgemeinen Sorgfalt, d. h. die Pflicht, bei der Amtsausübung keine unerlaubte Handlung i. S. d. §§ 823 ff. BGB zu begehen
→ Pflicht, sich jeden Missbrauchs seines Amtes zu enthalten
→ Gehorsamspflicht
→ Pflicht zur Amtsverschwiegenheit

606 - Die Amtspflicht muss „einem *Dritten*" (also dem Anspruchsteller) gegenüber obliegen.

> Das ist der Fall, wenn die Amtspflicht nicht nur im öffentlichen Interesse besteht, sondern zumindest auch den Zweck verfolgt, die Interessen des Dritten zu schützen.
>
> *Beispiele:* Das wird bei den ersten drei oben genannten (Rn 605) Amtspflichten i. d. R. der Fall sein, bei den zwei weiteren dagegen nicht.

607 - Die Amtspflicht muss „verletzt" sein.

1.1.3 Schaden

608 Zu der Frage, inwieweit der Schaden ersetzt wird, vgl. Rn 616.

1.1.4 Kausalität zwischen Amtspflichtverletzung und Schaden

609 Im Haftungsrecht gilt zur Beurteilung der Kausalität die *Adäquanztheorie:* Kausal ist jede Handlung, die nach den Erfahrungen des täglichen Lebens generell geeignet ist, den in Frage stehenden Erfolg herbeizuführen.

1.2 Rechtswidrigkeit

610 Die Rechtswidrigkeit wird durch die Tatbestandsmäßigkeit indiziert. Sie liegt also grundsätzlich vor, es sei denn, es treffen ausnahmsweise Rechtfertigungsgründe zu.

1.3 Verschulden: Vorsatz oder Fahrlässigkeit

611 Zu den Begriffen Vorsatz und Fahrlässigkeit vg. Rn 507 f. Beachte: Vorsatz und Fahrlässigkeit brauchen sich nur auf die Amtspflichtverletzung zu beziehen, nicht auch auf den schädigenden Erfolg.

1.4 Kein Ausschluss der Haftung ...

1.4.1 ... nach § 839 (1) 2 BGB:

612 bei anderweitiger Ersatzmöglichkeit und Zumutbarkeit ihrer Realisierung.

Als *anderweitige Ersatzmöglichkeit* gelten in einengender Auslegung des § 839 (1) 2 BGB nicht

> - aus anderen Anspruchsgrundlagen gegen dieselbe Körperschaft resultierende Ansprüche.
> - Ansprüche, die sich gegen einen anderen Verwaltungsträger richten.
> - Ansprüche gegen Dritte, die im Zusammenhang mit dienstlicher Teilnahme am Straßenverkehr (außer Inanspruchnahme von Sonderrechten nach § 35 StVO) stehen.
> - Ansprüche gegen Dritte, die im Zusammenhang mit der Verletzung der öffentlich-rechtlichen Straßenverkehrssicherungspflicht stehen.

- Ansprüche, die der Geschädigte selbst verdient oder unter Aufwendung eigener Mittel erkauft hat.

  Beispiel: Versicherungsansprüche

- zur *Zumutbarkeit der Realisierung*:

  Unzumutbarkeit liegt insbesondere vor, wenn die Rechtsverfolgung unsicher und zweifelhaft ist, der Verpflichtete zur Ersatzleistung wirtschaftlich nicht in der Lage ist oder sich der Anspruch gegen nahe Angehörige richtet.

1.4.2 ... nach § 839 (3) BGB:

bei schuldhafter Rechtsmittelversäumnis („Rechtsmittel" ist weit zu verstehen und erfasst etwa auch Widerspruch oder Dienstaufsichtsbeschwerde). 613

1.4.3 ... nach § 254 BGB:

bei (sonstiger) Mitverursachung des Schadens durch den Betroffenen aufgrund stark überwiegenden Mitverschuldens. 614

1.5 kein zwischenzeitlicher Übergang des Anspruchs auf einen anderen (soweit der unmittelbar Geschädigte ihn geltend macht).

Ein gesetzlicher Übergang des Anspruchs kann erfolgen auf einen Versicherungsträger (z. B. § 1542 RVO, § 67 VVG), den Versorgungs- und Sozialhilfeträger (insbes. § 90 BSHG) oder den öffentlich-rechtlichen Dienstherren (§ 52 BRRG, § 87a BBG). 615

2. Rechtsfolge

ist die Verpflichtung zum Ersatz des entstandenen Schadens. Der Umfang des Ersatzes hängt dabei davon ab, ob ein Mitverschulden gemäß § 254 BGB bzw. § 9 StVG oder eine anzurechnende Betriebsgefahr analog §§ 254 BGB, 7, 17 StVG vorhanden ist. Ferner ist zu beachten, dass die nach § 249 S. 1 BGB mögliche Wiederherstellung des ursprünglichen Zustandes (Naturalrestitution) nicht verlangt werden kann, wenn sie nur durch hoheitliches Handeln bewirkt werden könnte. Der Amtshaftungsanspruch ist vielmehr grundsätzlich auf Geld gerichtet. 616

2. Prüfung eines Entschädigungsanspruchs aus Enteignung

Literaturempfehlungen: siehe im Literaturverzeichnis Nr. 5

617 *Beispiel:* Entschädigungsanspruch wegen einer rechtmäßigen Entziehung eines privaten Grundstücks durch die Verwaltung, um darauf einen Deich zu errichten.

a) Die Norm

618 Art. 14 (3) GG: Eine Enteignung ist nur zum Wohle der Allgemeinheit zulässig. Sie darf nur durch Gesetz oder auf Grund eines Gesetzes erfolgen, das Art und Ausmaß der Entschädigung regelt. Die Entschädigung ist unter gerechter Abwägung der Interessen der Allgemeinheit und der Beteiligten zu bestimmen. Wegen der Höhe der Entschädigung steht im Streitfalle der Rechtsweg vor den ordentlichen Gerichten offen.

b) Das Prüfungsschema

619 Anspruchsgrundlage für eine Entschädigung aus Enteignung ist nicht Art. 14 (3) GG, sondern das – enteignende bzw. zur Enteignung ermächtigende – Enteignungsgesetz. Dieses muss jedoch mit Art. 14 (3) GG vereinbar sein, um einen Entschädigungsanspruch zu begründen.

1. Voraussetzungen

1.1 Eigentum als Eingriffsobjekt

620 Der Eigentumsbegriff des Art. 14 GG umfasst

- jedes vermögenswerte Recht des Privatrechts. Dazu gehören insbesondere Eigentum an beweglichen Sachen und Grundstücken, beschränkt dingliche Rechte (wie z. B. Hypotheken, Grundschulden, Erbaurechte oder Grunddienstbarkeiten), der rechtmäßige Besitz, Urheberrechte und Patentrechte, vermögenswerte Mitgliedschafts- und Gesellschaftsrechte, Aktien, schuldrechtliche Forderungen und der eingerichtete und ausgeübte Gewerbebetrieb. Zu diesem gehören nicht nur das Betriebsgebäude, Maschinen, Warenlager usw., sondern auch z. B. der Kundenstamm, die Geschäftsverbindungen, der Firmenname, Forderungen usw. Erfasst ist auch der sog. „Kontakt nach außen", also das Anliegerrecht, das einen Anspruch auf Zugang zur öffentlichen Straße gewährt. Nicht geschützt sind dagegen künftigen Positionen wie z. B. Gewinnerwartungen.

- vermögenswerte Rechte des öffentlichen Rechts, wenn sie dem privaten Eigentum ähnlich sind. Ein wichtiges Indiz dafür ist, wenn sie auf eigener Leistung, also eigener Arbeit und/oder eigenem Kapitaleinsatz beruhen, nicht dagegen, wenn sie sich – wie etwa Sozialhilfeansprüche oder Subventionen – nur aus einer staatlichen Gewährung ergeben. Beispiele: berufs- und gewerberechtliche Genehmigungen, Ansprüche auf Arbeitslosengeld, Sozialversicherungsansprüche oder Ansprüche auf Erstattung zuviel gezahlter Steuern.

1.2 Entzug als Vorgang der Enteignung

Eine Enteignung ist die vollständige Entziehung eines von Art. 14 GG erfassten vermögenswerten Rechts. Es reicht auch eine teilweise Entziehung in Form einer dinglichen Belastung. Reine Nutzungsbeschränkungen – wie etwa nach dem Bau-, Natur- oder Denkmalschutzrecht – sind dagegen keine Entziehungen in diesem Sinn, sondern Inhalts- und Schrankenbestimmungen i. S. d. Art. 14 (1) 2 GG.

621

1.3 Gezielter hoheitlicher Rechtsakt als Rechtsform der Enteignung

Als hoheitliche Rechtsakte kommen in erster Linie Verwaltungsakte, aber auch Gesetze in Betracht. Gezielt ist der Entzug, wenn er bewusst und gewollt ist, also nicht etwa zufällig und unbeabsichtigt erfolgt.

622

1.4 Rechtmäßigkeit der Enteignung

1.4.1 Gesetzliche Regelung der Enteignung

Art. 14 (3) 1 GG eröffnet im Hinblick auf die *gesetzliche* Regelung der Enteignung zwei Möglichkeiten. Der Regelfall ist, dass eine gesetzliche Regelung zu einer Enteignung durch Verwaltungsakt ermächtigt. Die Enteignung erfolgt dann „auf Grund eines Gesetzes" (= „Administrativenteignung"). Beispiele: §§ 85 ff. BauGB, §§ 19 f. FStrG, § 30 PBefG oder § 44 WaStrG. Art. 14 (1) 2 GG ermöglicht aber auch, dass die Enteignung unmittelbar „durch Gesetz" erfolgt (= Legalenteignung").

623

1.4.2 Zum Wohl der Allgemeinheit

Eine Enteignung ist nach Art. 14 (1) 2 GG „nur zum Wohle der Allgemeinheit zulässig". Notwendig ist, dass die Enteignung zum Zweck der Verwirklichung eines vom Gemeinwohl geforderten Vorhabens notwendig ist.

624

1.4.3 Verhältnismäßigkeit

Die Enteignung muss verhältnismäßig, also geeignet, angemessen und erforderlich sein (vgl. Rn 172 ff.). Insbesondere darf sie nur das letzte Mittel sein, um den angestrebten Zweck zu erreichen.

625

1.4.4 Gesetzliche Regelung der Entschädigung

626 | Nach Art. 14 (3) 2 GG muss der Gesetzgeber in dem Gesetz, durch das oder aufgrund dessen enteignet wird, „Art und Ausmaß der Entschädigung" regeln (sog. Junktim-Klausel). Dafür reicht es aus, dass das Gesetz auf die Entschädigungsregelungen der allgemeinen Enteignungsgesetze der Länder verweist. Weiterhin verlangt Art. 14 (3) 3 GG, dass die Entschädigung unter gerechter Abwägung der Interessen der Allgemeinheit und der Beteiligten zu bestimmen ist. Fehlt eine solche Entschädigungsregelung, ist das Gesetz verfassungswidrig und darf daher nicht angewandt werden. Die Verwaltung darf also nicht von sich aus diesen Mangel durch Zahlung einer Entschädigung beheben wollen.

2. Rechtsfolge

627 Die Folge einer danach rechtmäßigen Enteignung ist ein Entschädigungsanspruch entsprechend den gesetzlichen Regelungen des Enteignungsgesetzes. Entschädigung ist zu unterscheiden von Schadensersatz, bei dem der Betroffene so gestellt werden soll, als wenn das schädigende Ereignis nicht eingetreten wäre (vgl. § 249 BGB), ihm also z. B. auch entgangenen Gewinn erstattet wird (vgl. § 252 BGB). Entschädigung ist demgegenüber ein Wertausgleich, der lediglich die erlittene Vermögenseinbuße ausgleichen und den Betroffenen in die Lage versetzten soll, sich eine gleichwertige Sache zu beschaffen. Zu erstatten sind auch unmittelbare Folgeschäden wie etwa Kosten für einen Umzug oder eine Betriebsverlegung, die Wertminderung eines Grundstücks bei einer Teilenteignung, nicht aber mittelbare wie z. B. entgangener Gewinn.

Die Entschädigung hat grundsätzlich in Geld zu erfolgen. Möglich ist aber auch eine andere Art, etwa bei der Enteignung eines Grundstücks die Stellung von Ersatzland.

Entschädigungspflichtiger ist derjenige Verwaltungsträger, der durch die Enteignung begünstigt wird.

3. Prüfung eines Entschädigungsanspruchs aus enteignendem Eingriff

Literaturempfehlungen: siehe im Literaturverzeichnis Nr. 5

Beispiel: Entschädigungsanspruch wegen einer unvorhersehbaren Beschädigung eines Hauses aufgrund von vor dem Haus durchgeführten rechtmäßigen Kanalisationsarbeiten.   628

Das Prüfungsschema

Der Anspruch aus enteignendem Eingriff ist gewohnheitsrechtlich als Aufopferungsanspruch anerkannt.   629

1. Voraussetzungen

1.1 Eigentum als Eingriffsobjekt

Hier gilt der weite Eigentumsbegriff des Art. 14 GG (vgl. Rn 620).   630

1.2 Nebenfolge einer rechtmäßigen hoheitlichen Maßnahme als Eingriffshandlung

Den Hauptanwendungsfall des enteignenden Eingriffs bilden die Nebenfolgen von Realakten (wie z. B. Straßenbauarbeiten oder der Betrieb einer Kläranlage). Solche Nebenfolgen sind meist unvorhersehbar und atypisch wie z. B. die Beschädigung eines Gebäudes aufgrund ordnungsgemäß durchgeführter Straßenbau- oder Kanalisationsarbeiten. Dass sie das sind, ist jedoch keine Anspruchsvoraussetzung. Allerdings wird bei vorhersehbaren Nebenfolgen i. d. R. eine gesetzliche Regelung vorhanden sein, so dass für das gewohnheitsrechtliche Institut des enteignenden Eingriffs dann kein Platz ist.   631

Die Maßnahme muss hoheitlich, also öffentlich-rechtlich sein (vgl. Rn 10 ff.). Ist sie das nicht, kommt ein Ersatzanspruch aus Nachbarrecht nach § 906 BGB in Betracht.

Die Maßnahme muss rechtmäßig sein. Dass sie zufällig und nebenbei eine rechtswidrige Eigentumsbeeinträchtigung verursacht, macht sie selbst nicht rechtswidrig. Ist sie aus anderen Gründen rechtswidrig, kommt ein Ersatzanspruch aus enteignungsgleichem Eingriff (vgl. Rn 635 ff.) bzw., wenn sie auch schuldhaft erfolgt ist, aus Amtshaftung (vgl. Rn 601 ff.) in Betracht.

1.3 Unmittelbarkeit des Eingriffs

Der Eigentumseingriff muss unmittelbare Folge der hoheitlichen Maßnahme sein. Das Merkmal der Unmittelbarkeit dient der Haftungsbegrenzung. Es liegt zunächst vor, wenn die hoheitliche Maßnahme die zeitlich letzte Ursache für die Eigentumsbeeinträchtigung ist, wie etwa bei der Beschädigung eines Hauses durch Kanalisationsarbeiten. Im Übrigen liegt die Unmittelbarkeit vor, wenn die Eigentumsbeein-   632 trächtigung die Konkretisierung einer „typischen Gefahrenlage" ist, die die hoheitliche Maßnahme geschaffen hat, die Nachteile sich also aus der Eigenart der hoheitlichen Maßnahme ergeben.

Beispiel: Vögel, die von einer städtischen Mülldeponie angelockt sind, fressen als „Nachtisch" die Aussaat auf einem benachbarten Acker.

1.4 Sonderopfer als Folge des Eingriffs

633 Zur Bestimmung der Opfergrenze, ab der eine Eigentumsbeeinträchtigung nicht mehr entschädigungslos hinzunehmen ist, kommt es auf die Schwere und Zumutbarkeit der Beeinträchtigung an. In den obigen Beispielen der Beschädigung von Häusern aufgrund von Straßenbau- oder Kanalisationsarbeiten und der Aussaat als „Nachtisch" liegt danach immer ein Sonderopfer vor, soweit die Schäden nicht völlig unwesentlich sind.

2. Rechtsfolge

634 ist die Verpflichtung zur Entschädigung. Zum Umfang der Entschädigung vgl. Rn 627.

4. Prüfung eines Entschädigungsanspruchs aus enteignungsgleichem Eingriff

Literaturempfehlungen: siehe im Literaturverzeichnis Nr. 5

Beispiel: Entschädigungsanspruch wegen einer rechtswidrigen und im Wege sofortigen Vollzugs durchgesetzten Abbruchverfügung 635

Das Prüfungsschema

Der Anspruch aus enteignungsgleichem Eingriff ist als Aufopferungsgewohnheitsrecht anerkannt. 636

1. Voraussetzungen

1.1 Eigentum als Eingriffsobjekt

Hier gilt der weite Eigentumsbegriff des Art. 14 GG (vgl. Rn 620). 637

1.2 Hoheitliche Maßnahme als Eingriffshandlung

Das kann ein Rechtsakt oder ein Realakt sein. Grundsätzlich muss die Maßnahme in einem positives Tun bestehen. Ein Unterlassen – wie z. B. die Nichterteilung einer Konzession – kommt dagegen grundsätzlich nicht in Betracht, da hierdurch nichts genommen, sondern lediglich etwas nicht erteilt wird. Eine Ausnahme macht die Rechtsprechung nur im Fall des „qualifizierten Unterlassens", d. h. wenn durch das Unterlassen ausnahmsweise in eine schon bestehende Rechtsposition eingegriffen wird. Hauptbeispiel ist die Ablehnung einer beantragten Baugenehmigung, da hierdurch wegen der sich aus Art. 14 I GG ergebenden Baufreiheit in enteignender Weise in das Recht auf Eigentum eingegriffen wird. 638

1.3 Nichtvorliegen einer Enteignung

Die hoheitliche Maßnahme darf keine Enteignung sein, also keine vollständige oder teilweise Entziehung eines von Art. 14 GG erfassten vermögenswerten Rechts (vgl. Rn 620). Ist sie das, kommt nur das Enteignungsrecht in Betracht. 639

1.4 Unmittelbarkeit des Eingriffs

Hier gilt das Gleiche wie beim enteignenden Eingriff, vgl. Rn 632. 640

1.5 Rechtswidrigkeit des Eingriffs

In der Rechtswidrigkeit des Eingriffs liegt das Sonderopfer, für das entschädigt wird. Dieses muss also nicht – wie beim enteignenden Eingriff (vgl. Rn 633) – anhand von materiellen Kriterien wie Schwere und Unzumutbarkeit besonders festgestellt werden. 641

Die Rechtswidrigkeit bezieht sich dabei – wie das Sonderopfer allgemein – auf den eingetretenen Erfolg. Daraus ergibt sich, dass ein lediglich formeller Verstoß (Unzuständigkeit, Verfahrensfehler und Formverstoß) nicht ausreicht. Das Verwaltungshandeln muss vielmehr materiell rechtswidrig sein (z. B. Fehlen einer Ermächtigungsgrundlage, Unverhältnismäßigkeit oder Verstoß gegen den Gleichheitssatz).

1.6 Kein Mitverschulden des Geschädigten

642 Aus dem Rechtsgedanken des § 254 BGB ergibt sich für den Geschädigten eine Pflicht, zumutbare Maßnahmen zur Abwendung des Schadens zu ergreifen. Er hat daher zunächst die Pflicht zu prüfen, ob die Maßnahme der Behörde rechtmäßig ist. Das gilt insbesondere dann, wenn es sich um einen mit einer Rechtsbehelfsbelehrung versehenen Verwaltungsakt handelt. Notfalls hat er sich eine Rechtsauskunft bei einem Rechtsanwalt einzuholen. Ergeben sich dabei begründete Zweifel an der Rechtmäßigkeit, so hat er grundsätzlich den gegen die Maßnahme möglichen Rechtsbehelf – wie insbesondere Widerspruch und Klage – zu ergreifen, soweit das zumutbar ist (u. U. nicht bei einem erheblichen Prozess- oder Kostenrisiko). Unterlässt er das, entfällt der Entschädigungsanspruch für solche Nachteile, die er durch die Einlegung des Rechtsbehelfs hätte vermeiden können. Dabei entfällt der Anspruch insoweit ganz, mindert sich also nicht etwa entsprechend dem Grad des Mitverschuldens. Da es sich hierbei um ein negatives Tatbestandsmerkmal handelt, muss der Geschädigte nicht sein fehlendes Verschulden nachweisen. Die Darlegungs- und Beweislast für ein Mitverschulden trifft vielmehr den in Anspruch genommenen Verwaltungsträger.

2. Rechtsfolge

643 Folge eines Anspruchs aus enteignungsgleichem Eingriff ist die Pflicht zur Entschädigung (vgl. Rn 627). Entschädigungspflichtig ist der begünstigte Verwaltungsträger bzw., wenn keine Begünstigung vorliegt, der Verwaltungsträger, dessen Aufgaben wahrgenommen worden sind. Der Betroffene muss notfalls Klage vor dem Zivilgericht erheben (§ 40 (2) 1 VwGO).

Der Anspruch aus enteignungsgleichem Eingriff und der Amtshaftungsanspruch bestehen nebeneinander. Der Betroffene muss sich deshalb über ihre Unterschiede im klaren sein, um den richtigen Anspruch geltend zu machen: Der Anspruch aus enteignungsgleichem Eingriffs ist – anders als der Amtshaftungsanspruch – verschuldensunabhängig. Auch verjährt er erst in 30 Jahren, der Amtshaftungsanspruch dagegen bereits nach drei Jahren (§ 852 BGB). Andererseits ist er nur auf Entschädigung gerichtet, der Amtshaftungsanspruch dagegen auf vollen Schadensersatz (also etwa auch auf Ersatz eines entgangenen Gewinns).

5. Prüfung eines Entschädigungsanspruchs aus Aufopferung

Literaturempfehlungen: siehe im Literaturverzeichnis Nr. 5

Beispiel: Entschädigungsanspruch eines Passanten, der versehentlich durch einen Polizisten bei einer Verbrecherjagd verletzt wurde.   644

Das Prüfungsschema

Der Anspruch aus Aufopferung ist z. T. spezialgesetzlich geregelt (z. B. §§ 51 ff. BSeuchenG für Impfschäden). Im Übrigen ist er gewohnheitsrechtlich anerkannt. Nur dieser gewohnheitsrechtliche Anspruch wird im Folgenden erläutert.   645

1. Voraussetzungen

1.1 Nichtvermögenswertes Recht als Eingriffsobjekt

Dazu zählen die durch Art. 2 II GG geschützten Rechte auf Leben, körperliche Unversehrtheit und körperliche Bewegungsfreiheit. Hinzu kommt das allgemeine Persönlichkeitsrecht des Art. 2 I i. V. m. 1 I GG, durch das die engere Persönlichkeitssphäre geschützt ist.   646

1.2 Hoheitliche Maßnahme als Eingriffshandlung

Die hoheitliche Maßnahme – Rechtsakt oder Realakt - muss sich aus der Sicht des Betroffenen als Zwang darstellen. Zu verneinen ist ein Eingriff, wenn der Betroffene sich freiwillig in eine Gefahrensituation begeben, z. B. der Polizei freiwillig geholfen hat.   647

1.3 Unmittelbarkeit des Eingriffs

Der Eingriff muss danach nicht die zeitlich letzte Ursache sein. Es reicht vielmehr, dass eine „typischen Gefahrenlage" konkretisiert wird (vgl. Rn 632). *Beispiel:* Verletzung eines Gefangenen durch einen geisteskranken Mithäftling.   648

1.4 Sonderopfer

Dieses liegt vor, wenn der Betroffene im Vergleich zu anderen ungleich belastet wird, er also eine den anderen nicht zugemutete, die allgemeine Opfergrenze überschreitende Belastung hinnehmen muss. Das ist nicht der Fall, wenn nur das „allgemeine Lebensrisiko" konkretisiert wird. *Beispiel:* Ein Schüler verletzt sich im Turnunterricht bei einer an sich ungefährlichen Übung, die als solche auch außerhalb der Schule beim Spielen häufig praktiziert wird.   649

2. Rechtsfolge

650 Folge des Aufopferungsanspruchs ist die Pflicht zur Entschädigung (vgl. Rn 627). Zu ersetzen ist der entstandene Vermögensschaden (Arzt-, Krankenhauskosten, Verdienstausfall usw.), nicht aber ein immaterieller Schaden. Schmerzensgeld analog § 847 BGB kann also nicht verlangt werden.

651 Der Aufopferungsanspruch und der Amtshaftungsanspruch können nebeneinander gelten gemacht werden. Zu ihren Unterschieden gilt das zum Anspruch aus enteignungsgleichem Eingriff Gesagte entsprechend (vgl. Rn 643). Der Aufopferungsanspruch ist also vor allem interessant sowohl bei einem rechtmäßigen als auch bei einem rechtswidrig schuldlosen Eingriff, der Amtshaftungsanspruch, wenn voller Ersatz – also auch z. B. Schmerzensgeld – verlangt werden soll.

6. Prüfung eines Folgenbeseitigungsanspruchs

Literaturempfehlungen: siehe im Literaturverzeichnis Nr. 5

Beispiele:
- Rückgabe einer beschlagnahmten Sache nach Aufhebung der Beschlagnahmeverfügung.
- Anspruch des V auf anderweitige Unterbringung von Obdachlosen, die für eine bestimmte Zeit in eine leer stehende Wohnung des V eingewiesen worden waren, nach Ablauf des Zeitraums.
- Anspruch auf Rückgabe eines Grundstücks, das zu Unrecht in eine Straßenbaumaßnahme einbezogen worden ist.

652

Das Prüfungsschema

Der Folgenbeseitigungsanspruch ist gewohnheitsrechtlich anerkannt. Seine Grundlagen sind der Grundsatz der Gesetzmäßigkeit und die Freiheitsrechte. Zum Teil wird der Anspruch auch gestützt auf eine Analogie zu §§ 12, 862 und 1004 BGB oder nur zu § 1004 BGB analog.

653

1. Voraussetzungen

1.1 Hoheitlicher Eingriff in ein Grundrecht

Ob hoheitliches (= öffentlich-rechtliches) Handeln vorliegt, wird nach den Abgrenzungstheorien (vgl. Rn 11 ff.) geprüft. Ist der Eingriff danach nicht hoheitlich, sondern privatrechtlich, kommt ein Beseitigungsanspruch nach § 1004 BGB in Betracht.

654

Ein Handeln muss vorliegen, also ein positives Tun. Ein Unterlassen kommt für den Folgenbeseitigungsanspruch nicht in Betracht, da es dabei keinen ursprünglichen Zustand gäbe, der wiederherzustellen wäre. *Beispiel*: die Nichtzulassung zu einem Beruf.

Nicht notwendig ist, dass es sich um einen Verwaltungsakt handelt. Schlichtes Verwaltungshandeln reicht also aus. *Beispiele:* die Aufbewahrung von Akten, die Umsetzung eines Schülers in eine Parallelklasse, eine Auskunft.

In ein Grundrecht und damit in ein absolutes Recht muss eingegriffen sein, da der Folgenbeseitigungsanspruch in erster Linie aus den Grundrechten abgeleitet wird. In Betracht kommen insbesondere die Grundrechte auf körperliche Unversehrtheit, auf Schutz des Eigentums und das allgemeine Persönlichkeitsrecht. Gleichzustellen sind „einfachrechtliche Umsetzungen" von Grundrechten wie z. B. baurechtliche Vorschriften, die Inhalt und Schranken des Eigentums nach Art. 14 I GG bestimmen und durch Verwaltungsakt eingeräumte Rechtspositionen, die Grundrechte konkretisieren wie Baugenehmigungen oder Gewerbeerlaubnisse. Die Beeinträchtigung eines relativen Rechts – wie etwa einer Forderung aus einem öffentlich-rechtlichen Vertrag – reicht dagegen nicht aus.

1.2 Rechtswidrigkeit der erfolgten Beeinträchtigung

655 Die erfolgte Beeinträchtigung muss rechtswidrig sein. Es kommt also nicht entscheidend auf die Rechtmäßigkeit des Hoheitsakts, der zu der Beeinträchtigung geführt hat, an, sondern darauf, ob die Beeinträchtigung selbst – und zwar in dem Zeitpunkt der Geltendmachung des Anspruchs – rechtswidrig ist.

Rechtswidrigkeit liegt vor, wenn keine *Duldungspflicht* besteht. Diese kann sich insbesondere ergeben aus
- einem VA. Dafür reicht die rechtliche Existenz des VA aus. Auf die Rechtmäßigkeit des VA kommt es nicht an, da auch ein rechtswidriger VA grundsätzlich wirksam ist und damit den seiner Regelung entsprechenden Zustand rechtfertigt. Voraussetzung der Rechtswidrigkeit der Fortdauer der Beeinträchtigung ist also außer im Fall der Nichtigkeit, die vorherige Aufhebung oder sonstige Beendigung der Wirksamkeit des VA (z. B. durch Fristablauf)
- einer gesetzlichen Vorschrift
- dem Rechtsgedanken des § 906 BGB
  = Duldungspflicht des Grundeigentümers sowohl bei unwesentlicher Beeinträchtigung als auch bei wesentlicher, aber nicht durch zumutbare Maßnahmen zu verhindernder Beeinträchtigungen durch ortsübliche Benutzung des Grundstücks, von dem die Störung ausgeht.
- Einwilligung
- Verwirkung

1.3 Kein Ausschluss der Haftung

Die Folgenbeseitigung kann ausgeschlossen sein bei

656 • Unmöglichkeit der Folgenbeseitigung

Die Unmöglichkeit kann sich aus tatsächlichen oder rechtlichen Aspekten ergeben. Folge der Unmöglichkeit ist, dass der Betroffene nur einen Entschädigungsanspruch aus Amtshaftung (vgl. Rn 601 ff.), enteignungsgleichem Eingriff (vgl. Rn 635 ff.) oder Aufopferung (vgl. Rn 644 ff.) geltend machen kann.

657 • Unzumutbarkeit der Folgenbeseitigung.

Sie liegt vor, wenn mit der Folgenbeseitigung „ein unverhältnismäßig hoher Aufwand verbunden ist, der zu dem erreichten Erfolg bei allem Respekt für das Verlangen nach rechtmäßigen Zuständen in keinem vernünftigen Verhältnis mehr steht." (BVerwGE 94, 105). Folge ist, dass der Betroffene nur einen Entschädigungsanspruch geltend machen kann. *Beispiel*: Teilabbruch einer Turnhalle wegen der Überschreitung des Grenzabstandes zum Nachbargrundstück um fünf Zentimeter.

658 • Mitverschulden

Mitverschulden ist, da § 254 BGB nur Ausdruck eines allgemeinen Rechtsgedankens ist, auch beim Folgenbeseitigungsanspruch anzurechnen. Bei einer teilbaren Folgenbeseitigung macht das keine Probleme, da hier die Folgenbeseitigung entsprechend dem Grad des Mitverschuldens entfallen kann. Bei einer unteilbaren Folgenbeseitigung dagegen (z. B. dem Widerruf einer falschen Tatsachenbehauptung) wandelt sich der Folgenbeseitigungsanspruch in einen – entsprechend dem Grad des Mitverschuldens gekürzten – Entschädigungsanspruch aus Amtshaftung (vgl. Rn 601 ff.), enteignungsgleichem Eingriff (vgl. Rn 635 ff.) oder Aufopferung (vgl. Rn 644 ff.).

2. Rechtsfolge

Der Rechtsfolge nach ist der Anspruch auf Beseitigung der Folgen der rechtswidrigen Beeinträchtigung gerichtet. Es ist also grundsätzlich der frühere Zustand wieder herzustellen. 659

Das bedeutet jedoch nicht Schadensersatz. § 249 BGB, wonach bei einer Schadensersatzverpflichtung der Zustand herzustellen ist, der ohne das schädigende Verhalten „bestehen würde", kann daher nicht analog angewandt werden, da der Folgenbeseitigungsanspruch nicht auf die Herstellung eines hypothetischen, sondern des früheren Zustandes gerichtet ist.

Anerkannt ist auch, dass haftungsbegrenzend nur die unmittelbaren Folgen zu beseitigen sind. *Beispiel*: Nach einer rechtswidrigen Abschleppmaßnahme kann die Rückgabe des PKW, aber nicht Erstattung vom Taxenkosten verlangt werden. Solche mittelbaren Folgen können nur im Rahmen des Amtshaftungsanspruchs geltend gemacht werden.

Bei einer ehrverletzenden Äußerung ist der Anspruch auf Widerruf der Äußerung gerichtet, soweit diese – zumindest schwergewichtig – eine Tatsachenbehauptung darstellt. Bei Werturteilen kommt dagegen keine Folgenbeseitigung, sondern nur ein künftiges Unterlassen (vgl. Rn 660 ff.) und eine Entschädigung aus Aufopferung in Betracht (vgl. Rn 644 ff.).

7. Prüfung eines öffentlich-rechtlichen Unterlassungsanspruchs

Literaturempfehlungen: siehe im Literaturverzeichnis Nr. 5

660 *Beispiele:* Anspruch auf Unterlassung
- unrichtiger Behauptungen über ein Unternehmen durch den Pressesprecher einer Behörde
- von unnötigem nächtlichem Probealarm einer Feuerwehrwache
- einer geplanten Höherlegung einer Straße, die zu einer Vereitelung der Zufahrt zu den Anliegergrundstücken führen würde.

Das Prüfungsschema

Grundlagen

661 • Der öffentlich-rechtliche Unterlassungsanspruch ist gewohnheitsrechtlich anerkannt. Seine Grundlage ist die Abwehrfunktion der Grundrechte. Sie umfasst nicht nur die Verpflichtung zur Beseitigung rechtswidriger Folgen staatlichen Handelns, sondern auch die Verpflichtung zur Unterlassung künftiger rechtswidriger Eingriffe in Grundrechte.

662 • Abgrenzung zum allgemeinen Folgenbeseitigungsanspruch:

→ Der *Unterlassungsanspruch* kommt in Betracht, wenn die Beseitigung der Störungsfolge durch bloßes Unterlassen möglich ist, d. h. wenn die Beseitigung der Störungsfolge die Existenz der Störungsquelle als solche unberührt lässt.

Beispiel: Anspruch auf Unterlassung unrichtiger Behauptungen über ein Unternehmen durch den Pressesprecher einer Behörde.

→ Der *Folgenbeseitigungsanspruch* kommt in Betracht, wenn Störungsquelle und Störungsfolge untrennbar miteinander verbunden sind, die Störungsfolge sich also nur unter gleichzeitiger Aufhebung der Störungsquelle beseitigen lässt.

Beispiel: Eine beschlagnahmte Sache wird nach Aufhebung der Beschlagnahmeverfügung weiter im staatlichen Gewahrsam behalten. Hier kommt kein Unterlassungs-, sondern ein Folgenbeseitigungsanspruch in Betracht.

1. Voraussetzungen

1.1 Drohender hoheitlicher Eingriff in ein Grundrecht

663 Zur Frage des hoheitlichen Grundrechtseingriffs vgl. Rn 654. Dieser Eingriff droht zum einen dann, wenn die Behörde gleichartige Maßnahmen bereits vorgenommen hat und weitere zu befürchten sind (Wiederholungsgefahr). Es reicht aber auch eine erstmals drohende Beeinträchtigung (Erstbegehungsgefahr) aus, an deren Vorliegen jedoch strengere Voraussetzungen zu knüpfen sind.

1.2 Rechtswidrigkeit des drohenden Eingriffs

Sie liegt vor, wenn keine Duldungspflicht besteht (vgl. Rn 655). **664**

2. Rechtsfolge

ist der Anspruch auf Unterlassung.

8. Prüfung eines öffentlich-rechtlichen Erstattungsanspruchs

665 *Beispiele:* Anspruch auf
- Erstattung zu viel gezahlter Steuern
- Rückzahlung eines zu Unrecht gewährten Subventionsbetrages
- Rückgabe eines zu Unrecht enteigneten Grundstücks

Das Prüfungsschema

666 • Der öffentliche rechtliche Erstattungsanspruch ist, soweit er nicht spezialgesetzlich geregelt ist (z. B. §§ 12 BBesG, S. 2 BeamtenVG, 48 (2) 5 VwVfG), gewohnheitsrechtlich anerkannt. Grundlage ist dabei nicht die analoge Anwendung der §§ 812 ff. BGB. Es handelt sich vielmehr um ein eigenständiges Rechtsinstitut des öffentlichen Rechts.

667 • Der Erstattungsanspruch kann zustehen:
→ einem Bürger gegen den Staat
→ dem Staat gegen den Bürger
→ einem Hoheitsträger gegen einen anderen Hoheitsträger.

1. Voraussetzungen

668 **1.1 Zwischen den Beteiligten muss eine öffentlich-rechtliche Beziehung bestehen.**
(zur Prüfung vgl. Rn 10 ff.)

1.2 Der Anspruchsgegner muss etwas haben.

669 Dabei muss es sich um einen Vermögenswert handeln. Wie der Anspruchsgegner ihn erhalten hat, ist nicht entscheidend: entweder durch Leistung oder in sonstiger Weise (wie bei § 812 BGB).

1.3 Die Bereicherung muss ohne Rechtsgrund erfolgt sein.

670 Der Rechtsgrund kann – wie bei § 812 BGB auch – von Anfang an fehlen (Beispiel: unberechtigte Entnahme von Geld aus der Sozialhilfekasse) oder später weggefallen sein (Beispiel: rückwirkende Aufhebung eines Subventionsbescheides).

Ist die Vermögensverschiebung aufgrund eines Verwaltungsakts oder eines öffentlich-rechtlichen Vertrages erfolgt, so ist dieser – auch wenn er rechtswidrig ist – die rechtliche Grundlage, soweit er nicht ausnahmsweise nichtig (vgl. Rn 87 ff.) und solange er nicht aufgehoben worden ist.

1.4 Die Bereicherung darf nicht entfallen sein.

Hier gilt – anders als bei §§ 818 (3), (4), 819 (1) BGB – Folgendes: 671

> → Der Staat kann sich nicht auf den Wegfall der Bereicherung berufen.
> → Der Bürger kann sich auf den Wegfall der Bereicherung berufen, wenn das private Vertrauensinteresse an der Beständigkeit der eingetretenen Vermögenslage das öffentliche Interesse an der Wiederherstellung einer dem Gesetz entsprechenden Vermögenslage überwiegt. Im Rahmen der Abwägung ist zu beachten, dass das Vertrauensinteresse des Bürgers in keinem Fall bei Kenntnis der Rechtsgrundlosigkeit und bei grober Fahrlässigkeit hinsichtlich der Rechtsgrundlosigkeit überwiegt (arg. § 52 (2) BRRG, § 12 (2) BBesG, § 52 (2) BeamtVG, § 48 (2) 7 VwVfG).

2. Rechtsfolge

ist die Verpflichtung zur Herausgabe des Vermögenswertes. Diese Verpflichtung bezieht sich – wie bei § 818 (1) BGB – auch auf den Ersatz von Nutzungen, die der Bereicherte aus der Bereicherung gezogen hat (z. B. Zinsen). 672

Ist die Herausgabe nicht möglich, ist – wie bei § 818 (2) BGB – der Wert zu ersetzen.

VIII. Datenschutzrecht

Literaturempfehlungen: siehe im Literaturverzeichnis Nr. 6

1. Prüfung der Zulässigkeit einer personenbezogenen Datenverarbeitung

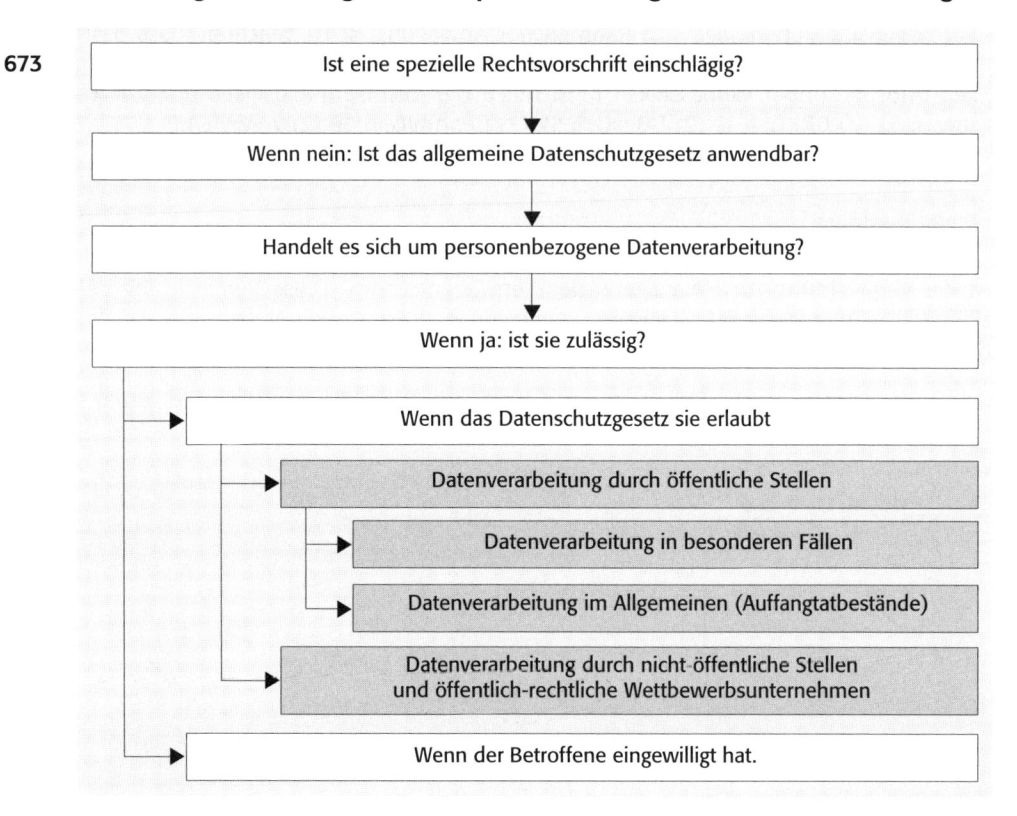

673

```
Ist eine spezielle Rechtsvorschrift einschlägig?
                        ↓
Wenn nein: Ist das allgemeine Datenschutzgesetz anwendbar?
                        ↓
Handelt es sich um personenbezogene Datenverarbeitung?
                        ↓
Wenn ja: ist sie zulässig?
        ├─► Wenn das Datenschutzgesetz sie erlaubt
        │       ├─► Datenverarbeitung durch öffentliche Stellen
        │       ├─► Datenverarbeitung in besonderen Fällen
        │       └─► Datenverarbeitung im Allgemeinen (Auffangtatbestände)
        ├─► Datenverarbeitung durch nicht-öffentliche Stellen
        │    und öffentlich-rechtliche Wettbewerbsunternehmen
        └─► Wenn der Betroffene eingewilligt hat.
```

1. Ist eine spezielle Rechtsvorschrift einschlägig?

674 Es gibt zahlreiche spezielle Rechtsvorschriften, die den allgemeinen Datenschutzgesetzen vorgehen. Dabei handelt es sich z. T. um umfassende Regelungen, insbesondere zur Datenverarbeitung durch die Polizei, z. T. um Einzelvorschriften (z. B. §§ 110c StPO, 12a, 19a VersG). Prüfen Sie dabei immer, ob eine spezielle Rechtsvorschrift die Datenverarbeitung für den jeweiligen Bereich *abschließend* regelt oder ob *nur Teilaspekte* normiert sind, so dass ergänzend das allgemeine Datenschutzgesetz Anwendung findet. Weiterhin gibt es im Anwendungsbereich der allgemeinen Datenschutzgesetze zahlreiche Durchführungsverordnungen und Richtlinien. Auf alle diese Regelungen

kann hier nicht im Einzelnen eingegangen werden. Bei Bedarf möge man sie in den Vorschriftensammlungen des Bundes und der Länder oder auf den Internetseiten der Datenschutzbeauftragten nachschlagen.

2. Ist das allgemeine Datenschutzgesetz anwendbar?

Hier ist danach zu unterscheiden, *wer* Daten verarbeitet. Grundsatz: Werden sie durch öffentliche Stellen des Bundes verarbeitet, ist das Bundesdatenschutzgesetz (BDSG) einschlägig. Werden sie durch öffentliche Stellen eines Landes verarbeitet, ist das entsprechende Landesdatenschutzgesetz anzuwenden.

675

§§ 1 f., 27 BDSG; Art. 2 BayDSG; §§ 2 LDSG BW; 2 BbgDSG; 2 BlnDSG; 1 BremDSG; 2 HmbDSG; 3 HessDSG; 2 NdsDSG; 2 DSG NRW; 2 LDSG RP; 2 SaarlDSG; 2 LDSG SH; 2 DSG MV; 2 SächsDSG; 3 DSG LSA; 2 ThürDSG

Eine Besonderheit ergibt sich aufgrund des § 79 SGB X. Danach gelten für die Sozialverwaltung (also Landesverwaltung) die Vorschriften des Bundesdatenschutzgesetzes, die die Datenverarbeitung durch öffentliche Stellen regeln.

Etliche Vorschriften der Datenschutzgesetze gelten auch für den Fall, dass Daten im Auftrag von Behörden durch Dritte verarbeitet werden.

§ 11 BDSG; Art. 6 BayDSG; §§ 7 LDSG BW; 11 BbgDSG; 3 BlnDSG; 9 BremDSG; 3 HmbDSG; 4 HessDSG; 6 NdsDSG; 11 DSG NRW; 4 DSG MV; 4 LDSG RP; 5 SaarlDSG; 17 LDSG SH; 8 DSG LSA; 7 SächsDSG; 8 ThürDSG

Die Datenverarbeitung durch nicht-öffentliche Stellen oder durch öffentlich-rechtliche Wettbewerbsunternehmen wird nur vom BDSG in §§ 2, 27 ff. geregelt.

Aufgrund der Umsetzung der EG-Datenschutzrichtlinie stimmen alle Datenschutzgesetze weitgehend überein.

2.1 Handelt es sich um personenbezogene Datenverarbeitung?

§ 3 BDSG; Art. 4 BayDSG; §§ 3 LDSG BW; 3 BbgDSG; 4 BlnDSG; 2 BremDSG; 4 HmbDSG; 2 HessDSG; 3 NdsDSG; 3 DSG NRW; 3 LDSG RP; 3 SaarlDSG; 4 LDSG SH; 3 DSG MV; 3 SächsDSG; 2 DSG LSA; 3 ThürDSG

676

Danach sind personenbezogene Daten Einzelangaben über persönliche und sachliche Verhältnisse einer Person. Verarbeiten ist das Erheben, Speichern, Verändern, Übermitteln, Sperren, Löschen und Nutzen personenbezogener Daten.

2.2 Ist sie zulässig?

Sie ist zulässig, wenn das Datenschutzgesetz sie *erlaubt* oder anordnet oder der Betroffene *eingewilligt* hat.

677

§ 4 BDSG; Art. 15 BayDSG; §§ 4 LDSG BW; 4 BbgDSG; 6 BlnDSG; 3 BremDSG; 5 HmbDSG; 7 HessDSG; 4 NdsDSG; 4 DSG NRW; 5 LDSG RP; 4 SaarlDSG; 11 LDSG SH; 6 f. DSG MV; 4 SächsDSG; 4 DSG LSA; 4 ThürDSG

Die Datenverarbeitung ist danach jeweils nur erlaubt, soweit sie erforderlich ist. Hierfür kommt es insbesondere darauf an, dass die vorgesehene Verarbeitung für den angegebenen Zweck geeignet und verhältnismäßig ist. Wenn diese Voraussetzungen bejaht werden, ist anschließend die Zweckbindung für die Verwendung der Daten einzuhalten. Infolgedessen dürfen die Daten nur für einen anderen Zweck verarbeitet werden, wenn dies wiederum das Datenschutzgesetz erlaubt – was in den einzelnen Gesetzen umfassend geregelt ist – oder wenn eine Einwilligung vorliegt.

2.2.1 Das Datenschutzgesetz erlaubt die Verarbeitung oder ordnet sie an.

2.2.1.1 Datenverarbeitung durch öffentliche Stellen

678 Die Datenschutzgesetze enthalten unterschiedliche allgemeine Vorschriften zu den verschiedenen Arten der Datenverarbeitung. Daneben enthalten sie – in unterschiedlichem Umfang – Vorschriften zu besonderen Bereichen (z. B. Forschung). Diese gehen den allgemeinen Vorschriften vor, soweit sie spezielle Regelungen enthalten. Ob sie nur Teilaspekte speziell regeln oder die allgemeinen Vorschriften ganz verdrängen, ist aus einem Vergleich von Wortlaut und Sinn und Zweck der besonderen und der allgemeinen Vorschriften zu entnehmen.

Im Folgenden werden die wichtigsten Vorschriften zur Datenverarbeitung genannt. Da sie z. T. sehr differenziert und umfangreich sind, können sie hier nicht inhaltlich wiedergegeben werden. Man möge sie bei Bedarf in dem jeweiligen Gesetz nachlesen.

(1) Datenverarbeitung in besonderen Fällen

679
- *Verarbeitung von Daten für Zwecke wissenschaftlicher Forschung*

  § 40 BDSG; Art. 23 BayDSG; §§ 19, 35 LDSG BW; 28 BbgDSG; 30 BlnDSG; 21 BremDSG; 27 HmbDSG; 33 HessDSG; 25 NdsDSG; 12 DSG NRW; 28 DSG NRW; 30 LDSG RP; 28 SaarlDSG; 22 LDSG SH; 30 DSG MV; 30 SächsDSG; 27 DSG LSA; 2 5 ThürDSG

- *Verarbeitung von Daten für journalistische Zwecke*

  §§ 41 f. BDSG; 37 f. LDSG BW; 31 BlnDSG; 33 BbgDSG; 37 HessDSG; 34 SaarlDSG; 28 f. ThürDSG

- *Verarbeitung von Daten von Bewerbern und Beschäftigten öffentlicher Stellen*

  §§ 29 BbgDSG; 36 LDSG BW; 22 BremDSG; 28 HmbDSG; 34 HessDSG; 29 DSG NRW; 31 LDSG RP; 29 SaarlDSG; 23 LDSG SH; 31 DSG MV; 31 SächsDSG; 28 DSG LSA

- *Verarbeitung von Daten, die einem besonderen Berufs- oder Amtsgeheimnis unterliegen*

  § 39 BDSG; Art. 22 BayDSG; §§ 34 LDSG BW; 26 DSG LSA; 24 ThürDSG

- *Verarbeitung von Daten für Planungszwecke*

  §§ 30 HmbDSG; 32 HessDSG; 32 LDSG RP

- *Verarbeitung von Daten für statistische Zwecke*

  §§ 31 f. DSG NRW

(2) Datenverarbeitung im Allgemeinen (Auffangtatbestände)

- *Erhebung von Daten*

   13 BDSG; Art. 16 BayDSG; §§ 13 LDSG BW; 12 BbgDSG; 10 BlnDSG; 10 BremDSG; 12 HmbDSG; 12 HessDSG; 9 NdsDSG; 12 DSG NRW; 12 LDSG RP; 12 SaarlDSG; 13 LDSG SH; 8 DSG MV; 11 SächsDSG; 9 DSG LSA; 19 ThürDSG

- *Speicherung, Nutzung und Veränderung von Daten*

   § 14 BDSG; Art. 17 BayDSG; §§ 15 LDSG BW; 12 BbgDSG; 11 BlnDSG; 11 f. BremDSG; 13 HmbDSG; 11, 13 HessDSG; 10 NdsDSG; 13 DSG NRW; 13 LDSG RP; 13 SaarlDSG; 13 LDSG SH; 9 f. DSG MV; 12 SächsDSG; 10 DSG LSA; 20 ThürDSG

- *Übermittlung von Daten an Stellen innerhalb des öffentlichen Bereichs*

   § 15 BDSG; Art. 18 Bay DSG; §§ 13 LDSG BW; 14 BbgDSG; 12 BlnDSG; 13, 16 BremDSG; 14 HmbDSG; 13 ff. HessDSG; 11 NdsDSG; 14 DSG NRW; 14 LDSG RP; 14 SaarlDSG; 14 LDSG SH; 12 DSG MV; 13 SächsDSG; 11 DSG LSA; 21 ThürDSG

- *Übermittlung von Daten an öffentlich-rechtliche Religionsgesellschaften*

   Art. 20 BayDSG; §§ 17 LDSG BW; 31 BlnDSG; 15 BbgDSG; 15 BremDSG; 15 HmbDSG; 35 HessDSG; 15 NdsDSG; 15 DSG NRW; 15 LDSG RP; 33 SaarlDSG; 14 SächsDSG; 27 ThürDSG

- *Übermittlung von Daten an nicht öffentliche Stellen*

   § 16 BDSG; Art. 19 BayDSG; §§ 15 LDSG BW; 16 BbgDSG; 13 BlnDSG; 17 BremDSG; 16 HmbDSG; 16 HessDSG; 14 NdsDSG; 16 DSG NRW; 16 LDSG RP; 16 SaarlDSG; 15 LDSG SH; 13 DSG MV; 15 SächsDSG; 12 DSG LSA; 22 ThürDSG

- *Übermittlung von Daten an Stellen im Ausland und an über- und zwischenstaatliche Stellen*

   § 4b f. BDSG; Art. 21 BayDSG; §§ 20 LDSG BW; 17 BbgDSG; 14 BlnDSG; 18 BremDSG; 17 HmbDSG; 17 HessDSG; 14 NdsDSG; 17 DSG NRW; 17 LDSG RP; 17 SaarlDSG; 16 LDSG SH; 14 DSG MV; 16 SächsDSG; 13 DSG LSA; 23 ThürDSG

- *Berichtigung, Sperrung und Löschung von Daten*

   § 35 BDSG; Art. 11 f. BayDSG; §§ 18 ff. LDSG BW; 19 BbgDSG; 17 BlnDSG; 20 BremDSG; 19 Hm DSG; 19 HessDSG; 17 NdsDSG; 19 DSG NRW; 19 LDSG RP; 19 LDSG RP; 19 SaarlDSG; 11 DSG MV; 18 ff. SächsDSG; 16 DSG LSA; 14 ff. ThürDSG

680

2.2.1.2 Datenverarbeitung durch nicht-öffentliche Stellen und öffentlich-rechtliche Wettbewerbsunternehmen

Soweit diese Daten in oder aus Dateien geschäftsmäßig oder für berufliche oder gewerbliche Zwecke verarbeiten oder nutzen, findet das BDSG Anwendung (§§ 1, 27 BDSG). Dabei differenziert das BDSG zwischen zwei Arten der Datenverarbeitung:

- Speicherung, Übermittlung und Nutzung von Daten für eigene Zwecke: §28 BDSG
- Geschäftsmäßige Speicherung von Daten zum Zweck der Übermittlung: §§ 29 f. BDSG

681

Diese Regelungen legen – im Unterschied zur Datenverarbeitung durch öffentliche Stellen – keine generelle Zweckbindung zwischen Erhebung einerseits und Verarbeitung und Nutzung andererseits fest. Der Empfänger von übermittelten Daten darf diese jedoch grundsätzlich nur für den Zweck verarbeiten oder nutzen, zu dessen Erfüllung sie ihm übermittelt werden, § 28 (4). Eine besondere Zweckbindung sieht das BDSG nur vor, wenn die Daten ausschließlich zu Kontrollzwecken gespeichert werden (§ 31), einem Berufs- oder Amtsgeheimnis unterliegen (§ 39) oder durch Forschungseinrichtungen zu wissenschaftlichen Zwecken verarbeitet oder genutzt werden (§ 40).

2.2.2 Der Betroffene hat in die Datenverarbeitung eingewilligt.

682 § 4a BDSG; Art. 15 BayDSG; §§ 4 LDSG BW; 4 BbgDSG; 6 BlnDSG; 3 BremDSG; 5 HmbDSG; 7 HessDSG; 7 HessDSG; 4 NdsDSG; 4 DSG NRW; 6 (2) LDSG RP; 5 LDSG RP; 4 SaarlDSG; 11 LDSG SH; 6 f. DSG MV; 4 SächsDSG; 4 DSG LSA; 4 § 39 BDSG; Art. 22 BayDSG; §§ 29 LDSG BW; 4 DSG LSA; 24 ThürDSG

Die obigen Vorschriften sind inhaltlich ähnlich. Als Beispiel sei § 4a BDSG zitiert:

„Die Einwilligung ist nur wirksam, wenn sie auf der freien Entscheidung des Betroffenen beruht. Er ist auf den vorgesehenen Zweck der Erhebung, Verarbeitung oder Nutzung sowie, soweit nach den Umständen erforderlich oder auf Verlangen, auf die Folgen der Verweigerung der Einwilligung hinzuweisen. Die Einwilligung bedarf der Schriftform, soweit nicht wegen besonderer Umstände eine andere Form angemessen ist. Sofern die Einwilligung zusammen mit anderen Erklärungen schriftlich erteilt wird, ist sie besonders hervorzuheben."

Zum Teil wird auch noch verlangt, dass die Betroffenen unter Darlegung der Rechtsfolgen darauf hinzuweisen sind, dass sie die Einwilligung verweigern und mit Wirkung für die Zukunft widerrufen können (z. B. § 5 (2) HmbDSG).

… VIII. Datenschutzrecht 231

2. Prüfung der Rechte Betroffener in Bezug auf gespeicherte personenbezogene Daten

Literaturempfehlungen: siehe im Literaturverzeichnis Nr. 6

1. Ist eine spezielle Rechtsvorschrift einschlägig?

Es gibt zahlreiche spezielle Regelungen, die Rechte Betroffener in Bezug auf gespeicherte personenbezogene Daten enthalten, insbesondere zur Datenverarbeitung durch die Polizei. Soweit diese nicht einschlägig sind, finden die Regelungen der allgemeinen Datenschutzgesetze Anwendung. Diese werden im Folgenden genannt. Da sie z. T. sehr differenziert und umfangreich sind, können sie hier nicht inhaltlich wiedergegeben werden. Man möge sie bei Bedarf in dem jeweiligen Gesetz nachlesen.

683

2. Ist das allgemeine Datenschutzgesetz anwendbar?

vgl. Rn 675

684

2.1 Handelt es sich um personenbezogene Datenverarbeitung?

vgl. Rn 676

2.2 Jeder hat in Bezug auf die zu seiner Person gespeicherten Daten ein Recht

2.2.1 bei Datenverarbeitung durch öffentliche Stellen auf

- *Benachrichtigung über die speichernde Stelle und den Zweck der Datenverarbeitung bei Datenerhebung.*

  §§ 19, 34 BDSG; Art. 10 (8), 13 BayDSG; §§ 14 LDSG BW; 18 (2) BbgDSG; 10 (2), 16 (2) BlnDSG; 10 (5) BremDSG; 12 a HmbDSG; 18 HessDSG; 16 NdsDSG; 12 (2), 13 (2), 16 (1) DSG NRW; 19a LDSG RP; 12 (5) SaarlDSG; 22 LDSG SH; 8 (2) DSG MV; 9 (5) DSG LSA; 19 (3) ThürDSG

685

- *auf Antrag Auskunft über gespeicherte Daten, den Zweck der Speicherung und die Empfänger, an die Daten weitergegeben werden.*

  §§ 19, 34 BDSG; Art. 10 BayDSG; §§ 17 LDSG BW; 18 BbgDSG; 16 BlnDSG; 19 BremDSG; 18 HmbDSG; 18 HessDSG; 16 NdsDSG; 18 DSG NRW; 18 LDSG RP; 20 SaarlDSG; 27 LDSG SH; 20 DSG MV; 17 SächsDSG; 15 DSG LSA; 13 ThürDSG

- *Berichtigung unrichtiger Daten.*

  §§ 20, 35 BDSG; Art. 11 BayDSG; §§ 22 LDSG BW; 19 BbgDSG; 17 BlnDSG; 20 BremDSG; 19 HmbDSG; 18 HessDSG; 16 NdsDSG; 19 DSG NRW; 19 LDSG RP; 21 SaarlDSG; 28 LDSG SH; 18 SächsDSG; 16 DSG LSA; 14 ThürDSG

- *Löschung unzulässig gespeicherter und nicht mehr erforderlicher Daten.*

  §§ 20, 35 BDSG; Art. 12 Bay DSG; §§ 23 LDSG BW; 19 BbgDSG; 17 Bln DSG; 20 Brem DSG; 19 HmbDSG; 18 HessDSG; 16 NdsDSG; 19 DSG NRW; 19 LDSG RP; 21 SaarlDSG; 28 LDSG SH; 19 SächsDSG; 16 DSG LSA; 16 ThürDSG

- *Schadensersatz bei rechtswidriger Datenverarbeitung.*

  §§ 7, 8 BDSG; Art. 14 BayDSG; §§ 51 LDSG BW; 20 BbgDSG; 18 BlnDSG; 5 BremDSG; 20 HmbDSG; 20 HessDSG; 18 NdsDSG; 20 DSG NRW; 24 SaarlDSG; 30 LDSG SH; 23 DSG MV; 21 SächsDSG; 18 DSG LSA; 18 ThürDSG

  Neben dieser Gefährdungshaftung, die nur im Rahmen von Höchstgrenzen der Haftung besteht, bleibt der verschuldensabhängige Amtshaftungsanspruch nach § 839 i. V. m. Art. 34 GG (vgl. Rn 601 ff.) anwendbar.

- *Unterlassung bei drohender weiterer rechtswidriger Datenverarbeitung.*

  §§ 18 BlnDSG; 20 LDSG RP; im Übrigen folgt dieser Anspruch aus Art. 2 (1) i. V. m. 1 (1) GG

- *Beseitigung von durch rechtswidrige Datenverarbeitung entstandenen Schäden.*

  § 20 LDSG RP; im Übrigen folgt dieser Anspruch aus Art. 2 (1) i. V. m. 1 (1) GG

- *Anrufung des Datenschutzbeauftragten.*

  § 21 BDSG; Art. 9 Bay DSG; §§ 27 LDSG BW; 20 BbgDSG; 27 Bln DSG; 30 Brem DSG; 26 Hmb DSG; 28 HessDSG; 19 NdsDSG; 21 LDSG RP; 29 LDSG RP; 23 SaarlDSG; 40 LDSG SH; 22 DSG MV; 22 DSG MV; 22 SächsDSG; 19 DSG LSA; 11 ThürDSG

Auf diese Rechte kann nach einigen Datenschutzgesetzen nicht im Vorwege verzichtet werden.

§§ 6 (1) BDSG; 5 LDSG BW; 5 BbgDSG; 6 (2) HmbDSG; 24 DSG MV 20; NdsDSG; 5 DSG NRW; 6 SaarlDSG; 31 LDSG SH; 17 DSG LSA

2.2.2 bei Datenverarbeitung durch nicht-öffentliche Stellen und öffentlich-rechtliche Wettbewerbsunternehmen auf

686
- *Benachrichtigung bei Datenerhebung ohne Kenntnis des Betroffenen:* § 33 BDSG

  Die Benachrichtigung bezieht sich auf die speichernde Stelle, den Zweck der Datenverarbeitung und – bei Speicherung zum Zweck der Übermittlung – über die erstmalige Übermittlung und die Art der übermittelten Daten.

- *auf Antrag Auskunft:* § 34 BDSG

  Der Auskunftsanspruch bezieht sich auf die gespeicherten Daten, den Zweck der Speicherung und die Empfänger, an die Daten weitergegeben werden.

- *Berichtigung unrichtiger Daten:* § 35 (1) BDSG

- *Löschung unzulässiger und nicht mehr erforderlicher Daten:* § 35 BDSG

- *Sperrung von Daten:* § 35 BDSG

  Dieser Anspruch besteht insbesondere dann, wenn Grund zu der Annahme besteht, dass durch eine Löschung schutzwürdige Interessen des Betroffenen beeinträchtigt würden oder wenn die Löschung nicht oder nur mit unverhältnismäßigem Aufwand möglich ist, außerdem wenn ihre Richtigkeit bestritten wird und sich nicht feststellen lässt.

- *Anrufung des Bundesbeauftragten für den Datenschutz:* § 21 BDSG

IX. Öffentlich-rechtliche Verträge

Literaturempfehlungen: siehe im Literaturverzeichnis Nr. 6

687 Bei den öffentlich-rechtlichen Verträgen sind zwei Arten zu unterscheiden:
- Ist hinsichtlich des Vertragsgegenstandes kein Vertragsteil dem anderen übergeordnet, handelt es sich um einen koordinationsrechtlichen Vertrag i. S. d. § 54 S. 1 VwVfG (*Beispiele:* Zweckverbandsvereinbarungen zwischen Gemeinden, Schulfinanzierungsverträge).
- Könnte ein Vertragsteil an den anderen, statt mit diesem einen Vertrag zu schließen, auch einen Verwaltungsakt richten, so handelt es sich um einen subordinationsrechtlichen Vertrag i. S. d. § 54 S. 2 VwVfG. Dabei ist es die Regel, aber nicht Voraussetzung, dass der andere Vertragsteil ein Bürger ist. Nicht erforderlich ist, dass die Behörde einen VA mit genau demselben Inhalt erlassen könnte. Es reicht aus, dass der Gegenstand des Vertrages auch einer Regelung durch VA zugänglich wäre (*Beispiele:* Verträge über wegerechtliche Sondernutzungen, Vergleichsverträge im Widerspruchsverfahren, Förderungsverträge im Kulturbereich).

I. Prüfung der Rechtmäßigkeit eines öffentlich-rechtlichen Vertrages

1. Zustandekommen eines öffentlich-rechtlichen Vertrages

1.1 Abschluss eines Vertrages

688 Der öffentlich-rechtliche Vertrag ist im VwVfG in den §§ 54 ff. nur unvollkommen geregelt. Soweit hier keine Regelungen vorhanden sind, sind nach § 62 VwVfG hilfsweise die Vorschriften des BGB zu prüfen.

Ein Vertrag ist die von zwei oder mehreren Personen – durch sich deckende wirksame Willenserklärungen – erklärte Willensübereinstimmung über die Herbeiführung eines bestimmten rechtlichen Erfolges (§§ 145 ff. BGB, 62 VwVfG). Problematisch kann dabei die Abgrenzung zum mitwirkungsbedürftigen Verwaltungsakt sein. Ein solcher liegt vor, wenn der Bürger den Erlass der öffentlich-rechtlichen Regelung lediglich durch Unterlassen eines Antrages oder durch Verweigerung der Zustimmung verhindern bzw. durch Stellen eines Antrages oder Erteilung der Zustimmung herbeiführen kann (z. B. Beamtenernennung, Fahrerlaubnis). Die eigentliche Entscheidung trifft also die Behörde. Ein Vertrag liegt dagegen vor, wenn der Bürger rechtlich einen gleichberechtigten Einfluss auf den Inhalt der Regelung nehmen kann. Ein weiteres Abgrenzungskriterium ist, ob eine typische, häufig vorkommende Interessenlage geregelt wird (dann eher VA) oder ob es sich um eine atypische, gesetzlich nicht näher geregelte Interessenlage handelt (dann eher Vertrag). Als Arten öffentlich-rechtlicher Verträge kommen der koordinationsrechtliche und der subordinationsrechtliche Vertrag in Betracht (§§ 54 ff. VwVfG).

1.2 Öffentlich-rechtlicher Charakter des Vertrages

Ein Vertrag ist öffentlich-rechtlich, wenn er sich auf einen öffentlich-rechtlich geregelten Sachverhalt bezieht (vgl. zur Abgrenzung des öffentlichen Rechts vom Privatrecht Rn 10 ff.). Das ist insbesondere der Fall, wenn er 689
- eine öffentlich-rechtliche Vorschrift als Rechtsgrundlage hat (z. B. Erschließungsverträge nach § 124 BauGB),
- auf Ausgestaltung oder Abänderung öffentlich-rechtlicher Berechtigungen oder Verpflichtungen abzielt (z. B. Einigung über eine öffentlich-rechtliche Entschädigung) oder
- inhaltlich in engem Zusammenhang mit öffentlich-rechtlicher Verwaltungstätigkeit steht (z. B. Vertrag über die Finanzierung des Studiums eines Beamtenanwärters, damit dieser später als Beamter tätig ist.).

Entscheidend ist der Gesamtcharakter des Vertrages.

2. Rechtmäßigkeitsanforderungen an einen öffentlich-rechtlichen Vertrag

Die Rechtmäßigkeit von völkerrechtlichen, kirchenrechtlichen und verfassungsrechtlichen Verträgen richten sich nach den betreffenden Rechtsgebieten. Die Rechtmäßigkeit von Verträgen, die sich auf Verwaltungstätigkeit beziehen (nur auf diese soll hier eingegangen werden), regeln §§ 54 ff. VwVfG und für die Sozialverwaltung §§ 53 ff. SGB X. Die Abgabenordnung regelt den öffentlich-rechtlichen Vertrag dagegen nicht. Verträge über Steuererhebung und Steuererlass sind daher nicht zulässig. 690

Für öffentlich-rechtliche Verträge gilt der Grundsatz der Gesetzmäßigkeit.

> Der öffentlich-rechtliche Vertrag wäre rechtmäßig, wenn kein Verstoß gegen das Prinzip der Gesetzmäßigkeit der Verwaltung vorliegen würde. Danach darf kein staatliches Handeln gegen geltendes Recht verstoßen (Vorrang des Gesetzes, Art. 20 (3) GG). Weiterhin bedarf danach die Verwaltung für alle belastenden und sonst wesentlichen Maßnahmen einer gesetzlichen Ermächtigungsgrundlage (Vorbehalt des Gesetzes, Art. 2 ff., 20 GG). 691

2.1 Formelle Rechtmäßigkeitsanforderungen

2.1.1 Zuständigkeit (vgl. Rn 136 ff.)

2.1.2 Verfahren

- Nach § 58 VwVfG (= § 57 SGB X) bedarf ein öffentlich-rechtlicher Vertrag, der in Rechte eines Dritten eingreift, der schriftlichen Zustimmung des Dritten. Wird statt eines Verwaltungsakts, zu dem eine andere Behörde zustimmen muss, ein Vertrag geschlossen, so ist die Zustimmung dieser Behörde auch für den Vertrag nötig. 692

- Unterwirft sich ein Vertragspartner in einem öffentlich-rechtlichen Vertrag der sofortigen Vollstreckung, muss die Behörde nach § 61 VwVfG (= § 60 SGB X) durch den Behördenleiter, seinem Vertreter oder einem Volljuristen vertreten sein. Außerdem ist grundsätzlich die Genehmigung der Aufsichtsbehörde nötig.
- Im Übrigen gelten die allgemeinen Verfahrensanforderungen der §§ 10 ff. VwVfG, 9 ff. SGB X.

2.1.3 Form

693 Nach § 57 VwVfG (= § 56 SGB X) bedarf der Vertrag, soweit nicht durch Rechtsvorschrift eine andere Form vorgeschrieben ist, der Schriftform. Nach § 62 VwVfG (= § 61 SGB X) ist damit § 126 BGB anzuwenden, also eine Unterschrift beider Vertragspartner unter den Vertragstext nötig.

2.2 Materielle Rechtmäßigkeitsanforderungen

2.2.1 Vorbehalt des Gesetzes?

694 • Nach dem Vorbehalt des Gesetzes (vgl. Rn 691) ist zwar bei belastenden Maßnahmen eine gesetzliche Ermächtigungsgrundlage nötig. Die Anwendung dieses Prinzips auf den öffentlich-rechtlichen Vertrag ist jedoch umstritten, da die in einem öffentlich-rechtlichen Vertrag vereinbarten Belastungen eines Vertragspartners keine Grundrechtseingriffe darstellen, sondern auf einem Grundrechtsgebrauch, der im freiwilligen Abschluss des Vertrages liegt, beruhen. Auf jeden Fall ist aber unstreitig, dass insoweit § 54 VwVfG (= § 53 SGB X) eine ausreichende Legitimation darstellt.

Eine spezielle Ermächtigungsgrundlage könnte in Betracht kommen, wenn der Vertrag zu Eingriffen in Grundrechte Dritter ermächtigt. In diesem Fall ist jedoch die Zustimmung des Dritten nach § 58 VwVfG (= 57 SGB X) notwendig, so dass wiederum das Freiwilligkeitsprinzip gewahrt ist.

Eine spezielle Ermächtigungsgrundlage kommt daher nur in Betracht bei sonst wesentlichen Maßnahmen, etwa grundlegenden, die Allgemeinheit berührenden Subventionsverträgen.

- Das Prinzip vom Vorrang des Gesetzes gilt uneingeschränkt.

2.2.2 Grundsätzliche Anforderungen an öffentlich-rechtliche Verträge

695 § 54 VwVfG (= § 53 (1) SGB X): Ein Rechtsverhältnis auf dem Gebiet des öffentlichen Rechts kann durch Vertrag begründet, geändert oder aufgehoben werden (öffentlich-rechtlicher Vertrag), soweit Rechtsvorschriften nicht entgegenstehen. Insbesondere kann die Behörde, anstatt einen Verwaltungsakt zu erlassen, einen öffentlich-rechtlichen Vertrag mit demjenigen schließen, an den sie sonst den Verwaltungsakt richten würde.

§ 53 (2) SGB X fügt hinzu: Ein öffentlich-rechtlicher Vertrag über Sozialleistungen kann nur geschlossen werden, soweit die Erbringung der Leistungen im Ermessen des Leistungsträgers steht.

Wann stehen Rechtsvorschriften einem öffentlich-rechtlichen Vertrag entgegen? Ausdrückliche Vorschriften sind selten (z. B. § 5 (2) BRRG bzgl. der Beamtenernennung oder § 2 (2) BBesG bzgl. der Beamtenbesoldung). Indirekt enthält die AO, weil sie keine den §§ 54 ff. VwVfG entsprechenden Regelungen enthält, ein Verbot des öffentlich-rechtlichen Vertrages. Ob ein Vertrag wegen seines Inhalts unzulässig ist, richtet sich nach § 59 VwVfG (vgl. Rn 700).

2.2.3 Insbesondere: Anforderungen an Vergleichsverträge

> **§ 55 VwVfG (= 54 SGB X):** Ein öffentlich-rechtlicher Vertrag im Sinne des § 54 Satz 2 VwVfG, durch den eine bei verständiger Würdigung des Sachverhalts oder der Rechtslage bestehende Ungewissheit durch gegenseitiges Nachgeben beseitigt wird (Vergleich), kann geschlossen werden, wenn die Behörde den Abschluss des Vergleichs zur Beseitigung der Ungewissheit nach pflichtgemäßem Ermessen für zweckmäßig hält.

696

Eine Sachlage ist ungewiss, wenn die für eine Sachentscheidung maßgeblichen Tatsachen nur mit unverhältnismäßig hohem Aufwand geklärt werden können (z. B. Zeugen sind bis auf weiteres nicht erreichbar). Eine Rechtslage ist ungewiss, wenn die Vertragsparteien sich über die Rechtsfolgen eines unstreitigen Sachverhalts im Ungewissen sind (z. B. bei sich widersprechenden Urteilen mehrere Oberverwaltungsgerichte).

2.2.4 Insbesondere: Anforderungen an Austauschverträge

> **§ 56 VwVfG (= § 55 SGB X):** (1) Ein öffentlich-rechtlicher Vertrag im Sinne des § 54 Satz 2, in dem sich der Vertragspartner der Behörde zu einer Gegenleistung verpflichtet, kann geschlossen werden, wenn die Gegenleistung für einen bestimmten Zweck im Vertrag vereinbart wird und der Behörde zur Erfüllung ihrer öffentlichen Aufgaben dient. Die Gegenleistung muss den gesamten Umständen nach angemessen sein und im sachlichen Zusammenhang mit der vertraglichen Leistung der Behörde stehen. (2) Besteht auf die Leistung der Behörde ein Anspruch, so kann nur eine solche Gegenleistung vereinbart werden, die bei Erlass eines Verwaltungsakts Inhalt einer Nebenbestimmung nach § 36 sein könnte.

697

Satz 2 ist Ausdruck des Gebots der Verhältnismäßigkeit (vgl. Rn 172 ff.) und des Verbots des Ermessensfehlgebrauchs (vgl. Rn 179). Angemessenheit bedeutet, dass Leistung und Gegenleistung in etwa ausgewogen sind, insbesondere sich für den Vertragspartner keine unzumutbaren Belastungen ergeben. Ein sachlicher Zusammenhang zwischen Leistung und Gegenleistung besteht nur dann, wenn beide dem gleichen öffentlichen Interesse dienen (z. B. Verzicht auf die Notwendigkeit einer Garage gegen Zahlung eines Kostenbeitrages für ein gemeindliches Parkhaus).

Besteht auf die Leistung der Behörde ein Anspruch, so ist die Vereinbarung einer Gegenleistung entsprechend Abs. 2 nur zulässig, wenn diese durch Gesetz zugelassen ist oder der Erfüllung der gesetzlichen Voraussetzungen der von der Behörde zu erbringenden Leistung dient.

2.2.5 Sonstige gesetzliche Anforderungen

698 die bei Erlass eines öffentlich-rechtlichen Vertrages zu beachten sind, können sich aus den Vorschriften des jeweils angewandten Gesetzes ergeben, z. B. dem BImschG oder aus den §§ 127 ff. BauGB.

2.2.6 Grundrechte

699 sind zwar nach Art 1 (3) GG zu beachten. Das Eingehen vertraglicher Bindungen ist aber grundsätzlich kein Grundrechtseingriff, sondern Gebrauch des Grundrechts aus Art. 2 (1) GG. Auch die Vereinbarung von Grundrechtseingriffen zu Lasten Dritter scheidet insoweit aus, da hier die Zustimmung des Dritten nach § 58 VwVfG (= 57 SGB X) notwendig ist, so dass wiederum das Freiwilligkeitsprinzip gewahrt ist (vgl. auch Rn 695). Zu beachten ist jedoch stets der Gleichheitssatz des Art. 3 (1) GG.

2. Prüfung von Ansprüchen aus einem öffentlich-rechtlichen Vertrag

1. Abschluss eines wirksamen öffentlich-rechtlichen Vertrages

Zum Abschluss eines öffentlich-rechtlichen Vertrages vgl. Rn 688 f. Ansprüche aus einem öffentlich-rechtlichen Vertrag setzen dessen Wirksamkeit voraus. Wirksam ist ein öffentlich-rechtlicher Vertrag, wenn er nicht nichtig ist.

700
> § 59 VwVfG (= § 58 SGB X):
>
> (1) Ein öffentlich-rechtlicher Vertrag ist nichtig, wenn sich die Nichtigkeit aus der entsprechenden Anwendung von Vorschriften des Bürgerlichen Gesetzbuches ergibt.
>
> (2) Ein Vertrag im Sinne des § 54 Satz 2 ist ferner nichtig, wenn
> 1. ein Verwaltungsakt mit entsprechendem Inhalt nichtig wäre;
> 2. ein Verwaltungsakt mit entsprechendem Inhalt nicht nur wegen eines Verfahrens- oder Formfehlers im Sinne des § 46 rechtswidrig wäre und dies den Vertragschließenden bekannt war;
> 3. die Voraussetzungen zum Abschluss eines Vergleichsvertrages nicht vorlagen und ein Verwaltungsakt mit entsprechendem Inhalt nicht nur wegen eines Verfahrens- oder Formfehlers im Sinne des § 46 rechtswidrig wäre;
> 4. sich die Behörde eine nach § 56 unzulässige Gegenleistung versprechen lässt.
>
> (3) Betrifft die Nichtigkeit nur einen Teil des Vertrages, so ist er im ganzen nichtig, wenn nicht anzunehmen ist, dass er auch ohne den nichtigen Teil geschlossen worden wäre.

Die Vorschriften zum öffentlich-rechtlichen Vertrag kennen neben dieser Unterscheidung zwischen Wirksamkeit und Nichtigkeit nicht die – für Verwaltungsakte geltende – Möglichkeit der Anfechtung. Nichtigkeit nach § 59 VwVfG (= § 58 SGB X) liegt aber nur bei den in dieser Vorschrift genannten besonders schwerwiegenden Rechtsverstößen vor. Andere Rechtsverstöße berühren also nicht seine Wirksamkeit und können – mangels Anfechtungsmöglichkeit – mit Widerspruch und Klage auch nicht rechtlich geltend gemacht werden. Ansprüche aus einem öffentlich-rechtlichen Vertrag setzen also nicht die Rechtmäßigkeit, sondern nur die Wirksamkeit des Vertrages voraus. Nur zur Klarstellung: Eine Anfechtung nach § 119 (1) BGB ist selbstverständlich möglich (§ 62 VwVfG).

Der Verweis in § 59 Abs. 1 auf die Nichtigkeitsvorschriften des BGB bezieht sich insbesondere auf die §§ 125 (Formverstoß), 134 (gesetzliches Verbot) und 138 (Sittenwidrigkeit). Bei § 134 BGB ist zu beachten, dass über diese Vorschrift nicht die Beschränkung der Nichtigkeitsgründe in § 59 (2) VwVfG umgangen werden darf. Nicht jeder Verstoß gegen eine gesetzliche Vorschrift kann daher zur Nichtigkeit nach § 59 VwVfG i. V. m. § 134 BGB führen. Nichtigkeit liegt daher nur vor, wenn die betreffende Vorschrift den Inhalt des Vertrages schlechthin als untragbar verbietet, aber sich nicht nur an einen Vertragspartner oder sich gegen bestimmte Umstände des Vertrages wendet.

- Zu Abs. 2 Nr. 1 vgl. Rn 87 ff.

- Zu Abs. 2 Nr. 2 und 3 vgl. Rn 92 f.

2. Vorliegen der Anspruchsvoraussetzungen

Welche Ansprüche in Betracht kommen, ergibt sich aus dem jeweiligen Vertrag i.V.m. den Vorschriften des BGB, die nach § 62 VwVfG (= § 61 SGB X) entsprechend anzuwenden sind. Die vereinbarten Leistungspflichten sind ordnungsgemäß zu erfüllen. Dabei ist zwischen Primär- und Sekundäransprüchen zu unterscheiden: 701

2.1 Primäransprüche

Sie sind auf Erfüllung des Vertrages gerichtet (z. B. §§ 62 VwVfG, 241 (1), (2); 611 BGB; 631 (1) BGB). Zum Erlöschen von Schuldverhältnissen vgl. §§ 62 VwVfG, 362 ff. BGB.

2.2 Sekundäransprüche

Bei der Begründung und der Abwicklung des geschlossenen Vertrages können Störungen auftreten. Im Grundsatz lassen sich zwei Problembereiche benennen, wobei § 280 BGB von zentraler Bedeutung ist:
- entweder wird die Leistung nicht erbracht,
- oder sie wird zwar erbracht, aber (einschließlich der Verletzung von Nebenpflichten) nicht so, wie sie geschuldet ist.

Das neue Leistungsstörungsrecht enthält zu diesen Problemen Regelungen, die für alle Schuldverhältnisse gelten und solche, die zusätzlich für Verträge gelten.
- Titel 1 des 1. Abschnitts des Rechts der Schuldverhältnisse (§§ 241 ff. BGB) enthält die für alle Schuldverhältnisse geltenden Vorschriften (z. B. § 275 BGB für die nachträgliche Unmöglichkeit).
- Für Verträge sind zusätzlich zu beachten:
  > *Begründung von Schuldverhältnissen*: § 311 BGB mit der jetzt gesetzlich in § 311 (2) und (3) BGB geregelten c.i.c. (Verschulden bei Vertragsschluss) und § 311a BGB mit Leistungshindernissen bei Vertragsschluss (anfängliche Unmöglichkeit).
  > *Anpassung und Beendigung von Verträgen*: § 313 BGB zur Störung der Geschäftsgrundlage. Zu beachten ist § 60 VwVfG, der als Spezialvorschrift dem § 313 BGB

vorgeht. Für die Kündigung von Dauerschuldverhältnissen aus wichtigem Grund greift § 314 BGB.
> Bei *gegenseitigen Verträgen* greifen die §§ 320–326 BGB.

Zu beachten sind weiterhin Spezialvorschriften zur Schadensersatzpflicht: Die zentrale Vorschrift des § 280 BGB wird ergänzt bzw. modifiziert durch Spezialvorschriften wie z. B. Verzug (§§ 280 (2) i. V. m. § 286 BGB), Schadensersatz statt der Leistung (§ 280 (3) i. V. m. 281 ff. BGB), Haftung bei Kaufvertrag (§ 437 BGB), Haftung bei Werkvertrag (§ 634 BGB).

3. Durchsetzung der Ansprüche

702 Die Durchsetzung von Erfüllungs- und evtl. Schadensersatzansprüchen erfolgt für beide Seiten nach § 40 VwGO durch Klage vor dem Verwaltungsgericht (i. d. R. allgemeine Leistungsklage). Der öffentlich-rechtliche Vertrag ist für die Behörde grundsätzlich keine Ermächtigungsgrundlage dafür, eine vereinbarte Verpflichtung des Bürgers durch VA durchzusetzen. Eine Ausnahme gilt jedoch, wenn sich der Bürger der sofortigen Vollstreckung unterworfen hat. Zu den Voraussetzungen vgl. § 61 VwVfG (= § 60 SGB X) und oben Rn 693.

Für den Anspruch aus §§ 311 (2), 241 (2) i. V. m. §§ 280 (1), 282 BGB (c. i. c.) gilt, weil es sich bei der c. i. c. um ein *gesetzliches* Schuldverhältnis handelt (also nicht um einen Anspruch aus dem öffentlich-rechtlichen Vertrag) der Zivilrechtsweg (BVerwG NJW 2002, 2894; aber streitig).

X. Amtshilferecht

Literaturempfehlungen: siehe im Literaturverzeichnis Nr. 1

Prüfung eines Amtshilfeersuchens

Beispiel: Das Innenministerium des Bundeslandes A bittet das Innenministerium des Bundeslandes B um Entsendung von 200 Polizisten zur Sicherung einer Großdemonstration.

Nach § 4 (1) VwVfG (§§ 3 SGB X, 111 AO) hat jede Behörde anderen Behörden auf Ersuchen ergänzende Hilfe (Amtshilfe) zu leisten. Zu prüfen ist dabei: 703

1. Wird Amtshilfe verlangt?

Nach § 4 VwVfG (§§ 3 SGB X, 111 AO) liegt Amtshilfe vor, wenn folgende Voraussetzungen vorliegen: 704
- Es muss sich um ergänzende Hilfe handeln. Ergänzende Hilfe ist im Einzelfall erfolgte Hilfstätigkeit. Amtshilfe sind daher z. B. nicht die Übernahme eines Falles, die Durchführung einer Maßnahme von selbständiger, über den Charakter bloßer Hilfstätigkeit hinausgehender Bedeutung (sog. gesteigerte Amtshilfe) oder eine Hilfstätigkeit, die nicht nur ad hoc ausnahmsweise im Einzelfall, sondern dauernd oder doch für eine gewisse Zeit vorgenommen wird (sog. erweiterte Amtshilfe),
- Die Hilfe erfolgt durch eine Behörde gegenüber einer anderen Behörde.
- Die Hilfe erfolgt auf Ersuchen der anderen Behörde. Keine Amtshilfe ist daher die sog. Spontanhilfe, d. h. die nicht von einer Behörde erbetene Hilfe. Ihre Zulässigkeit und Rechtsfolgen richten sich nach den allgemeinen Grundsätzen der Geschäftsführung ohne Auftrag analog §§ 677 ff. BGB. Nur ergänzend dazu können die §§ 4 ff. VwVfG (§§ 3 ff. SGB X, 111 ff. AO) herangezogen werden.
- Die ersuchte Behörde ist gegenüber der ersuchenden nicht weisungsgebunden.
- Die Handlung ist nicht eigene Aufgabe der ersuchten Behörde. Die Handlung darf also nicht durch Gesetz, Verordnung aufgrund eines Gesetzes oder durch eine Verwaltungsvorschrift zur unbedingten oder jedenfalls nach pflichtgemäßem Ermessen zu erfüllenden Pflicht der ersuchten Behörde gemacht sein.

2. Ist das Amtshilfeersuchen rechtmäßig?

Nach § 5 (1) VwVfG (§§ 4 (1) SGB X, 112 (1) AO) kann eine Behörde um Amtshilfe insbesondere dann ersuchen, wenn sie 705

1. aus rechtlichen Gründen die Amtshandlung nicht selbst vornehmen kann;
2. aus tatsächlichen Gründen, besonders weil die zur Vornahme der Amtshandlung erforderlichen Dienstkräfte oder Einrichtungen fehlen, die Amtshandlung nicht selbst vornehmen kann;

3. zur Durchführung ihrer Aufgaben auf die Kenntnis von Tatsachen angewiesen ist, die ihr unbekannt sind und die sie selbst nicht ermitteln kann;
4. zur Durchführung ihrer Aufgaben Urkunden oder sonstige Beweismittel benötigt, die sich im Besitz der ersuchten Behörde befinden;
5. die Amtshandlung nur mit wesentlich größerem Aufwand vornehmen könnte als die ersuchte Behörde.

3. *Muss* das Amtshilfeersuchen abgelehnt werden?

706 Nach § 5 (2) VwVfG (§§ 4 (2) SGB X, 112 (2) AO) muss es abgelehnt werden, wenn die ersuchte Behörde zur Hilfe aus rechtlichen Gründen nicht in der Lage ist bzw. durch die Hilfeleistung dem Wohl des Bundes oder eines Landes erhebliche Nachteile bereitet würde.

4. *Darf* das Amtshilfeersuchen abgelehnt werden?

707 Nach § 5 (3) VwVfG (§§ 4 (3) SGB X, 112 (3) AO) braucht die ersuchte Behörde Hilfe nicht zu leisten, wenn

1. eine andere Behörde die Hilfe wesentlich einfacher oder mit wesentlich geringerem Aufwand leisten kann;
2. sie die Hilfe nur mit unverhältnismäßig großem Aufwand leisten könnte;
3. sie unter Berücksichtigung der Aufgaben der ersuchenden Behörde durch die Hilfeleistung die Erfüllung ihrer eigenen Aufgaben ernstlich gefährden würde.

5. Ist bei mehreren für die Amtshilfe in Betracht kommenden Behörden die richtige ausgewählt worden?

708 Nach § 6 VwVfG (§§ 5 SGB X, 113 AO) soll in diesem Fall nach Möglichkeit eine Behörde der untersten Verwaltungsstufe des Verwaltungszweiges dem die ersuchende Behörde angehört, ersucht werden. Diese Vorschrift enthält jedoch nur eine allgemeine Richtlinie, deren Verletzung keine rechtlichen Folgen hat.

6. Nach welchem Recht richtet sich die Durchführung der Amtshilfe?

Nach § 7 VwVfG (§ 6 SGB X) ist zu unterscheiden:

709
- Die Zulässigkeit der Maßnahme, die durch die Amtshilfe verwirklicht werden soll, richtet sich nach dem für die ersuchende Behörde geltenden Recht.
- Die Durchführung der Amtshilfe richtet sich nach dem für die ersuchte Behörde geltenden Recht.

> - In beiden Fällen trägt die ersuchende Behörde gegenüber der ersuchten Behörde die Verantwortung für die Rechtmäßigkeit der zu treffenden Maßnahme. Die ersuchte Behörde ihrerseits ist für die Durchführung der Amtshilfe verantwortlich.

7. Kann die ersuchte Behörde entstandene Kosten erstattet verlangen?

Nach § 8 VwVfG (§§ 7 SGB X, 115 AO) ist zu differenzieren:

> - Die ersuchende Behörde hat der ersuchten Behörde für die Amtshilfe keine Verwaltungsgebühr zu entrichten.
> - Auslagen hat sie der ersuchten Behörde auf Anforderung zu erstatten, wenn sie im Einzelfall fünfundzwanzig Euro übersteigen.
> - Leisten Behörden desselben Rechtsträgers einander Amtshilfe, so werden die Auslagen nicht erstattet. Nimmt die ersuchte Behörde zur Durchführung der Amtshilfe eine kostenpflichtige Amtshandlung vor, so stehen ihr die von einem Dritten hierfür geschuldeten Kosten (Verwaltungsgebühren, Benutzungsgebühren und Auslagen) zu.

710

XI. Anfertigung und Bekanntgabe von Verwaltungsakten

Literaturempfehlungen: siehe im Literaturverzeichnis Nr. 1

1. Grundsätzliches zur Anfertigung von Verwaltungsakten

711 • Der VA ist an den *Bürger* gerichtet. Demgemäß muss er für den *Bürger verständlich* sein. Ein schwer verständlicher und nicht unter Berücksichtigung sozialpsychologischer Gesichtspunkte abgefasster (insbesondere belastender) VA weckt Aggressionen und führt häufig zum Einlegen von Rechtsbehelfen (Kosten!) und generell zum Gefühl beim Bürger, er sei nur Objekt staatlichen Handelns. Dies ist mit einem rechtsstaatlichen Verfassungsverständnis nicht vereinbar.

712 • Nach dem Prinzip der Gesetzmäßigkeit muss jeder VA rechtmäßig sein. Daher setzt dies *zwingend* voraus, dass der den VA erlassende Beamte(in) *sichere Kenntnis* der zu beachtenden *Rechtsgrundsätze* hat (z. B. fehlerfreie Ermessensausübung, Verhältnismäßigkeit, Vorrang und Vorbehalt des Gesetzes). Es genügt **keinesfalls** eine vage Vorstellung oder das Wissen, wo man eventuell nachschlagen kann. Die Regeln der Rechtsmethodik müssen beherrscht werden.

713 • Es gibt *kein* für den Erlass **aller** VA'e gleichermaßen geltendes *Muster*. Es muss also für *jeden* VA gesondert geprüft werden, *wie* er abgefasst werden soll (es sei denn, es handelt sich um standardisierte VA'e). Dem Grunde nach muss ein (belastender) VA neben den Formalien und sonstigen möglichen Inhalten (Nebenbestimmungen, Anordnung der sofortigen Vollziehung, Zwangsmittelhinweis, Rechtsbehelfsbelehrung) die folgenden Elemente enthalten: Tenor (= Regelung), Sachverhalt, Norm, Subsumtion. Die Reihenfolge ist *nicht zwingend*. Es sind also etwa folgende Variationen – an einem einfachen Beispiel erläutert – denkbar:

> → *Norm, Sachverhalt, Subsumtion, Tenor*
> Nach § 2 LadenschlussG sind Verkaufsläden werktags um 20 Uhr zu schließen. Sie haben am Montag, den 5.8. Ihren Verkaufsladen erst um 21 Uhr geschlossen. Damit haben Sie gegen § 2 LadenschlussG verstoßen. Sie werden daher aufgefordert, künftig Ihren Verkaufsladen werktags um 20 Uhr zu schließen.
>
> → *Sachverhalt, Norm, Subsumtion, Tenor*
> Sie haben am Montag, den 5. 8. Ihren Verkaufsladen erst um 21 Uhr geschlossen. Nach § 2 LadenschlussG sind Verkaufsläden werktags um 20 Uhr zu schließen. Damit haben Sie gegen § 2 LadenschlussG verstoßen. Sie werden daher aufgefordert, künftig Ihren Verkaufsladen werktags um 20 Uhr zu schließen.
>
> → *Tenor, Norm, Sachverhalt, Subsumtion*
> Sie werden aufgefordert, künftig Ihren Verkaufsladen werktags um 20 Uhr zu schließen. Nach § 2 LadenschlussG sind Verkaufsläden werktags um 20 Uhr zu schließen. Sie haben am Montag, den 5. 8. Ihren Verkaufsladen erst um 21 Uhr geschlossen. Damit haben Sie gegen § 2 LadenschlussG verstoßen.

→ *Tenor, Sachverhalt, Norm, Subsumtion*
Sie werden aufgefordert, künftig Ihren Verkaufsladen werktags um 20 Uhr zu schließen. Sie haben am Montag, den 5. 8. Ihren Verkaufsladen erst um 21 Uhr geschlossen. Nach § 2 LadenschlussG sind Verkaufsläden werktags um 20 Uhr zu schließen. Damit haben Sie gegen § 2 LadenschlussG verstoßen.

2. Übersicht über den möglichen Inhalt eines Verwaltungsakts mit Formulierungsmöglichkeiten

a) Briefkopf

Absender mit Adresse (§§ 37(3), 44 (2), Nr. 1 VwVfG)	Freie und Hansestadt Hamburg Bezirksamt Eimsbüttel	714
Dienststelle und Aktenzeichen	Wirtschafts- und Ordnungsamt, AZ:.	
Ort, Datum und Bearbeiter	Hamburg, den … Name u. Tel. Nr. des Bearbeiters	
Ggf. Zustellungsvermerk (wenn vorgeschrieben oder zweckmäßig §§ 3 ff. VwZG)	mit Postzustellungsurkunde Einschreiben Einschreiben gegen Rückschein gegen Empfangsbekenntnis	
Empfänger, ggfs. Bevollmächtigter (§§ 13 ff., 41 (1) VwVfG, § 8 (1) S. 2 VwZG) gesetzlicher Vertreter (z. B. bei jur. Personen) und Minderjährigen	Name und Anschrift … Herrn/Frau Rechtsanwalt/Rechtsanwältin …	
Betreff	Ihre Gaststätte in … Wiedererteilung der Fahrerlaubnis …	
Bezug	Anhörung vom … Ihr Schreiben/Antrag vom …	
Anlagen: (Zahl und Art) ggf. Überschrift	Anlage: Gebührenbescheid	
Anrede	Sehr geehrte(r) Herr/Frau	

b) Tenor (vgl. Rn 166)

Nach § 37 (1) VwVfG muss der Tenor hinreichend bestimmt sein.	Hiermit ordne ich Ihnen gegenüber an, bis zum … (etwas Konkretes) zu tun, zu dulden Auf Ihren Antrag bewillige ich Ihnen … Das Bauvorhaben wird genehmigt … Ihren Antrag vom … auf … lehne ich ab.	715

c) ggf. Zwangsmittelandrohung/-festsetzung (vgl. Rn 339)

716	Achtung: Nur bei belastenden Verwaltungsakten, die auf ein Tun, Dulden oder Unterlassen gerichtet sind, also nicht bei Geldforderungen	Sie werden darauf hingewiesen, dass, • wenn Sie dieser Aufforderung nicht fristgemäß Folge leisten, die in § ... Verwaltungsvollstreckungsgesetzes vorgesehenen Zwangsmittel (Ersatzvornahme, Zwangsgeld, unmittelbarer Zwang) gegen Sie angewendet werden können. (Ein Hinweis auf das Zwangsmittel der Erzwingungshaft sollte unterbleiben, da dieses gegenüber den oben genannten Zwangsmitteln nachrangig ist) (oder:) • diese Verfügung im Wege der Ersatzvornahme/durch Festsetzung von Zwangsgeldern/durch unmittelbaren Zwang/durchgesetzt wird/werden kann/ (oder:) • Für den Fall, dass Sie der Verpflichtung nicht fristgemäß Folge leisten, wird hiermit nach § ... des Verwaltungsvollstreckungsgesetzes ein Zwangsgeld in Höhe von Euro ... gegen Sie festgesetzt. Sie werden darauf hingewiesen, dass weitere und höhere Zwangsgelder gegen Sie verhängt werden können, solange Sie die Aufforderung nicht befolgen.

d) ggf. Anordnung der sofortigen Vollziehung (vgl. Rn 438 ff.)

717	§ 80 (2) Nr. 4 VwGO	Ich ordne die sofortige Vollziehung dieses Bescheides gemäß § 80 Abs. 2 Nr. 4 VwGO an.

e) ggf. Gebührenentscheidung

718	§ ... GebührenG i. V. m. der jeweiligen Gebührenordnung	Für diese Entscheidung erhebe ich eine Gebühr von Euro ... Der Betrag ist bis zum ... unter Angabe des obigen Aktenzeichens an die ...kasse zu zahlen.

f) ggf. Begründung (vgl. Rn 161)

719	(Inhalt z.B. § 39 (1) VwVfG, Ausnahmen z.B. § 39 (2) VwVfG 1. die wesentlichen **Tatsachen** in der Reihenfolge: – unbestrittene Tatsachen	Begründung (Gründe) Ich habe festgestellt, dass ... Mit Schreiben vom ... haben Sie beantragt, Ihnen eine Erlaubnis zum ... zu erteilen.

– Vorbringen der Beteiligten (Tatsachenbehauptungen und Rechtsansichten)	Zur Begründung haben Sie vorgetragen ... Meine Ermittlungen hierzu haben ergeben, dass ...
– Verfahrensgang	Deshalb habe ich ...
2. Die wesentlichen **rechtlichen** Gründe:	
2.1 ggfs. **formelle** Rechtmäßigkeit (Aussagen zur Zuständigkeit in der Praxis) (nur, wenn problematisch, etwa wenn die Zuständigkeit von den Beteiligten ihm Rahmen der erfolgten Anhörung bestritten wurde).	Für die Erteilung der ... Verfügung bin ich/ist die (Bezeichnung der Behörde) nach § ... sachlich und örtlich zuständig
2.2 **materielle** Rechtmäßigkeit der Hauptsachenentscheidung (und ggfs. der Nebenbestimmungen) insbesondere	Nach § ... bin ich verpflichtet, ... Nach § ... kann die von Ihnen beantragte Erlaubnis (nur) erteilt werden, wenn ...
2.2.1 Ermächtigungsgrundlage (Eine Begründung erfolgt bei antragsgemäßer Entscheidung nur in Sonderfällen, z.B. bei Drittbelastung, vgl. § 39 (2) Nr. 1 VwVfG	Diese Voraussetzungen liegen vor. Diese Voraussetzungen liegen nicht vor, denn ...
2.2.2 sofern Ermessen besteht, Angabe der Ermessensgesichtspunkte und Darstellung der Abwägung, § 39 (1)VwVfG	Unter Abwägung folgender maßgeblicher Umstände ... Der Umstand, dass ..., rechtfertigt die Versagung der Erlaubnis, denn es überwiegt ..., da ...
2.2.3 falls sofortige Vollziehung angeordnet wird, ist das besondere Interesse speziell zu begründen (§ 80 (3) VwGO)	Die Anordnung der sofortigen Vollziehung ist erforderlich, weil (besonderes öffentliches Interesse an der Vollziehung/überwiegendes Interesse eines Beteiligten) – vgl. Rn 442 –
2.2.4 falls eine Gebühr erhoben wird, sind die Rechtsgrundlagen und Voraussetzungen im einzelnen zu benennen (vgl. § ... GebührenG)	Die Gebührenerhebung ergibt sich aus § ... des Gebührengesetzes. Die Festsetzung von ... Euro rechtfertigt sich daraus, dass ...

g) **ggf. Rechtsbehelfsbelehrung**

vgl. §§ 70, 58 VwGO	Rechtsbehelfsbelehrung: Gegen diesen Bescheid (Verfügung, Anordnung, Ablehnung, Entscheidung) können Sie innerhalb eines Monats nach Bekanntgabe (bei Zustellung: „nach Zustellung") bei der im Briefkopf genannten Dienststelle schriftlich oder zur Niederschrift Widerspruch erheben.	720
	evtl.: Bei Zusendung durch einfachen oder eingeschriebenen Brief gilt die Bekanntgabe mit dem dritten Tag nach Aufgabe der Post als bewirkt, es sei denn, dass der Bescheid zu einem späteren Zeitpunkt zugegangen ist. Bei Zustellung durch die Post mit Zustellungsurkunde oder Empfangsbekenntnis ist der Tag der Zustellung der Tag der Bekanntgabe.	

	evtl.: Die Frist zur Einlegung des Widerspruchs wird nur gewahrt, wenn der Widerspruch innerhalb der Frist eingeht.
falls sofortige Vollziehung angeordnet worden ist	Sie werden darauf hingewiesen, dass ein Widerspruch wegen der Anordnung der sofortigen Vollziehung keine aufschiebende Wirkung hätte. Sie müssen daher, auch wenn Sie Widerspruch einlegen, bis spätestens … Ihre Gaststätte schließen (bzw. entsprechend).
	Gegen die Anordnung der sofortigen Vollziehung können Sie gemäß § 80 (5) VwGO die Wiederherstellung der aufschiebenden Wirkung beantragen. Der Antrag ist beim Verwaltungsgericht … (Adresse) zu stellen.

h) Grußformel

721

Grußformel	Mit freundlichem Gruß
Unterschrift (§ 37 (3) VwVfG)	Name in Maschinenschrift unterhalb der Unterschrift
bzw. falls ohne Unterschrift, da EDV-Bescheid Hinweis auf § 37 (4) VwVfG	Hinweis: Dieser Bescheid wurde maschinell erstellt und ist gem. § … ohne Unterschrift gültig.

3. Bekanntgabe von Verwaltungsakten

Literaturempfehlungen: siehe im Literaturverzeichnis Nr. 1

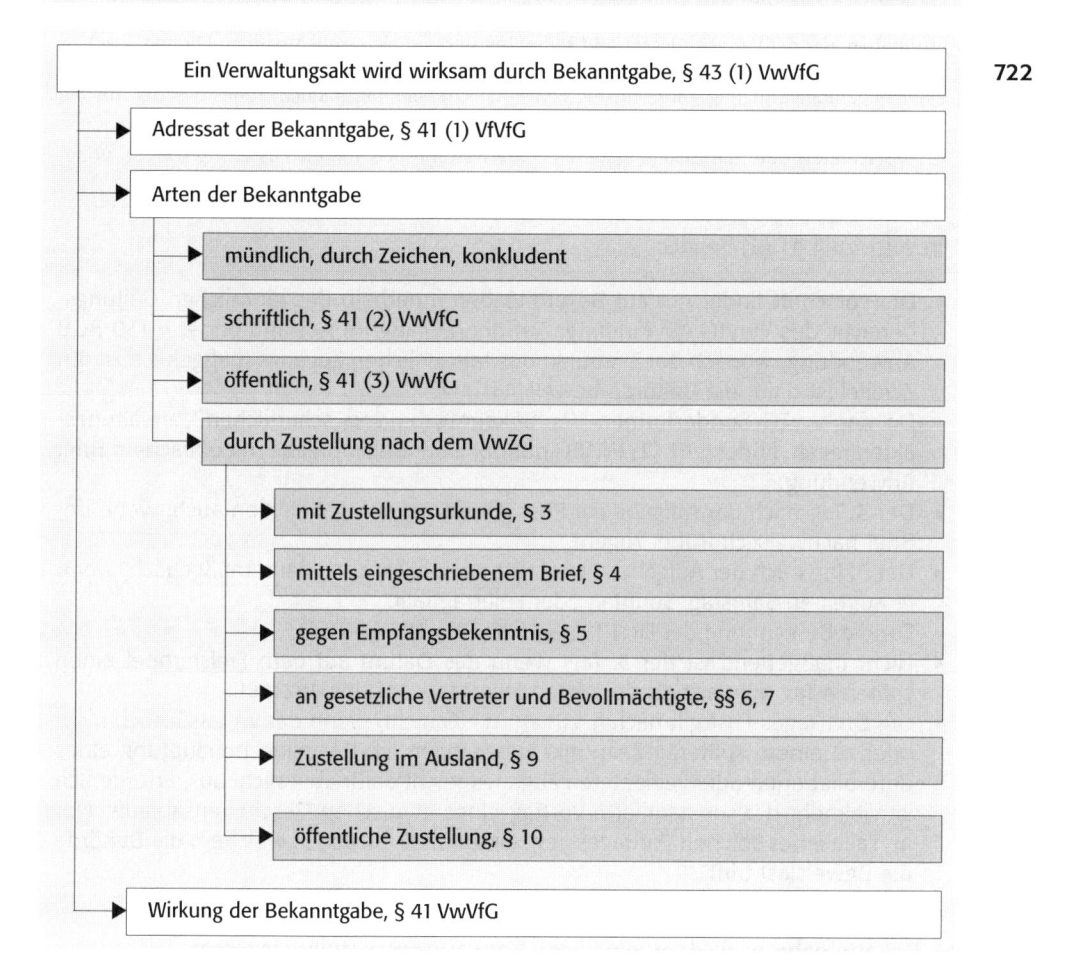

```
Ein Verwaltungsakt wird wirksam durch Bekanntgabe, § 43 (1) VwVfG        722
├─ Adressat der Bekanntgabe, § 41 (1) VfVfG
├─ Arten der Bekanntgabe
│   ├─ mündlich, durch Zeichen, konkludent
│   ├─ schriftlich, § 41 (2) VwVfG
│   ├─ öffentlich, § 41 (3) VwVfG
│   └─ durch Zustellung nach dem VwZG
│       ├─ mit Zustellungsurkunde, § 3
│       ├─ mittels eingeschriebenem Brief, § 4
│       ├─ gegen Empfangsbekenntnis, § 5
│       ├─ an gesetzliche Vertreter und Bevollmächtigte, §§ 6, 7
│       ├─ Zustellung im Ausland, § 9
│       └─ öffentliche Zustellung, § 10
└─ Wirkung der Bekanntgabe, § 41 VwVfG
```

a) Bekanntgabe nach § 41 VwVfG

§ 41 VwVfG: Bekanntgabe des Verwaltungsakts

(1) Ein Verwaltungsakt ist demjenigen Beteiligten bekannt zu geben, für den er bestimmt ist oder der von ihm betroffen wird. Ist ein Bevollmächtigter bestellt, so kann die Bekanntgabe ihm gegenüber vorgenommen werden.

(2) Ein schriftlicher Verwaltungsakt, der durch die Post im Geltungsbereich dieses Gesetzes übermittelt wird, gilt mit dem dritten Tage nach der Aufgabe zur Post als bekanntgegeben, außer wenn er nicht oder zu einem späteren Zeitpunkt zugegangen ist; im Zweifel hat die Behörde den Zugang des Verwaltungsakts und den Zeitpunkt des Zugangs nachzuweisen.

723

> (3) Ein Verwaltungsakt darf öffentlich bekannt gegeben werden, wenn dies durch Rechtsvorschrift zugelassen ist. Eine Allgemeinverfügung darf auch dann öffentlich bekannt gegeben werden, wenn eine Bekanntgabe an die Beteiligten untunlich ist.
>
> (4) Die öffentliche Bekanntgabe eines schriftlichen Verwaltungsakts wird dadurch bewirkt, dass sein verfügender Teil ortsüblich bekannt gemacht wird. In der ortsüblichen Bekanntmachung ist anzugeben, wo der Verwaltungsakt und seine Begründung eingesehen werden können. Der Verwaltungsakt gilt zwei Wochen nach der ortsüblichen Bekanntmachung als bekannt gegeben. In einer Allgemeinverfügung kann ein hiervon abweichender Tag, jedoch frühestens der auf die Bekanntmachung folgende Tag bestimmt werden.
>
> (5) Vorschriften über die Bekanntgabe eines Verwaltungsakts mittels Zustellung bleiben unberührt.

Hinweise zu § 41 (2) VwVfG:

724
- Die Vorschrift findet nur auf Bekanntgaben innerhalb des räumlichen Geltungsbereichs des VwVfG Abwendung. Auf den Zugang im Ausland findet § 130 BGB Anwendung, wonach der Zeitpunkt des tatsächlichen Zugangs maßgeblich ist. Im Zweifel ist dafür die Behörde beweispflichtig.
- Da das VwZG Sonderformen der Bekanntgabe von schriftlichen Verwaltungsakten regelt, findet § 41 (2) VwVfG nur bei einer Bekanntgabe mit einfachem Brief Anwendung.
- Der 3. Tag nach der Aufgabe zur Post gilt als Bekanntgabefiktion auch, wenn der Brief nachweislich früher zugeht.
- Der 3. Tag nach der Aufgabe zur Post ist nach h. M. auch dann maßgeblich, wenn er auf einen Samstag, Sonntag oder Feiertag fällt.
- Für die Berechnung der Drei-Tages-Frist gilt § 187 (1) BGB.
- Nicht maßgebend ist der 3. Tag, wenn das Datum auf dem Freistempel einen späteren Tag aufweist als der Absendevermerk auf der Urschrift.
- Die Drei-Tages-Frist gilt nach § 41 (2) VwVfG nicht, wenn der VA tatsächlich nicht oder zu einem späteren Zeitpunkt zugegangen ist. Die reine Behauptung eines unterbliebenen oder verspäteten Zugangs reicht dafür aber nicht aus. Erforderlich ist vielmehr der substantiierte Vortrag eines atypischen Geschehensablaufs. Nur im Falle eines solchen Vortrages liegt ein Zweifelsfall vor, in welchem die Behörde die Beweislast trifft.

b) Bekanntgabe nach dem jeweiligen Verwaltungszustellungsgesetz

(1) Gesetzliche Regelungen der Zustellung

Für den Bund gilt das Verwaltungszustellungsgesetz (VwZG). Seinen Anwendungsbereich regelt § 1:

725
> (1) Die Vorschriften dieses Gesetzes gelten für das Zustellungsverfahren der Bundesbehörden, der bundesunmittelbaren Körperschaften und Anstalten des öffentlichen Rechts und der Landesfinanzbehörden.
>
> (2) Die Vorschriften dieses Gesetzes gelten ferner, wenn Gesetze des Bundes oder eines Landes sie für anwendbar erklären.
>
> (3) Zugestellt wird, soweit dies durch Rechtsvorschrift oder behördliche Anordnung bestimmt ist.

Bei den Regelungen, die die Länder zum Zustellungsverfahren der Landes- und Kommunalverwaltungen erlassen haben, ist zu unterscheiden: 726
- Zum Teil haben sie – zumindest äußerlich – eigenständige Regelungen erlassen: Baden-Württemberg im Verwaltungszustellungsgesetz (LVwZG), Bayern im Verwaltungszustellungs- und Vollstreckungsgesetz (VwZVG), Mecklenburg-Vorpommern im Verwaltungsverfahrens-, Zustellungs- und Vollstreckungsgesetz (VwVfG MV), Schleswig-Holstein im Landesverwaltungsgesetz (LVwG) und Thüringen im Verwaltungszustellungs- und Vollstreckungsgesetz (ThürVwZG).
- Zum Teil haben sie in ihren Zustellungsgesetzen die wesentlichen Vorschriften der §§ 2 bis 16 bzw. 15 (Sachsen) des Bundes-VwZG für entsprechend anwendbar erklärt: Bremen im Verwaltungszustellungsgesetz (BremVwZG), Niedersachsen im Verwaltungszustellungsgesetz (NdsVwZG), Nordrhein-Westfalen im Verwaltungszustellungsgesetz (LVwZG), Rheinland-Pfalz im Landesgesetz über die Zustellung in der Verwaltung, Saarland im Gesetz betreffend die Anwendung des Verwaltungszustellungsgesetzes und Sachsen-Anhalt im Verwaltungszustellungsgesetz (VwZG LSA).
- Zum Teil haben sie vollständig das Verwaltungszustellungsgesetz des Bundes für anwendbar erklärt: Berlin in § 5 des Gesetzes über das Verfahren der Berliner Verwaltung (VwVfG Bln), Hamburg im Verwaltungszustellungsgesetz (HmbVwZG) und Hessen im Verwaltungszustellungsgesetz (HessVwZG).

In den meisten Ländern gelten somit kraft Verweisung alle bzw. fast alle Regelungen des VwZG unmittelbar. In den übrigen Ländern stimmen die Landesregelungen mit denen des VwZG i. d. R. wörtlich, zumindest aber weitgehend inhaltlich überein. Auch die Nummerierung ist – mit Ausnahme von Schleswig-Holstein und Mecklenburg-Vorpommern – identisch mit der des VwZG. Deshalb werden im Folgenden nur die wichtigsten Vorschriften des VwZG wiedergegeben und auf eine gesonderte Zitierung der landesrechtlichen Regelungen verzichtet.

(2) Arten der Zustellung

> **§ 2 VwZG: Allgemeines**
>
> (1) Zustellung ist die Bekanntgabe eines schriftlichen oder elektronischen Dokuments in der in diesem Gesetz bestimmten Form.
>
> (2) Die Zustellung wird durch einen Erbringer von Postdienstleistungen (Post) oder durch die Behörde ausgeführt. Daneben gelten die in den §§ 9 und 10 geregelten Sonderarten der Zustellung.
>
> (3) Die Behörde hat die Wahl zwischen den einzelnen Zustellungsarten.

727

> **§ 3 VwZG: Zustellung durch die Post mit Zustellungsurkunde**
>
> (1) Soll durch die Post mit Zustellungsurkunde zugestellt werden, übergibt die Behörde der Post den Zustellungsauftrag, das zuzustellende Dokument in einem verschlossenen Umschlag und einen vorbereiteten Vordruck einer Zustellungsurkunde.
>
> (2) Für die Ausführung der Zustellung gelten die §§ 177 bis 182 der Zivilprozessordnung entsprechend. Im Fall des § 181 Abs. 1 der Zivilprozessordnung kann das zuzustellende Dokument bei einer von der Post dafür bestimmten Stelle am Ort der Zustellung oder am Ort des Amtsgerichts, in

728

dessen Bezirk der Ort der Zustellung liegt, niedergelegt werden oder bei der Behörde, die den Zustellungsauftrag erteilt hat, wenn sie ihren Sitz an einem der vorbezeichneten Orte hat. ...

729 **§ 4 VwZG: Zustellung durch die Post mittels eingeschriebenen Briefes**

(1) Ein Dokument kann durch die Post mittels Einschreiben durch Übergabe oder mittels Einschreiben mit Rückschein zugestellt werden.

(2) Zum Nachweis der Zustellung genügt der Rückschein. Im Übrigen gilt das Dokument am dritten Tag nach der Aufgabe zur Post als zugestellt, es sei denn, dass es nicht oder zu einem späteren Zeitpunkt zugegangen ist. Im Zweifel hat die Behörde den Zugang und dessen Zeitpunkt nachzuweisen. Der Tag der Aufgabe zur Post ist in den Akten zu vermerken.

730 **§ 5 VwZG: Zustellung durch die Behörde gegen Empfangsbekenntnis**

(1) Bei der Zustellung durch die Behörde händigt der zustellende Bedienstete das Dokument dem Empfänger in einem verschlossenen Umschlag aus. Das Dokument kann auch offen ausgehändigt werden, wenn keine schutzwürdigen Interessen des Empfängers entgegenstehen. Der Empfänger hat ein mit dem Datum der Aushändigung versehenes Empfangsbekenntnis zu unterschreiben. Der Bedienstete vermerkt das Datum der Zustellung auf dem Umschlag des auszuhändigenden Dokuments oder bei offener Aushändigung auf dem Dokument selbst.

(2) Die §§ 177 bis 181 der Zivilprozessordnung sind anzuwenden. Zum Nachweis der Zustellung ist in den Akten schriftlich zu vermerken:
1. im Fall der Ersatzzustellung in der Wohnung, in Geschäftsräumen und Einrichtungen nach § 178 ZPO der Grund, der diese Art der Zustellung rechtfertigt,
2. Fall der Zustellung bei verweigerter Annahme nach § 179 ZPO, wer die Annahme verweigert hat und dass das Dokument am Ort der Zustellung zurückgelassen oder an den Absender zurückgesandt wurde sowie der Zeitpunkt und der Ort der verweigerten Annahme,
3. in den Fällen der Ersatzzustellung nach den §§ 180 und 181 ZPO der Grund der Ersatzzustellung sowie wann und wo das Dokument in einen Briefkasten eingelegt oder sonst niedergelegt und in welcher Weise die Niederlegung schriftlich mitgeteilt wurde. ...

(3) Zur Nachtzeit, an Sonntagen und allgemeinen Feiertagen darf nach den Absätzen 1 und 2 im Inland nur mit schriftlicher oder elektronischer Erlaubnis des Behördenleiters zugestellt werden. Die Nachtzeit umfasst die Stunden von 21 bis 6 Uhr. Die Erlaubnis ist bei der Zustellung abschriftlich mitzuteilen. Eine Zustellung, bei der diese Vorschriften nicht beachtet sind, ist wirksam, wenn die Annahme nicht verweigert wird.

(4) Das Dokument kann an Behörden, Körperschaften, Anstalten und Stiftungen des öffentlichen Rechts, an Rechtsanwälte, Patentanwälte, Notare, Steuerberater, Steuerbevollmächtigte, Wirtschaftsprüfer, vereidigte Buchprüfer, Steuerberatungsgesellschaften, Wirtschaftsprüfungsgesellschaften und Buchprüfungsgesellschaften auch auf andere Weise, auch elektronisch, gegen Empfangsbekenntnis zugestellt werden. Zum Nachweis der Zustellung genügt das mit Datum und Unterschrift versehene Empfangsbekenntnis, das an die Behörde zurückzusenden ist.

(5) Ein elektronisches Dokument kann im Übrigen unbeschadet des Absatzes 4 elektronisch zugestellt werden, soweit der Empfänger hierfür einen Zugang eröffnet. Das Dokument ist mit einer qualifizierten elektronischen Signatur nach dem Signaturgesetz zu versehen. Zum Nachweis der Zustellung genügt das mit Datum und Unterschrift versehene Empfangsbekenntnis, das an die Behörde zurückzusenden ist.

§ 6 VwZG: Zustellung an gesetzliche Vertreter   731

(1) Bei Geschäftsunfähigen oder beschränkt Geschäftsfähigen ist an ihre gesetzlichen Vertreter zuzustellen. Gleiches gilt bei Personen, für die ein Betreuer bestellt ist, soweit der Aufgabenkreis des Betreuers reicht.

(2) Bei Behörden wird an den Behördenleiter, bei juristischen Personen, nicht rechtsfähigen Personenvereinigungen und Zweckvermögen an ihre gesetzlichen Vertreter zugestellt. § 34 Abs. 2 der Abgabenordnung bleibt unberührt.

(3) Bei mehreren gesetzlichen Vertretern oder Behördenleitern genügt die Zustellung an einen von ihnen.

(4) Der zustellende Bedienstete braucht nicht zu prüfen, ob die Anschrift den Vorschriften der Absätze 1 bis 3 entspricht.

§ 7 VwZG: Zustellung an Bevollmächtigte   732

(1) Zustellungen können an den allgemeinen oder für bestimmte Angelegenheiten bestellten Bevollmächtigten gerichtet werden. Sie sind an ihn zu richten, wenn er schriftliche Vollmacht vorgelegt hat. Ist ein Bevollmächtigter für mehrere Beteiligte bestellt, so genügt die Zustellung eines Dokuments an ihn für alle Beteiligten.

(2) …

§ 8 VwZG: Heilung von Zustellungsmängeln   733

Lässt sich die formgerechte Zustellung eines Dokuments nicht nachweisen oder ist es unter Verletzung zwingender Zustellungsvorschriften zugegangen, gilt es als in dem Zeitpunkt zugestellt, in dem es dem Empfangsberechtigten tatsächlich zugegangen ist, im Fall des § 5 Abs. 5 in dem Zeitpunkt, in dem der Empfänger das Empfangsbekenntnis zurückgesendet hat.

§ 9 VwZG: Zustellung im Ausland   734

(1) Eine Zustellung im Ausland erfolgt

1. durch Einschreiben mit Rückschein, soweit die Zustellung von Dokumenten unmittelbar durch die Post völkerrechtlich zulässig ist,
2. auf Ersuchen der Behörde durch die Behörden des fremden Staates oder durch die zuständige diplomatische oder konsularische Vertretung der Bundesrepublik Deutschland,
3. auf Ersuchen der Behörde durch das Auswärtige Amt an eine Person, die das Recht der Immunität genießt und zu einer Vertretung der Bundesrepublik Deutschland im Ausland gehört, sowie an Familienangehörige einer solchen Person, wenn diese das Recht der Immunität genießen, oder
4. durch Übermittlung elektronischer Dokumente nach § 5 Abs. 5, soweit dies völkerrechtlich zulässig ist.

(2) Zum Nachweis der Zustellung nach Absatz 1 Nr. 1 genügt der Rückschein. Die Zustellung nach Absatz 1 Nr. 2 und 3 wird durch das Zeugnis der ersuchten Behörde nachgewiesen. Zum Nachweis der Zustellung gemäß Absatz 1 Nr. 4 genügt das Empfangsbekenntnis nach § 5 Abs. 5 Satz 3.

(3) Die Behörde kann bei der Zustellung nach Absatz 1 Nr. 2 und 3 anordnen, dass die Person, an die zugestellt werden soll, innerhalb einer angemessenen Frist einen Zustellungsbevollmächtigten benennt, der im Inland wohnt oder dort einen Geschäftsraum hat. …

735

> **§ 10 VwZG: Öffentliche Zustellung**
>
> (1) Die Zustellung kann durch öffentliche Bekanntmachung erfolgen, wenn
> 1. der Aufenthaltsort des Empfängers unbekannt ist und eine Zustellung an einen Vertreter oder Zustellungsbevollmächtigten nicht möglich ist oder
> 2. sie im Fall des § 9 nicht möglich ist oder keinen Erfolg verspricht.
>
> Die Anordnung über die öffentliche Zustellung trifft ein zeichnungsberechtigter Bediensteter.
>
> (2) Die öffentliche Zustellung erfolgt durch Bekanntmachung einer Benachrichtigung an der Stelle, die von der Behörde hierfür allgemein bestimmt ist, oder durch Veröffentlichung einer Benachrichtigung im Bundesanzeiger oder im elektronischen Bundesanzeiger. Die Benachrichtigung muss
> 1. die Behörde, für die zugestellt wird,
> 2. den Namen und die letzte bekannte Anschrift des Zustellungsadressaten,
> 3. das Datum und das Aktenzeichen des Dokuments sowie
> 4. die Stelle, wo das Dokument eingesehen werden kann,
>
> erkennen lassen. Die Benachrichtigung muss den Hinweis enthalten, dass das Dokument öffentlich zugestellt wird und Fristen in Gang gesetzt werden können, nach deren Ablauf Rechtsverluste drohen können. Bei der Zustellung einer Ladung muss die Benachrichtigung den Hinweis enthalten, dass das Dokument eine Ladung zu einem Termin enthält, dessen Versäumung Rechtsnachteile zur Folge haben kann. In den Akten ist zu vermerken, wann und wie die Benachrichtigung bekannt gemacht wurde. Das Dokument gilt als zugestellt, wenn seit dem Tag der Bekanntmachung der Benachrichtigung zwei Wochen vergangen sind.

(3) Vorschriften der ZPO, auf die § 3 (3) VwZG verweist

736

> **§ 177 ZPO: Ort der Zustellung**
>
> Das Schriftstück kann der Person, der zugestellt werden soll, an jedem Ort übergeben werden, an dem sie angetroffen wird.

737

> **§ 178 ZPO: Ersatzzustellung in der Wohnung, in Geschäftsräumen und Einrichtungen**
>
> (1) Wird die Person, der zugestellt werden soll, in ihrer Wohnung, in dem Geschäftsraum oder in einer Gemeinschaftseinrichtung, in der sie wohnt, nicht angetroffen, kann das Schriftstück zugestellt werden
> 1. in der Wohnung einem erwachsenen Familienangehörigen, einer in der Familie beschäftigten Person oder einem erwachsenen ständigen Mitbewohner,
> 2. in Geschäftsräumen einer dort beschäftigten Person,
> 3. in Gemeinschaftseinrichtungen dem Leiter der Einrichtung oder einem dazu ermächtigten Vertreter.
>
> (2) Die Zustellung an eine der in Absatz 1 bezeichneten Personen ist unwirksam, wenn diese an dem Rechtsstreit als Gegner der Person, der zugestellt werden soll, beteiligt ist.

738

> **§ 179 ZPO: Zustellung bei verweigerter Annahme**
>
> Wird die Annahme des zuzustellenden Schriftstücks unberechtigt verweigert, so ist das Schriftstück in der Wohnung oder in dem Geschäftsraum zurückzulassen. Hat der Zustellungsadressat keine Wohnung oder ist kein Geschäftsraum vorhanden, ist das zuzustellende Schriftstück zurückzusenden. Mit der Annahmeverweigerung gilt das Schriftstück als zugestellt.

§ 180 ZPO: Ersatzzustellung durch Einlegen in den Briefkasten

Ist die Zustellung nach § 178 Abs. 1 Nr. 1 oder 2 nicht ausführbar, kann das Schriftstück in einen zu der Wohnung oder dem Geschäftsraum gehörenden Briefkasten oder in eine ähnliche Vorrichtung eingelegt werden, die der Adressat für den Postempfang eingerichtet hat und die in der allgemein üblichen Art für eine sichere Aufbewahrung geeignet ist. Mit der Einlegung gilt das Schriftstück als zugestellt. Der Zusteller vermerkt auf dem Umschlag des zuzustellenden Schriftstücks das Datum der Zustellung.

739

§ 181 ZPO: Ersatzzustellung durch Niederlegung

(1) Ist die Zustellung nach § 178 Abs. 1 Nr. 3 oder § 180 nicht ausführbar, kann das zuzustellende Schriftstück
1. auf der Geschäftsstelle des Amtsgerichts, in dessen Bezirk der Ort der Zustellung liegt, oder
2. an diesem Ort, wenn die Post mit der Ausführung der Zustellung beauftragt ist, bei einer von der Post dafür bestimmten Stelle

niedergelegt werden. Über die Niederlegung ist eine schriftliche Mitteilung auf dem vor gesehenen Vordruck unter der Anschrift der Person, der zugestellt werden soll, in der bei gewöhnlichen Briefen üblichen Weise abzugeben oder, wenn das nicht möglich ist, an der Tür der Wohnung, des Geschäftsraums oder der Gemeinschaftseinrichtung anzuheften. Das Schriftstück gilt mit der Abgabe der schriftlichen Mitteilung als zugestellt Der Zusteller vermerkt auf dem Umschlag des zuzustellenden Schriftstücks das Datum der Zustellung.

(2) Das niedergelegte Schriftstück ist drei Monate zur Abholung bereitzuhalten. Nicht abgeholte Schriftstücke sind danach an den Absender zurückzusenden.

740

§ 182 ZPO: Zustellungsurkunde

(1) Zum Nachweis der Zustellung nach den §§ 171, 177 bis 181 ist eine Urkunde auf dem hierfür vorgesehenen Formular anzufertigen. Für diese Zustellungsurkunde gilt § 418.

(2) Die Zustellungsurkunde muss enthalten:
1. die Bezeichnung der Person, der zugestellt werden soll,
2. die Bezeichnung der Person, an die der Brief oder das Schriftstück übergeben wurde,
3. im Falle des § 171 die Angabe, dass die Vollmachtsurkunde vorgelegen hat,
4. im Falle der §§ 178, 180 die Angabe des Grundes, der diese Zustellung rechtfertigt und wenn nach § 181 verfahren wurde, die Bemerkung, wie die schriftliche Mitteilung abgegeben wurde,
5. im Falle des § 179 die Erwähnung, wer die Annahme verweigert hat und dass der Brief am Ort der Zustellung zurückgelassen oder an den Absender zurückgesandt wurde,
6. die Bemerkung, dass der Tag der Zustellung auf dem Umschlag, der das zuzustellende Schriftstück enthält, vermerkt ist,
7. den Ort, das Datum und auf Anordnung der Geschäftsstelle auch die Uhrzeit der Zustellung,
8. Name, Vorname und Unterschrift des Zustellers sowie die Angabe des beauftragten Unternehmens oder der ersuchten Behörde.

(3) Die Zustellungsurkunde ist der Geschäftsstelle unverzüglich zurückzuleiten.

741

c) Muster
742 (1) Muster einer Zustellungsurkunde

[Abbildung: Formular "Zustellungsurkunde" mit den Feldern 1.1 Aktenzeichen, 1.2 Ggf. weitere Kennz., 1.3 Adressat, 1.5 Weitersenden innerhalb des Bezirks des Amtsgerichts, 1.6 Bezirks des Landgerichts, 1.7 Inlandes, 1.8 Ersatzzustellung ausgeschlossen, 1.9 Keine Ersatzzustellung an:, 1.10 Nicht durch Niederlegung zustellen, 1.11 Mit Angabe der Uhrzeit zustellen, 1.4 Bei erfolglosem Zustellversuch: Vermerk über den Grund der Nichtzustellung, 1.4.1 Adressat unter der angegebenen Anschrift nicht zu ermitteln, 1.4.2 Adressat verzogen nach: (Straße und Hausnummer, Postleitzahl, Ort), 1.4.3 Weitersendung nicht möglich / Weitersendung nicht verlangt, 1.4.4 Empfänger unbekannt verzogen, 1.4.5 Anderer Grund:, 1.4.6 Datum (T T M M J J), 1.4.7 Unterschrift, 1.4.8 Postunternehmen/Behörde:, Zustellungsurkunde/Zustellungsauftrag zurück an Absender. S 140 50.000 08/05]

XI. Anfertigung und Bekanntgabe von Verwaltungsakten

Das mit umseitiger Anschrift und Aktenzeichen versehene Schriftstück (verschlossener Umschlag) habe ich in meiner Eigenschaft als

| 2 | ☐ Postbediensteter | ☐ Justizbediensteter | ☐ Gerichtsvollzieher | ☐ Behördenbediensteter |

3 ☐	**übergeben, und zwar** *(4.1 bis 8.3)*	
4.1 ☐	unter der Zustellanschrift *(siehe 1.3)* Straße, Hausnummer	
4.2 ☐	an folgendem Ort: *(soweit von 1.3 abweichend)* Postleitzahl, Ort	
5.1 ☐	- dem Adressaten *(1.3)* persönlich.	
5.2 ☐	- einem Vertretungsberechtigten (gesetzlichen Vertreter/Leiter):	▶ 5.4
5.3 ☐	- dem durch schriftliche Vollmacht ausgewiesenen rechtsgeschäftlichen Vertreter:	▶ 5.4
	5.4 Herrn/Frau (Name, Vorname)	
	, weil ich den Adressaten *(1.3)*/Vertretungsberechtigten in der Wohnung nicht erreicht habe, dort	
6.1 ☐	- einem erwachsenen Familienangehörigen: ▶ 6.4	
6.2 ☐	- einer in der Familie beschäftigten Person: ▶ 6.4	6.4 Herrn/Frau (Name, Vorname):
6.3 ☐	- einem erwachsenen ständigen Mitbewohner: ▶ 6.4	
7.1 ☐	, weil ich den Adressaten *(1.3)*/Vertretungsberechtigten in dem Geschäftsraum nicht erreicht habe, einem dort Beschäftigten:	
	7.2 Herrn/Frau (Name, Vorname)	
	, weil ich den Adressaten *(1.3)*/Vertretungsberechtigten in der Gemeinschaftseinrichtung nicht erreicht habe, dort	
8.1 ☐	dem Leiter der Einrichtung: ▶ 8.3	8.3 Herrn/Frau (Name, Vorname):
8.2 ☐	einem zum Empfang ermächtigten Vertreter: ▶ 8.3	
9 ☐	**zu übergeben versucht.** *(10.1 bis 12.3)*	
10.1 ☐	Weil die Übergabe des Schriftstücks in der Wohnung/in dem Geschäftsraum nicht möglich war, habe ich das Schriftstück in den - zur Wohnung	
10.2 ☐	- zum Geschäftsraum gehörenden Briefkasten oder in eine ähnliche Vorrichtung eingelegt.	
11.1 ☐	Weil auch die Einlegung in einen Briefkasten oder in eine ähnliche Vorrichtung *(10.1, 10.2)* /die Ersatzzustellung in der Gemeinschaftseinrichtung *(8.1 bis 8.3)* nicht möglich war, wird das Schriftstück bei der hierfür bestimmten Stelle niedergelegt, und zwar in	
	11.1.1 Niederlegungsstelle	
	11.1.2 Straße, Hausnummer	
	11.1.3 Postleitzahl, Ort	
	Die schriftliche Mitteilung über die Niederlegung habe ich	
11.2 ☐	- in der bei gewöhnlichen Briefen üblichen Weise abgegeben, nämlich *(Art der Abgabe):*	
11.3 ☐	- an der Tür zur Wohnung/zum Geschäftsraum/zur Gemeinschaftseinrichtung angeheftet.	
12	Weil die Annahme der Zustellung durch *Name, Vorname:* *Beziehung zum Adressaten:* verweigert wurde, habe ich das Schriftstück	
12.1 ☐	- in der Wohnung/dem zur Wohnung gehörenden Briefkasten oder in einer ähnlichen Vorrichtung zurückgelassen.	
12.2 ☐	- in dem Geschäftsraum/dem zum Geschäftsraum gehörenden Briefkasten oder in einer ähnlichen Vorrichtung zurückgelassen.	
12.3 ☐	- an den Absender zurückgeschickt, da keine Wohnung oder kein Geschäftsraum vorhanden ist.	
13	Den Tag der Zustellung - ggf. mit Uhrzeit - habe ich auf dem Umschlag des Schriftstücks vermerkt. 13.1 Datum 13.2 ggf. Uhrzeit 13.3 Unterschrift des Zustellers T T M M J J S S M M 13.4 Postunternehmen/Behörde 13.5 Name, Vorname des Zustellers (in Druckbuchstaben)	

743 (2) Muster einer Benachrichtigung bei Zustellung durch Niederlegung

Benachrichtigung
über die Niederlegung eines Schriftstücks

Deutsche Post

Herrn/Frau/Firma   Straße und Hausnummer

Sehr geehrte Kundin, sehr geehrter Kunde, ich habe heute vergeblich versucht, Ihnen ein Schriftstück mit der Geschäftsnummer

▶ _____ zuzustellen.

Das Schriftstück wird deshalb niedergelegt bei der

| Ausgabestelle
Deutsche Post
Center Filiale
Hamburg 54
Kieler Straße 501
22525 Hamburg | Öffnungszeiten

Mo-Fr: 8.00-18.00 Uhr
Sa: 8.00-12.00 Uhr |

Das Schriftstück kann während der Öffnungszeiten abgeholt werden.

☐ Heute jedoch nicht   ☐ Heute nicht vor _____ Uhr!   ☐ Am nächsten Werktag, jedoch nicht vor _____ Uhr!

Das Schriftstück ist Ihnen mit der Niederlegung rechtsgültig zugestellt, unabhängig davon, ob und wann Sie von seinem Inhalt Kenntnis nehmen.

Bitte holen Sie das Schriftstück **möglichst bald** gegen Rückgabe dieser Benachrichtigung und Vorlage eines amtlichen Personalausweises ab!

Ort, Datum   Mit freundlichen Grüßen

_____   _____
BN225AK/UZ000NN/5/4/912-590-099   (Unterschrift der Zustellkraft)

Bitte Hinweise auf der Rückseite beachten!

Wichtige Hinweise!

- **Aufbewahrungsdauer**
  Das niedergelegte Schriftstück wird bei der umseitig näher bezeichneten Ausgabestelle 3 Monate aufbewahrt und zur Abholung bereitgehalten.

- **Zur Abholung berechtigte Personen**
  Sofern Sie an der Abholung des niedergelegten Schriftstücks verhindert sind, kann das Schriftstück auch von Ihrem Ehegatten oder Ihrem Bevollmächtigten (Die Vollmacht ist schriftlich zu erteilen und muss den Vollmachtgeber mit Namen, Vornamen und Anschrift, den Bevollmächtigten mit Namen und Vornamen genau bezeichnen) bzw. Ihren unter Ihrer Anschrift wohnenden Eltern oder Kindern gegen Rückgabe dieser Benachrichtigung und Vorlage eines amtlichen Personalausweises des Abholenden abgeholt werden. Eltern oder Kinder müssen ihre Stellung zum Empfänger sowie die Übereinstimmung der Anschrift durch geeignete Unterlagen nachweisen; dies gilt insbesondere auch für Ehegatten mit unterschiedlichen Familiennamen.

- **Zusendung des niedergelegten Schriftstücks**
  Sie können die Zusendung des niedergelegten Schriftstücks bei der umseitig näher bezeichneten Ausgabestelle beantragen. Bitte fügen Sie Ihrem schriftlichen Antrag Postwertzeichen in Höhe des Entgelts für einen gewöhnlichen Standardbrief bei, weil andernfalls ein Nachentgelt (Briefentgelt und Einziehungsentgelt) erhoben werden muss. Vergessen Sie bitte nicht, das Schriftstück in Ihrem Antrag auf Zusendung nach den Angaben in der umseitigen Benachrichtigung genau zu bezeichnen oder die Benachrichtigung dem Antrag beizufügen.

- **Ungültigkeit des Nachsendeauftrags**
  Der Nachsendeauftrag für Postsendungen gilt nicht für niedergelegte Schriftstücke.

- **Besonderer Hinweis des Absenders auf Rechtsfolgen**
  Die Zustellung dient dem Nachweis, dass dem Empfänger in der gesetzlich vorgeschriebenen Form Gelegenheit gegeben worden ist, von einem Schriftstück Kenntnis zu nehmen. Wird beim Zustellversuch in der Wohnung niemand angetroffen, dem das Schriftstück ausgehändigt werden darf, wird es für den Empfänger bei der Ausgabestelle niedergelegt.
  Die Zustellung ist dann mit der Niederlegung wirksam.
  An die Zustellung sind Rechtsfolgen geknüpft (z.B. Beginn einer Frist). Bitte versäumen Sie deshalb nicht, das Schriftstück **so bald wie möglich** abzuholen. **Sie könnten sonst Rechtsnachteile erleiden.**
  Falls Sie sich das Schriftstück zusenden lassen möchten, beachten Sie bitte, dass eine etwaige Frist bereits mit der Niederlegung des Schriftstücks beginnt.
  Das Postgeheimnis ist unverletzlich. Aus diesem Grund dürfen Mitarbeiter der Deutschen Post keine weitergehenden telefonischen Auskünfte zu der Sendung geben.

SDS 04.01

(3) Muster einer Benachrichtigung bei erfolgloser Zustellung per Einschreiben

Benachrichtigungsschein – Briefzustellung –
Sehr geehrte Kundin, sehr geehrter Kunde, für Herrn/Frau/Firma, Straße und Hausnummer

konnte(n) nicht zugestellt werden _____ gewöhnliche Briefsendung(en) / Pressepost _____ Post-/Zahlungsanweisung _____ DM / EUR _____ Nachentgelt _____ Pf/Ct

Sendung(en) mit Briefzusatzleistung

☐ Einschreiben ☐ Nachnahme _____ DM / EUR ☐ PostIdent ☐ Eigenhändig ☐ Wert

Bitte holen Sie die Sendung(en) **gegen Rückgabe dieses Scheines und Vorlage eines amtlichen Personalausweises** innerhalb einer Lagerfrist von 7 Werktagen **ab,**

☐ heute jedoch nicht! ☐ heute nicht vor _____ Uhr! ☐ am nächsten Werktag, jedoch nicht vor _____ Uhr!

Nach Ablauf der Lagerfrist wird die Sendung als unzustellbar an den Absender zurückgesandt.

Ausgabestelle:
Deutsche Post
Center Filiale
Hamburg 54
Kieler Straße 501

22525 Hamburg

Öffnungszeiten:
Mo-Fr: 8.00-18.00 Uhr
Sa: 8.00-12.00 Uhr

Das Postgeheimnis ist unverletzlich. Aus diesem Grund dürfen Mitarbeiter der Deutschen Post keine weitergehenden telefonischen Auskünfte zu der lagernden Sendung geben. Mit freundlichen Grüßen

_____
(Unterschrift, Tag und Monat)

SDS 04.01

Deutsche Post ☒

Bezirk ☐

Bitte Anmerkungen auf der Rückseite beachten!
BN225AK/UZ000NN/1/1/912-529-099

Wichtige Hinweise zur Abholberechtigung

Abzuholende Sendung / Abholberechtigte Person	Gewöhnliche Sendungen und Pressepost	Sendungen mit Briefzusatzleistung Einschreiben und Nachnahme	Sendungen mit Wertangabe Post- und Zahlungsanweisungen bis zu einem Betrag von 500 DM	Post- und Zahlungsanweisungen mit einem Betrag von mehr als 500 DM	Sendungen und Post-/Zahlungsanweisungen mit der Zusatzleistung „Eigenhändig"	PostIdent
Empfänger (Firmeninhaber)	ja	ja	ja	ja	ja	ja [4]
sein Ehegatte [1] sein Bevollmächtigter [2]	ja	ja	ja	ja	nein	nein
sein Bevollmächtigter [2] mit besonderer Vollmacht [3]	ja	ja	ja	ja	ja	nein
Eltern (Stiefeltern) [1] und Kinder (Stiefkinder) [1], die unter der Anschrift des Empfängers wohnen	ja	ja	ja	nein	nein	nein
Jede andere Person, die der Empfänger oder sein Ehegatte mit der unten abgedruckten Vollmacht mit der Abholung beauftragt	a	ja	ja	ja	ja	nein

[1] Diese Person muss ihre Stellung zum Empfänger sowie die Übereinstimmung der Anschrift durch geeignete Unterlagen (z. B. Personalausweis) nachweisen; dies gilt insbesondere auch für Ehegatten mit unterschiedlichen Familiennamen.
[2] Die Vollmacht ist schriftlich zu erteilen und muss den Vollmachtgeber mit Namen, Vornamen und Anschrift, den Bevollmächtigten mit Namen und Vornamen genau bezeichnen.
[3] Sendungen mit der Zusatzleistung „Eigenhändig" können vom Bevollmächtigten nur dann abgeholt werden, wenn sich die Vollmacht ausdrücklich auf diese Zusatzleistung erstreckt.
[4] Bei der Abholung der Sendung hat die Deutsche Post im Auftrag des Absenders die Identität des Empfängers festzustellen. Hierzu wird der Personalausweis oder der Reisepass des Empfängers benötigt. Das Ausweispapier muss noch gültig sein.

Vollmacht zur Abholung
Ich beauftrage Herrn/Frau

_____   _____
Straße und Hausnummer   Wohnort

die umseitig bezeichnete(n) Sendung(en) abzuholen. Diese Vollmacht zur Abholung gilt **nicht** für PostIdent.

_____   _____
Ort, Datum   Unterschrift

Übersicht über die abgedruckten Vorschriften

AO	
§ 130	Rn 238
§ 131	Rn 239
§ 132	Rn 240
§ 164	Rn 241
§ 165	Rn 242
§ 172	Rn 243
§ 173	Rn 244

BRRG
§ 126 (3)	Rn 382

BGB
§ 187	Rn 399
§ 188	Rn 399
§ 839	Rn 603

GG
Art. 14 (3)	Rn 618
Art. 34	Rn 603

JGG
§ 3	Rn 519

OWiG
§ 8	Rn 545
§ 9	Rn 564
§ 10	Rn 525
§ 11 (1)	Rn 509, 569
§ 11 (2)	Rn 520, 575
§ 12	Rn 518
§ 13	Rn 567
§ 14	Rn 563
§ 15 (1), (2)	Rn 512
§ 15 (3)	Rn 521
§ 16	Rn 513
§ 17	Rn 597
§ 19	Rn 580
§ 20	Rn 594
§ 30	Rn 566
§ 66	Rn 596
§ 130	Rn 565

SGB X
§ 44	Rn 230
§ 45	Rn 231
§ 46	Rn 232
§ 47	Rn 233
§ 48	Rn 234
§ 49	Rn 235
§ 50	Rn 236

SGG
§ 85	Rn 409
§ 86	Rn 409

StGB
§ 35	Rn 522

VwGO
§ 40	Rn 461
§ 42	Rn 455
§ 43	Rn 494
§ 57(2)	Rn 399
§ 58	Rn 396
§ 60	Rn 397
§ 68	Rn 383
§ 70	Rn 395
§ 71	Rn 406
§ 72	Rn 406
§ 73	Rn 406
§ 74	Rn 456
§ 75	Rn 457
§ 80 (1)	Rn 412
§ 80 (2)	Rn 412
§ 80 (3)	Rn 439
§ 80 (4)	Rn 423
§ 80 (5)	Rn 431
§ 80 (6)	Rn 431
§ 80 (7)	Rn 431
§ 80a	Rn 413
§ 113	Rn 458
§ 114	Rn 459
§ 123	Rn 446

VwVfG
§ 5 (1)	Rn 705
§ 5 (3)	Rn 705
§ 35	Rn 46
§ 41	Rn 723
§ 43	Rn 86
§ 44	Rn 87
§ 45	Rn 90
§ 46	Rn 92
§ 47	Rn 95

§ 48	Rn 205	**VwZG**	
§ 49	Rn 206	§§ 1–16	Rn 725 ff.
§ 49a	Rn 207		
§ 50	Rn 208	**ZPO**	
§ 51	Rn 246	§ 222	Rn 399
§ 54	Rn 695	§ 580	Rn 248
§ 55	Rn 696	§ 181	Rn 740
§ 59	Rn 700	§ 182	Rn 741

Stichwortregister

(Die Zahlen verweisen auf die Randnummern. Sind mehrere Randnummern einschlägig, so ist die Hauptfundstelle **fett** gedruckt.)

Abgabenordnung
- Verfahren (Übersicht) 38 ff.
- Fehlerfolgen 83 ff., 99 ff.
- Verfahrensanforderungen 141 ff.
- Einspruchsverfahren 380 ff.

Abgabenverwaltung 24
Abgekürztes Verfahren 343 ff.
Abgrenzungstheorien
- Interessentheorie 11, 15
- Subordinationstheorie 12, 15
- Subjektstheorie 13

Ablehnung eines begünstigenden VA 191 ff.
Abstraktheit des Verwaltungsakts 51
Adäquanztheorie 300
Adäquate Kausalität
- im Polizei- und Ordnungsrecht 300
- im Amtshaftungsrecht 609

Adressat einer Ordnungsverfügung 295 ff.
- Handlungsstörer 296 ff.
- Zustandsstörer 305
- Notstandspflichtiger 311 f.
- Hoheitsträger 296

Akteneinsicht 116
Akute Gefahr 312, 321
Allgemeine Leistungsklage 486 ff.
Allgemeinverfügung 46, 52
Amtshaftung 601 ff.
Amtshilfe 703 ff.
Amtspflichten 605
Amtspflichtverletzung 605 ff.
Amtssprache 112, 148
Analogie 506, 527
Anderweitige Ersatzmöglichkeit 612
Anfechtbarkeit von Nebenbestimmungen 78
Anfechtungsklage 454 ff.
Anfertigung von Verwaltungsakten 711 ff.
- Grundüberlegungen 711 ff.
- Übersicht mit Formulierungen 714 ff.
- Briefkopf 714
- Tenor 715
- Zwangsmittelandrohung 716
- Anordnung der sofortigen Vollziehung 717
- Begründung 719
- Rechtsbehelfsbelehrung 720
- Grußformel 721

Angemessenheit
- Inhalt 174
- Beispiel und Fehlerfolge 130

Anhörung
- Inhalt 151 ff.
- Beispiel und Fehlerfolge 115

Anordnung der sofortigen Vollziehung
- Rechtmäßigkeit 440 ff.
- Formulierung 717

Anscheinsgefahr
- Inhalt 285
- Anscheinshandlungstörer 303, 308

Ansprüche
- auf fehlerfreie Ermessensausübung 468
- auf Schadensersatz 601 ff.
- auf Entschädigung 617 ff.
- auf Folgebeseitigung 652 ff.
- auf Unterlassung 660 ff.
- auf Erstattung 207, 227, 236, 665 ff.
- aus öffentlich-rechtlichem Vertrag 700 ff.

Anstalt des öffentlichen Rechts 18
Antrag nach § 80 (5) VwGO 429 ff.
Antragsbefugnis 434, 448
Äquivalenztheorie 300
Äquivalenztheorie 300
Arrest 378
Arten des Verwaltungsakts 59 ff.
Aufhebung eines Verwaltungsakts 202 ff.
- nach dem VwVfG 202 ff.
- nach dem SGB X 229 ff.
- nach der AO 237 ff.

Auflage 76
Auflagenvorbehalt 77
Aufopferungsanspruch 644 ff.
Aufschiebende Wirkung
- Prüfung des Eintritts 411 ff.
- Wiederherstellung 420 ff.

Aufsichtspflichtverletzung 656
Ausgeschlossene Personen im Verwaltungsverfahren 146
Auskunft
- im allgemeinen Verwaltungsverfahren 150
- über personenbezogene Daten 685

Auslegung 164
Außenwirkung von Verwaltungsakten 56 ff.
Aussetzung der Vollziehung eines VA 420 ff.
Austauschverträge 697

Bedarfsverwaltung 24
Bedingung 74
Befangenheit
– Regelung 146
– Beispiel und Fehlerfolge 108 ff.
Befristung 73
Begehungsdelikt 503 ff.
Begründetheit
– des Widerspruchs 401 ff.
– eines Antrages nach § 80 (5) VwGO 436 ff.
– eines Antrages nach § 123 VwGO 450 ff.
– der Anfechtungsklage 41 ff.
– Verpflichtungsklage 483 f.
– der Leistungsklage 493
– der Feststellungsklage 502
Begründung
– Anforderungen 122, 161
– Formulierung 719
Begünstigender VA 180 ff.
Behörde 48, 21 ff.
Behördenangabe 160
Beitreibung einer Geldforderung 365 ff.
Bekanntgabe von Verwaltungsakten 107
Bekanntgabe von Verwaltungsakten
– Beispiel und Fehlerfolge 118
– § 41 VwVfG 723 f.
– Verwaltungszustellungsgesetz 725 ff.
Belastender Verwaltungsakt 134 ff.
Beliehene 19, 15
Beratung
– Anforderungen 150
– Beispiel und Fehlerfolge 114
Bereicherungsanspruch 665 ff.
Berichtigung
– eines Verwaltungsakts 123, 203
– von Daten
Besonderes Gewaltverhältnis 57
Bestimmtheit
– Regelung 166
– Beispiel und Fehlerfolge 124
Beteiligte
– Beteiligungsfähigkeit 104, **142**
– Beteiligteneigenschaft 106, **144**
– Handlungsfähigkeit 105, **143**
– Hinzuziehung 106, **144**
– Vertretung 107, **145**
– Befangenheit 108 ff., **146**
– Beratung und Auskunft 114, **150**
– Akteneinsicht 116, **155 ff.**
– Anhörung 115, **151 ff.**
– Ausschluss bei Befangenheit 109 ff., **146**
– Adressat der Bekanntgabe 723
Beteiligung an einer Ordnungswidrigkeit 563
Betreten von Wohnungen 270
Betriebsverhältnis 57

Bevorstehende Gefahr 280 ff.
Beweismittel
– im allgemeinen Verwaltungsverfahren 149
– im Bußgeldverfahren 595
Briefkopf 714
Bundesverwaltung 21
Bußgeld
– Bescheid 595 ff.
– Höhe 597
– Nebenfolgen 598
Bußgeldverfahren 595 ff.
– Ermittlungsverfahren 595
– Inhalt des Bußgeldbescheides 596
– Höhe der Geldbuße 597
– Nebenfolgen der Geldbuße 598
– Einspruchsverfahren 595
– Vollstreckung 599

Daten
– personenbezogene (Begriff) 676
– Erhebung von Daten 680
– Verarbeitung 678 ff.
– Speicherung 680 f.
– Übermittlung 680 f.
– Speicherung 680
– Nutzung 680 f.
– Veränderung 680
– Berichtigung 680, 685, 686
– Sperrung 680, 686
– Löschung 680, 685, 686
– Auskunft 685 f.
– Benachrichtigung 685 f.
Datenschutzbeauftragter 685, 686
Datenschutzrecht 673 ff.
– Zulässigkeit der Datenverarbeitung 673 ff.
– Rechte Betroffener 683 ff.
Dauerdelikt 584
Drittschützende Normen 468
Durchsuchen
– von Personen 267
– von Sachen 268
– von Wohnungen 270

Effektivität der Störerauswahl 283
Eigentumsbegriff des Haftungsrechts 620 ff.
Eigentumsschutz
– im Haftungsrecht 617 ff.
– im Recht der Gefahrenabwehr 275
Eilfall i. S. d. Polizeirechts 293
Eingriffsverwaltung 23
Einleitung des Verfahrens 111, **147**
Einschreiben 729
Einspruchsverfahren 39
Einstweilige Anordnung 446 ff.
Einwilligung als Rechtfertigungsgrund 515

Einwilligung zur Datenverarbeitung 682
Einziehung 598
Empfangsbekenntnis 730
Enteignender Eingriff 628 ff.
Enteignung 621 f.
Enteignungsgleicher Eingriff 635 ff.
Entschädigung
– des Anscheinsstörers 286
– des Notstandspflichtigen 313
– bei Enteignung 617 f.
– bei enteignendem Eingriff 628
– beim enteignungsgleichen Eingriff 635
– bei der Aufopferung 644
Entschuldigungsgründe
– Notwehrexzess 521
– Entschuldigender Notstand 522
Erforderlichkeit 176
Erhebung von Daten
Ermächtigungsgrundlage 123
Ermessen 169 ff.
– Ermessensfehler 130, **169 ff.**
– Ermessensmangel 130, **169**
– Ermessensüberschreitung 130, **170**
– Ermessensfehlgebrauch 130, **179**
– Anspruch auf fehlerfreie Ausübung 468
Ersatzvornahme 352
Ersatzzwanghaft 355
Erstattungsanspruch
– nach dem VwVfG 207
– nach SGB X 236
Erstattungsanspruch 665 ff.
Erzwingungshaft 355

fahrlässiges Begehungsdelikt 524 ff.
Fahrlässigkeit
– im Ordnungswidrigkeitenrecht 508, 525
– im Haftungsrecht 611
Fehlerfolgen 83 ff.
Fehlerfreie Ausübung des Ermessens 468
Fehlerlehre
– Übersicht 98
– einzelne Fehler 100 ff.
Fehlerlehre 83 ff.
Feststellung der Personalien 264
Feststellungsklage 494 ff.
Feuerwehr 256
Fiskalische Hilfsgeschäfte 25
Fiskalverwaltung 25
Folgenbeseitigungsanspruch
Folgenbeseitigungsanspruch 652 ff.
Formerfordernisse
– Anforderungen 140 ff.
– Beispiele und Fehlerfolgen 119 ff.
Fortgesetzte Tat 586
Freiheitsrechte 172

Frist
– für Widerspruch 394
– für Anfechtungsklage 470
– für Verpflichtungsklage 482
– für Allgemeine Leistungsklage 492
– bei Zwangsmitteln 338
– Berechnung 395 ff.
Funktionelle Zuständigkeit 140
Funktionen des Verwaltungsakts 42 ff.
Funktionsvorbehalt 6

Garantenstellung 545
Geeignetheit
– Inhalt 173
– Beispiel und Fehlerfolge 131
Gefahr 280 ff.
– akute 312
– bevorstehende 280
– unmittelbar bevorstehende **312, 321**, 345, 348
– konkrete 283
– latente 307
– objektive 284
– Anscheinsgefahr **285**, 303, 308
– Gefahrenverdacht 286
– im Verzug 153
– Putativgefahr 288
– Öffentlichkeit 291
Gefahrenabwehr 251 ff.
– Rechtmäßigkeit einer Verfügung 251 ff.
– Rechtmäßigkeit einer unmittelbaren Ausführung 317 ff.
– Rechtmäßigkeit eines Kostenbescheides 323 ff.
Geldbuße
– Verfahren 595
– Höhe 597
– Nebenfolgen 598
– gegen juristische Personen 566
Geldleistungsverwaltungsakte 219
Generalklausel des Polizeirechts 271
Gericht der Hauptsache
Geschäftsverteilungsplan
Gesetzeskonkurrenz 588
Gesetzmäßigkeit der Verwaltung
– Vorrang 135
– Vorbehalt 135, 185 ff.
Gestrecktes Verfahren 337 ff.
Gewahrsam von Personen 266
Gleichheitsrechte 177
Grundrechte
– Gleichheitsrecht 177
– als Rechte i. S. d. Klagbefugnis 465 f.
– als Schutzgut der öffentlichen Sicherheit 274

Grundrechtsbindung
- als Besonderheit des öffentlichen Rechts 4
- ei öffentlich-rechtlichen Verträgen 699

Grundsatz der Verhältnismäßigkeit
- Inhalt 172 ff.
- Beispiele und Fehlerfolge
- im Recht der Gefahrenabwehr 315

Grundverhältnis 57
Grußformel 721

Haftung im öffentlichen Recht und Privatrecht 8
Haftungsansprüche 601 ff.
- Amtshaftungsanspruch 601 ff.
- Entschädigungsanspruch aus Enteignung 617
- Entschädigungsanspruch aus enteignendem Eingriff 628 ff.
- Entschädigungsanspruch aus enteignungsgleichem Eingriff 635 ff.
- Entschädigungsanspruch aus Aufopferung 644 ff.
- Folgenbeseitigungsanspruch 652 ff.
- öffentlich-rechtlicher Unterlassungsanspruch 660 ff.
- öffentlich-rechtlicher Erstattungsanspruch 665 ff.

Handeln für einen anderen 564
Handlungseinheit 580 ff.
Handlungsfähigkeit 105
Handlungsmehrheit 593 ff.
Handlungsstörer 296 ff.
Haushaltsplan als Legitimation 187
Heilung von Fehlern eines VA 90 f.
Hinzuziehung Beteiligter 144
Hoheitsträger als Adressat von Ordnungsverfügungen 296
Hoheitsverwaltung 25

Ingewahrsamnahme von Personen 266
Inhaltliche Bestimmtheit
- Regelung 166
- Beispiel und Fehlerfolge 124

Instanzielle Zuständigkeit
- Inhalt 138
- Beispiel und Fehlerfolge 101

Interessentheorie 11, 15
Irrtum im Ordnungswidrigkeitenrecht 568 ff.
- Tatbestandsirrtum 569 ff.
- Verbotsirrtum 575 ff.

Kausalität
- im Haftungsrecht 609
- im Ordnungswidrigkeitenrecht 506

Klagbefugnis
- bei Anfechtungsklage 464 ff.
- bei Verpflichtungsklage 480
- bei Allgemeiner Leistungsklage 490
- bei Feststellungsklage 499

Klagen 454 ff.
- Anfechtungsklage 454 ff.
- Verpflichtungsklage 474 ff.
- Allgemeine Leistungsklage 486 ff.
- Feststellungsklage 494 ff.

Klagfrist
- bei Anfechtungsklage 470
- bei Verpflichtungsklage 479
- bei Allgemeiner Leistungsklage 492

Klammerwirkung 585
Kommunalverwaltung 21
Konkrete Gefahr 283
Konkretheit des Verwaltungsakts 51
Konkurrenzen 579 ff.
- Handlungseinheit 580 ff.
- Dauerdelikt 584
- Klammerwirkung 585
- fortgesetzte Tat 586
- natürliche Handlungseinheit 587
- Gesetzeskonkurrenz 588
- Spezialität 589
- Subsidiarität 590
- Konsumtion 591
- Handlungsmehrheit 593 ff.

Konsumtion 591
Kontrollpflichten 545
Körperschaft des öffentlichen Rechts 18
Kostenbescheid
- für unmittelbare Ausführung 323 ff.
- für Ersatzvornahme 359 ff.

Landesverwaltung 21
Latente Gefahr 307
Legitimation für Verwaltungsakte 187
Leistungsklage 486 ff.
Leistungsverwaltung 23
Lenkungsverwaltung 24
Löschung von Daten 680, 685, 686

Mahnung 373
Mittelbare Staatsverwaltung 22
Mittelbare Ursachen 301
Mitverschulden
- im Amtshaftungsrecht 614
- beim enteignungsgleichen Eingriff 642

Möglichkeit der VA-Befolgung
- Inhalt 167
- Beispiel und Fehlerfolge 125 ff.

Namenswiedergabe 160
Natürliche Handlungseinheit 587
Nebenbestimmungen 71 ff.
- Arten 71 ff.
- Rechtmäßigkeit 78
- Anfechtbarkeit 78 ff.
Nebenfolgeneines Bußgeldbescheides 598
Neuregelung eines VA 203
Nichtbefolgen eines Verwaltungsakts 562
Nichtigkeit von Verwaltungsakten
- Begriff 87 f.
- Folgen 89
- Feststellungsklage 494 ff.
Niederlegung eines Schriftstücks 746
Notstandspflicht 311 ff.
Notwehr 512
Notwehrexzess 521

Obhutspflichten 545
Objektive
- Bedingung der Ahndung 561
- Sorgfaltspflichtverletzung 529
- Voraussehbarkeit des Erfolges 530
- Zurechnung des Erfolges 531
Offenbare Unrichtigkeit 132
Öffentliche Ordnung 276 ff.
Öffentliche Sicherheit 273 ff.
Öffentliches Recht
- Übersicht 1
- Besonderheiten 2 ff.
- Abgrenzung vom Privatrecht 10 ff.
- Merkmal des Verwaltungsakts 49
Öffentlichkeit der Gefahr 291
Öffentlich-rechtliche Streitigkeit 462
Öffentlich-rechtliche Verträge
- Arten 687
- als Handlungsform der Verwaltung 28
- Rechtmäßigkeitsanforderungen 688 ff.
- Verfahren 692
- Form 693
- Geltung des Vorbehalts? 694
- Vergleichsverträge 696
- Austauschverträge 697
- Ansprüche 700 ff.
Öffentlich-rechtlicher Erstattungsanspruch 665 ff.
Öffentlich-rechtlicher Unterlassungsanspruch 660 ff.
Ordnungsrecht 251 ff.
Ordnungsverwaltung 24
Ordnungswidrigkeitenrecht 503 ff.
- Vorsätzliches Begehungsdelikt 503 ff.
- Fahrlässiges Begehungsdelikt 524 ff.
- Vorsätzliches Unterlassungsdelikt 539 f.
- Fahrlässiges Unterlassungsdelikt 551 ff.

- Problem „Ohne Genehmigung" 560
- Problem „objektive Bedingung der Ahndung" 561
- Problem „Nichtbefolgen eines VA" 562
- Problem „Beteiligung mehrerer" 563
- Problem „Handeln für einen anderen 564
- Problem „Versuch" 567
- Problem „Irrtum" 568 ff.
- Problem „Konkurrenzen" 579 ff.
- Bußgeldverfahren 595 ff.
Örtliche Zuständigkeit
- Inhalt 139
- Beispiel und Fehlerlehre 102

Parteilichkeit
- Inhalt 146
- Beispiel und Fehlerlehre 110
Personalien-Feststellung 264
Personenbezogene Datenverarbeitung 676
Pfändung 378
Pflichtwidrigkeitszusammenhang 531
Platzverweisung 265
Polizei
- Zuständigkeit 256, 271
- Standardmaßnahmen 263 ff.
Polizei- und Ordnungsrecht 251 ff.
Primäransprüche 701
Privatautonomie 2
Putativgefahr 288

Realakt
- öffentlich-rechtlicher 26
- privatrechtlicher 36
Rechtfertigende Pflichtenkollision 514
Rechtfertigender Notstand 513
Rechtfertigungsgründe 512 ff.
- Notwehr 512
- Rechtfertigender Notstand 513
- Rechtfertigende Pflichtenkollision 514
- Einwilligung 515
- Behördliche Genehmigung 516
- Sonderrechte 515
Rechtliche Möglichkeit 127 ff., **167**
Rechtmäßigkeit von Verwaltungsakten
- Folgen bei Verstoß 83 ff.
- belastender VA 134 ff.
- begünstigender VA 180 ff.
- Ablehnung eines begünstigenden VA 191
- Aufhebung eines VA 202 ff.
- Verfügung zur Gefahrenabwehr 251
- Kostenbescheid für unmittelbare Ausführung 323
- Zwangsmittel 330 ff.

- Kostenbescheid für Ersatzvornahme 359 ff.
- Beitreibung einer Geldforderung 365 ff.

Rechtsbehelfsbelehrung
- Notwendigkeit 162
- Folge bei Fehlen 133
- Formulierung 720

Rechtsgeschäft 34 f.

Rechtsnachfolge
- in Handlungshaftung 304
- in Zustandshaftung 319
- im Vollstreckungsrecht 350

Rechtsverletzung
- beim Widerspruch 405
- beim Antrages nach § 80 (5) VwGO 444
- bei der Anfechtungsklage 473
- bei der Verpflichtungsklage 485
- bei der Leistungsklage 493

Rechtsverordnung 31

Rechtswidrigkeit
- eines Verwaltungsakts 84 ff., 100 ff., 134 ff.
- iner Ordnungswidrigkeit 511 ff.

Rechtswidrigkeitszusammenhang 531

Regelung 50

Regelungsanordnung 446, 452

Ressortzuständigkeit 137

Restitutionsklage 248

Rücknahme eines VA
- nach dem VwVfG 205, 216 ff.
- nach dem nach dem SGB X 230 ff.
- nach der AO 237 ff.

Sachliche Zuständigkeit 100, **136 f.**
Sachverhaltsermittlung 113, **149**
Satzung 32
Schaden
- im Polizei- und Ordnungsrecht 281
- im Amtshaftungsrecht 608, 616

Schadensersatz
- aus Amtshaftung 601 ff., 616
- wegen Datenverarbeitung 685

Schlichte Verwaltungshandeln 26
Sekundäransprüche 701
Selbstgefährdung 294
Sicherstellung von Sachen 269
Sicherungsanordnung 446, 450
Sofortige Vollziehung 440 ff., 717
Sofortiger Vollzug 347 ff.
Sonderopfer
- beim enteignenden Eingriff 633
- beim enteignungsgleichen Eingriff 641
- bei der Aufopferung 649

Sonderrechte 515
Sorgfaltspflichtverletzung 529
- objektive 529
- subjektive 534

Sozialgesetzbuch
- Verfahren 38 ff.
- Fehlerfolgen 83 ff., 99 ff.
- Verfahrensanforderungen 141 ff.
- Aufhebung von VAen 205 ff.
- Widerspruchsverfahren 380 ff.

Sozialverwaltung 38 ff.
Speicherung von Daten 680 f.
Sperrung von Daten 680, 686
Spezialität 589
Standardmaßnahme 263
Statthaftigkeit
- eines Widerspruchs 382 ff.
- eines Antrages nach § 80 V VwGO 434
- eines Antrages nach § 123 VwGO 448

Steuerverwaltung 38 ff.
Stiftung des öffentlichen Rechts 18
Störer
- Handlungsstörer 297 ff.
- Anscheinshandlungsstörer 303
- Zustandsstörer 305 ff.
- Anscheinszustandsstörer 309
- Auswahl 316, 329

Störung 289 f.
Subjektive Sorgfaltspflichtverletzung 534
Subjektive Voraussehbarkeit des Erfolges 535
Subjektiver Tatbestand 507 ff., 547
Subjektiv-öffentliche Rechte 391, **465 ff.**
Subjektstheorie 13
Subordinationstheorie 12, 15
Subsidiarität 590
Subsidiarität der Feststellungsklage 500

Tatbestandsirrtum 509, 569 ff.
Tatsächliche Möglichkeit 125 f., **167**
Tenor des VA 715
Theorie der unmittelbar letzten Ursache 300
Träger der Verwaltung 18 ff.

Übermittlung von Daten 680 f.
Umdeutung eines VA 95 ff.
Unbeachtlichkeit von Fehlern eines VA 92 ff.
Unbestimmtheit eines VA 124
Unmittelbar letzte Ursache 300
Unmittelbare Ausführung
- Rechtmäßigkeit 317 ff.
- Kostenbescheid 323 ff.

Unmittelbare Staatsverwaltung 22
Unmittelbarer Zwang 354
Unmittelbarkeit des Eingriffs
- beim enteignenden Eingriff 632
- beim enteignungsgleichen Eingriff 640
- bei der Aufopferung 648

Unmöglichkeit der Befolgung 125 ff., **167**

Unrechtsbewusstsein 520, 536, 575 ff.
Unrichtigkeit, offenbare 132
Unterlassungsanspruch 660 ff.
Unterlassungsdelikte
– vorsätzliche 539 ff.
– fahrlässige 551 ff.
– echte 541 ff., 554
– unechte 544 ff., 555
Unterschrift 120, 160
Unverhältnismäßigkeit
– Inhalt 172 ff.
– Beispiele und Folgen 131
Urkunde – fehlende Aushändigung 121
Ursache
– i. S. d. Polizei- und Ordnungsrechts 300 ff.
– i. S. d. Amtshaftungsrechts 609
Urschrift 731

Verantwortlichkeit 518 ff.
Verarbeitung von Daten 673 ff.
Verbandszuständigkeit 136
Verbotsirrtum 520, 575 ff.
Verfahrensfehler
– einzelne 141 ff.
– Beispiele und Folgen 105 ff.
verfassungskonforme Auslegung 164
Verfassungsrechtliche Streitigkeit 462
Verfügung zur Gefahrenabwehr 251 ff.
Vergleichsverträge 696
Verhältnismäßigkeit
– Inhalt 172 ff.
– Beispiel und Folgen bei Verstoß 131
– im Polizei- und Ordnungsrecht 315
– der Zwangsmittel 356
– der Enteignung 625
Verpflichtungsklage 474 ff.
Versteigerung 378
Versuch einer Ordnungswidrigkeit 567
Vertrag
– öffentlich-rechtlicher 28, **687 ff.**
– privatrechtlicher 33
Vertrauensschutz
– bei belastendem VA 175
– bei Rücknahme eines VA 220 ff.
Vertretung
– Regelungen 145
– Beispiel und Folgen eines Verstoßes 107
Verwaltung
– Arten 21 ff.
– Begriff 16 f.
– Funktionen 42 ff.
– Träger 18 ff.
Verwaltungsakt – Grundlagen
– Art des Verwaltungshandelns 27
– Funktionen 42 ff.

– Begriff 46
– Merkmale 47 ff.
– Nebenbestimmungen 71 ff.
Verwaltungsakt – Rechtmäßigkeit
– belastender VA 134 ff.
– begünstigender VA 180 ff.
– Ablehnung eines begünstigenden VA 191 ff.
– Aufhebung eines VA 202 ff.
– Verfügung zur Gefahrenabwehr 251 ff.
– Kostenbescheid für unmittelbare Ausführung 323
– Zwangsmittel zur Durchsetzung 330 ff.
– Kostenbescheid für Ersatzvornahme 359 ff.
– Beitreibung einer Geldforderung 365 ff.
Verwaltungsakt – Rechtswidrigkeit 83 ff.
– Nichtigkeit 87 ff.
– Heilung 90 f.
– Unbeachtlichkeit 92 ff.
– Umdeutung 95 ff.
Verwaltungsakt – Anfertigung 711 ff.
– Grundüberlegungen 711 ff.
– Übersicht mit Formulierungen 714 ff.
– Briefkopf 714
– Tenor 715
– Zwangsmittelandrohung 716
– Anordnung der sofortigen Vollziehung 717
– Begründung 719
– Rechtsbehelfsbelehrung 720
– Grußformel 721
Verwaltungsakt – Bekanntgabe
– Beispiel und Fehlerfolge 118
– nach § 41 VwVfG 723 f.
– nach dem VwZG 725 ff.
Verwaltungshandeln
– öffentlich-rechtliches 26 ff.
– privatrechtliches 33 ff.
Verwaltungsinterne Einzelweisung 29
Verwaltungsrechtliches Sonderverhältnis 57
Verwaltungsrechtsweg **461 f.**, 478, 488, 497
Verwaltungsträger 18 ff.
Verwaltungsverfahren
– Arten 38 ff.
– Bedeutung des Verwaltungsakts 43
Verwaltungsvollstreckung
 siehe „Vollstreckungsrecht"
Verwaltungsvorschriften 30, 177a
Verwaltungszustellung 725 ff.
Vollstreckbarkeit eines VA 341, 374
Vollstreckungshindernisse 342, 375
Vollstreckungsrecht 330 ff.
– als Besonderheit des öffentlichen Rechts 3
– gesetzliche Regelungen 40, 332

- Zwangsverfahren 330 ff.
- Gestrecktes Verfahren 337 ff.
- Abgekürztes Verfahren 343 ff.
- Sofortiger Vollzug 347 ff.
- Beitreibungsverfahren 365 ff.
Vollstreckungsrechtliche Funktion des VA 45
Vollzugspolizei 256
Voraussehbarkeit des Erfolges
- objektive 530
- subjektive 535
Vorbehalt des Gesetzes
- Inhalt 135
- bei begünstigenden Verwaltungsakten 185
- bei öffentlich-rechtlichen Verträgen? 694
Vorladung 263
Vorrang des Gesetzes 135
Vorsatz
- im Ordnungswidrigkeitenrecht 507 f.
- im Haftungsrecht 611
Vorsätzliches Begehungsdelikt 503 ff.
Vorverfahren *siehe* „Widerspruch"
Vorwerfbarkeit 518 ff.

Wegfall der aufschiebenden Wirkung 420
Wegfall der Bereicherung 671
Wesentlichkeitslehre 186 f.
Widerruf eines VA
- nach dem VwVfG 206, 213 ff.
- nach dem SGB X 232 ff.
- nach der AO 237 ff.
Widerrufsvorbehalt 75
Widerspruch 380 ff.
- aufschiebende Wirkung 411 ff.
- Zulässigkeit 382 ff.
- Statthaftigkeit 382 ff.
- Befugnis 387 ff.
- zuständige Behörde 392
- Verfahren 393, 406 ff.
- Form 394
- Frist 133, **395 ff.**

- Begründetheit 401 ff.
- Voraussetzung für Klagen 469, 481, 491, 501
Wiederaufgreifen des Verfahrens 245 ff.
Wirksamkeit von Verwaltungsakten 86
Wohnungen – Betreten, Durchsuchen 270

Zulässigkeit
- des Widerspruchs 382 ff.
- eines Antrages nach § 80 (5) VwGO 434
- eines Antrages nach § 123 VwGO 448 f.
- der Anfechtungsklage 461 ff.
- der Verpflichtungsklage 478 ff.
- der Leistungsklage 488 ff.
- der Feststellungsklage 497 ff.
Zumutbarkeit **543**, 554 f.
Zuständigkeit
- sachliche 100, **136 f.**
- instanzielle 101, **138**
- örtliche 102, **139**
- funktionelle 103, **140**
Zustandsstörer 305 ff.
Zustellung von Verwaltungsakten 725 ff.
- öffentliche 735
- per Zustellungsurkunde 728
- per Einschreiben 729
- per Empfangsbekenntnis 730
Zustellungsurkunde 728, 741
Zwangsgeld 353
Zwangshypothek 378
Zwangsmittel 330 ff.
- Arten 352 ff.
- Androhung 338, 716
- Festsetzung 340
- Fristsetzung 338
- Vollstreckbarkeit 341
Zwangsversteigerung 378
Zwangsverwaltung 378
Zweckmäßigkeit eines VA 389, 401, 405
Zweck-Mittel-Relation 174
Zwecktauglichkeit 173
Zweckveranlasser 301

Die Freude geht weiter!

"Zusammenfassend ist dieser kleine Kalender eine humoristische und allgemeinbildende Möglichkeit den juristischen Tag zu versüßen und nebenbei noch etwas zu wiederholen."
Fachschaft Jura, Köln, WS 2007/2008

Der neue C.F. Müller Jura-Kalender 2009 belebt Ihren Schreibtisch täglich mit wissenswerten Informationen aus dem Juristenalltag, Spaß und Unterhaltung rund um das Thema Recht.

Neu enthalten im C.F. Müller Jura-Kalender 2009 sind die Rubriken **Juristenportraits** sowie **Quizfragen** zum Strafrecht, Zivilrecht und Öffentlichen Recht, jeweils versehen mit der Auflösung auf der Rückseite. Neben den **Kuriositäten** aus dem Juristenalltag bilden nun **populäre Gerichtsentscheidungen** aus den letzten Jahren einen weiteren thematischen Schwerpunkt des Abreißkalenders. Wichtige Begriffe aus dem **Juristen-Latein** mit ihrer deutschen Bedeutung ergänzen den informativen Teil.

C. F. Müller, Verlagsgruppe Hüthig Jehle Rehm GmbH
Im Weiher 10, 69121 Heidelberg

Mit neuen Rubriken!
Jura-Kalender 2009
Juristisches für jeden Tag
€ 12,95
ISBN 978-3-8114-7715-5

Bestellen Sie beim Buchhandel oder bei:

Bestell-Tel. 089/54852-8178
Bestell-Fax 089/54852-8137
kundenbetreuung@hjr-verlag.de

www.cfmueller-campus.de

C.F. Müller
www.cfmueller-campus.de

Gesetzessammlungen bei C. F. Müller:

Staats- und Verwaltungsrecht Bundesrepublik Deutschland
Mit Europarecht
Prof. Dr. Paul Kirchhof, Heidelberg und Dr. Charlotte Kreuter-Kirchhof (Hrsg.)
46. Auflage 2008. € 15,-
ISBN 978-3-8114-8077-3

Völker- und Europarecht
Mit WTO-Recht
Prof. Dr. Rolf Schwartmann, Köln (Hrsg.)
5. Auflage 2008. € 21,50
ISBN 978-3-8114-4110-1

Staats- und Verwaltungsrecht Baden-Württemberg
Prof. Dr. Paul Kirchhof, Heidelberg und Dr. Charlotte Kreuter-Kirchhof (Hrsg.)
30. Auflage 2008. € 18,-
ISBN 978-3-8114-8075-9

Staats- und Verwaltungsrecht Freistaat Bayern
Prof. Dr. Hartmut Bauer, Potsdam, Prof. Dr. Reiner Schmidt, Augsburg, und Prof. Dr. Peter-Michael Huber, München (Hrsg.)
15. Auflage 2008. € 19,50
ISBN 978-3-8114-7980-7

Staats- und Verwaltungsrecht Hessen
Prof. Dr. Thomas Groß, Gießen (Hrsg.) 2. Auflage 2007. € 17,50
ISBN 978-3-8114-7816-9

Staats- und Verwaltungsrecht Niedersachsen
Prof. Dr. Jörn Ipsen, Osnabrück und Prof. Dr. Jörg-Detlef Kühne, Hannover (Hrsg.)
6. Auflage 2006. € 14,50
ISBN 978-3-8114-5166-7

Staats- und Verwaltungsrecht Nordrhein-Westfalen
Prof. Dr. Hans-Uwe Erichsen, Münster (Hrsg.)
23. Auflage 2008. € 20,50
ISBN 978-3-8114-4155-2

Staats- und Verwaltungsrecht Freistaat Sachsen
Prof. Dr. Christoph Degenhart, Leipzig und PräsOVG Siegfried Reich, Bautzen (Hrsg.)
7. Auflage 2007. € 16,-
ISBN 978-3-8114-3255-0

Staats- und Verwaltungsrecht Freistaat Thüringen
Stefan Kaufmann, Erfurt (Hrsg.)
3. Auflage 2006. € 18,-
ISBN 978-3-8114-3509-4

Öffentliches Wirtschaftsrecht
Vorschriftensammlung
Prof. Dr. Utz Schliesky, Kiel (Hrsg.)
3. Auflage 2008. € 21,-
ISBN 978-3-8114-7809-1

Baurecht / Umweltrecht
Vorschriftensammlung
Prof. Dr. Rolf Schwartmann und Dr. Moritz Maus, beide Köln (Hrsg.) 2. Auflage 2007. € 24,-
ISBN 978-3-8114-8787-1

Medienrecht
Vorschriftensammlung
Prof. Dr. Frank Fechner, Ilmenau und Ass. iur. Johannes C. Mayer, Speyer (Hrsg.)
4. Auflage 2008. € 17,-
ISBN 978-3-8114-7879-4

Europäisches und Internationales Medienrecht
Vorschriftensammlung
Prof. Dr. Udo Fink, Mainz, Prof. Dr. Rolf Schwartmann, Köln, Dr. Mark D. Cole und Tobias Keber, beide Mainz (Hrsg.)
2007. € 24,-
ISBN 978-3-8114-5555-9

Bank- und Kapitalmarktrecht
Vorschriftensammlung
Prof. Dr. Christian Siller, Brühl, und Dr. Peter Balzer, Grevenbroich (Hrsg.) 2008. Ca. € 18,-
ISBN 978-3-8114-8078-0

C.F. Müller, Verlagsgruppe Hüthig Jehle Rehm GmbH, Im Weiher 10, 69121 Heidelberg
Bestell-Tel. 089/54852-8178 • Fax 089/54852-8137 • kundenbetreuung@hjr-verlag.de
www.cfmueller-campus.de

C.F. Müller
www.cfmueller-campus.de